最高のコーチになるためのスポーツコーチング学

知っておくべき「フレームワーク」と「スキル」

著：ダグ・レモフ
訳：有馬丈博、マーレー志雄、高野鉄平

KANZEN

最高のコーチになるためのスポーツコーチング学
知っておくべき「フレームワーク」と「スキル」

CONTENTS

まえがき

優れたコーチングの正体とは何か？　世界で最高のコーチは、ほかのコーチと何が違うのか？

過去一世紀ほどの間、決まりきった答えはこうだった。「優れたコーチングとは、選ばれし人間に備わる神秘的な才能である」。ジョン・ウッデン、ヴィンス・ロンバルディ、ヨハン・クライフ、パット・サミットといった偉大なコーチたちは、ベーブ・ルースが普通の野球選手とは違うように、ビートルズが普通のロックバンドとは違うように、普通のコーチとは違うと信じられてきた。偉大なコーチは先天的なXファクター、つまりDNAと才能の黄金の組み合わせを持っており、それが彼らを成功へと導く。他人が真似をすることはできない。偉大なコーチになりたいと思うのは、宝くじを当てたいと願うことと同じだ。誰もが挑戦できる。でも、選ばれるのは、ほんの一握り。

だが近年では、大勢の科学者や研究者の活躍により、この伝統的なモデルが絶対に、明確に、100％間違っていることが判明してきた。学習時の脳の内部を観察し、有効な相互作用を評価し、追跡してきた結果、優れたコーチングは魔法のように見える「だけ」だとわかった。実は、コーチングとは複雑なスキルの組み合わせであり、知識・コミュニケーション・リーダーシップを基礎とする、一種の社会行動学的スポーツである。これらのスキルは、魔法のようなものではなく、適切なツールを用いれば身につけられるものだ。結局のところ優れたコーチングとは、「誰が」行うかではなく、「どのように」行うかが重要であることがわかった。

ここで、ダグ・レモフ（教育者）の出番だ。

ダグとの出会いは、彼の最初の著書『Teach Like a Champion』を読んだことがきっかけだった。本の中身は、たまらなく魅力的。彼は、非常に成功している教師を体系的に観察した結果を六十二のテクニックのツールキットに集約し、生徒たちの成績を伸ばしていた。ダグが書いたのは、例えば「理解度のチェック」「間違うことを計画に織り込む」「正しいことは正しい」といったシンプルで強力な手法だ。世界中で何十万人もの教育者たちがこれらを吸収し、採用し、共有して、彼に感謝している。さらにこの本は、表面からは見えなかった教育の本質的な仕組みを明らかにし、曖昧な神秘性を剥がすレントゲンとして機能した。そして、1つの疑問が湧いてくる。これらのツールが教室で使えるのなら、ほかにも応用できる場所があるのではないか？

本が出版されて間もなく、ダグに連絡を取り、私がコンサルティングをしているクリーブランド・インディアンス（二〇二二年よりクリーブランド・ガーディアンズに改名）のコーチ陣と話をしてくれないかと頼んだ。メジャーリーグの富裕層チームと違い、クリーブランドには優秀な選手を買う予算がない。代わりに、自分たちで優秀な選手をつくること、つまりコーチングによる選手の育成に完全に依存していた。この電話のタイミングは絶妙だった。というのも、ダグはすでに、アメリカサッカー連盟のコーチのライセンス取得とトレーニングプログラムを強化するための取り組みを指揮していたのだ。つまり、ダグは彼の教育コンセプトを、スポーツ界に応用することを本格的に考えていたのである。だがこの世界は、疑い深く、リスクを嫌い、新しいアイデアや外部の人間を拒絶することで有名だ。ダグは上手くやれるのだろうか？

その答えが紛れもなく「イエス」であることはすぐにわかった。クリーブランドの一人のコーチが、「試合が試合を教えてくれる」という古い格言を持ち出したのがきっかけだった。これは、コーチが好んで口にし、繰り返す呪文である。なぜなら、それは非の打ち所のない真実に聞こえ、彼らに逃げ道も与えてくれる。試合が教えてくれるなら、コーチは教える必要がないのだから。ダグはそれを聞き、そして話し始めた。

「『試合が試合を教えてくれる』と誰もが言うが、本当にそうだろうか?」。ダグは【レモフのポーズ(小休止)】とでも言うべき、温かく期待に満ちた少しの時間をとり、コーチたちに考える機会を与えた。

「ちょうど最近(サッカーの)ワークショップで、ボールを持っていないときの走り方、つまり、パスを受けるために自分をフリーにする方法について話したことがあった。そのワークショップでは、色々な種類のランや、なぜそのように走るのかなどを学んだ。【レモフのポーズ】私は何十年間もサッカーをプレーし、指導してきたが、走りの種類について教えてくれる人はいなかったし、中央の二人のディフェンダーを分断するための重要な走り方があることも教えてもらえなかった。また、守備の観点からでも、2人が分断させないように守ることが重要だと教わらなかった」。

なるほど、と誰もがうなずいた。そしてダグが「野球にも同じようなフレームワークがあるのではないか」と問いかけると、コーチ陣から声が上がり始めた。その結果、たくさんのフレームワークが、水面下に隠れていたことがわかった。バウンドした投球をキャッチャーが処理する方法は六通り、ランナーが一塁を回る方法は五通りある、など。部屋中が、ざわつき始めた。アイデアが爆発的に湧いてくるのを感じ、コーチたちは新しい指導方法に気づいた。

「だから、試合は最高の教師ではないのかもしれない」と、ダグはまとめた。「不平等な教師なのだ。選手にプレーさせるだけでは、理解できる者も、できない者もいる。しかし、理解するためのフレームワークを与えれば、選手たちはそれに適応し、応用することで、より良い問題解決者になれる」。その後まもなく、メジャーリーグの打撃コーチと選手育成部長が、ダグが冬に開催する『Teach Like a Champion』のワークショップに参加することになった。プロ野球関係者が教室の蛍光灯の下で、公立学校の英語、数学、社会の教師と肩を並べて熱心に学ぶという、歴史的にもおそらく初めての試みが行われた。

これがダグの力だ。彼は教師と生徒、そして試合との相互作用を見るための新たな方法を提案し、学習プロセスにインパクトを与えるためのツールを提供してくれる。1つひとつの洞察を通して、彼は私たちに何よりも大切なことを教えてくれた。代数の教室であれ、サッカーのフィールドであれ、優れた教育は、優れた教育なのだ。

ダグのもう1つの力は、常に学び続けていることだ。つまり、新しい科学、新しい文脈、新しいアイデアを絶え間なく探求し、有用なつながりを導き出すという稀有な能力を持っている。最初の著書について再考して書き直し、『Teach Like a Champion 2.0』を出版したこともそうだ。またダグと彼のチームは、パンデミックに対応するためにリモートコーチングのモデルを開発し、距離が離れていても教師と学習者が密接に協力し合えるようにしている。ダグの仕事は、コーチングとは全知全能のカリスマ的指導者になって頂点に立つことではなく、むしろ好奇心旺盛な探求者になるべきだということを思い出させてくれる。

では、最初の質問に戻ろう。優れたコーチングの正体とは何か？

【レモフのポーズ】

答えの一例を挙げるなら、「優れたコーチとは、自身も学び続け、毎日少しずつ良くなっていくためのツールとサポートを提供することに全力を注ぐものだ」とでも言えるかもしれない。だからこそ、ダグ・レモフのようなコーチと、いま手にしているこの本のようなツールキットに出会うことができた私たちは、信じられないほど幸運なのだ。

イントロダクション

小さな利益の力

数年前、あるワークショップで高校の数学教師のビデオを見せようと準備していたとき、私は突然パニックに襲われた。奇妙な反応だと思われるかもしれない。

それまでの10年間、私は教師について、特に「良い意味での異端児」である教師について研究してきた。その教師たちは、高校を卒業する生徒はほんのわずかで、大学への進学なんて思いもしないし、州が行う数学や読解力のテスト（不完全だが学習の進捗を測る重要な指標）に合格する生徒は、通常、1年間に10％か20％しかいないという貧しい地域で教えていた。しかし、そのような環境でも、私が研究している教師たちは、誰も予想できないほど劇的に高い割合で生徒の学力を向上させている。合格者数が2倍になったり4倍になったり、ときには全員が合格することもあった。また、周囲の学校の教師の指導により「習熟（≒B）」の成績評価を得た生徒の数よりも、多くの生徒が最高評価の「上級（≒A）」を得ることも起きていた。学校以外に家庭教師もつけられ、海外旅行で見聞を広め、安全で清潔な並木道を通学できるような地区の裕福な子供たちの成績に、貧困家庭に生まれた子供たちの成績が並ぶ、あるいは上回ることも珍しくなかった。

一部の疑い深い人たちが「トップレベルの成績は無理だ」「どうでもいい」「能力がない」と評した生徒たちに対して、なぜその教師たちは飛躍的な成果を出すことができたのかを理解したいと思った。「教師ができること」についての先入観が存在する一方で、全ての既成概念を打ち破る教師もいる。私が見せようとしていたビデオに登場する数学教師デナリウス・フレイジャーもその一人だ。デナリウスの教室では、不可能などないように思えた。私は何時間もかけて彼の授業のビデオを見返し、どのように時間を管理し、生徒にフィードバックを与え、人間関係を築き、全員がどれだけ学んでいるかを評価していることに注目した。ほかにも彼のように優れた数十人もの教師たちのビデオを見返し、それらを2、3分の短い動画に編集したものが「ゲームフィルム」だ。(＊1)

では、その動画のメインテーマは何か。優れた教育の秘訣はどこにあるのか。1つではない。これらの教室には大きな特徴があるのではなく、たくさんの小さな特徴があった。私の同僚であるブレット・パイザーは「100％の解決策はなく、1％の解決策が百個あるだけだ」と語る。小さな改善の積み重ね、つまり、「マージナルゲイン」と呼ばれるものにこそ力があるのだ。これは良いニュースでもあり、悪いニュースでもある。

まず、良いニュースについて。ジェームズ・クリアが著書『Atomic Habits』で述べているように、マージナルゲインというのは時間とともに、グラフ「小さな利益の力（マージナルゲイン曲線）」（11ページ参照）のような曲線を描きながら複利で増えていく。驚くべきことだ。「毎日1％ずつ改善することができれば、1年後には37倍も良くなっている」と、クリアは書いている。これこそが、革新的な教室の秘密だった。

では、悪いニュースについて。多くの小さなことをマスターするには、勤勉さと集中力が必要だ。魔法の弾丸がないということは、それをやりたがらない人がいる。簡単で、シンプルで、楽な解決策があると言う人もいるのに、小さくて、大抵はあまり魅力的ではないアイデアに、集中し続けようとはしないだろう。だから「壇上に立つ賢者ではなく、側に立つガイドになろう！」。

＊1　これは最終的に『Teach Like a Champion』という本になった。(現在は『Teach Like a Champion 3.0』）教師たちの研究から学ぶことはたくさんあるので、この本は常にアップデートが必要だ。

だが、側に立つガイドになれていたとしても、授業の質が犯罪的なまでに酷い教師たちも私は大勢見てきた。

逆に、深みと実用的な美しさを併せ持つ「壇上の賢者」の授業もたくさん見てきた。私の同僚で、高い評価を得ているエリートクラブズ・ナショナルリーグ（米国の少年サッカーリーグ）を運営するクリスチャン・レイヴァースは、「正解はケースバイケース」だとよく言っている。正しい戦略は、いつ、誰に、何を教えるかによって異なる。しかし、結局のところ、どの方向に進むにしても、結果は注意深く実行することにかかっているのだ。

この日のプレゼンテーションでは、次のようにまとめた。

・対象が個人でもグループでも、より良い教育によって「期待値」を上回ることができる。
・だが、より良い教育は技術を必要とする。多くの平凡なことに、集中し続けなければならない。
・そのため、ほとんどの人はやらないだろう。
・だからこそ、それを実行できる者は絶大な競争力を持つことになる。

言い忘れたが、このワークショップは学校の教師向けではなく、サッカーのコーチを対象としたものだった。

教室だけが教育の場ではないし、より効果的な学習が重要な場はほかにもある。

教師に関する私の最初の本が出版された直後、米国サッカー連盟から「コーチ向けに何か良いアイデアを提案することに興味はないか」という問い合わせがあった。私は長年のサッカーファンであり、大学でもプ

小さな利益の力

毎日1%ずつ良くなる　$1.01^{365} = 37.78$ ↑
毎日1%ずつ悪くなる　$0.99^{365} = 0.03$ ↓

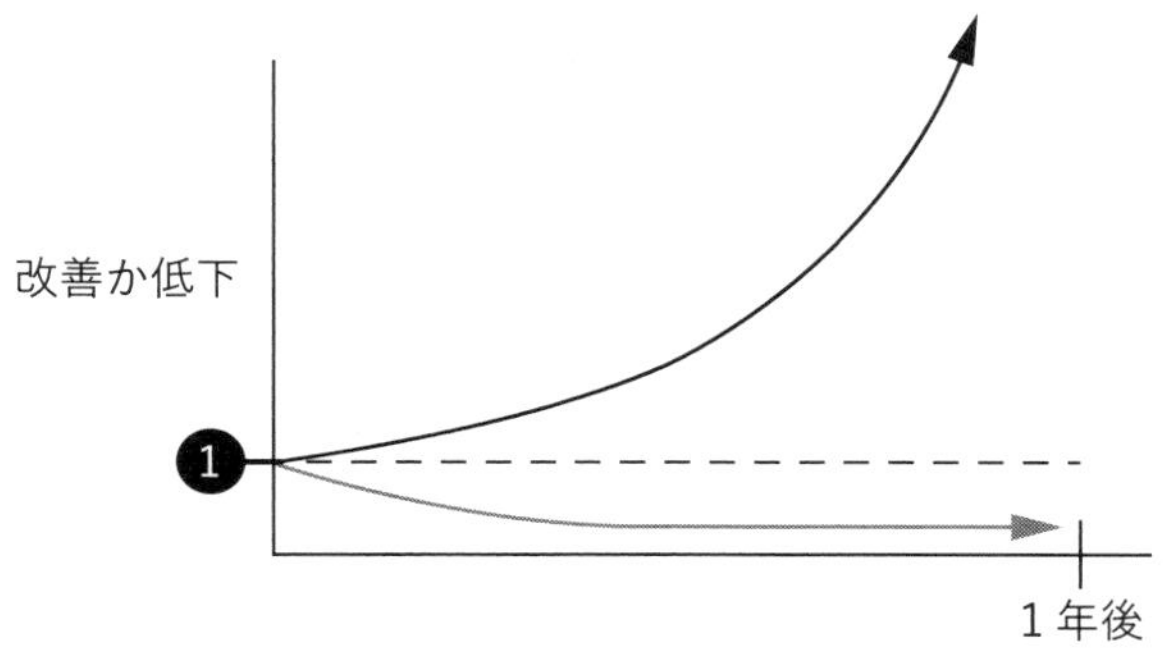

レーしていた（せいぜい脇役止まりで、慌てながら必死でボールをクリアしたり、ミスタックルを連発したりする選手だったが）。デナリウスのような教師が気にかけていること、つまり時間の管理、フィードバックの与え方、人間関係の構築、そして全員がどれだけ学んでいるかの評価などにコーチがもっと気を配ることによって、練習のたびにアスリートを1％向上させることができるとしたらどうだろう。可能だろうか？　そう考えた私はコロラドに飛び、ワークショップを行ったが、はっきり言ってひどいものだった。

　注意散漫な選手の注意をコーチに向けさせる方法を教えることはできても、選手がよりよい決断をするための指導はどうすればいいのだろうか。数学の授業では、生徒は個人としてスキルを習得しなければならない。しかし、サッカーのフィールドにいる選手たちは、グループとして決断を下さなければならないのだ。しかも迅速に。コーチングは教育の1つの形だが、学校とは異なる問題や課題があり、さらなる研究を必要とした。このアイデアには多くの可能性があるが、同時にやるべきこともたくさんある。

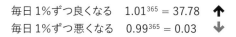

選手との対話

そこで、私はコーチングを研究し、学校での教育の知識を応用して、コートやフィールドで優秀な異端児を生む方法を理解する仕事に取りかかった。同時に、学習の背後にある科学についても理解を深めようとした。コーチと仕事をするようになってから、私が学校で経験したことのある難題のいくつかが、コーチの仕事にも当てはまるのに気づいた。コーチ（とその育成機関）が行う調査や研究のレベルは、驚くほど高い場合もあった。しかし、科学よりも根拠のない俗説や、古い考えに基づいた指導を行う組織もある。何度か一緒に仕事をしていた全米コーチング連盟を訪ね、トレーニングコースのガイドラインはどのような研究に基づいているのかと聞いてみると、そんなものはないと言われたこともあった。

科学者や研究者は、過去20年間、脳とその学習方法について、それまでの３００年間よりも多くのことを発見した。私自身も、例えば「グループで迅速に問題を解決する方法をどう教えるか」といったようなコーチたちからの質問に、研究結果に基づいて答えられるはずだと思っていた。だが実際には、研究結果をコーチたちとの会話に取り入れることができなかった。

そこで、私は認知科学に関する論文や本を読み込んでいった。教育においては、いまでも「場合による」としか答えられないような疑問がたくさんあるが、だからといってこの答えが全てではない。科学によって、より良い答えが得られることはやはりあるし、慣れ親しんだ答えが実はあまり良いものではなかったとわかることもある。しかし、それでもまだ「場合による」が多く、どちらも真実なのだ。

本書では、記憶、知覚、注意力、そして多層的な自然淘汰（人間が進化していく過程では、個人の能力だけでなく、集団を形成する能力によっても自然淘汰が起こるという考え）について論じている。やりすぎだと感じるなら、申し訳ない。だが私はそれぞれの要素が魅力的だと思っているし、何より非常に重要であると考えている。

そして数年後、私はシカゴの会議室でプレゼンテーションの準備をしていた。相手はＭＬＳ（メジャーリーグサッカー。北米のプロサッカーリーグ）で最高の評価を得ているコーチたちだ。私は彼らの監督姿だけではなく現役時代のプレーもテレビでよく見ていたし、ワールドカップの出場メンバーも何人かいた。それまで一緒に仕事をしてきた中でも最もレベルの高いグループであり、突然、緊張してきた。

デナリウスの授業のビデオを紹介し、そこで見たことを各自のクラブでの指導法に結びつけてもらうつもりだったが、会議室の教壇に立ったところで、急にそのプランがばかばかしいものに思えてきたのだ。世界トップクラスのアスリートを日々指導し（エゴをコントロールし、ハングリー精神を引き出す）、最新のテクノロジー（リアルタイムビデオ、ＶＲ、ＧＰＳトラッキング、もちろん多言語の翻訳サービスも）を駆使するコーチたちに、ニューアークやブルックリンの教室の机についている中高生の授業の様子を見てもらおうとしたのだから。

「では、コーチ。デナリウスの9年生（≒日本の中学3年生）への授業から何を学べるというのでしょうか。8ヶ国の代表選手がいるチームにプレスの仕方を変えてほしいと説明したり、あるいは、キャリア終盤のベテラン選手に、もっと自分を追い込むための挑戦をさせたりするために、その学びを役立てることができますか？」

なぜ私は、こんな愚かなことを考えていたのだろうか。

だが、もう遅かった。コーチたちは私を見上げており、始めるしかなかった。私は、デナリウスのビデオをセットし、再生ボタンを押した（＊2）。

1分ほど見て、一時停止をした。

「何か気づいたことは？」私は尋ねた。「そして、それは皆さんのコーチングと、どのように関係していますか？」

このとき、私の声は震えていたかもしれないし、コオロギになる（長く気まずい沈黙の中、教師の声だけがむなしく響く例え）ことも覚悟していた。だが、リーグで最も実績のあるコーチの一人が、すぐに口を開いた。

「デナリウスは全員に教えているんですね」

私はうなずいたが、いま思うと彼の言いたいことが、まだわかっていなかった。正直に言えば、彼は気まずい沈黙から私を助けるために、親切心から当たり前のことを話そうとしているだけだと思った。しかし、彼の声には、ただの優しさ以上の何かが感じられ、私は彼に「もっと話してほしい」と頼んだ。

「デナリウスは生徒一人ひとりに話しかけています。生徒たちの成長のために力を尽くしていること、彼らの勉強を見ていることを示して、全員に教えています。私たちにはできていないことです。コーチをしていても、ほとんど何も話をしてあげられていない選手もいます。場合によっては何日も。いまここで考えたのは、『選手たちから見て、私はどう思われているのだろう？』ということです」

私が答えようとする前に、別のコーチが話し始めた。

「このレベルで関係を築くには、ただ親しくして、背中をポンとたたくだけではだめです。選手たちは成功したい、プレーしたいと思っているんです。

彼らを、もっと良い選手にしてあげたいと示すことで、関係を築けます。いやむしろ、もっと良い選手に

＊2 QRコードからVIDEOS DISCUSSEDの「Frazier teaches every student」の映像をご覧ください。また、4章でもさらに詳しく分析

『できる』と示すことです。デナリウスはそうしています。教えることで生徒とつながっています。選手を上達させてやれないのなら、ハイタッチでもなんでも好きなだけしてあげればいいでしょう。どうせ意味のないことですので」

私たちは、前に進み始めた。

実を言うと、私の頭は爆発寸前だった。

私はスポーツの分野で仕事をすることに、少し気後れしていた。

公教育が国家的な危機に瀕しているのに、その危機の緩和に役立たない好きなことを勉強して、自分を甘やかしていたのだ。会社に戻ると、どこに行っていたかを同僚に話さないことも多かった。少なくとも最初のうちは。しかし、2つの分野にお互いから学べるものがあるとすぐにわかった。偉大な教師が行っていることは、コーチの指導とも深い部分で関連していたのだ。

だがコーチたちは、秒単位の管理、フィードバックの与え方、人間関係の構築、全員がどれだけ学んでいるかの評価法など、学校教育を効果的にした手法に思い至ることはほとんどできない状況だった。一方で、コーチたちがやっていること、知っていることは教師たちにとっても非常に有益だった。私のワークショップに参加したコーチたちが気づいたような事柄の重要性が、理解できずに苦しんでいる教師は無数にいる。彼らは、人間関係が先にあるべきで、それを構築しない限り教えることはできないと考えている。そのために何度もハイタッチを繰り返すようなやり方をしている。だがコーチたちが気づいたように、教師として長期的かつ本質的な関係を築くためには、生徒の成長を助けなければならない。まず、教えることから始めるべきだ。うまく教えること自体が、関係づくりのツールになるのだ。

もう1つ、気づいたことがある。それはコーチたちがとても謙虚で、反省を怠らず、学習に飢えているということだ。彼らは自分たちの専門分野の頂点にいるが、その彼らに対して私は、「自分には関係ない」とか「重要ではない」とあっさり断ってもおかしくないような議論に参加するよう求めた。彼らは会議室を出て、午後の戦術セッションまでメールチェックでもしながら過ごしてもよかったのだが、全力で議論に飛び込んでくれた（まるで私が大学サッカー時代に連発していた両足タックルのように）。

その日から私は、常に学び、成長しようとする姿勢こそが偉大なコーチの証だと考えるようになった。厳しい競争の中で成長した彼らは、仕事に真剣で、何が重要であるかをわかっていた。自己満足することなく、常に行動している。自信に満ち溢れているが、謙虚でもある。

ニュージーランドでの例を1つ紹介しよう。人口500万人のこの国では、ラグビーで世界の頂点に立ち続けることが国家のプライドに関わる。コーチが指導を行う一方で、選手個人のスタイルや意思決定にも余裕を持たせる例を示すため、奇妙なチョイスではあるかもしれないが、私はバレエのコーチがダンサーを指導するビデオを見せた。コーチがダンサーの腕の動きについてフィードバックを与える場面だ。変だと思うかもしれないが、そうではない。ラグビーのニュージーランド代表チーム「オールブラックス」でもプレーしたほどのコーチたちが、謙虚にこの映像を分析し、洞察を示してくれた。

このことは第6章でさらに詳しく書くが、幸運にも一緒に仕事をしたコーチたちが、これほどまでに真剣に教育について研究していることに、私はいまも身が引き締まり、勇気づけられている。時間を共有した全てのスポーツのコーチたちは、彼らが学んだ以上のことを私に教えてくれた。この本を書く動機のほとんどは、彼らと共有した知恵を伝えることだ。

この本は、コーチと呼ばれる教師のための本だ。コーチの中には、自分を表現するのに「教師」という言葉を使ったことがない者もいるだろう。アスペン研究所のプロジェクト・プレイ（アメリカの青少年スポーツに関する研究レポート）によると、この分野の「教師」たちは、保護者のボランティアからプロのコーチや個人トレーナーまで、全米でおよそ650万人いる。この大規模で雑多なグループを対象として本を書くのは簡単ではない。さまざまな背景を持つ読者に向けて書こうとしたので、一見したところ自分にはあまり関係がなさそうだと思える事例もあるかもしれない。初歩的な話は、プロのコーチには無関係に思えるだろう。単に選手たちに指示通りに動いてもらう方法を知りたいのに、無駄に難解な専門用語で説明しているように思えることもあるだろう。だが私としては、できるだけ多様な例を示そうとした。いまの時点では無関係に思えるような話でも、後から役立つようにするためだ。

少なくとも私は、そうなってほしいと願っている。これほど幅広い層に向けて本を書くことこそが重要だったからだ。

スポーツは、人々がイメージを共有する上で非常に大きな役割を担っている。国家、都市、地域、あるいはボストン・レッドソックス（野球チーム）のような各チームのファンなど、それぞれのカテゴリーで競い合っている。いまこの瞬間にどれほどの子供たちが（そしておそらく大人たちも）、自分がレブロン・ジェームズ（バスケットボール選手）になったつもりでアスファルトの上に立ち、湧き上がる歓声の中、ゴールに向かって切り込んでいるだろうか。何人がリオネル・メッシ（サッカー選手）のジャージを着て、彼の輝きのかけらに触れようとしているだろうか。

経済面でもプロスポーツの影響力は絶大だ。ロサンゼルス・レイカーズ（バスケットボールチーム）がレブロンに支払う年俸は、4年で1億5400万ドルといわれ、ネイマール（サッカー選手）のパリ・サンジェルマン（サッカークラブ）への移籍金は、2億2200万ユーロだった噂されている。経済学者に言わせれば、好むと好まざるとにかかわらず、それが私たちの文化がアスリートのパフォーマンスを評価する価格なのだ。

しかし、もっと大切なことがある。コーチは若者たちに、優れたものを追求すること、向上し続けること、共通の目標を成し遂げるために協力すること、さらには人格を形成することの意味を教えている。社会生物学者のエドワード・ウィルソンは、生物の種の中で人類が勝利した鍵は、個人の進化による適応ではなく、集団による適応にあったと指摘した。人間の遺伝的適応は、個人の選択と同じくらい集団の選択の結果だった、と彼は書いている。我々が生き残り、繁栄したのは、共通の目標のために協力し、個人がその目標のために自己を犠牲にするからだ。私たちは、それができる数少ない哺乳類の一種だ。チームスポーツは、その進化の過程で不可欠だったことを学ぶ、最も一般的な方法の1つだ。勝利を求めながらも犠牲をいとわないこと、自分だけの成功を追い求めるのではなく、集団の成功を目指すこと。スポーツが私たちをより人間らしくするのは、進化の過程を反映しているからだ。

もちろん、スポーツを教えるという仕事は難しく複雑なものだ。素晴らしいコーチングへの道には多くの難題が待ち受けており、それはすべての教育者に共通するものでもある。例えば、次のような難題だ。

- 選手がより良く、より早く学習するためには、どのようにフィードバックをすればよいのか？
- 選手が、教えたことを学習できたかどうかを知る方法は？
- 選手が「理解していない」と確信したとき、どうすればよいのか？
- 練習で学んだことを試合で実行できるようにするには、練習メニューをどのように設計し、どんな順番で行えばよいのか？
- 意思決定を教える方法は？

・選手が自ら学ぶようにするには、どうすればよいのか？　成長思考を身につけさせるには？
・スポーツへの愛と、強い人格を育てるにはどうすればよいのか？
・長期的に学ぶために、短期的な苦労や失敗を恐れるべきではないと納得させるにはどうしたらよいのか？

このような疑問は数え上げればキリがない。百回、千回と練習を重ねる中で、指導者の対応が個人やチームの成功を左右することもある。そして、コーチが競技の技術的、戦術的側面をよりよく理解するために参考となる優れた書籍やウェブサイトは何千とあるが、フィールド、コート、リンク、ダイヤモンドで指導する際の問題を明確に論じた参考資料はほとんどない。

本書の内容について

本書は6つの章から成る。第1章の「決断力」は、私が最も重要な能力と呼ぶ「意思決定」についてである。この章では、あまり知られていない「知覚」の役割に重点を置いた。目が正しい方を向き、何を見るべきかをわかっていなければ、そもそも正しい判断はできない。プロの知識と技術は、目に宿る。では、アスリートの目と、その目に基づく高度な認知プロセスを、どのように発達させればよいのだろうか？

第2章はセッション（1回の練習）とユニット（複数回の練習から成る学習単位）、両方の計画と設計について。ユニット（例えば4週間や6週間のもの）をプランニングする機会は、単発のセッションを計画するよりもはるかに少ないが、同じくらい重要なものである。長期記憶は時間をかけなければ構築できないから

本書の内容について

- 第1章　決断力
- 第2章　プランニングとデザイン
- 第3章　フィードバックと質問をさらに活用する
- 第4章　理解度のチェック
- 第5章　文化を創造する
- 第6章　成長と発展における課題

だ。コーチも含めたほとんどの教育者が、長期記憶の役割を過小評価していることを示したいと思う。人は人生で学んだことを、ほとんど全て忘れてしまっている。アスリートも例外ではない。コーチが教えたことを、選手が必要なときに思い出せられるかどうか、どうすればよいだろうか。

　第3章は、おそらく私たちが最も多く行う指導行為の1つである「フィードバック」について。フィードバックは我々にとってあまりにも身近なため、古くて根拠のない習慣に頼りがちになる。コーチたちが、現在のようにフィードバックを行う理由は……。誰にもわからない。おそらく、25年前に自分自身がそういうやり方でフィードバックを受けたからだろう。では、なぜそのやり方だったのか。第3章では、皆さんがいま行っているフィードバックのやり方を考え直す機会を提供する。鍵を握るものはワーキングメモリと認識の科学だ。

　第4章は、「教えるとは、『私が教えた』と『彼らが学んだ』の違いを知ることだ」という、ジョン・ウッデンの格言について。これは教育において最も難しいことの1つであり、知覚の科学が鍵となる。

第5章は、「文化を創造する」について。スポーツにおける文化は、人類が狩猟生活をしていた時代の記憶であることが多く、我々が最も古くから持ち続けているメッセージだ。おそらく、私たち個人の行動が、集団の文化に極めて敏感に反応するように進化してきたためだろう。だが、結局は文化を正しく理解しても、多くの間違いを犯す可能性はある。

第5章までに共通しているテーマは、ジェームズ・クリアやほかの人たちが書いているような、「マージナルゲイン」をもたらす日々の決断だ。そして第6章では、選手とコーチ自身の長期的な成長と発展について述べる。長期的な学習目標と、勝利という短期的な課題とのバランスの取り方。試合当日の指導と練習での指導の違い。メンバーを選ぶ際にどのような判断をするか。そして指導者としての旅路の中で、コーチ自身ができる限り成長し、発展するための方法などについて論じる。

一般的コーチングの本か、それともサッカーコーチングの本か？

この本の目的は、あらゆるスポーツのコーチにとって有益なレッスンとガイドを提供することだ。しかし、私は各スポーツの領域にそれぞれの専門知識があることを真摯に受け止め、コーチたちが自分の選んだスポーツについて深く広く知っていることに大きな敬意を払う。そのため私が最もよく知るスポーツであるサッカーのレンズを通して書くことにした。私が直接、ほかのスポーツの例を挙げなくても、コーチは各自の状況に合わせて教訓を生かすことができるだろう。私にできるのは「サッカーについて話す」ことであり、自分が十分に理解していない競技の例を出すことは気が進まない。とはいえ、この本ではサッカーの例を多く挙げているが、ほかのスポーツの一流のコーチや様々な視点を持つコーチにも彼らの意見やその背景について話を聞き、欄外に追記している。この本のアイデアを、自分のスポーツにどのように当てはめ、応用するか、あるいはその可能性についても考えてもらった。本書のコンセプトを、ほかのスポーツやほかの環境に応用しようとするコーチにとって、サポートやヒントになればと思う。

ここで、いくつか注意点がある。

・私は常々、教師とは職人のようなもので、絶えず変化する状況の中、さまざまな課題を解決するために幅広いツールを利用する人だと考えている。正しい判断は、職人が誰であるか、その人のスタイル、何をつくろうとしているか、そしてどのような状況かによって異なる。全ての状況で、また全ての人にとって、常に正しい公式や事実はない。しかし、先に述べたほか、唯一の正解がないからといって、全ての答えが同じ価値を持つわけではない。あるものが、ほかのものより効果的だとしても、いつ、どのように使うかが問題なのだ。中には効果がないものもある。そして何より、全ての答えが同じでなくても、我々は科学と研究にから得られる情報に基づいて意思決定を行うことができる。

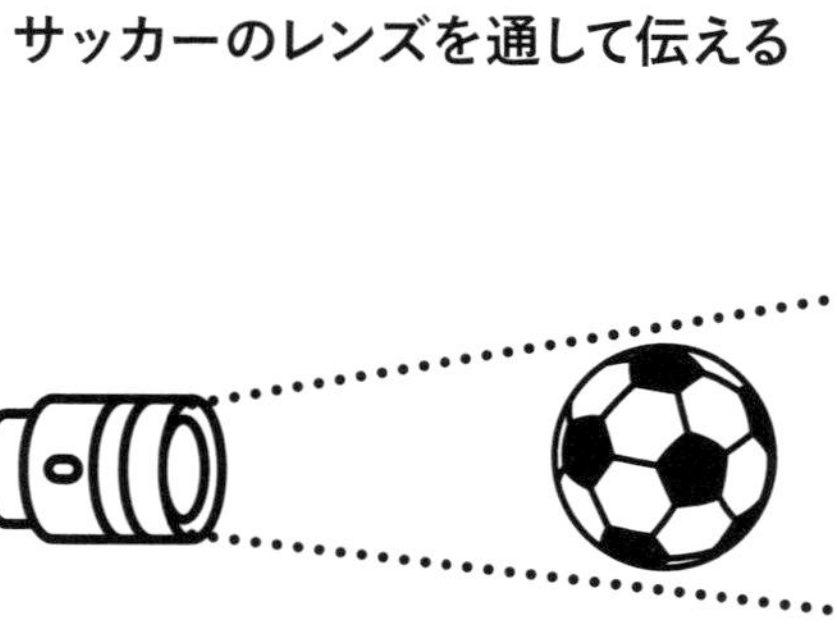

・本書では、従うべきルールを提示するのではなく、一般に知られていることと知られていないことの中間に位置するような、科学的学習に基づく手法を紹介するよう努めた。何事も常に正しいとは限らないし、私が必ずしも正しいわけではないことも承知の上で、この本の内容を皆さんと共有したい。1つの間違いも犯さずに、これだけの長さの本を書くことは不可能だろう。もし何か良いアイデアを見つけたと思ったら、まずそのアイデアを試してみて、それから結論を出すことをおすすめしたい。人間の行動とは、複雑さと意外性を併せ持つものだ。もし何かを試してみて上手くいかなくても、知識を得たことになるし、上手くいけばさらに知識を得られる。まず、やってみる。評価するのは、その次だ。本当は急ぐ必要がないのに、私たちは急いで決めてしまうことがよくある。

新しい「マネーボール」

マイケル・ルイス（ノンフィクション作家）の著書のおかげで、少なくともプロのレベルでは、すべてのチームが「マネーボール」、あるいはそれに類するものをプレーするようになった。つまり、何が成功につながるか、どうすれば成功を予測できるかという、競争を少しでも優位にするような情報を見つけ出し、それを利用しようとしている。「教えること」も、マネーボールの一種だと思う。もし、フィードバックの方法を変えることで、全ての選手がセッションごとに1％ずつ良くなるとしたら、時間が経つにつれジェームズ・クリアが示した小さな利益の力（マージナルゲイン曲線）を描き、急上昇していくだろう。そうすれば、組織としての成果も変わってくる。小さなチームは競争力のあるチームになり、競争力のあるチームはワールドクラスになる。パフォーマンス向上に関する、重要ではあるが見過ごされている要因の隠れた利点を、最初に引き出すことができるのは誰なのか。それが、現在のトップレベルの争いだ。皮肉なことにこれは、私たちがユース（18歳以下）やそれ以下のレベルでずっとやってきた（または、やるべきだった）ことでもある。つまり選手を長期的に、より速く上達させることだ。

コーチングに関する私のお気に入りのビデオの中に（※3）、マネーボール的な一場面がある。スーパーボウルを制したシアトル・シーホークスのヘッドコーチ、ピート・キャロルが、自身とコーチングスタッフについて、こう語っている場面だ。「私たちはコーチとして、何が悪かったのか、何が間違いだったのかではなく、自分たちが見たいもの、望ましい結果について話すことを常に徹底している。規律を保ち、常に自分たちの言葉で、次にやるべきことを伝える必要がある。ほかのではなく、自分たちが実現したいことについて話をする」。キャロルは「何をすべきでないか」ではなく「何をすべきか」にフィードバックを集中させるというシンプルで平凡なことを、コーチ全員で最適化・体系化して、スーパーボウルにまで辿りついた。多くのコーチが見落としがちな部分だ。ＮＦＬ（アメリカン・フットボール・カンファレンス）のヘッドコーチが注目するには値しないことだと感じられるかもしれないが、これこそがゲームチェンジャーなのだ。

指導を最適化・体系化できるポイントは無数にあり、それぞれが驚くほどの効果をもたらす可能性がある。指導は競争を有利にする形の１つであるというだけでなく、１日あたり１％の向上を実現するチャンスが無数にあり、それらが突然、ゲームチェンジャーになりうる。それは、鏡の広間に置かれたマネーボールのようなもので、どこを見ても突然、別のチャンスが現れる。それが真の競争力となるのだ。これはトップレベルのチームにとっても高度な指標と同じくらい価値を持つものだが、地域の小さなクラブでも活用できる。計画と工夫によって指導を洗練させることは、誰もが実行できるマネーボールだ。人を育てる秘訣を解き明

＊3
ＱＲコードから
VIDEOS DISCUSSED の
「Pete Carroll focused feedback」の
映像をご覧ください

かすための努力であるとも言える。そういうことを非常に上手くやれるコーチもいれば、あまり上手くできない者もいるが、どちらも改善によって恩恵を受けられることは同じだろう。向上を夢見るのに、限界はないのだから。

第1章

決断力

VIDEOS DISCUSSED

[QR コード]

＊各注釈の映像はこちらからアクセスできます

パート1：あなたの脳に、侵入する

速く走るのではなく、速く考える

サッカーは、バスケットボールやラグビー、ホッケーなどと同様に「集団侵入型ゲーム」だ。目的はボール（または同様の物）を保持して、相手の領域内を前進することだ。そのためには、プレッシャーのもと、変化する状況の中で、意識して考えるよりも速いスピードで、連携して正確にプレーすることが求められる。このように競技に必要なものは、スキルだけではない。選手たちはスピード、パワー、テクニック、狡猾さといった能力も備えてはいるが、最終的には、個人と集団による意思決定が最も重要になる。

「最高レベルの選手は速く走るのではなく、速く考えるのだ」。私にそう話してくれたのは、あるプレミアリーグの元選手だ。おそらく、考えるスピードも走るスピードも速いのだろうが、その2つを区別することさえ簡単ではない。オランダの伝説的サッカー選手であるヨハン・クライフは、「ほかの選手より早く走り出せば速く見える」と言っていた。走り出す位置や走る角度などを適切に判断して、それを自分の前にいる相手選手よりも少しだけ早く実行に移す。それも「速さ」の一面だ（＊1）。

しかし、意思決定とは教えることが最も難しいものだ。しかもその重要性は選手生活が進むごとに高まり、さらに難しくなっていく。卓越した技術や運動能力によって試合を支配できる若手選手がいたとしても、すぐに相手は、この優秀な個人を封じ込める方法を学ぶだろう。このような優れた選手はせいぜい1人だが、

＊1　スピードとは、判断に対する自信と明確さでもある。「今埋めるべきかどうか」を考えながら、全速力でスペースを埋める選手がいるだろうか

選手Ａはさらに詳しく学ぶ

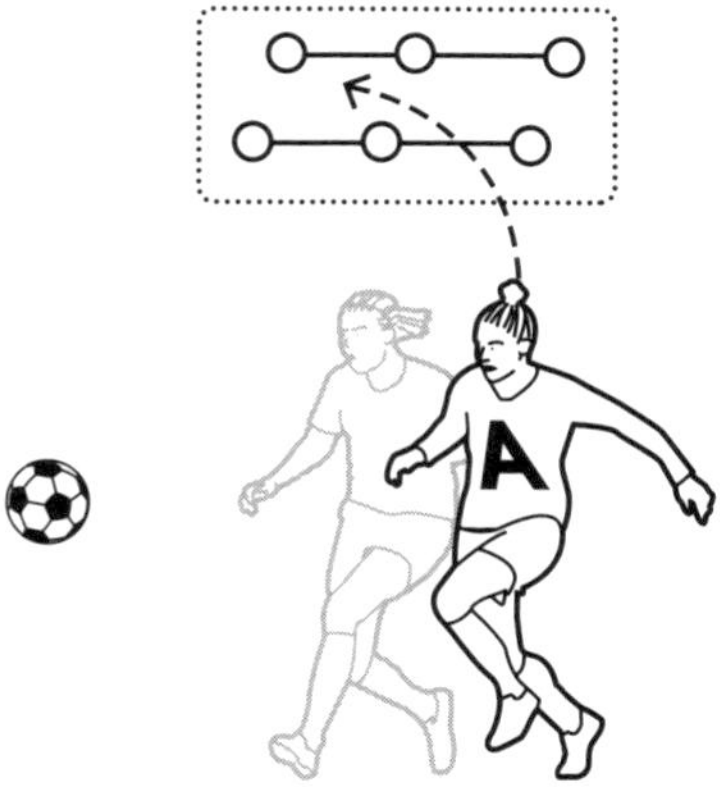

相手は５人や11人、あるいは15人もいる。新進気鋭のスターが輝き続けるためには、自分自身とチームメイトの決断によって、適切なタイミングで適切な場所にいることが結局必要になっていく。

意思決定とは、ひねれば水が出てくる蛇口とは違い、選手に指示を出したからといってすぐにできるようなものではない。

なぜなら、ただ「正しい判断をしたい」と思うだけでは、だめだからだ。選手たちは、チャンスがそこにあるというシグナルを察知し、どのように対応すべきかを認識して、相手が気づいて反応するよりも早く、その情報をもとに行動しなければならない。つまり、決断につながる正しいシグナルを、それが実際に目に見える前に、そして多くの場合、ほかの複雑なタスクを実行しながら探さなければならない。チームメイトとの連携が目的であれば、複数の選手が同じシグナルを探し、互いの行動を見ながら、そのシグナルを確実に読み取る必要がある。

当然のことだが、素早く効果的に判断するためには、まず、素早く効果的に見る必要がある。例えば、センターバックが深く下がりすぎているというシグナルを、ノイズに満ちた無数のディテールの中から見つけ出し、ほんの一瞬だけ開いたチャンスの窓が閉じる前に行動しなければならない。「見ること」の大部分は、実は学習によって身についた行動であり、多くの場合、その学習プロセスを意識することはない。

ここで、いくつかの疑問が生まれる。「見る」力に個人差はあるのだろうか？　他人より「速く」見ることは可能だろうか？　より良く見る方法というのは、教えられるものだろうか？

答えは、おそらく「イエス」だろう。鍵となる要素の1つは「経験」だ。

子供に運転を教えたことのある親なら、誰でも知っていることがある。脇道から別の車が、ほんの数インチ（1インチは約2・5センチ）出てきたとしよう。助手席に座っている親の足は（助手席側にペダルがないにもかかわらず）本能的にブレーキを踏む動きをするが、運転に熱中している子供の足は動かない。どこを見て何に注目すればいいのか、まだわかっていないからだ。親が最も重要ないくつかのことに集中している一方で、子供は無関係な細かいことをたくさん見ている。親はシグナルを見て、子供はノイズを見ている。子供が反応する前のわずかな時間に、親は不安を感じさせられる。これは、知覚効率のわずかな違いが、競技のような条件下では非常に重要となることを示唆している。

知覚効率を上げるために、脳内を配線するのは時間がかかる。「統計上の傾向はあるが、絶対的な規則ではないもの」を知覚しようとするときには特にそうだ（＊2）。「（本などを）読むこと」の研究の第一人者であるマーク・サイデンバーグは、こういったものを「準規則的システム」と呼んでいる。例えば書き言葉であったり、球技のオープンプレーなどもそうだ。サッカーで例を挙げるなら、「スルーパスが通った」という状況であったり、「相手の重心を左に傾けさせれば裏へのパスを通せるだろう」といったことだったり。アメリカン・フットボール・カンファレンスの優勝決定戦で、解説者のトニー・ロモがペイトリオッツのフォー

＊2　視覚の速さで言語を理解する

メーションを一目見て「この形なら普通はモーションから右へ走って大きく展開する」とコメントした一秒後、実際にモーションから右へ走って展開されたプレーを誰もが見ていた（＊３）。（文章を）読む、あるいは（相手の動きとスペースを）読み取ることは、視覚情報を見るのと同じ速さで知覚し、処理することと同じだ。そのためには、まず何よりも「膨大な経験」、つまり脳が統計的な傾向を推測するための、膨大な量の小さな実験と試行錯誤が必要とされる。文字の組み合わせを、例えば一万回解読することによって、文章を一目見るだけで視覚と同じ速さで読むことができるようになる。選手の体の向きと相対的な位置関係を一万回見て経験することで、フィールドやコートやリンクを見回した瞬間、視覚と同じ速さで読み取れるようになる。知覚能力は状況に依存するものであり、育むためには時間がかかる。複雑なパターンを素早く読み取ることを選手に教える必要があると気づいたときには、すでに遅すぎるかもしれない。

したがって、選手にとって最も重要な成長期に、まだ成功に必要とは思えないという理由でコーチが意思決定を軽視してしまうのは危険だ。さらに問題なのは、あとになって選手たちの意思決定が上手くいかないことがわかったとしても、その原因が数年前の指導にあると考えることはまず無いだろう。選手の長期的な成功にとって最も重要な要素を軽視するどころか、まったく気づかない可能性すらある。

指導を受けようが受けまいが、選手たちは常に意思決定をしている。これはよさそうに思えるかもしれないが、行き当たりばったりの不用意な意思決定で、良い意思決定と同じくらい習慣化されやすい。そして悪い習慣を改めることは、最初から良い習慣を学ぶことよりもはるかに難しい。このことは、幼い頃に圧倒的な力を持っている選手を指導するのが非常に難しいことの説明にもなる。そういう選手はほかの子供よりも身体能力が高いから試合に勝てるのであって、５年後になっても、あるいは誰もが同じような運動能力を持つ環境になっても成功できるとは限らない。そういう子供に対し、長期的には持続不可能、あるいは逆効果

＊３
ＱＲから
VIDEOS DISCUSSED の
「Tony Romo perceptive efficiency」で映像を
ご覧ください

ザビエル
ボールを保持しているとき、彼はチームメイトが誰もいないスペースにパスを出す

となる意思決定をする習慣を、許したり奨励したりしてしまうコーチが多い。何人か思い当たる例が誰にでもあるだろう。ドリブルで全員を置き去りにしていたような彼らは、いまどうしているだろうか。サッカーへの興味を失ったのか、情熱とモチベーションが欠けていたのか。もしかすると、そうなった原因はコーチングにあるのかもしれない。

決断力は優れた選手に最も重要

ある若い選手を想像してほしい。彼を、ザビエルと呼ぶことにしよう。彼は、あなたの住む地域の選手たちの一人だ。技術がないわけではないが、小柄で足が少し遅く、いつも背後から追いつかれ、大きくて速いディフェンダーに体を押されて、ボールから引き離されているように見える。ボールを持つと、いつも味方がいないスペースにパスを出そうとする。振り向いてバックパスを出してしまい、見ている親たち（と、おそらくコーチ）を困らせてしまうこともある。「ザビエル、バックパスはするな！」と、大声で叫んでいるのに。

自ら大きく蹴り出したボールに稲妻のようなスプリントで

追いつき、決勝点を挙げる俊足のチームメイトもいるとしよう。クラブはその選手とザビエルに対して、同じように時間と努力を費やして指導するだろうか？（＊４）

想像してほしい。もしザビエルが、彼がいつも見ていたスペースへ、どのように行くべきかを理解してくれるチームメイトと一緒にプレーしていれば、彼はいつもバックパスを出すことはなかったかもしれない。しかし実際には、彼は長い間クラブから注意を向けてもらえず、特別に優秀なわけでも有望視されているわけでもないほかの選手たちからのパスを、むなしく待っているのである。

おそらくザビエルは、パスを受け、ターンをして、相手の中盤とディフェンスのラインを切り裂くパスを出すことを望んで、今日もそこにいるのだろう。しかし、チームで「最高の」選手は、一人でボールを持って12回連続タッチして、ようやくディフェンダーを一人振り切っても、顔を上げればもう相手の守備は整っている。ザビエルが巧みな位置へ走り込んでいても、とっくに無意味だ。クラブのスター選手は、「なぜザビエルはそんなところに居るんだ？」と疑問に思っている。

やがて、ザビエル自身までもが同じ疑問を持つようになり、巧みな走りをやめてしまうかもしれない。続ける理由はないだろう。戦術的なスキルは、全員が同じ戦術で試合をしていない限り、ほとんど気づかれもしないし報われることもない（＊５）。まわりの選手がコンビネーションプレーをしないせいで、どれほどの選手がコンビネーションプレーの能力を見過ごされているだろうか。賢い動きをしてもほとんどボールが出てこないようなチームでプレーしているせいで、どれだけの選手が早いうちから直感を養うチャンスを逃しているのだろうか。しかし、水と太陽の光のように、成長に欠かせないものが与えられたとすればどうなるか想像してみよう。つまり、親切さ・教育・機会・信頼・大きな期待があれば、数年後になってスピードと体格が技術に少し釣り合ってきたザビエルは、ボールを巧みに操り、ワンプレーで２、３回のボールタッチだ

＊４　例えば、クラブは所属するスーパーアスリートに、ライン間のスペースを見つける方法を教えようとするだろうか？　それよりも、あと数年、いつでも彼にロングボールを送り続けて決めてもらうほうがはるかに簡単だ

＊５　ヨハン・クライフは、偉大な選手をこう表現した。「試合中に空中でボールをリフティングして、４人のディフェンダーが戻ってくるまでの時間を確保した選手、それが人々に偉大な選手だと思われるが、そうではなく、テクニックとは、ワンタッチで、適切なスピードで、チームメイトの適切な足元にボールをパスすることだ」と指摘した

けで完璧な角度のパスを出して相手を切り裂く、シャビ（＊6）のような選手になっているかもしれない。

では、その水と陽光を浴びることができるクラブは、どれほどあるだろうか。

大きな声では答えないで欲しい。私たちは真実を知っているのだから。

誤解しないで欲しいが、運動能力が重要であることは間違っていない。もしそうでなければ、プロのクラブが選手の食事を管理することもないだろう（＊7）。基本的には筋肉があるほうが有利なはずであり、体が大きいほうが有利なはずであり、そしてサッカーはスピードこそが最重要であるはずのスポーツだ。それでもサッカー界のトップに君臨する選手たちの中にはいつも、痩せている選手や小柄な選手、比較的足の遅い選手たちが含まれている。シャビ、アンドレア・ピルロ、エンゴロ・カンテのような選手たちは、頭脳こそがサッカーにおける究極の競争力の源であることを教えてくれる。

つまり意思決定とは、優れた選手にとって最も重要な資質であると同時に、間違いなくコーチにとって教えるのが最も難しい部分でもある。意思決定を鍛えるには先を読む訓練が必要であること、そして、たとえ選手自身が意思決定の重要性を理解していたとしても、容易ではない。

≫どのような「考える選手」なのか？

考えることを教えるのが難しい理由の1つは、考えることが起こるタイミングを認識するのが難しいからだ。しかし、デイヴィッド・イーグルマン（神経科学者）が『Incognito: the Secret Lives of the Brain』の中で指摘しているように、意識的に行われる思考は、認知のごく一部でしかない。思考の大部分は、無意識のうちにどんどん進んでいく。この章では、トレーニングや競技中に起きる認知プロセスについて、一般的に

＊6 シャビ（別名：シャビエル・エルナンデス）は、今日、史上最高のセントラル・ミッドフィールダーの一人として知られている。彼は、バルセロナが8年間でリーグ優勝6回、チャンピオンズリーグ優勝3回、スペイン代表が同時期にワールドカップ優勝1回、ユーロでも優勝2回を達成した。「ティキタカ」というサッカースタイルを体現しているが、これらはすべてシャビが指揮を執っていた。現在は同クラブの監督を務めている

＊7 イングランドのプレミアリーグのある監督は、選手にケチャップ（甘いもの）を食べさせなかったため、ロッカールームを失ったこともある

意識されるものと、そうでないものの両方を説明することを1つの目標にしている。またコーチとして、アスリートが行うさまざまな種類の思考をよりよく発展させるために、どのようなことをすればよいのか。そのヒントも提供できればと思っている。私が注目するのは、サッカーのような集団侵入型ゲームにおける認知機能である。これは、野球やゴルフのように筋肉の運動をより深く学ぶようなスポーツの認知や、持久的心理学とでも呼ぶべきランニングや自転車競技の認知などとは異なっている。もちろん、重複する部分もあるだろうし、この章が幅広い層のコーチに役立つことを願っている。私は科学の専門家ではないが、応用研究を取り入れ、指導と学習のレンズを通して考えるよう試みた。

まず、意思決定と問題解決という、同じ意味で使われることの多い、二つの認知プロセスを区別することから始める。一方（問題解決）は一般的に遅く、もう一方（意思決定）は速いことが多い。意思決定は、選手が試合中に頻繁に使用する認知プロセスだが、問題解決は、試合中の速い思考を根底で支える「関連付け」を発達させるために重要なものだ。「速さ」というと、あまり注目に値しない些細なことのように思えるかもしれないが、もちろんアスリートにとっては些細ではない。アスリートにとって「本能」や「ゲームセンス」といえば、通常は、意識して考えるよりも速いスピードで意思決定を行うための、独自のプロセスを必要とするスキルのことを指す。

また、知覚のメカニズムについても検討する。前述したように、知覚は多くの人が思っている以上に、複雑で主観的なものだ。「私たちの脳の半分は、ほとんど視覚だけに特化している」と、アーヴィング・ビーダーマン（アメリカの視覚科学者）は観察している。「視覚は、あまりに速く自動的に起こるので、非常に簡単で単純なプロセスだと誤解される」ことがある。しかし、何を探すべきか、どこでそれを見つけるかを知ることこそが、なにかに熟達するということだ。

プロのピアニスト、ダニエル・ベリアフスキーと、彼の生徒であるシャーロット・ベネットが行った研究は、この関連性を示している。ベリアフスキーは、初見の楽譜を読む際に、シグナルを処理し、それに対してどのように演奏するかを決定し、その決定を体の動きと連動させる。ベリアフスキーの目は常に、演奏中のフレーズのすぐ先に正確に移動し、まずト音記号に向かい、次に、ヘ音記号に向かう。この様子は、彼がビジョントラッキング（視線追跡）用のメガネをかけて演奏する姿を撮影したビデオで確認することができる（＊8）。彼が見ている視野は狭く、安定していて、一貫している。一方でベネットの視線は、ベリアフスキーほど安定していない。彼女はより広い範囲を見渡し、視線を向ける場所にも一貫性がない。これは予想外のことだ。熟練者であるベリアフスキーは、生徒よりも少ない視覚情報で決定を行う。しかしこれは、ベリアフスキーが正しいシグナルを見つけるためにどこを見るべきかを正確に知っていて、それを早くから見つけ出しているからだ。彼の知覚は、より多くのシグナルを捉えており、ノイズは遮断している。しかも、それは無意識のうちに行われてい

ダニエル・ベリアフスキー

＊8
QRコードから
VIDEOS DISCUSSEDの
「Perception and
decision-making」
で映像をご覧ください

るのだ。スクリーンに映し出される自分の目の動きを見ながら、「自分では、まったく意識していなかった」と、彼は言う。

熟練者と、非常に優秀だが発展途上の選手との間には、少なくとも2つの違いがある。第一に、熟練者は「どこを見ればよいのか」無意識のうちにわかっている。第二に、見たものを効率よく処理できる。なぜなら、彼の手は流れるように自動的に動くため、ワーキングメモリの大部分を知覚したものだけに集中できるからだ。

研究により、教師の間でも同様の傾向があることがわかった。ベテランの教師は初心者に比べて、見るものは少ないが、多くを知ることができる。彼らの目の動きは、ベリアフスキーのように、より安定しており、より狭い。ベテランの教師は、経験によって、どこを見れば重要な情報が確実に見えるのかを知っているのだ。

アスリートの場合は、無意識に正しい場所を見てシグナルを発見し、ノイズを遮断する習性があることが熟練の証である場合が多い。最近行われた、クリスティアーノ・ロナウド（サッカーファンでない人のために言うと、彼はこのスポーツの世界でトップ3に入る選手として広く知られている）のヴィジョントラッキングの調査では、彼がディフェンダーにボールを奪われないようキープする際に、基本的にこの動作をしていることがわかった（＊9）。ディフェンダーが腰や膝から発するシグナルに集中し、重要なデータを整然と組み合わせて、体の芯に染み付いたスキルで反応する（37ページイラスト参照）。重要なのは、本人にその自覚がないことだ。熟練者は、初心者とは見え方が違う。文字通り、違うものを見て、違う試合を見ている。

　意思決定のもう1つの形は、グループ内で個々の意思決定を調整することだ。これは、少し奇妙な考え方に基づいている。個々の選手が、実際のプレー中に問題解決に取り組むことはあまりない（問題の発生が遅すぎる）のに対し、チームは試合中に常に問題を解決している。周りの選手たちの判断を、相手よりも効率的に理解し、予想することで、優れたチームは互いに最適な予測と連携を行い（＊10）、問題解決、あるいは人工知能に近いものを実現している。

　最後に、グループの問題解決行動を引き起こす、重要な要因の一つについて検討する。批判的思考、問題解決、意思決定など、あらゆる高次の認知機能の基礎を成す「知識」だ。バージニア大学の心理学者ダニエル・ウィリンガムは、次のように書いている。「過去30年間のデータにより、科学的に反論不可能な結論が導き出された（＊11）」。

　よく考えるためには、事実を知ることが必要だ。それは、単に考えるための材料が必要だからではない。教師が最も関心を持つプロセス（推論や問題解決といった重要な思考プロセス）は、長期記憶の中にある、事実に基づく知識と密接に絡み合っているのだ」。（この点は、私も強調したい）。

　認知科学者の間では、事実に関する知識が、理解や批判的思考、さらには創造性の基礎となることは、ほぼ意見が一致している。だが、一般的な意見や教育関係者の意見は正反対であることに注意しなければなら

＊9
QRコードから VIDEOS DISCUSSED の「Emphasize perception w/ feedback」で映像をご覧ください

＊10
大学でバスケットボールのコーチをしている同僚が、オサマ・ビンラディン殺害作戦を担当した海軍特殊部隊の一人とのインタビューを送ってくれた。彼は、パキスタンにあるビンラディンの屋敷に着陸した2機のヘリコプターのうち、1機が墜落するという惨事に見舞われたとき、チームがどのように対応したかを説明している。「得意としているのは、私が考えるピックアップ・バスケ（マークする選手をしっかり捕まえる守備のやり方）だと思います。我々は皆、効率的で戦術的な動き方を知っている。そして、明確なコミュニ

ない。事実を学ぶことは「低次」の活動であり、何でも検索できる世の中では時間の無駄だと彼らは考えている（＊12）。

問題解決や批判的思考は抽象的なスキルであり、一度身につければさまざまな領域で応用できる、というのがその前提だ。認知科学者の言葉を借りれば「転移可能」なのだ。

この考え方が説得力を持つ理由は理解できる。一度学んだ批判的思考は、ある環境から別の環境へ柔軟に応用できるという考え方は、とても素晴らしいものだ。しかし、残念ながら、この考え方は現実の脳機能とは矛盾している。批判的思考と問題解決は、状況に大きく左右される。自分が知識を持っている領域についてだけ、批判的に考えることができるのだ。ワーテルローでのナポレオンの決断について批判的に考えるには、ナポレオンの性格と動機、将軍たちとの関係、イギリスとプロイセンの司令官の性格、１８１５年6月18日の戦場での位置関係について知る必要がある。こうした知識がなければ、なぜ彼は攻撃したのか、それは無謀だったのかについて、批判的に考えようとしても、結局は推測に終わり、推測は批判的思考ではない。

知識を思考に役立てるためには、その知識が長期記憶の中で「符号化」されていなければならない。脳のワーキングメモリの容量は非常に小さく（＊13）、ある一つのことを考えたり、覚えたりしようとすると、ほかのことを考える能力が低下する。つまり、何かについて意識的に考える必要があると、ほかのことについて考えられなくなり、後述するように、周囲の世界を正確に認識することができなくなる（＊14）。選手たちに、より良く考えてもらうためには、より多くの知識を彼らの長期記憶に保存しておく必要がある。そして効率よく知覚するためには、ワーキングメモリを解放しておくことが大切だ。

知識をより多く長期記憶に保存することでワーキングメモリを解放し、それを効率のよい知覚のために使うことができるが、それだけではない。知覚自体も知識に基づいているのだ。物理学者が複雑な問題をどの

ケーションをとることができます。だから、何か問題が起きたときには、お互いに読み合いながら、それを体現できるのです」

＊11
D・ウィリンガム著書『Why Don't Students Like School?』参照

＊12
ウィリンガムを信じないのであれば、このトピックに関する全米研究委員会の見解をご覧ください。ダウンロードはこちら（www.bit.ly/3jw9LTR)。「1世紀以上にわたる移譲に関する研究の結果、学校の内外を問わず、新しい分野、問題、文脈に移譲可能な一般的な認知能力を教育が開発できるという証拠はほとんど得られていない」。認知は移譲可能なスキルではなく、常に文脈に特化したものである

ように研究しているかを調べたチー、グレーザー、フェルトヴィッチの研究により、専門家が複雑な問題を解決するためのアプローチを選択する際には深層の原理を観察しているのに対し、初心者の場合には問題を確実に解くためには役立たないような表面的な特徴に目を向けてしまうことがわかった。

意思決定VS問題解決

ノーベル賞を受賞したダニエル・カーネマン（心理学者）の研究は、人が予測可能な思考ミスを犯す理由を理解することから始まったものだった。著書『Thinking Fast and Slow』の中で、彼は脳内の2つの異なる「思考システム」（単に「システム1」「システム2」と呼んでいる）の役割を明らかにしようと試みている。もちろん、両者はつながっているが、驚くほど独立して機能しているのだ。

システム1は、「速い思考」だ。これは危機的な状況下で生命を守るために進化したものであり、例えば何かが自分に向かって飛んでくるのを見たとき、意識して考えるよりも早く反応する。「こちらに飛んでくるものは、何だろう？」と考えたり、「危ない！」と言葉にしたりする暇もない。人間の脳は、「身をかわすことが先で、質問するのは後だ」と、考えるシステムを必要としている。

「システム1は、あなたの経験から実感できる以上に影響力があり、あなたが行う多くの選択と判断の、隠れた立案者である」とカーネマンは書いている。これは、スピードが重要な決断に限ったことではない。私たちが意識していないところで、常に周囲の環境を評価し、処理しているのだ。本能のままに行うことの多くは、脳のこの部分によって支配されている。イーグルマンは著書『Incognito』の中で、男性に女性グループの写真を見せ、その魅力を点数化するよう求めた研究を一例として紹介している。半分の写真には瞳孔が

＊13
一方、長期記憶は基本的に無限だ

＊14
創造性も、一般に理解されている以上に知識と密接に関連している。実際、多くの認知科学者は、創造性とは、知覚した何かと長期記憶の中の思いがけないつながりが突然結びつくことだと考えている。創造性は、2つの異なるアイデアが奇妙に結びつくことから始まり、そのうちの1つは記憶の中にある。オールドトラフォードで4－3－3をプレイしている彼らを見てください。まるでワーテルローのナポレオンのようだ！

開いている（これは性的な興奮を表している）女性が写っており、男性はその女性をより多く選んだが、瞳孔が開いていることには気づかなかった。彼らは、魅力的に見える女性を選ぶことだけを意識していたのだ。無意識の知覚が、意思決定に強い影響を及ぼしていると結論づけることができる。

システム１のもう１つの重要な特徴は、常にオンになっていることだ。抑えようと思っても、ほとんどの場合は不可能である。例えば、自分の母国語で書かれた文章を見せられたら、それを読まずにはいられないということだ。

》駐車禁止

文章をただ眺めるだけで読まないというのは、特殊な状況だけだ。このことは、知覚が自動的にほかの高次の思考を開始させることを物語っている。読むことを学ぶには何年もかかるが、ひとたび知覚したものから意味を生み出すことを学べば、そのつながりを断ち切ることはできない。システム１は意識的な思考よりも速く機能することが多く、意識的な監視ができないため、間違いも犯しやすい。何かが目に入って慌てて身をかわしても、ただ木の枝が風に揺れているだけであったり、何かの影が見えただけで急ブレーキを踏んでしまったりすることもある。

それを補うのが、カーネマンが言う「システム２」だ。このシステムは、より注意深く考えることができる。じっくりと検討し、選択肢を吟味し、仮説を検証し、考えを改めることができる。「あれは鳥かもしれないが、影の可能性もある」と考える。クリティカルシンキング（批判的思考）と問題解決は、ここで行われる。

しかし、システム2も完璧ではない。1つの問題は、使うと疲れてしまうということだ。だから、私たちはシステム2を使うのを「怠けて」しまう。どうしても必要なときだけ使っているのだ。学生やアスリートのグループに、トレーニング中にシステム2をオンにさせ、それを維持させるのは簡単なことではない。コーチや教師は問題解決を教えたいのであれば、脳の中のシステム2をオンにして、それを維持することを習慣化する文化を築かなければならない。(これについては、第3章で説明する)。

システム2のもう1つの特徴は「遅い」ことだ。「遅い」というのは相対的な概念である。脳が意識的に思考するのにかかる時間はコンマ6秒程度であり、一般的な尺度で言えばこれはかなり速い。しかしアスリートは、もっと速いスピードを要求される。例えば野球の場合、投手がボールを投げてホームプレートに到達するまでの時間は、打者が意識的に考えるよりもコンマ4秒ほど速い。

長年、打撃の鍵は反応速度にあり、より速くなる投球に対して、さらに速く反応することが必要だと考えられてきた。しかしデイヴィッド・エプスタイン(科学ジャーナリスト)が著書『The Sports Gene』の中で述べているように、偉大なスラッガーであるアルバート・プホルスは、その才能の絶頂期に、成人男性の平均よりも反応時間が遅いことが判明した(＊15)。あれほどの速球を彼が打てたのは、何か別の要因があるに違いない。その何かとは、知覚だった。プホルスのような打者は、投手がボールを放つとき、あるいは放つ前に、肩の角度、手首の位置、腰の回転速度など、投球動作から視覚的なシグナルを読み取る。打者の脳は意図してそれを行っているわけではなく、無意識のうちに視覚的なシグナルを処理し、投球を予測している。多くの打者は、たとえ成功している打者であっても、反応速度が重要だと考えているようだが、これは驚くべきことだ。球界を代表する打者は、自分の成功の真の原動力が何かを知らず、それが起こっていることにさえ気づいていない。偉大なツールを偶然に、知らないうちに身につけてしまっている。

＊15　プロ野球選手ではなく、一般の大学生の年齢層

ほかの選手とは異なる、あるいはより優れた方法でシグナルを探すためのトレーニング法や、指導ができるコーチが存在していたのだろうか？　コーチはこの重要な機能を認識していたのだろうか？

これらの問いが重要なのは、ほとんどの集団侵入型ゲームでは、意識的に考えるよりも速く決断することが求められる場面が多いからだ。相手のミッドフィルダーの背後にスペースが生まれようとしているとき、無意識のうちにアウトサイドのフリックでその隙間にボールを入れたとする。パスを出そうと考えたわけでも、フィールドを頭に描いたわけでもない。味方がそのスペースに移動していることに、ぼんやりと気づいただけかもしれない。シグナルを認識する前に行動したのだ。これがシステム1の働きだ。「あのパスを出したのは自分だったのか」と気づく瞬間、実はシステム2がシステム1の働きを観察しているのだ。

おそらくサッカー界最高の選手であるリオネル・メッシは、「最高の決断とは頭で考えるのではなく、本能でするものだ。状況に慣れれば慣れるほど、より早く、より良い決断ができる」と言っている。1つつけ加えるなら、それは厳密な意味での本能、つまり生まれつき備わっている反応ではなく、長期記憶内で符号化された習慣であり、知覚に基づいて行動を決断するよりも速く関連づけられている。したがって、コーチの仕事の1つは、意識して考えることが現実的でない、あるいは逆効果になるような場合でも効果的な決断ができるように選手を指導することだ。これはよく「知覚と行動の結合」と呼ばれる。

ただし、意識して考えるよりも速く行うべき決断があるからといって、すべての決断がそうだとは限らない。例えば、ストライカーが相手のサイドバックにプレッシャーをかける場面で、走って距離を詰める。このときストライカーは素早く決断しなければならない一方で、相手選手に近づいていく角度について意識的に考え、試合の状況に合わせることができる。ほとんどの思考において、2つのシステムは重なり合っている。システム1が管理する、無意識または意識する以前の知覚をベースとしつつ、行動が少し遅くなるとシステム2によってさらに思考が形作られるため、両システムの調整が必要になるのだ。

このことを理解しておく意味は大きい。なぜなら2つのシステムの調整によって、脳の認知のもう1つの欠陥が明らかになるからだ。システム2が強く働くと、システム1の機能、特に知覚の機能を低下させることがある。例えば、車の空調を調整したり、電話で話したりするような、意識的に考える必要があることを、渋滞を横切って左折すると同時に行おうとすると、事故を起こす可能性が数倍高くなる。システム1は時間と空間のパターンを知覚・認識するが、同時にシステム2が動いていると、こういった作業が苦手になってしまうのだ。

そのため、ストライカーが相手のサイドバックに近づく角度をどの程度まで意識的に考えるべきなのか、明確に決めるのは難しい。できれば自動的（無意識）に決断してくれるのが望ましいだろう。あるいは、何かがきっかけでイレギュラーな状況となり、より積極的な決断が必要だと認識するまでは、自動的に決断をしてほしいと考えられるかもしれない。相手サイドバックが「ファーストタッチをミスする」「パスが甘くなる」「ボールがバウンドする」といったシグナルをコーチが設定し、そのシグナルを見た瞬間ボールを取りにいく、といったように。

ベルリナーは、熟練した教師が教室を見るとき、このようなことをしていると述べている。経験の浅い教師よりも冷静で受動的に教室を眺めているが、ある特定の状況が予測される、あるいは期待していたモデルと現状が異なることを示すシグナルがあれば、意識して注意深く生徒を観察する。

「意識は有益だからこそ発達した」と、イーグルマンは『Incognito』の中で述べている。だが「有益なのは一定範囲まで」であるとも（私からも強調したい）。彼は進化論の観点から語っているが、スポーツについても同じことが言えるだろう。

つまり選手の脳内の2つのシステムは、協調し合う部分もあるが邪魔し合う部分もある。システム1は素早く考え、無意識のうちに動作するが、間違いを犯しやすい。システム2は深く考えて鋭い洞察力を発揮するが、動作が遅く、より緊急な認知機能を混乱させる可能性がある。

》「問題解決型ゲーム」の皮肉

問題解決を行う際、脳は複雑な課題に対して新しい解決策を探す。試行錯誤したり、慎重に段階を踏んで分析したりすることが多い。これはシステム2のタスクであり、つまりスピードには難がある。もちろん、何かがひらめいて一瞬で問題解決を行うようなこともあるが、たいてい問題解決には時間がかかる。必然的に試合中の思考のほとんどは、問題解決とは異なるものだ。サッカーが「問題解決のゲーム」であることを考えると、これは皮肉なことに思えるが、いくつかの点で問題解決が非常に重要であることに変わりはない。

まず問題解決とは、コーチが意思決定をサポートし、長期記憶を構築するために用いる主要ツールとなる。選手が試合中に思考を行うとき、常にシステム2の能力をフルに使っているとは限らないが、試合中に行う意思決定について理解を深めて符号化するためには、より遅くて重要なシステム2の思考を頼ることが多い。ウィリンガムによると、記憶とは「認知のための努力の残り物であり、軽々とプレーできることは、心身両面の努力をともなうトレーニングの残り物である」。認知科学者はこれを「望ましい困難」と呼ぶ。逆に言えば、選手が試合で素早く思考できるようにする最善の方法の1つは、トレーニング中に適切なタイミングと方法で、より多くの意識的な思考を行うことであろう。

第二に、個々の意思決定を集積することで、最終的にチームレベルでの問題解決に匹敵するものを生み出することができる。もしチームの選手たちがお互いの判断を「読む」（つまりチームメイトがなぜその意思決定をするのかを知り、次に何をしようとしているのかを予測する）ことができて、さらに試合以外の時間にじっくりと考えたことを組み合わせれば、一種のグループによる問題解決に取り組むことができる。つまり、単に優れた意思決定をするだけではなく、チームメイトがお互いの行動を読んで理解することができる「読みやすい」意思決定が求められているのだ。

問題解決の話はまた後でするとして、まず選手のプレー中の思考の多くが意思決定であることを踏まえ、もう少し詳しく調べてみよう。

意思決定とその方法

バルセロナのTOVOアカデミー（スペインの著名な少年サッカースクール）のトッド・ビーンの言葉を借りれば「それは、全て知覚から始まる」。ここでの「それ」は意思決定のことだ。状況を知覚すると同時に、すでに意思決定も開始されている。何かを見る時点で、すでに対象の選択と整形が行われるからだ。

知覚することとは、優先順位をつけることだ。私たちは目の前の光景を客観的に見ているだけだと思っているが、実はそれは「ユーザー錯覚」という名の錯覚である（＊16）。認知科学者のスティーブン・ジョンソンは「意識を持つということは、自分の周りのすべてを知覚することだと思うだろうが、実際には現実の小さな断片を知覚して……、あちこち入れ替えるということだ」と語っている。何かを見るとき、脳は見たものを理解するために様々な空白を埋めていく。見えない部分は推測により補われる。例えば私たちの周辺視野は役に立たないほどぼやけているし、視野の中心から15度ほど外側には、視覚神経が付着していて感覚細

＊16 デンマークの作家トール・ノーレットランダーシュの著

胞のない場所がある。いわゆる死角というものだ。早業の手品師は、目の前に置いた物が相手に全く見えないように仕組むことができる。相手がそれに気づかないのは、脳が見えない部分を補っているからだ（＊17）。脳はまた、視野の中で何に注意を向けるべきかを決定しているが、これも多くは無意識的に行われる。

例えば心理学者のアルフレッド・ヤーバスは、被験者に絵画を見てもらい、その視線の動きを追跡する実験を行った。ヤーバスが絵についてさまざまな質問を始めると、被験者の目の焦点が変わっていく。絵に描かれた人物の年齢をたずねると、被験者は無意識のうちに顔をよく見つめた。財産を推定する質問のときは、服装に注目した。被験者の目は何を知りたいかによって異なるパターンで動くが、重要なのは（ここまでくれば予想できるだろうが）彼らが無意識のうちにそれを行っていたことだ。「世界を探る目は、任務を遂行する極秘スパイのようなものだ。例え『あなたの目』であっても、それがどのような任務を担っているのか、ほとんどわからない」とイーグルマンは指摘する。しかし被験者の脳が無意識のうちに、絵画の中の最も重要な場所に目を誘導していたとしたら、脳はどうやってその方法を知ったのだろうか。答えは経験だ。顔から年齢を、服装から財産を見分けることを何万回も繰り返した結果、正しい場所を見るための暗黙の知識が身についたのだ。

知識と経験が、試合中にフィールドのどこを見ればいいかを教えてくれる。例えば、相手が出してくるパスを予測するには、どこに目を向けたらいいのか。ボールを持っている選手の目？　足元？　腰？　目はこれらの場所を、どれくらいの頻度でスキャンしているのだろうか。

例えば、ほかの選手を観察するために、周囲のスペースをスキャンする頻度は？　どのスペースを？　おそらく選手は、どこを見るべきかについて考えていない可能性が非常に高い。実際、優れたディフェンダーであっても自分がどこを見ているのか理解はしていないだろう。ある認知科学者は、「人はよく自分がある

＊17　あなたがテーブルのどこかを見ていると、彼女はハサミをあなたの死角に移動させる。脳がそれを常に認知的に補正しているため、あなたはそれに気づかない

場所を見ていると思い込んでいるが、それは間違いである」と語っている（＊18）。人はなぜ自分がそのことに集中するのかが、わからないまま見ている。経験が教えてくれなかったものは、決して見ることができないかもしれない。

カルガリー大学の認知科学者であるジョーン・ビッカースはベルリナーと同様、熟練者と初心者の視線は大きく異なると主張している。熟練者の視線は初心者に比べ、早い段階で視線の先にある重要な部分を捉え、より安定して長くそこに留まる傾向があるため、彼女はこれを「静かな目」と呼んでいる。これは非常に重要なことだ。選手は十分な情報があっても判断を誤ることがある。間違った選択をするのだ。だがそもそも、彼らはどんな選択肢があるのか知らなかったのかもしれない。蹴るべきパスコースが見えなかったのかもしれない。なぜなら、どこを見れば重要なことがわかるのかを学んでいなかったからだ。見ることを学んでいなかったのだ。だから、より良い意思決定を望むなら、まず目から始めるべきだ。置かれた状況の中で、最も重要な細部を見るために目を導き、そして考える習慣を身につけるのだ。

＊18
サム・ヴァイン（エクセター大学）、月刊「The Atlantic」に掲載された記事より引用
www.bit.ly/32NLm5x

見ることを学ぶ

知覚の大半が知識や経験から無意識に生まれるものであるとすれば、そこにはいくつかの意味がある。

第一に、アスリートはゲームの構造に広く触れる必要があるが、その際、どのように見るか、つまり、どのようなディテール、どのようなシグナルが最も重要かを知ることを指導すれば、その効果を加速することができる。第二に、コーチの指導は、ノイズの中からシグナルを見つけるために選手たちの目を誘導することに重点を置くべきだ。第3章で述べるように、「何が見えるか」と尋ねたほうが、「ここでどんな決断をす

べきか」と尋ねるよりも、より良い判断が得られるかもしれない。第三に、見ることのメカニズムは改善できる可能性がある。これは南アフリカの研究者、シェリル・カルダーの研究の背景にある原理だ。彼女はプロのスポーツ選手が、よりよく見ることができるようにトレーニングしている。例えばラグビーのイングランド代表チームと仕事をしたとき、彼女はハイボールのキャッチが苦手な選手がいることに気づいた。「ハイボールが捕れないのは、捕る動作に問題があると思いがちです」と、カルダーはＣＮＮに語ったが（＊19）、彼女は日々の練習を通して、その選手の垂直方向の周辺視野を向上させるトレーニングを行った。周辺視野のトレーニングは専門的であり、ほとんどのユースクラブは実践できないかもしれないが、カルダーは普遍的なアドバイスも提供している。スマートフォンは私たちの周辺視野を狭め、視覚システムを劣化させると彼女は主張する。長期的な影響は重大だが、短期的な影響も大きい。彼女はアスリートに、試合に出場する日は携帯電話を使わないようにすすめている。

最後に、「見る」ことにおいて知識と経験が重要な役割を果たすということは、意思決定のスイッチをすぐに入れることはできないということだ。ゲームを「見る」「読む」ことができるようになるには、正しく見てきた長年の経験が必要である。読書の例えに戻ると、すらすらと読みたければ、若いうちから始めるべきだ。サッカーの場合、12歳や14歳のときにスイッチを入れても、選手が顔を上げてフィールドを正しく見ることは望めない。彼らはすでに6～7年間、ドリブルしているときにボールを見下ろしたり、チームメイトがでたらめに動いて試合展開を予測できない中でプレーしていたのだから。そのときはもう手遅れだ。眺めることはできても、見ることはできない。

＊19
カルダーがＣＮＮで語った視覚認識のコラム
www.cnn.it/34WnGOU

ジオンとチャンク

脳の視覚野は、見たことのないものでも、どんな風に見えるかを予測できるという素晴らしい力を持っている。例として、いまあなたの部屋にある1つの椅子を考えてみよう。その椅子を10分の1秒でも見ただけで、脳は全く違う角度から見た椅子の映像を思い浮かべたり、実際に見たことのない角度であっても同じ椅子だと認識できたりする。「これは私の椅子だ」とか、「遠く離れて見ればこう見える」とか、推測できるということだ。これがビーダーマンの言う「パターン認識の奇跡」であり、パターン認識にはアスリートにとって計り知れない価値がある。

ビーダーマンによれば、脳がこの奇跡を起こせるのは、複雑な形状をより単純な形に分解できるからだという。この単純な形を、彼は「ジオン」と呼んでいる。「ジオンは30～40種類ほどあり、それだけの数でほとんどの物体をモデル化できることがわかった。見ている物体をジオンで表現すれば、ほとんど全ての視点から、その物体が何であるかを認識できるのだ」と、ビーダーマンは語る。脳は、核となるジオメトリー（訳註：ジオンの集合体）を一度理解すれば、その知識を利用し、新しい状況や架空の状況にまで迅速に適用することができる。

知覚に関するもう1つの重要な発見は、「チャンキング」と呼ばれるアイデアだ。これは、熟練者が情報をチャンク（塊）として処理する能力のことで、初心者よりも多くの情報を処理できる。例えば「To be or not to be」という文字列は、12個の独立したデータではなく、「To be or not to be」という6個の単語、あるいはおなじみのフレーズ（生きるべきか死ぬべきか。シェークスピアのハムレットのセリフ）として見ると、覚えるのがずっと楽になる。同様に、チェス盤の画像を熟練者のグループに見せると、初心者グループよりもはるかに多くの盤面を記憶できる。これは、ハーバート・サイモン（経営学者）の有名な研究で明らかになった。ゲームの中盤、または終盤の典型的なチェス盤上の駒の配置を5秒間見せたところ、熟練者は駒の約3分の2がどこにあったかを記憶できた。初心者のグループは「4個くらいしか覚えられない」とアンダース・エリクソンは著書『Peak』で述べている。このことから当初、熟練者は驚異的な記憶力を持っていると考えられ、その記憶力はおそらくチェスの経験に、あるいは生まれつきの才能に起因していると推測された。だが面白いことに、サイモンは盤上に駒をランダムに配置し、実際のゲームではありえない形にしたときの記憶力を評価することで、チャンクの能力が専門領域に特化したものであることを証明した。この場合、熟練者が突然、初心者に勝てなくなったとエリクソンは述べている。実際のゲームでは起こりえない状況なので、専門的知識による知覚の優位性が失われたのだ。選手は、見る経験を増やすだけではなく、見ているものを理解しなければ、知覚の優位性は失われてしまう。知覚能力を発達させるには、プレーが展開されるミッドフィルダーの中心に立つだけでは不十分だ。自分が何を見ているのかを理解する必要がある。例えばミッドフィルダーが相手のディフェンダーを定位置から引き離し、チームメイトをその背後に忍び込ませようとしている、といったように。試合が最高の教師であるという考えが、科学によって支持されない理由の1つはここにある。試合を理解している者だけが、試合から学ぶことができる。

サイモンの主張によれば、熟練者はチェスの駒の位置を「チャンク」として処理していたのだという。情報を束にして見ているということだ。ルーク（戦車、将棋の飛車に類似）がビショップ（僧侶、将棋の角に類似）を脅かし、それを2つのポーン（歩兵、将棋の歩に類似）が防御するという状況は、彼らにとっては、ただ1つの「もの」、つまり情報の一塊だ。サッカーに置き換えると、初心者なら中盤のラインから10ヤード前方のタッチライン際に右サイドバックがいて、中盤のラインのすぐ後ろ、タッチラインから25ヤードのところに右センターバックがいる、といった見方をするだろう。これに対し熟練者は、4バックが適切な形をしていて、おそらくはプレッシャーを吸収するために圧縮されている、という風に見る。あるいは、プレッシャーを吸収するために圧縮された4バックだが、センターバックが離れすぎている、と考える。どのくらい離れているのかといえば、まあ、理想の位置から少し遠いくらいかもしれない。熟練者は、知識や経験に基づく概念である「心的イメージ」を用いて、大量の情報を素早く理解することができる。エリクソンは、この「心的イメージ」こそが、知覚能力を加速させる鍵であると主張している。

このような心的イメージにズレが生じると、熟練者の注意を強く引きつける。私自身、元スコットランド代表のディフェンダー、イアン・マンローと一緒にサッカーの試合を見ていたとき、このことを実感した。理想的な4バックの形は「受け皿のような形」だと彼は話していた。彼にとって4バックを見ることは、フィールドを横断する曲線の孤というイメージ、つまり心的イメージを見ることであり、だからこそ一目ですべてを見渡すことができた。あるとき、彼は試合を見ながら「左サイドバックが危ない」と言った。「左サイドバックが広がりすぎていて、ポジションを修正するために内側を向いている。マークする相手から、目を離している」すると、そのディフェンダーが一瞬見失った相手へ、斜めにロングボールが飛んできた。その数分後、試合は1対0で相手チームの勝利に終わった。マンローはサンドイッチを食べつつ、私と話しながら横目で試合を見ていたにもかかわらず、「何か変だ」とすぐに察知した。選手の一人がいるはずの場所にいなかったことが彼の目を引きつけたのだ。

エリクソンは、サッカー選手に試合のビデオを見せたところ、チャンキングは選手の見る能力と予測する能力の精度を高めることに気づいた。ある選手がボールを受けた瞬間に、ビデオを止めた。優れた選手は、周囲の選手たちがどこにいて、どの方向に動いており、ボールがどこにあるのかを、より正確に思い出せる。次に何が起こるか、より正確に予測することもできた。

「優れた選手ほど、フィールド上の行動パターンを読み取る能力が、より高度に発達していた。彼らはこの能力により、どの選手の動きや相互作用が最も重要であるかを察知し、フィールド上のどこに行くべきか、いつ誰にパスを出すべきかなどの判断を、より的確に下すことができる」と、エリクソンは語る。

だが、それだけではない。エリクソンの説明によると脳には可塑性があり、直面する要求に対応するために神経回路を常に再利用しているので、よりよく見ることの利点は時間とともに大きくなるという。例えば、ロンドンのタクシー運転手の脳をスキャンすると、ルートマッピングに関連する脳の回路が拡大していることが示されている。（＊20）。つまり、脳は頻繁に知覚するものをより多く知覚するようになる。より優れた心的イメージが時間とともに蓄積され、さらに知覚しやすくなっていく。だからこそ、若い選手の視覚環境に注意を払うことは、非常に重要である。サッカーであれほかのスポーツであれ、選手がそのスポーツの核となるジオメトリーに十分に触れ、一目で理解できるようにする必要がある（＊21）。脳は、核となる形状を理解し、有用な心的イメージを形成できるようになれば、先の展開を予測し、迅速に適応することが可能になる。

ノルウェースポーツ科学大学院のゲイル・ジョルデの最近の研究によると、優れた選手は「スキャン」（ボールから目を離して、周囲の選手の位置やスペースを把握すること）頻度が、熟練していない選手よりも高いことが明らかになっている。『スキャン』の頻度が高い選手ほど、ボールを受けたときに周囲の状況を明確に把握できる。最高のミッドフィルダーは10秒間に5、6回スキャンすることを、ジョルデは発見したのだ」と、サム・ディーンは最近テレグラフ紙に書いている。このことを、いくつかのプロアカデミーの

＊20　地図作成ソフトに取って代わられる前は、そうだった。いまでは、みんなと同じように、SnapchatやX(Twitter)を使う部分で脳が拡張されている。この例は、エリクソンの著『Peak』より引用

＊21　何人かのNBAトッププレーヤー（コービー・ブライアント、スティーブ・ナッシュ）は、バスケットボールのコートで特別な意識を持つようになったのは、スモールサイドサッカーをやっていたからだと、チェンジング・ザ・ゲーム・プロジェクトの創設者であるジョン・オサリバン氏は述べている

コーチに伝えたところ、すぐに返事をくれた。彼らはこの研究を知っていて、スキャンに必要なことや、刺激となるものを練習メニューに組み込んでいた。コーチが知覚の力を積極的に受け入れているのは喜ばしいことだ。また、スキャンは極めて重要なことだと思われるが、必要ではあるが十分ではないということも注目すべき点だ。見ることは簡単でも、多くの情報を読み取るのは難しい。スキャンが有効であるかどうかは、見ることと同じくらい速く読み取る力があるかどうかで決まるからだ。このことは、単にスキャンの回数を増やすだけでは、知覚を向上させることができない選手がいることを示しているのかもしれない。

反応のメニュー

ザビエルがようやくトップチームに上がったと想像してみよう。彼は試合の最中で、いま敵陣に入ったところだ。自陣のゴールの方を向き、深い位置にいるセントラルミッドフィルダーが運んでくるボールを受ける準備をしている。肩越しに相手選手が猛然と迫ってくるのに気づく。ほかに2人の相手ディフェンダーもわずかに彼の方を向き、必要なら近づく準備をしているが、背後のスペースからは少し目を離しているようだ。そのうちの1人が一歩、二歩と近づいてくる。ザビエルの脳は、体勢の変化による「ボールを守る」反応や、ファーストタッチをどこに向けるかの判断など、一連の反応を素早く呼び起こさなければならない。

ザビエルのプレーがうまくいくかどうかは、彼の知覚の質と、ボールをトラップしてキープするという必要なスキルを自動化できるかどうかによって決まる。最小限のワーキングメモリでそれらを行うことができれば、より多く「見る」ことができるだろう。

だがここでは同時に、戦術的な認識をチームメイトと共有することも起こっている。3人の選手がザビエルに迫っているということは、ほかの場所でチャンスが生まれるということだ。ザビエルとチームメイトが、そこへ素早くボールを運ぶことができれば、数的優位をつくれる。ザビエルがプレッシャーを感じると同時に、彼とチームメイトは一連の戦術的判断のシグナルを知覚するだろう。その戦術は、ボールをキープするのと同じくらい何度も練習してきたはずだ。ザビエルはタッチで相手をおびき寄せると、近くにいたチームメイトのベトにバックパスを出す。ベトはこのスローなパスを見て、数的優位をつくれる場所を探すために、フィールドをスキャンするべきだと判断できる。ザビエルのパススピードが遅いことは、彼にこう告げている。

「３人が近づいてくるのが見えただろう？　１秒だけ時間を稼ぐよ」。ベトはボールを受ける前にスキャンしなければならない。ワンタッチでパスを出さなければ十分なアドバンテージを生み出すことはできない、とコーチから何度も言われているからだ。もう一人のチームメイト、クラウディオもシグナルを読み取っていた。彼は適切なポジションに入れば、ベトからパスが来ることを知っている。突然、斜めに切り込み、ディフェンスラインの間のスペースに飛び込む。

ディフェンダーの反応が一歩遅れたのは、ザビエルのバックパスをシグナルとして読むことができず、それが意味する一連の動作を理解していなかったからだ。ザビエルとチームメイトはいま、数手先まで進んでいる。

協調的な意思決定

中盤でのザビエルとチームメイトのやり取りは、協調的な意思決定（いわゆるグループでの問題解決）を可能にする重要な要素を示している。自分たちがどのようにプレーしたいのか、特定の状況ではどのような選択肢が望ましいのかについての理解を共有するチームは、相手のディフェンスよりも速く、より良く互いの行動を「読む」ことができるだろう。特定の状況における目標や優先順位について明確な共通の理解があれば、互いのシグナルを読み取り、行動によるコミュニケーションができる。

彼らは同じ視覚的語彙を用いて、同じように試合を読むだろう。まるで予知能力があるかのように見える。これこそ、エリートサッカー界のキラーアプリだ。「ゲームモデル」（＊22）とは、チームがどのようにプレーしたいかという共通理解を具体的な設定に落とし込んだものである。これは、グループでの問題解決のためのロゼッタストーンのようなものだ。このようなモデルはエリクソンが言うところの、相互にリンクした一連の心的イメージであり、一般的に適用可能な原則で記述された、あるべき姿の設計図である。

「プレーの原則」という言葉をより洗練させたものだとも言えるが、コーチが一般的に原則と呼ぶものを超えている。エリートクラブ・ナショナルリーグの会長、クリスチャン・レイバースが私に説明してくれたように、プレーの原則はプレースタイルに関係なく同じだが、ゲームモデルは特定のチームや、ときには状況に特有のものだ（つまり、1つのチームがプレッシングをかける場合と、深く引いて戦う場合とで異なるゲームモデルを持つこともできる）。いわば、チームの取り決めでもある。例えば「プレッシングは、ボールがミッドライン（双方のゴールの中心を結ぶ線）を横切って左から右、または右から左に渡るのを防ごうと

＊22
クリスチャン・レイバース（エリートクラブ・ナショナル・リーク（ECNL）の主要な創設者であり会長）の言葉

する」「中盤から攻める場合、ディフェンスのプレッシャーを引きつけ、素早く後方や外側へボールを回すようにする」といったものだ。

したがって、「知識」を構築することはコーチの仕事となる。この「知識」とは、試合が生み出す状況や、それに対する有効な解決策を理解することだ。この知識は、次の点で役立つ。

・長期記憶の中で符号化される。
・個々のプレーに明快で的確な名前をつけることで、コーチや選手は正確かつ迅速にそれを思い出し、参照することができる。
・具体的な目標と結びついているため、選手は与えられた状況への対応を調整することができる。目的を理解してこそ、協調的な判断ができる。

流動的な試合をコントロールしすぎだと見る人もいるだろうが、それは逆かもしれない。トレーニングで知識や語彙を増やすことで、コーチが介入しなくても、選手間で協調して意思決定ができるようになる。批判的思考や問題解決、意思決定は、抽象的には教えられないことが認知科学により示されている。具体的な状況や関連する知識の中でしか教えられないのだ。

ＴＯＶＯアカデミーのトッド・ビーンは、義父であるヨハン・クライフの好きな言葉を紹介してくれた。「単純なことを高速で行うと、複雑に見える」。つまり、複雑さとはときに幻想である。相手チーム（例えばザビエル、ベト、クラウディオの対戦相手）にとってもそうだし、自分たち自身に対してさえ幻想に過ぎない場合もある。おそらくザビエルのコーチは、選手たちに「プレッシャー」「バック」「スルー」のパターンを何度も練習させている。だがクラウディオは、自分の走りのアイデアがどこから出てきたのかさえわからないだろう。一見、思いもよらない新しいアイデアを生み出しているように見えても、実は既知のアイデアを少し特徴的にアレンジして、高度に連携させて使っていることが多い。ここでは、多くの選手が互いの行動を高度なレベルで素早く読み取りながら、少しずつ貢献することが「創造性」を生み出すと言える。創造性の定義が限定的に聞こえるかもしれないが、私たち自身の遺伝子の構成を考えてみて欲しい。DNAはアデニン、グアニン、シトシン、チミンという4つの基本的な化学物質の配列の違いによって大きく変わる。たった4つの変数の順序と配列を変えるだけで、何十億ものユニークな個性を生み出すのに十分な創造性を発揮するのだ。

最後に、スポーツにおける創造性について考えてみよう。フィールドやコートで求められる創造性は、ほかの場面で求められる創造性とは大きく異なることが多い。スポーツにおける創造性とは、まったく新しい発見ではなく、一般的なアイデアの予想外の応用や適応を意味する。この両者は異なるものだ。ラグビーは、サッカーの試合中に選手がボールを拾ったことで発明された。このような行動に一般的な意味での創造性はあるが、より上手にサッカーをすることが目的であれば、あまり創造的とは言えない。多くの場合、スポーツで求められる創造性とは「型破りな発想」ではない。選手一人が、あるいは複数の選手が連携して、思いがけない独創的な解決策を「型の中で」生み出すことだ。ニュージーランドのラグビーの名将、ウェイン・スミスは最近インタビューにこう答えていた。「多くの人がオールブラックスの創造性や才能の素晴らしさを称える。だが創造性とは、練習がカモフラージュされたものに過ぎない。ハードワークから生まれるものだ」（＊23）。

＊23　ニュージーランドのラグビーの名将、ウェイン・スミスのコラム　www.bit.ly/2EZkB5J

≫疑わしいこと：すべての困難は望ましくない

「望ましい困難」とは、認知心理学者が用いる言葉であり、より大きな学習をもたらす認知的課題を表す。学習には努力が必要だが、これは逆もまた真なりということだ。精神的な努力を費やしても、それが必ず学習につながるとは限らない。

解けないことはない程度に難しい問題に取り組んだとしても、それ自体が学習を引き起こすわけではなく、難しさの焦点が学習者の学ぼうとしていることに合致しているときにこそ学習が引き起こされる。このことは、最近「Sans Forgetica」という新しいフォントの研究で証明された（60ページ参照）。

認知に努力を費やすほど多くのことを学べるのであれば、テキストを読むために努力を必要にさせるのはどうだろうという発想だった。Sans Forgeticaのデザイナーは、読むこと自体を難しくすれば、読んだ内容をよりよく記憶できるのではないかと期待していた。だが残念ながら、それは半分しか正解ではなかった。ウォーリック大学の研究者たちは、Sans Forgeticaは読みにくいが、「記憶力を高める効果はない」と結論づけた。読者が学ぼうとしている内容とは無関係なタスクに労力を割かせるだけでしかなかった。

これはスポーツの指導にも関連する。コーチは学習効果を高めるために難易度が高い練習メニューを考案する場合があり、こうしたアイデアは知覚に焦点を当てることが多いからだ。だが、だからといって意図したテーマを選手がよりよく学べるとは限らない。

やや誇張された例だが、「兎と銃」というものがある。これは「アスリートのための認知能力トレー

Sans Forgetica

ニング」とうたっているもので、複雑なマルチタスクアクティビティをこなすことで、アスリートの思考能力の開発を見込んでいる。例えばトレーニング用ラダーでステップを踏みながら、同時に両手を使ってウサギ（指を2本立てる）と銃（指を1本立てる）のハンドサインをつくる、といったようにマルチタスクで頭を使うメニューが用意されている。

「テクニカルスキルコーチ」を名乗る者がこのメニューを指導しつつ「脳の左半球と右半球の相乗効果」について語れば、非常に説得力があるように思える。しかし実際には、「兎と銃」はアスリートたちが学ぼうとしている課題に適したものではない。認知科学者が言うところの「内在性認知負荷（習得したいことに集中する作業）」ではなく「外在性認知負荷（習得したいこととは無関係な作業）」にワーキングメモリを使って、ほとんど関係のないタスクを認識・実行することになる。サッカーのフィールドでよりよく考えるには、次のようなことが必要だ。

1. より良く知覚する
2. 知覚したパターンを練習した一連の行動と関連づける
3. それらの行動を具体的なケースに適応させて、応用させる

選手が「兎と銃」をやれば「兎と銃」が上手くなり、トレーニング用ラダーを駆け抜けるときに、より深く考えることができるようになる。だが、それだけだ。「兎と銃」は、ばかげた話だと思えるかもしれない。だが実際、特にトレーニングに知覚的なシグナルを組み込もうとすると、意図せず「外在性認知負荷」を加えてしまいがちだ。

例えば、アスリートがスキルや判断を行う際に、色や数字に反応するように求められるトレーニングセッションを私はたくさん見てきた。コーチが「青！」「赤！」「1！」「2！」と大声で叫ぶ声に合わせてボールを受け、青や赤のゴールを攻めたり、「1」の場合はボールを後方へ戻したり、「2」の場合はターンして前方へ向かったりしなければならない。こういった練習メニューの欠点は、アスリートがフィールド上で決して見ることのないものに反応してワーキングメモリを使うようになることだ。アスリートは「青」という単語と動作や方向を結びつけるのにワーキングメモリを消費してしまう分、スキルを符号化したり、知覚に役立つ観察を行ったりすることができなくなるかもしれない。実際のゲームのシグナル（例えばディフェンダーが背後に迫る）をシミュレートしたり、単純に攻撃するゴールを選手に選択させたりするほうが良いかもしれない。

ほかにも、知覚スキルを構築することを目的としたトレーニングが試合に転用可能であると仮定しているようなアプローチは頻繁に見られる。ある有名なビデオでは、選手が4色のカラーベストを着用し、

セッション中にコーチが叫ぶ命令に合わせて、色の組み合わせに基づいてチームの組み方を変えるように要求される。まず緑と青がチームメイトに。次にコーチが指示を出すと、緑と黄色がチームメイトになる。青と赤も同様に。選手は指示を受けて反応しなければならない。

しかし、知覚とはおそらく転用可能なスキルではない。試合の状況とは無関係な刺激を知覚することを学んでも、試合中の知覚がよくなることはないだろう。その証拠は、エプスタインの『スポーツ遺伝子は勝者を決めるか？』（早川書房）の中で語られる、メジャーリーグの打者の話の後半に見ることができる。メジャーリーグの打者が打撃に優れているのは、反応速度が速いからというよりは、投手の投球動作に示される視覚的な手がかりを読み取っているからだ、とエプスタインは主張する。

言い換えればこれは、特定の状況固有のスキル（投手の投球動作に関する予備知識を無意識

女子ソフトボール
ジェニー・フィンチ

に利用するスキル）であり、転用可能なスキル（反応速度）ではない。その証拠としてエプスタインは、女子ソフトボールの名投手ジェニー・フィンチの例を紹介している。

ある年、彼女はメジャーリーグの春季キャンプを回り、自分の速球で強打者たちを打ち取れるかどうか挑戦した。相手の中には、当時のメジャーリーグを代表するスラッガーだったバリー・ボンズも含まれていた。フィンチの挑戦を受けた彼らが自信満々だったのは当然だろう。ジェンダーバイアスどうこうではなく、時速90マイル（訳註：１マイルは約１・６キロメートル）以上の速球を一日何本も外野席へ打ち返している彼らとしては、時速60マイルのソフトボールを空振りするなんて考えられないだろう。だが、ボンズが考慮していなかったのは肩の位置や腕の速さ。馴染みのない球種の名人が投げるボールに対して、彼が長年身につけてきた知識は全く役に立たなかった。フィンチは3球で彼を三振に仕留めた。知覚もまた、状況に依存するのだ。

パート2：何をすべきか

答えは存在しない

では、このような情報をより良いトレーニングに反映させるために、コーチは何をすべきだろうか？

本章の残りの部分では、それぞれのコーチやクラブ、そして選手の年齢、スキル、理解力に合わせて適用できるさまざまな提案やツールを紹介している。これらは推奨案であって、絶対的ルールではない。絶対に正しいルールというものは存在しない。これらのアイデアを採用する際には、最低限の応用と適応が必要になる。読者の皆さんの多くは、私よりもご自身のスポーツについて詳しいはずだからだ。

これを読んで、よく知っているアイデアに似ているとか、もっと洗練され適応が施されたアイデアを知っていると思えたのなら、それは良いことだ。ここには、革命はない。進化は時間が経てば経つほど進んでいく。多くのコーチがすでに使っているものと同じような環境に少しだけ変化を加え、少しだけ意図的な行動をとると、劇的な効果をもたらす可能性がある。それが私の目的だ。

バランスのとれたアプローチ

「最高の指導法とは何か？」この質問には１００万ドルの価値があると言えるだろう。

答えは、「1つではない」。少なくとも「1つだけではない」のだ。相手の頭上を抜くボールの蹴り方、ハイプレスに対抗するプレーなど、コーチには教えるべきさまざまな知識や技術があり、それをプロや10歳の子供たちに指導している。そのような状況では、何を教えようとする場合でもどのような文脈においても指導法が同じになるということはないだろう。ある方法がある目的に対してどれほど有効であったとしても、理想的なトレーニング環境では、方法が「単一栽培」であってはならない。

ハンマーは優れた道具であり、幅木を取りつけるときには頼りになるが、幅木を切るにはノコギリがいる。どちらの道具が優れているかを問うことは、道具箱の意味を見失うことになる。またコーチは、経済学者のロビン・ホガースが言うところの「邪悪な学習環境」の中で活動しており、意思決定とその後のフィードバックの間にミスマッチが生じることが多いということも知っておく必要がある。このような環境では、正しいことをしても失敗する（したがって、間違ったことをしたと思われる）ことがあり、間違ったことをしても正しかったと思われることがある。その積み重ねの中で、何が正しいかはっきりしてくる。時間が経つにつれて、傾向がわかるようになるだろう。

マリア・コンニコワは、プロのポーカーの技術をマスターするための自身の努力を綴った著書『The Biggest Bluff』の中で、似たようなことを述べている。ポーカーはコーチングと同じように長期的なゲームであり、毎回の決断がもたらした結果を見るだけでは、それが長期的に賢い戦略であったかどうかはわからない。勝利をつかむためには、無数のデータポイントから発せられる、変わりゆくシグナルに絶えず適応することが必要となる。

彼女はポーカー界の巨匠であるエリック・サイデルをコーチに迎え、「こういう手のときにはどうプレーするのがベストか？」と助言を求めたことがあった。彼女が知りたかったのは確固たるルールだったが、サイデルがアドバイスしたのは「確信を捨て、探究心を持て」というものだった。このような複雑な環境で成功するためには、反射的な対応を決めてしまうことなく学ばなければならない。

トレーニングの方法を決めるには、まず目標を設定する必要がある。その際、トレーニング活動を目的別に分類することが有効だ。

私は、「スキル習得型」「試合型」「戦術型」の3つに分類するのが効果的だと考えている。この分類は不完全だが、それでも有用だ。世界最高峰のコーチ養成講座であるフランスサッカー連盟の講座では、まずコーチに対して同じようにアクティビティを区別するよう求めている。これによりコーチは、あるトレーニングメニューが「良い」かどうかではなく、「特定の目標を達成するのに役立つかどうか」を考えるようになる。実際、私が出会ったこのコースを受講したコーチの多くは、このコースが特に方法論に重点を置いていることを評価している。

アトランタ・ユナイテッドFCアカデミーのマット・ローリーは、「自分がやりたいように指導するのではなく、子供たちが学びやすい方法で指導しなければならない」と言っている。複数の異なる方法を用いることで、一見するとそれぞれが矛盾しているように思える方法であっても、相乗効果が発揮されることはよくある。ある方法が優れているかどうかは、何を成し遂げようとしているかによる。指導法に関するほとんどの質問に対する答えは「ケースバイケース」だとクリスチャン・レイバースは言っている。

スキル習得のためのメニュー

スキル習得のためのメニューは、機能的なタスク（特定の動作や一連の動作）の習得度を高め、高いレベルでそれを実行できるようにすることを目的としている。例えば、太ももや胸、足の甲を使って、ボールを蹴ったり足元へ落としたりすることが、確実かつ自動的にできるようになることだ。このようなタスクを「運動学習（モーターラーニング）」と呼ぶ人もいる。

これは、身体的なスキルを流動的かつ迅速に用いられるようにすることを目的としているので、有用である。しかし私としては、スキル習得というものをもっと幅広く捉え、個々の運動学習のためのトレーニングメニューだけではなく、グループでの協調動作を自動化するトレーニングも併せて考えたいと思っている。パスパターン（複数の選手が共同で連携して行う一連のボール操作で、プレーパターンと呼ばれることもある）はその最たるものだろう。

このようなタイプのグループアクションは、運動学習と似ている。選手たちのグループがまるで一人の人間のように振る舞うためには、スピードと反射的な反応が必要になるからだ（＊24）。パスパターンの練習を通して、例えば前節でザビエルとそのチームメイト

パスをする

＊24
別の言い方をすれば、ウェイン・スミスが「創造性は偽装された練習である」と言ったり、クライフが「単純なことを速く正確に実行すると複雑に見える」と言ったりするのは、このことを意味している。チームが1つの生物のようにプレーするのは、彼らが（ときには）1つの動きのようにトレーニングするからである

が行ったような一連の動作を符号化して記憶することができる。ボールから離れるように素早くターンしたターゲットマンへのパス、シンプルなバックパスによる展開、マークが外れたチームメイトへのスルーパス、スペースに侵入したターゲットマンへボールを返すパス、といったプレーだ。このような練習では普通、複数のバリエーションが用意される。

スキル習得のためのトレーニングメニューでは、試合の文脈における意思決定、つまりプレーの流れや特定の状況において、いつ、なぜ、どのようにスキルを実行するのか、についてはあまり考慮しない場合が多い。そのような練習は、意思決定に関する章には無関係だと思うかもしれないが、そうではない。スキルに習熟することでワーキングメモリの負荷を減らし、知覚を高めることができるため、意思決定にはやはり不可欠だ。行動を自動的に行えるようになれば、意思決定は改善される。もし選手が試合中の特定の場面で正しい意思決定をできていないとすれば、その場面でよく必要とされるスキルをさらに自動化することで、ワーキングメモリ内の容量を知覚や分析のために解放するのも一つの手かもしれない。

自動化されたスキル、あるいは少なくとも流動的なスキルは、意思決定を行うための必要条件となる。もちろん不十分ではあるが、それでも必要だ。ほかのことを考えながらスキルを実行できることが、優れた選手の特徴である。野球の打者の認知に関する最近の研究でもそのことが明らかになった。「熟練した打者は、前頭皮質（一般に意図的な意思決定を担当する脳の一部）を、初心者に比べてあまり使わない傾向がある」（＊25）。ワーキングメモリの使用量が少ないことが熟練者の証だ。

スキル習得のためのトレーニングメニューを、知覚の発達を助けるような環境下で行うことで、成果を向上させることができる場合が多い。選手育成のごく初期の段階では、よりシンプルな環境でパスの練習をさせることが有効だろう。そうすることで、プレーの正確さや質を確認しやすくもなる。

＊25
「打撃の脳のスキル」に関するコラム
www.bit.ly/3iKfRA4

そして、選手がボールを正確にパスできるようになったら、人工的なフォーメーションから、より試合に近い環境へ移行させることが重要だ。例えば、フィールド上で4バックやそのほかのフォーメーションと同じようなポジションでパスをしたり、30×30フィートの正方形の中で複数のペアが同時にパスをしながら移動したり、ロンドの中でパスをしたりすることだ。これらは、選手が顔を上げてスペースを確認し、パスの適切な強さを判断するのに役立つ。トッド・ビーンは次のように話してくれた。

「パスは本質的に、文脈と切り離して評価することが非常に難しい。私のワークショップでは、選手Aから Bへパスを出させた後、コーチにそのパスが良いかどうかを尋ねるようにしている。最終的にコーチたちは皆『状況による』と答えるようになるのだが、そのときまさに私の意図を彼らに伝えられたと確信できる。パスが成功であるかどうかは、そのパスの意図にとって効果的であるかどうかでしか判断できない」

ロンド（＊26）は試合ベースのトレーニングメニューであるため、次の章の内容に最も当てはまると思うが、スキル上達のためにも優れたメニューだ。パスのスキルと、パスと同じくらい重要ではあるが目立ちにくいほかの関連スキル（パスの受け方、体勢、角度、タイミングなど）を組み合わせることができるので、理想的なものだ。

スキルが試合で実際に発揮されるようにするためには、スキル習得のための練習は段階的に、状況に合わせて進めていく必要がある。第2章の「プランニングとデザイン」で詳しく説明するが、練習でパフォーマンスを発揮できるからといって、試合でも発揮できるとは限らない。練習が試合に確実に反映されるようにするためには、限定された状況での練習から、連続する状況での練習、さらにはランダムな状況での練習へとトレーニングを進行させていく必要がある。また、選手が文脈を認識してスキルを発揮できるようにするため、練習の複雑さを高めたり、意思決定を行う必要があるようにする、という進行も必要になる。スキル

＊26
「ロンド」は、サッカーの最も一般的なトレーニングの1つで、複数の選手（多くは4、5人だが、それ以上の場合もある）が中央の敵からボールキープを行うもの。一般的には「ボール回し」「鳥かご」と言われている。ほかのスポーツのスモールサイドのアクティビティの例は、ラクロスの「ボックスドリル」、テニスの「フォースクエア」、バスケットボールの「3on 2」や「キャロライナ」などが挙げられる

の習得にこういったものが伴わなければ、試合中の状況に反映されることはまずないだろう。最後のポイントだ。シークエンス（訳註：連続したプレー）のリハーサルを重ね、プレーを自動化することで、創造性が破壊されてしまうと考える人は多い。創造性を高める唯一の方法は、自由にプレーすることであると。これは、おそらく誤解だろう。以下に、このテーマに関するクロアチアサッカー連盟のマニュアルを紹介する。

自動性は……、創造性を制限するものではない。むしろ自動性こそが創造性をより大きく表現することを可能にし、強化するものである。迅速かつ適切な実行を可能にする技術的スキルが［不十分］であれば、ゲーム内で可能なソリューションの数と質は制限される。これは、選手と、選手の選択能力を制限することだ。……例として、左利きの選手は、相手や状況により右足にボールを持たされた場合、右足の技術が不十分なため、解決策を見つけるのが非常に難しくなる。結果として、さまざまな解決策を考える自信が持てず、試合中の選択肢が影響されてしまう。

スキルの自動化のためのトレーニングメニューについて、もう1つよくある批判は、パスパターンに関するものだ。ディフェンスがいないため非現実的である、という批判が多い。しかし、世界のサッカー界でも特に尊敬を集める監督であるペップ・グアルディオラとディエゴ・シメオネの2人は、そのような懸念を抱いてはいないようだ。彼らはパスパターンを多用する。もちろん、そればかり使うわけではないし、それだけで十分だとも思っていないはずだが、選手たちが試合の中で頻繁に行うべき行動パターンを習慣化するためにパスパターンを使っているのだ。

彼らは、いくつかの利点を認識していると思う。パスパターンを用いることで、選手は多用されるシークエンスに慣れて流動性が生まれ、プレーのスピードを上げられる。そうすると、パターン認識ができるようになる。試合中にパスパターンに当てはまる状況が生まれると、選手はその基本的な形をより早く認識し、より多く、より上手く実行できる。また、慣れ親しんだ動きの中で、より微妙なシグナルを感じ取ることもできるだろう。「このバックパスは、君が次の展開につなげるためのものだ」といった微妙なシグナルは、より広範囲のアクションに慣れているほうが読み取りやすくなる。

実際、先ほど紹介したザビエル、ベト、クラウディオの３人がお互いの意図を読み合う場面は、おそらくかなりの量のパスパターンを練習したからこそスムーズにできたのだろう。これは、コーチが試合モデルの中で好ましい行動を定着させる方法の１つだ。

試合ベースのトレーニングメニュー

トレーニングメニューの２つ目の主要なタイプは、試合ベースのメニューだ。これは、サッカーという大きなゲームを戦略的に小規模化・変則化したものであり、選手は試合の中で起こりやすい動きや状況を読み取り、それに対してスムーズに反応する力を身につけることができる。試合ベースのトレーニングメニューによって提供されるものは、適度な予測可能性と適度なランダム性だ。試合を変則化することによって、特定のイベントが発生する頻度がより高くなる。どのようなイベントがどれくらいの頻度で発生するかは設定によって異なり、知覚の手がかりを解釈することが必要となる。

その設定とは例えば、ボールを大きく展開しなければ得点できないとか、ディフェンダーは特定の範囲内に留まらなければならないがアタッカーは自由に動くことができる、などといったものだ。試合ベースのトレーニングメニューが非常に重要である理由は2つある。

第一に、試合ベースのトレーニングメニューは少人数で行われることが多いため、選手が「メンタルタッチ」をする回数が増える。つまり、ボールのあるなしにかかわらず、周囲の選手の動きや行動を読み、それに適応する回数が多くなるということだ。またポゼッションを基本とすることが多いため、すべての選手が常にゲームを読む力が要求される。全員が常に、スペース、動作、各選手の位置といった基本的な相互作用を何度も何度も読み取っている。

第二に、制約を用いるため、特定の状況がより頻繁に発生する。例えば、フィールドのある部分における数的優位などである。試合ベースのトレーニングメニューによって、理論上はほぼあらゆる能力を強化できると考えられるが、特に基本的な概念、つまりパレートの法則（結果の80％は20％の原因によって引き起こされるという考え方）の「20％」にあたると言える部分に対して、深く持続的な直観を養うのに最も力を発揮する。

もし選手たちが、パスを受けたりダイレクトで捌いたりするときに顔を上げて周囲を見渡せるようになり、4～6人の選手が相互作用する際の角度、距離、タイミングをマスターすることができたら、ほかのあらゆることがうまくできるだろう。

知覚に富んだ環境がいかに重要であるか、もうわかっただろう。試合ベースのトレーニングメニューはまさにこの点で優れている。また、練習中に立ち止まっている（あるいは並んで順番を待っている）ことが逆効果である理由も、この点にある。選手は「メンタルタッチ」を得られないだけでなく、試合を読んだり見たりすることもできない。静的で受動的な関わり方をすることで、試合の仕組みを学ぶ重要な機会を失ってしまっている。

したがって、試合ベースのトレーニングメニューは次のように行うべきだ。

・少人数のグループに分かれる
・試合を変則化し、特定のイベントを発生させる
・全員がフルタイムで積極的に知覚し、反応するように構成する
・最も重要な基礎的概念を重視する

「変則化」も重要である。「制約」と呼ぶことも多い。試合を変則化することで、発生させたいイベントの発生率を最大化し、ランダムではなくセミランダムに、予測不可能だが頻繁に発生させる。最も基本的な変則化はサイズである。６対６でプレーすれば、選手がボールを持っている時間、またはボールの近くにいる時間を増やせる。限られたスペースで６対６のプレーを行うことで、ボールの近くにいる時間がより長くなり、意思決定を行うペースを加速させられる。

そのほかによくある変則化は、ボールタッチの回数、タッチの種類、フィールドの形、イベントが起きる順序（例えば、得点する前にゾーンAでプレーしなければならない）などに制限をかけることだ。スクリメージ（試合形式の練習）も効果的ではあるが、戦略的な変則化を加えるわけではないため、試合ベースのトレーニングメニューとは異なる。試合ベースのトレーニングメニューは11対11で行う場合もあるが、より少人数で行うことのほうが多い。

より科学的な言い方をすれば、試合ベースのトレーニングメニューは、試合の核となるジオメトリー（空

間と時間、マークの外し方、ファーストタッチの形など）に慣れるために特に効果的である。つまり、特定の戦術的な状況とは対照的な、適応性のあるジオンだ。これらは試合を読み解くための最も基本的なツールとなる。転用可能な感覚や意識といったものがもし存在するとすれば、それはおそらく、このようなトレーニングメニューで最も伸ばすことができるのだろう。

サッカー界では、ゴールの有無や方向性のあるプレーなど、よく行われる変則化について意見が分かれている。この点が、試合ベースのトレーニングメニューと戦術的トレーニングの違いだと思う。試合ベースのトレーニングメニューでは、特定の状況をより頻繁に発生させるために設定を変更する。ゴールに向かうのは素晴らしいが、ゴールに向かうことで気が散ってしまうこともある。ゴールをなくすことで、選手は試合のほかの側面により集中できるようになり、それによって意思決定の基礎を養うことができる。試合ベースのトレーニングメニューには必ずゴールや方向性のあるプレーが必要だという主張に、科学的な正当性があるとは思えない。

ロンドはその典型だろう。最高のトレーニングの1つであることは間違いない。戦術的なプレーには、方向性を持ったプレーが必要であるが、科学とトップコーチの例を見る限り、知覚と意思決定はそうではない。

バルセロナのコーチ教育の責任者であるマルク・カルモナは、最近のインタビューで次のように語っている（＊27）。

「狭いスペースでのゲーム、ロンド、ポゼッションを伴うゲーム、4対4、5対5のゲームを重視しており、ボールが非常に重要であることがわかるだろう。ボールをパスすること、ボールをコントロールすること、ボールと共に動くこと……。これがサッカーのDNAだ。私たちコーチは、すべての年齢層にこの考えを伝えようとしている」

＊27
バルセロナの教育コーチの責任者であるマルク・カルモナのインタビュー
www.bit.ly/32w9yu7

試合は最高の教師か？

試合ベースのトレーニングメニューは、多くのコーチにとってトレーニングの大半を占める。しかし、試合ベースのトレーニングメニューは優れているがゆえに、認知科学が教える「誤用」と無縁ではない。1つは、「試合は最高の教師である」という哲学と混同されがちなことだ。この言葉が問題視されている理由は、人によって意味するところが大きく異なることと、解釈によっては脳の構造や認知についてわかっていることと矛盾する点にある。

「試合は最高の教師である」という言葉が、「試合は、教えることと、知覚の豊かな環境で経験を積むことの両方にとって優れた舞台であり、最高の舞台である場合も多い」という意味なら、私は同意できる。「同じタッチは2度とない」という言葉の通り、常に変化する状況の中で選手にプレーさせることが重要だという考えについては、私も同意見だ。試合が選手にとって魅力的で競争的であるため、集中力や競争心を養うことができるというのであれば、それも賛成できる。また、制約が「多くを語る」、つまり、説明のために中断することなくプレーさせながら効率的に選手に教えるために使うというのであれば、やはり賛成だ。また、試合を使ったトレーニングメニューが優れている理由が、選手たち自身が監督に指示されなくとも何度も何度も意思の疎通と決断を行えることにあるというのであれば、私もそう思う。

しかし、もしこの言葉が、「コーチは試合の一部として指導、指示、説明をしてはいけない」という意味なら、あるいは「選手はすべてを『発見』すべきであり、コーチが話すことは良くない」「試合だけが唯一の方法」「試合は計画的なカリキュラムによって体系的に教えられるべきではない」。さらには「試合は特定の学習目標を持ってはいけない」など……。これらのいずれかを意味するのであれば、私は反対だ。試合は、特に慎重に設計されたものであれば、非常に優れた教育ツールとなる。制約があれば、さらに良いものになる。だが、絶対に正しいものではない。どんな教育ツールも銀の弾丸ではない。ある方法に計り知れない価値があるとしても、それをドグマ（独断的な信念）にするとすべてが台無しになってしまう。

戦術的トレーニングメニュー

トレーニングメニューの最後のグループは、戦術的トレーニングメニューだ。これは、特定の試合で予想される状況に備えるために、特定の試合条件や状況を再現するものだ。

「このようにプレスをかける」

あるいは

「土曜日のティグレス戦では、このようにプレスをかける」

戦術的トレーニングメニューには、具体的な戦術的課題と、それに対する望ましい対応を検討することも含まれる。例えば「相手がここでプレスをかけてきたら、こう対応する」、あるいは「セットプレーでどう守るか」「相手のセンターバックが狭く守っているときにどうするか」など、試合の特定の局面を検討すること

プレーの４局面

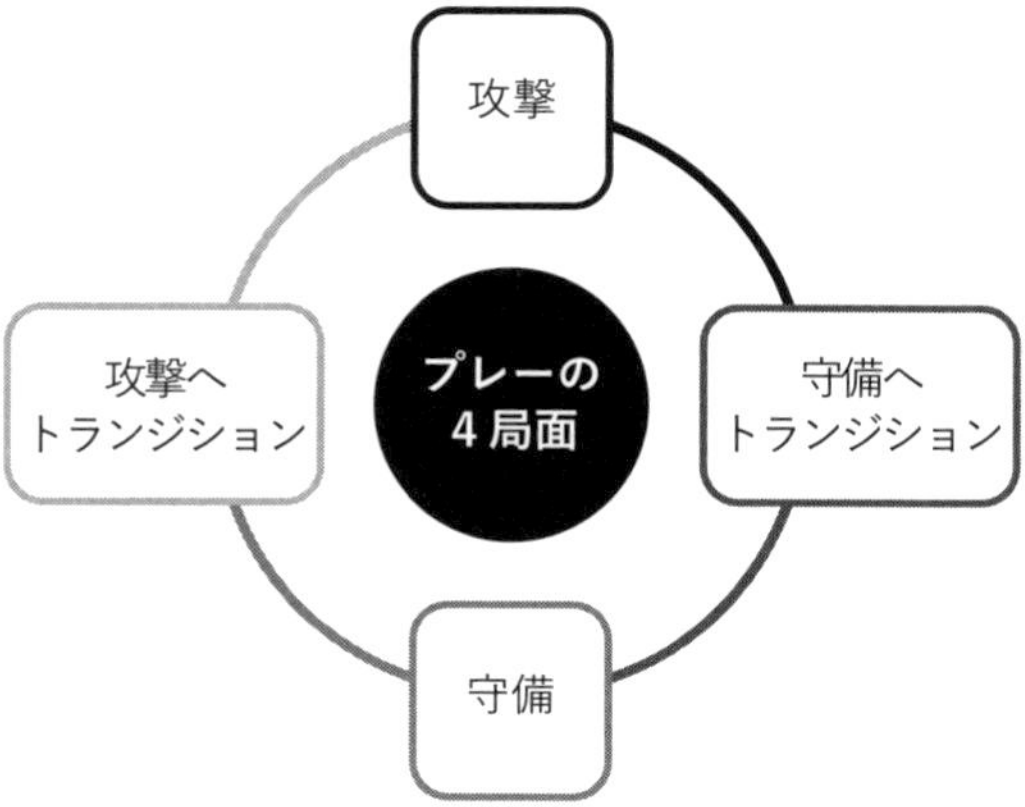

もある。通常、フィールドで起こることに対して機能的なグループ分けを適用し、フィールドのエリアを指定する場合が多い。戦術的練習のテーマは、チームの課題に応じて週ごとに大きく変わることもあるかもしれない。

戦術的トレーニングメニューは、試合を（変則化せず）再現しようとする点で試合ベースのトレーニングメニューとは異なり、一般的な意思決定ではなく、特定の状況における学習に重点を置く。それでも、試合ベースのトレーニングメニューの考え方の1つである「制約」に基づく指導を、戦術的練習にも適用できることは注目に値する。実際、この章でこれから述べる概念のほとんどは、試合ベースのトレーニングメニューにも、戦術的トレーニングメニューにも適用する。だがそういった話の前に、まずは「知識」が持つ重要な役割を探る必要がある。

多くのコーチが知っているように、サッカーというスポーツには4つのフェーズ（上の図「プレーの4局面」）がある。戦術的練習はそれら4つのフェーズの中のいずれか1つで行われ、そのフェーズにおける望ましいアクションに焦点を当てる。

それを踏まえて、第2章でも再び取り上げるが、戦術的トレーニングメニューに対する結論を先に述べておく。それは、ノースカロライナFCのコーチ向けのワークショップで、レイバースが共有してくれた、彼の洞察に由来するものだ。

レイバースは、コーチがトレーニングの中で行う典型的な戦術的練習を例にとって説明してくれた。8対6の試合形式で、オフェンス側はゴールを目指し、数的優位を利用して、仕掛けるポイントを素早く動かそうとする。レイバースは、この練習設定に関する最も重要なポイントとして、「試合はどのように始まるのか」を挙げた。

これは一見したところ平凡な質問だが、実は奥が深い。

集団侵入型ゲームの核となる課題は（混沌を整理し、対戦相手を抑えて）「秩序を確立する」ことだ。競り合いの中でボールを奪っても、その時点ではチームは乱れている。守備をしていたため、攻撃の形になっていない。ある選手がボールを奪取したが、チームメイトは間違った方向を向いている。ある選手は本来のポジションから引き出され、ある選手はボールを奪った味方選手を見ていない。もしかしたら、まだボールを奪ったことに気づいていないかもしれない。効果的に攻撃ポイントを切り替えるためには、まずボールをキープし、そこから攻撃できる形にする必要がある。

しかし、ほとんどの戦術的な攻撃練習は、正しい選手がボールを持っていて、チームがすでに適切な攻撃の形にきれいに展開されている状態から始まる。レイバースはそこに疑問を抱いた。こういった練習は、コーチ（あるいは選手）が中盤から目的の選手にボールを与えるところから始まる。これでは最も実行の難しい部分である「攻撃ポイントに到達すること」が省略されているため、選手が試合で直面する複雑な状況に対して十分な準備ができていない。

ここで、戦術的トレーニングメニューに関する良い経験則を紹介する。複雑な環境下で選手がプレーを実行する準備をさせるための練習は（それを試合に「転用」させたいのであれば）、最終的にプレーの前の段階から始まるバージョンに発展させなければならない。つまり、相手がボールを持ってスタートする。「オフェンス」はボールを奪い、適切な陣形を整えることで、攻撃練習を実行する権利を獲得しなければならない。そこに至るまでが大変だ。プレッシャーの中、予期せぬ場所に配置されたディフェンダーから素早くボールを奪い返さなければならない。複雑な試合の中では、秩序を確立することが戦いの半分を占めるのだ。第2章で説明するように、良い練習のほとんどは簡単なものから難しいものへと進んでいくので、このバージョンから始めたいとは思わないかもしれない。だがこのバージョンを完了させなければ、チームが試合の条件下でプレーを実行する準備ができたと結論づけることはできない。

ここまでに、３つのタイプのトレーニングメニューの区別について説明した。その３つの設定を使い分け、適応させるための原則について説明していく。この章のレシピをつくるとすれば、以下のようになる。アスリートが上手に素早く判断できる能力を身につけるためには、次のものが必要だ。

・スキル習得トレーニングによって、コアスキルの自動化を図る。特に、意思決定と同時に行うもの（ファーストタッチなど）。
・主に少人数の試合ベースのトレーニングメニューを通じて、試合の基本的な構成要素である、動作・スペースの取り方・体の向きなどの相互作用について基礎的な理解を深める。
・選手が試合の原理を理解し、観察しながらより多くのことを理解・学習できるように、背景知識をしっかり身につける。

・チームメイトが互いの行動を調整し、予測できるように、共有する知識(プレーの原則、ゲームモデル)を明確な語彙で説明する。またグループでのスキル習得練習を通じて、チーム共通の動作を自動化・適応させ、自然に実行できるようにすることも有効である。
・知覚に常に重点を置く。競技中に判断をしなければならない場面で見るべきものを見る能力を、できるだけ伸ばすような環境をつくる。

*28 WNBAは、ウィメンズ・ナショナル・バスケットボール・アソシエーションの。アメリカ女子バスケットボールのプロリーグ

》「チェスの試合に入る前に、ある程度の原則を身につけるべきだ」

セフ・バーナード氏

WNBA(*28)のワシントン・ミスティックスの選手育成ディレクターであるセフ・バーナードは、「選手が何をどれだけ学んでいるかを考えること」が自分の仕事だと表現している。彼は以下のように、試合ベースのトレーニングメニューを通して培われることが多い一般原則と、戦術的トレーニングメニューで教えられることが多い選手の戦術適応能力との関係について説明してくれた。

コーチとして、私たちは長期間(例えば2週間、4週間、6週間)にわたるトレーニング環境をどのようにデザインするかを考えることに、十分な時間を割かないことが多い。ユーススポーツでは特にそうだ。私たちは「その日暮らし」になりやすい。練習や試合を終えると、「明日はどうする?」と問いかける。例えば、ディフェンスに苦戦したのであれば「マンツーマンディフェンスに取り組まなければ

ならない」と言う。そして、一回練習してチェックボックスにチェックを入れる。これは、テストのための指導だ。受け身になっている。アスリートに最も必要な能力を育成するための長期的な視点が欠けているのだ。

プロのレベルでは、試合は非常に戦術的になる。相手は最高レベルのアスリートと最高レベルのコーチであり、どちらも試合中や試合ごとに調整する能力を持っている。そのため、準備することがたくさんある。同時に、シーズン中のすべての試合に適用される一般原則と、試合ごとに調整される戦術を区別することが重要になると私は思う。

現代のバスケットボールの骨格を成す「ボールスクリーン」というプレーがある。現代の試合では最も頻繁に行われるやりとりだ。このスポーツはアドバンテージを見つけ、使い、つくり、共有することがすべてであり、ボールスクリーンはアドバンテージを生み出すための簡単な方法だ。ボールスクリーンには数多くの種類があり、チームがアドバンテージを得るためにボールスクリーンに入る方法はさらにたくさんある。

どのチームも何らかのボールスクリーンのアクションを仕掛けてくることはわかっている。相手の間違った意思決定やディフェンスの分裂を誘うため、あるいはマッチアップを利用するためだ。このアクションを防ぐ必要があるが、万全の警戒体勢を敷いたとしても、すべての可能性を考慮することはできない。

チェスのような駆け引きに夢中になる前に、選手は相手のこのスキームの使用を防いで無力化するため、いくつかの一般原則を理解するべきだ。ボールスクリーンを防ぎ、対応するための基本を深く学ぶ必要がある。

例えば、腕の長さほどの距離やその範囲内でボールを守れるようにすること、ボールハンドラーの向かう方向に影響を与えられるようにすること、スクリーンにかかりにくくする（回避する）こと、言葉による合図（スクリーンの方向、オーバーやアンダー、場合によってはスイッチなど）でチームメイトとコミュニケーションをとって反応できるようにすること、などである。これらは、ボールスクリーンの種類や相手がボールスクリーンに入るための戦術に関係なく、身につけるべき基本的なスキルや判断だ。オンボールディフェンスに優れ、スクリーンにかからない選手を育てることができれば、戦術的な調整はそれほど必要ではない。

だから、私はいつも自分たちに問いかけ、観察している。オンボールディフェンスなどに、どれくらいの時間を費やしているか。いつ、どれくらいの頻度で繰り返し、見直すか。事前に計画を立てるのか、それとも、そのときどきの感情や感覚に反応するのか。

シーズンが進むと、物事は雑になっていく。忘れてしまうこともある。シーズンに忙殺されて最も重要なことを忘れてしまわないようにするには、どのように計画すればいいのだろうか。

あるシーズンに、自分を含めたスタッフが口にする言葉を書き留めるようしてみた。「これが苦手だ」「彼女はこれができていない」「XのIQを上げなくては」といった発言であり、私はこれを「問題発言」と呼んでいる。これらのフレーズをすべて、シーズン終了後にコーチングスタッフに見せた。

私が書き出していたのは、相手が誰であっても最も傷つけるような言葉であることを説明した。そして、これの言葉を紐解き、そこに存在するギャップやテーマを明らかにするべく話し合った。難しい話し合いだった。

そうすることで、これらの問題に対して、今後何をすべきかをより明確にすることができた。優先順位をつけて計画を立て、最も重要なことに時間を割くことができ、また、針路を変えて改善するためにどのように行動しているかを評価できたのだ。

最小限の一般原則と、それを支える知覚、コミュニケーション、意思決定がしっかりしていれば、試合中や試合ごとのチームが行うべき戦術的な調整の量を減らすことができる。

知識を構築する

「生徒が何を知っているかによって、何を学べるかが決まる」と、教育者であるハリー・フレッチャー・ウッドは述べている。知識のある科学者がイオン輸送の図を見れば、その図が表す原理や主張を一目で理解できる。そして、その図に描かれた内容を、すでに学習した知識に素早く追加していくことは簡単だ。しかし、科学の初学者であればそうはいかない。熟練者のように知識がなければ、じっと図を見ていても、自分が見ているもの、そしてそれが示している原理を本当に理解することはできない。熟練者の場合は根本的な原理の働きを見抜くが、初心者は表面的でささいなことに目を取られてしまう。知識が多ければ多いほど、見るだけで多くを学べる。

深くてシンプルな言葉ではあるが、このことは非常に見過ごされやすい。認知心理学者は、知識は問題解決や批判的思考、さらには知覚に必要なものであり、知識を役立てたいのであれば、多くの場合、長期記憶の中で符号化されることが必須だと知っている。コーチにとって、知識の役割はさらに重要だ。なぜなら、コーチが求める意思決定とは、学習者のグループの中で共有され調整されるものだからだ。選手たちが意思決定の最適な調整をできるようにするためには、チームの全員が確実に学習し理解している知識が必要になる(＊29)。

そのような環境で、知識が学習をサポートできるようにするためには、知識が普遍的に理解されるように、誰もが使える一貫した正確な言葉でとらえられている必要がある。選手個人が効果的なプレスをかけるためには、どのようなアクションをいつ、なぜ行うのか、また、それに対して相手がどう動くかによって、自分のアクションをどのように調整するかを知っていることが必要となる。一方でチームが効果的にプレスをかけるには、全員がそれぞれの役割と、プレスをかけるタイミングや調整方法を伝えるシグナルを知っている必要がある。調整こそが生死を分ける。コーチだけでなく選手自身も、オーバーロードする、パスレーンを塞ぐ、中盤をふさぐ、プレスをかける、プレッシャーを強める、といった指示をお互いに出せなければならない。そのためには、全員が同じようにコンセプトを理解し、同じ言葉を使っていることが必要になる。コーチとしては、選手全員が何をいつまでに知るべきかを考え、そのプロセスを注意深く管理することが重要だ。

知識は知識の上に積み重なっていく。学習にギャップが生じることは、選手個人にとっても、周りの選手にとってとても深刻な問題だ。これは、同じクラブの中の異なるチームの間にも当てはまる。あるU10のコーチが「ハイプレス」を教え、別のU10のコーチが「アップ・バック・スルー」を教えた場合、たとえ2人とも非常に優れたコーチであり、そのコンセプトがしっかりと教えられていたとしても、U11のコーチは指導上の問題を受け継ぐことになってしまう。U11に上がった選手の半分はハイプレスとは何かを知らず、残りの半分はアップ・バック・スルーを知らない。チームとしては、どちらのやり方でもプレーできない。半分の

＊29
これが、アスリートの指導と教室での指導の大きな違いだ。生徒1人ひとりがXの解き方を知っているだけではなく、グループで一緒に、しかもスピードを上げてXを解かなければならない

選手はシグナルを見逃し、間違ったことをするだろう。コーチはどちらも上達させることができない。より高度なハイプレスを教えるには、後戻りして、チームの半分が知らないことを教え直す必要がある。こういう状態が続けば、クラブ全体としては試合の基本的な概念を理解する段階から前へ進むことができない。そもそもU11のコーチは、誰が何を知っていて何を知らないのかさえもわからないだろう。

クラブが知識を構築するために使うべきツールは３つある。カリキュラム、プレーの原則（より高いレベルのゲームモデルを含む）、共通言語のリストだ。

カリキュラム（と、その活用法）

カリキュラムとは、長期的な視野で書かれた包括的な文書だ。育成の各段階で、選手が理解し、習得すべきことが書かれている。これにより、選手はプレーを実行するための技術的スキルと、意思決定に必要な試合に関する知識の両方を確実に身につけることができる。そしてコーチの側としては、すべての選手がある時点までに必須事項を理解していることを確実に把握できる。これは重要なことだ。あるコンセプトをすべての選手がすでに理解していると確信が持てない限り、コーチはそのコンセプトを使ったり、参照したり、拡張したりすることはできない。そんなことが可能なのはごく一部の恵まれたコーチだけだ。コーチとしては、何らかのアイデアに言及する際には大半の選手が自分の言っていることを理解していると望んでいるが、それを確かめる術はない。ほとんどのクラブがカリキュラムを持っていることを考えれば、これは皮肉なことだ。問題はそのカリキュラムがあまり良いものではなく、十分に活用されていない点にある。

理想的なカリキュラムとは、いつまでに、どの内容を、どのレベルで習得するべきかが具体的に示されているものだ。選手がプレッシングを理解するにはおそらく何年もかかるだろう。しかし、17歳の選手たちに高度なプレッシングを理解をさせるためには、その過程の明確な習得ポイントをクラブが設定してあげる必要がある。例えばU14までに、あるいはU16までに理解して習得すべきプレッシングとはどのようなものか、といったことだ。同じことは、どんな複雑なスキルにも適用できる。スキルを一年ごとの「習得ポイント」に分け、選手の成長の特定の時期に割り当てることで、適切な時期に習得させるとともに、各年齢時に習得するスキルの数を明確に管理できるようにする。言いかえれば、同時に教えるスキルの数に絞ることで、そのすべてを深く習得できるようにするのだ。

学校教育の世界で特定のカリキュラムの進行を表す一般的な言葉として、「スパイラル（螺旋）」というものがある。「スパイラル」するプログラムとは、ある時点で学習したトピックが、一年の中で、あるいは複数年にわたって再び現れるものだ。いま、取り組んでいるトピックを一旦離れても、数カ月後にまた取り組むことになる。あるいは、来年は別のコーチがそのトピックに取り組むかもしれない。一度取り組んだだけで何かを習得できることはほとんどないし、仮にできたとしても練習をやめたとたんに忘れ始めてしまうので、これは生産的な良いアイデアだ。

習得したことを定着させるには、再び教えなければならない。しかし、原理はいいのだが、スパイラルのリスクは「また後でやろう」「いまはこれで十分だ、残りは次回しっかりやろう」と簡単に言ってしまうことだ。その結果、スキルが身につかないこともある。だから例えば、U13のコーチには、その年に何を習得しなければならないのか、U14のコーチには、ベースとなる前年までの知識に何を加えるのかを明確にすることが重要なのだ。

カリキュラムの2つ目の課題は、前述の内容と一部矛盾するが、「幅」と「深さ」のバランスを取る必要があることだ。一年ごとに選手に習得してほしいことを明確にすると同時に、その中で最も重要なポイントを正確に習得させることにもフォーカスするべきだろう。選手に教えることが１００あるとすれば、特に力を入れるべき重要な点はおそらく20くらいだろう。その20％に集中する時間を1時間増やしたほうが、残りの80％から何かを学ぼうとするよりも有益だと考えられる。

もう1つ、カリキュラムにはサッカーなどの球技に特有のリスクがある。選手がボールを持ったときに何ができるかという点を重視しすぎて、ボールから離れたときに何をするかという点を軽視してしまいがちだ。試合の流れを変える重要な決断のほとんどは、ボールを持たない選手が行っている。スペースを見つけて、そこに入り、パスのチャンスをつくる。あるいは、ディフェンダーを振り切る。ディフェンダーを混乱させ、自分の位置を見失わせる。セカンドディフェンダーとして完璧にカバーすることで、相手のチャンスを潰す。偉大な選手はスポットライトが当たっていないときにこそチームを強くする仕事ができるものだが、それを教えるカリキュラムが組まれることはほとんどない。

悪いことばかりではない。カリキュラムは、テクノロジーの進歩によって特に大きな変革がもたらされることが期待されている分野でもある。例えばビデオ撮影という方法を通して、実践の中で起こることと、それを外から見ることによる相乗効果を生み、確実に知識や理解が得られる。「ビデオというものは、我々コーチがどうしたいのかを選手が完全に理解するための唯一の方法だ」と、ジェシー・マーシュ（サッカー指導者）は最近ゲイリー・カーニーンが行ったインタビューの中で語っていた。クラブは、カリキュラムを通して教える各スキルと、その手本となるビデオを組み合わせることで、このアイデアを活用できる。もちろん重要なのは、そのビデオを携帯電話などで選手たちの間に広めることだ。例えば「今日のトレーニングではリカバリーランに取り組む。その前にプロ選手のリカバリーの例を紹介する。２つの動画を送るので、それを見た感想をトレーニングの前に送って欲しい」、といったように。これで選手（とコーチ）は頭の中に、学ぼうとする一貫したイメージが持てる。知識を共有できるということだ。私が尊敬するコーチのグループは、このアイデアに広く取り組んでいる。ビデオをベースとしたカリキュラムをつくり、各コンセプトのハイレベルな手本を組み合わせて、選手が最高レベルに到達したときのプレーのイメージを見ることができる。そのためトレーニングでは、例えばラインブレイクの概念を理解しようとするところから始めるのではなく、概念を理解するところから始めて、すぐに応用に進むことができる。学習という観点からは、これは黄金の価値を持つアイデアだ。

プレー原則／ゲームモデル

何を教えるべきかを学習者の状況から導くカリキュラムとは異なり、「プレー原則」は目標を明らかにして共有することを目的としている。コーチはカリキュラムを参照し、選手はプレー原則を参照する。より高度なプレー原則は「ゲームモデル」とも呼ばれる。このプレー原則とは、チームが追求する包括的な戦術、戦略、プレースタイルを、選手が覚えておくべき少数の具体的なアクションに集約したものだ。コーチや選手がトレーニング中に参照できるように、優先順位をシンプルかつ覚えやすい形で表現する。ゲームモデルになるとさらに具体的であり。チームがどのようなプレーを目指すかを説明するものだ。ここではプレー原則を、チームのスタイルや哲学に応じて、より具体的な細部に分解する。各クラブは複数の異なるゲームモデルを持つことが想定され、そこには特定の戦術的状況に応じてどのように戦い方を変えるかが記述されている。ハイプレスをかけるときと、深く守っているときとでは、プレーのやり方が違ってくる。ゲームモデル

プレー原則／ゲームモデル

		U8 (4vs4)	U9 (7vs7)	U10 (7vs7)	U11 (9vs9)	MAXIM 最大
「相手を混乱させるボール回し」	ポジション間でボールを動かす	ボールから離れてスペースをつくる	フィールドに対して体を開いてもらう	守備の負荷がかかる位置を認識	フリーの選手を見つける	コントロールで相手をかわす
	コンビネーションプレーを生む	三角形でボールをサポート シールドして時間を稼ぐ	ウォールパスをつくる オーバーラップで崩す	ドリブルでディフェンダーを突破	３人目の動きで崩す	相手に追わせる
	マークを外す	ディフェンダーから離れる	ディフェンダーを欺く	ディフェンダーを引きつけて、スペースをつくる	味方を助ける動き	しなやかな動き

とは、例えばプレッシングであれば、「何のためにこのプレッシングを行っているのか」を説明するものだ。

これは、FCウィスコンシンがゲームモデルを定義するために使用した文書の一部だ（89ページの表）。「相手を混乱させるボール回し」というものが、プレー原則だと言うこともできる。しかし、クラブはそれを3つの下位原則に分割している。次にこれらの下位原則を、各コンセプトを教える年齢別にマッピングする。これは、プレー原則、ゲームモデル、カリキュラムを1つの文書にまとめたものだと言えるだろう。どのようにプレーし、どのようにプレーを教えるかについて、このクラブは真剣に取り組んでいる。

チームがプレー原則（またはゲームモデル）を定義する際には、それを文書化する必要がある。そういう文書はどこかに存在しているはずだ。だがそれだけでなく、その原則はチーム（またはクラブ）内のやりとりや、会話の中にも出てこなければならない。コーチや選手はわざわざ文書を参照しなくとも、原則を知っていることが望ましい。

クラブによっては、プレー原則について複数バージョンの文書が存在するかもしれない。若い選手には、わかりやすい言葉で、少数のシンプルな優先事項を示してやるほうがいい。例えば次のように、攻撃と守備について、それぞれ2つか3つ程度の原則だ。

ディフェンスは

- 狭く、コンパクトに
- ゴールへ直結するラインをブロック
- 常にゴールサイドをマーク

年長者や上級者であれば、当然、原則はより複雑で高度なものになる。例えば試合を「攻撃」「守備」「守備から攻撃への移行（ボールを奪う）」「攻撃から守備への移行（ボールを失う）」という４つの主要な局面に分け、それぞれの局面で４つか５つの原則を設定することになるかもしれない。プレッシングやカウンターアタックなど、ほかにも原則を必要とする具体的な局面があるだろう。しかし、多ければ良いというものでもない。プレー原則は、コーチが選手に問いかけを行うベースとなることが多いため、管理しやすい量の情報をシンプルかつ直接的な言葉で表現する必要がある。選手はその言葉を覚えておくだけでなく、自らも使うようになるのが望ましい。選手はプレー原則を記憶し、熟知し、いつでもアクセスできるようにするべきだ。

選手がプレー原則を記憶する手助けとして、時折、原則を思い出すためのちょっとした練習（軽いテスト）を行うのも有効なアイデアだろう。そうして原則を身につければ、選手はそれを用いることで、より効率的に、より特定の問題解決に集中した形で、コーチと質問のやりとりをすることができる。例えば、U16のチームがプレー原則を４つのパートに分け、（ボールを奪った直後の）オフェンスへの移行には３つの原則を設定したとする。

・相手のプレッシャーからボールをすぐに遠ざける
・フィールドを広く使う。素早く（ディフェンスを引き伸ばす）
・できるだけ少ないパスで数的優位をつくる

コーチはこれらの原則を元に、トレーニング中に選手が効果的な判断を下し、理解するのを助けるために、次のような短い質問を行う。

コーチ（C）　ちょっと止めよう。青チーム。君たちはいま、ボールを奪った。最初の原則は何だ？

選手（P）　相手のプレッシングからボールを遠ざけることです。

C　ボールを持っていない選手は？

P　ディフェンスを引き伸ばす。

C　OK、カルロスがボールを奪った。プレッシャーはどこだ？

P　ここです。ケルビンとポールがいるところです。

C　そうだ。では最初のボールはどうする？

P　マティへのパスです。

C　なぜ？

P　相手のプレッシャーから離れられるから。

C　じゃあマティ、君がボールを持ったとき、どういう場所でプレーしたい？

P　数的優位性のある場所です。

C　よし、それができるかやってみよう。カルロスからプレー再開だ。始めよう！

または……

C　いま、どのフェーズにいる？
P　ボールを奪ったばかりです。
C　そうだ、ではチームの判断をどう評価する？
P　プレッシャーから離れてプレーすることができなかった。
C　OK、それを修正する最善の方法は何だ？

あるいは……

C　第一の原則は、プレッシャーから離れてプレーすることだ。各自がどのようにポジショニングしていたかを見てほしい。なぜ、その目標を達成できなかったのだろう？

ここで重要なのは、プレー原則が推測を減らし、質問の生産性と効率性を高めることだ。もし、プレー原則を持たないコーチが「いまボールを奪ったが、ここからどうするべきか？」と言えば、選手はおそらく誤った推測をしやすくなり、時間を浪費し、プレーを理解するという真の問題解決の焦点からずれてしまう。

原則についてのもう1つの考え方は、選手の思考の重心を「何をすべきか」から「どのようにすべきか」に移すということだ。これを好まないコーチもいるかもしれない。

選手自身に原則を発見させるべきだと考える者も多い。そしてときには選手自身が原理を導き出せるようにしてやることも正しいと思う。しかし一般的に言えば、選手はアイデアそのものを導き出すことよりも、一度知ったアイデアをどう実行するか、という部分で知的な挑戦を行うべきだ。

プレスをかけたいのはわかっている。チーム全体がプレスをかけている。選手たちに期待することは、プレッシングに代わる新たな守備戦略を考案したり、プレッシングの中で自分の新たな役割を定義したりすることではない。選手に求める問題解決は、例えば「相手GKが、足元のボール処理が得意な場合はどうするか?」「味方の反応が鈍いとき、自分はどう対応するか?」といったようなことだ。

30分かけて「プレッシャーから離れてプレーするべきだ」という「発見」を選手自身にさせるのも有効かもしれないが、それよりも、さまざまな状況下でプレッシャーから離れてプレーする「方法」を実際に学ぶほうが、問題解決のための焦点としてはより生産的だ。ある状況にどのように適応すべきか、という答えを見つけ出すのは難しい部分だ。

セントルイス・カージナルスの打撃コーチであるジェフ・アルバートは、原則と問題解決をどのように組み合わせたかについて説明してくれた。彼にとっての重要な鍵は、すべてをすぐに説明しようとはしないことだ。「私は、最初に選手が心的イメージを得られるようにする。コンセプトと、それがどのようなものであるかを理解させるのだ。コンセプトに名前をつけた上で、選手にいくつかの提案をする。説明しすぎるのではなく、選手の邪魔をせずに少し時間を与える。実際にプレーをやってもらい、その様子をできれば動画に記録し、あとから本人に見せる。断片をつなげていく様子を自分で見てもらうためだ」。つまり明確なビジョンからスタートし、時間をかけてそれを実現する方法を発見することを狙いとしている。明確なビジョン（素晴らしい心的イメージ）からスタートすれば、問題解決はより効果的になる。なぜなら、何を達成しようとしているのかを全員がわかっているからだ。

アイデアにシンプルで覚えやすい名前をつけることは、極めて重要だ。ボールを奪ったらどうするべきかを選手に説明しても、その答えとなるアイデアを選手から引き出せたとしても、「何をしようとしているのか」を明確に表現する言葉がなければ、選手たちは学んだことを再現し、応用することが難しくなるだろう。アイデアに名前をつけて、選手がそれを記憶しやすいようにして、可能性を高める。また、どんな状況でも同じフレーズを使うことによって、多くの事例と結びつき、より広く理解が得られる。「この『プレッシャーから離れてのプレー』と名づけた状況は、今週のトレーニングで取り組んだほかの状況とは異なるが、同じカテゴリーに属するものではあるので、グループ分けして比較してみよう」、といったように。選手は、学ぼうとしているコンセプトを定義する言葉があれば、よりうまく知識をつなげ、より速く学習することができる。

選手がプレー原則を完全に理解していれば、コーチは練習中にいつでもそれを参照できる。より効率的に選手への問いかけを行い、望むのであれば問いかけの頻度を上げることも可能だ。選手の理解も深まれば、自律性もより高めることができる。

ボキャブラリーの共有

「サッカーの技術面を教える上で最も学んだことは、ボキャブラリーだ」と話してくれたのは、ＦＣレッドブル・ザルツブルクの監督を務めていたマーシュだ。「ボキャブラリーはコミュニケーションを円滑にし、我々が技術的な面でどのようなチームであるかを表現できる。

コーチングでまず大切なのは、プランを持つことだ。どのようにプレーし、何を目指すのか、その詳細を明らかにする。次に、言葉を持つことだ。いつ、何を、どのようにするのか、具体的な指示を伝えるために。

ボキャブラリーを用いて具体的で明確な指示を伝えることで、理解を深められる」(マーシュのこの考え方は第5章で詳しく紹介する)。彼の取り組みは、チームの戦術的アプローチのさまざまな面を表現するため、独自のフレーズを開発する必要があるという考えに基づいている。例えば「ボールオリエンテッド」とは、プレッシング時にコンパクトであること、ボールの前方のスペースを抑えることを意味する。

技術的な語彙を意図的に教え、チームやクラブ内でその意味を統一することは、学習を加速させるために最も効果的な方法だ。例えば「タッチタイトディフェンス」「ライン間のプレー」「横パス」など、選手が名前をつけることができれば、それをコンセプトとしてより明確に意識するようになり、それが起こったときに、すぐにわかるようになる。コーチと選手が毎回同じフレーズでコンセプトを表現すれば、選手はそのアイデアをより強く記憶し、より多くの関連する経験をそのコンセプトに結びつけられる。ブラックウォッチ・プレミアSC(少年サッカークラブ)のディレクターであるスティーブ・フリーマンは、ボールを保持していないときの選手のポジションを指す言葉として、「ボールの上」「ボールの下」という言葉を一貫して使っている。彼とクラブのメンバーにとっては、この言葉が、選手のポジショニングについて話すためのシンプルなツールとなっている。このことは、コーチが選手に問いかけを行う際に最も効果的となる。選手への最初の質問は、「君はボールに対してどこにいる?」というものである場合が多い。同様に、選手は次に続く「そこからどこに行くべきか?」あるいは「どんな選択肢がある?」といった質問にも答えやすい。スティーブやコーチが一貫してこのフレーズを使うことで、選手たちはより多くの経験をこのアイデアと結びつけることができる。そうでなければ、何かを学んでも、それが「ボールの上」にあることとは結びつかないかもしれない。新たに得た知識は、ほかの知識から切り離されたままで、あまり役には立たないだろう。言語によって学習内容を結びつけられれば、選手はより速く学べるだろう。

先日、米国陸軍士官学校男子サッカー部ヘッドコーチのラッセル・ペインのトレーニングを見た際にも同じような例が見られた。バックパスをどのような角度で出せば、受け取った選手がプレーの選択肢を増やせるかがその日の練習の焦点だった。彼は真後ろではなく斜め後ろに出すボールを「ショートスイッチ」と名づけて定義することで、選手にそのプレーを求めたり、褒めたり、説明したりすることが何度でもできるようになった。

選手たちのために、パスの角度という捉え難く抽象的なものに名前をつけたのだ。彼にはボキャブラリーに対する良い意味でのこだわりがあり、これは一例に過ぎない。結果として彼のチームは、自分たちの行動や判断について、独自の効率的な議論ができるチームとなっている。

ボキャブラリーの共有は実際のところ、非常に重要なものだ。

チームのプレー原則は短くまとめるべきだが、必要になる用語の数は、その原則の数よりも多くなる可能性が高い。

だから、基本的には用語のリストを作成したほうが良いだろう。そうすることで全員が、例えば「プレスオン」の意味を理解できるようになる。あるいは「横パス」でも「サイドに開く」でも「スペースを閉じる」でも「深さを保つ」でも「後ろ足を使う」でも同じことだ。用語のリストがなければどの選手も、程度の差はあるとしても、トレーニングで使われている用語の中には理解できていないものもあるだろう。

また、ある用語に対する自分の考え方が間違っていたとしてもわからないだろうし、それにより混乱しても口には出さないだろう。そのため、どの選手がどの用語を知らないのか、誰にもわからない場合が多い。選手のグループごとに別の言葉を使っていれば、どんな会話も上手くいかない。

私が見てきたほとんどのクラブで、コーチは選手たちが「コミュニケーションをとること」を強く望んでいた。彼らは、それがサッカーにとって不可欠であることを認識している。しかし、この考えを本当に大切にしているのであれば、まず、全員が理解できることを確認した言葉や、途中から導入した用語（例えば「タッチタイト」）を管理し、選手全員が同じ言葉で話せるようにする必要がある。一貫したコミュニケーションのためには、一貫したボキャブラリーが必要だ。

ボキャブラリーが重要なもう1つの理由は、思い出すヒントになることだ。プレーの最中に選手に細かな説明を指示するコーチがよくいるが、これは選手のパフォーマンスを低下させる原因となる。大抵は逆効果だ。選手がコーチの言うことを聞こうとすると、フィールドでのパフォーマンスは低下（システム２が動作することでシステム１の認識が低下する）し、やがてその選手はコーチを無視するようになっていく。

選手に対して、短い休憩時間中に、トレーニングで身につけた考えを思い出させることは可能だと思う。しかし、試合中にコーチが選手に新しい何かを教えることはできないと私は確信している。

もし、まだしっかりとトレーニングを行っていないプレーについて指示を叫んでいることに気づいたら、それはメモしておいて、翌週のトレーニングに追加することをおすすめする。また、せっかく何かを教えるのであれば、一貫性のある効率的な用語を使って、選手に記憶してもらうことが望ましい。私が知っているあるトップコーチは、「コンセプトを表現するのに使う言葉について同僚コーチと何時間も話し合った」と話してくれた。

次の表（１００ページ参照）は、コミュニケーションを円滑にするためのボキャブラリーの標準化を目指してＭＬＳのアカデミーコーチが作成した文書から数行を抜粋したものだ。皆さんのクラブでもつくってみると、会話がスムーズになり、学習が加速されることだろう。だが、１つ心に留めておいて欲しいアドバイスがある。数が多すぎて使い物にならなくなるという失敗が非常にありがちだということだ。

一部の人しか理解できない専門用語が45個あるよりも、すべての人が記憶している用語が12個あるほうがよっぽどいい。ボキャブラリーのリストはクラブごとに異なってもいいが、大事なのはコーチと選手が同じコンセプトを表すために同じ言葉を使うことだ。これこそが私にとって、この章から得られる最も重要なコンセプトである。

では、典型的なトレーニングセッションを行うときに使えるツールについて、話を進めよう。

知覚の向上

知覚を養うために最も重要な時間の1つは、「中断（「フリーズ」とも言う）」しているとき。つまり選手にフィードバックを与えたり、質問をしたりするためにプレーを中断する時間だ。第3章でさらに詳しく説明するが、この時間は選手の視線を誘導するのに理想的だ。「何が見えるか」「どこを見るべきか」といった質問は、長い目で見れば「何ができるか（すべきか）」よりも価値を持つ可能性があるものだが、このような質問は、選手が試合中に見る可能性があるものを実際に見ている状況でなければ機能しない。

つまり、コーチがプレーを中断したとき、議論のための視野がその場に再現されていないなら、意思決定の観点からはあまり多くを得られないだろう。場合によっては、選手に何が見えるかを尋ねるのではなく、単にプレーを止めて共通の手がかりに気づくように誘導することもある。これが中断をする唯一の目的かもしれない。「一旦、止めよう。エドゥアルドはファーサイドでボールを持っている。ニアサイドにいる者は、彼の腰を見ておくように。裏のスペースにロングボールを出す前には、腰を引く必要があるからだ。それが合図だ」。

ボキャブラリーの標準化

アタッキング	意味
ハーフターン、ボディ・シェイプ、スキャン	反転や体の向き、周りを確認して、できるだけ前向きにプレーする
ターン・ゼム	相手の背後でプレーする
ストレッチゲーム	フォワードが長くプレーする
ラインブレイク	ディフェンスラインの間で、フォワードがボールを受ける、またはパス / ドリブルをする
ブレイク／カウンター	素早くプレー / 前に走ることを第一に考える
ルックフォワード	最初にフォワードがプレーできるかどうかを考える（観る）
マネージ・ザ・ゲーム	勝っているとき、試合後半、ポジションを維持、リスクマネジメント
チェックショルダー	移動する前やボールを受ける前に、周りを見てしっかり確認する

また、ラグビーの例だが、あるトップコーチが、選手がタックルするときに何を見るべきかを教えてくれた。両手でボールを持っているランナーにはパスの選択肢がある。だから後ろに下がり、タックルに行くのは遅らせる。片手でボールを持っているランナーは自分で行こうとしているので、積極的に潰す。ラグビー初心者の私にとって、これは非常に有益な言葉だった。ラグビーを学ぶ上で、まず知っておきたいことの1つだ（＊30）。

知覚を構築するもう1つの方法は、試合中に知覚することを再現する状況に選手を置く回数をできるだけ増やすことだ。試合を読むということは、複雑な「準規則的」システムの統計的傾向を無意識に推測するという相互作用を、選手が何百万回と行った結果である。

試合を上手く読めるようになりたいのであれば、試合を読むことに長い時間を費やすのが最も有効だろう。トレーニングを試合と同じような文脈の中に位置づけるという考え方は、「エコロジカルダイナミクス」と呼ばれる。だがよくある誤解は、練習が試合全体とまったく同じように見える必要があると考えてしまうことだ。だが実際には、知覚はさまざまなフォーカスエリアの中で起こる。選手は14〜15人を視野に捉えていることもあるが、より小さな機能集団、例えばボールの周りに集まっている数人の選手だけを視野に捉えている場合もある。戦術的なスペース（どこに攻略できる隙間があるか）を読むこともあれば、次にボールを受ける選手が体のどこでタッチするか、といったボディランゲージの手がかりを読むこともある。

これらはすべて重要であり、試合形式の練習やエコロジカルダイナミクスによって、読む力が高められる。だが例えば、ロンドでは前者（試合と同じ広い視野）を鍛えられないが、後者（小さな視野）に関してはほかのどんな練習にも負けないほど効果的だ。ラインはなく、ゴールもなく、11人の選手がいるわけでもないが、だからといってロンドが試合環境と無関係で、知覚の向上に役立たないと考えてしまうのは愚かなこと

＊30　第3章の第3部で、知覚力や判断力を養う方法についてより詳しく説明する

だ。実際のところロンドは、試合を構成する「ジオン」、つまりプレーの基本構成要素について認識を深めるために特に効果的だ。

優れたコーチは、知覚を構築するために様々な練習が必要であることを認識すべきである。そして、あらゆるトレーニングメニューについて、それがどのような知覚の構築につながるかを考える必要があるだろう。知覚の構築は試合ベースのトレーニングメニューを行う大きな目的であり、逆に試合ベースのトレーニングメニューは知覚を構築するための重要なツールであると私は考えている。とはいえ、試合ベースのトレーニングメニューは少人数で行う場合が多く、ボールに近い範囲での知覚を教えることが多くなるため、選手に遠くを見ることも学ばせる必要がある。そこで、より大きな舞台で知覚を鍛えるために、戦術的トレーニング（加えて、大小さまざまな試合ベースのトレーニングメニュー）が必要になってくる。

本来、知覚とは連なった同心円状のものであり、小さな円のほうがより頻繁に使われる。しかし、優秀な選手であっても、知覚スキルが非対称であることが失敗につながってしまいがちだ。小さな円の中では手がかりをうまく捉えることができる（そして、それにより成功する）のだが、エリートレベルでは特に重要な、より遠くにある手がかり、つまりチャンスを見逃すことがよくあるのだ。このことは「中断」時の質問を考える上でとても有効だ。選手に「何をするべきか」と聞くのではなく、（第3節で説明するように）「何が見えるか」と聞いてみて欲しい。選手の答えによっては、「では、もっと遠くを見たら何が見えるか」と問い直すこともできるかもしれない。

前項では、意思決定において背景知識が重要な役割を果たすことを説明したが、チームによる意思決定を行う際には、その重要性はさらに大きくなる。ここで、知覚における知識の重要性を指摘したいと思う。シーダービル大学女子バスケットボール部のアシスタントコーチであるジョン・レオンゾが作成した長いビデオから抜粋した映像を題材として考えてみよう（＊31）。このビデオでは、チームの核となる2つのプレー原則が示されている。「ヘルプに来た味方にパスをする」「ペネトレイト（ゴールへ前進）、パス、パス」という2つだ。このシンプルで魅力的なビデオによって、選手たちはこれらの原則を視覚的に捉えることができ、周りの選手たちがプレーしているのを見れば、その原則の細部に気づく可能性が高くなる。理解したものが見えてくる。知れば知るほど、見ているものが意味を持つ。この概念は、ビデオゲーム「テトリス」の熱狂的なファンに、日常生活のいたる場面でブロックの形が見えてくるという現象に基づいて「テトリス効果」と呼ばれることがある。認知心理学者のショーン・エイカーは、著書『The Happiness Advantage』の中で、『テトリス』を何時間もプレーすると、実際に脳が変化する」と書いている。「脳は、知っていることを認識するように再配線される」。つまり、レオンゾは選手にゲームの構成要素を明確に繰り返しイメージさせることで、それらの動作や似たような動作が起こったときに認識できるようにするのだ。目から情報を与えることで、選手の知覚をより高めている。

知覚を鍛える最後の方法は、選手が活発にプレーしていないときに何をしているのかを、意図的に考えることだ。スポーツ選手は、トレーニングセッションの中でトレーニングをしていない時間、試合の中でプレーしていない時間を多く過ごしている。ベンチにいるときもある。例えばトレーニングセッションで、8人編成のチームを3つつくり、5分ごとに交代して1チームはフィールドの外に出るとしよう。その5分間、外にいる選手は何をしているだろうか。フィールドの様子を見ているかもしれないが、おそらく中でプレーする2チームの選手ほど注意深く、意識的に見ているわけではないだろう。

だが出番を待つ時間や休憩時間は、認知能力を高めるチャンスだ。休んでいるチームの選手たちに、「観察のタスク」を与えるというのはどうだろうか。例えば「みんなでファーストタッチに注目して採点しよう」

＊31　ＱＲコードからVIDEOS DISCUSSEDの「Clear, common language」で映像をご覧ください

というタスクも考えられるだろう。そして、コーチがプレーを止めて指導を与えるとき、外にいる選手たちに尋ねることができる。「ファーストタッチの観察結果を教えて欲しい。エヴァはどうだった？」といったように。こうすることで、より意識的に見るようになるだけでなく、技術的に試合が見れるように教えることができる。

あるいは、タスクを個別に設定もできる。全員に別々の観察のタスクが書かれたカードを配るという方法もある（＊32）。自分と同じポジションの選手を観察するように伝えてもいいし、各選手の苦手なスキルを観察対象にしてもいいだろう。ファーストタッチで止まってしまうことが多い選手には「ファーストタッチを観察する」カードを、あるいは「選手がファーストタッチで方向を変えているか、変えているとしたらどのようにそれを行っているかを観察する。そして、優れた例をチームメイトに共有する」というカードを配る。カードが持つ役割を明確に伝えても良い。「このカードは君をレベルアップさせる次のステップだ。よく見て、学んで欲しい！」と。

あるいは、グループタスクにすることもできる。この図で考えてみよう（１０６ページ「観察ノート」参照）。

これは、ミネソタ州ロチェスターで行われた試合で、ルース・ブレナン・モレイが率いるU12チームの女子選手がとった観察ノートだ。「ベンチにいる選手たちにクリップボードの周りに集まってもらい、パスが成功しているかどうかを見てもらいました」と、ルースは教えてくれた。同時に彼女は、「キャスパー（＝幽霊）パス）」、つまりパスレーンにいる相手ディフェンダーに直接向かうパス（ディフェンダーが幽霊である場合のみパスが通るという意味で）にも注目させたのだ。

「相手チームのベンチの女の子たちは、『明日の練習が休みでうれしい！』とか『来週の金曜日はカーニバル

＊32 このアイデアは、ニューヨーク州ロチェスターにあるエンパイア・ユナイテッドのガールズアカデミーで、マイク・エリコットの非常に優れたコーチングを見学したことから生まれた

に行くの』とか、あるいは単純に「サラ、いいプレー！」とか言っていた。でも、うちのベンチでは出場していない選手も含めて、積極的に試合を見ていた」。

いまのパスは成功としてカウントしていいかどうか、といった議論もあった。コミュニケーションも集中力もあった。ルースは、その効果について、ほかにもいくつかの観察結果を話してくれた。「キャスパーボールを指摘することで、フィールド上ではすぐにキャスパーミスが減り、試合が進むほど、パスが通るようになっていった。彼女たちは理解力だけでなく、プレーも向上できた。批判的な目が自分たちの先生になったのだ」

進化したテクノロジーの活用が、選手に対して問題を正確に指摘する助けになりうることも注目に値する。私の仕事仲間の一人が最近、ブンデスリーガのクラブを訪れると、練習場の横にある巨大スクリーンに練習風景がライブで映し出されているのを目にした。コーチが短い中断を入れスクリーンに向かって歩き、15秒巻き戻して話を始めた。「見えるか、ダニーロ。スペースはどこにある？」と。その場にスクリーンがあれば、指導に役立つだけでなく、ダニーロと仲間もまたすぐにプレーに戻すことができる。巨大スクリーンはなくともiPadを使えば、同様の手法をほんのわずかなコストで取り入れられるだろう。

バージニア州で少年たちを指導するケルビン・ジョーンズが、実際にそうしているのを見たことがある。彼は集まった選手たちにiPadを見せながら、「何か気づいたことはあるか？」と尋ねていた。選手たちはiPadのおかげで、一瞬のうちに非常に正確にプレーを見直して、分析することができた。

注意点がある。ここでの狙いは、アスリートが無意識に見るプロセスを、より意識化することによって改善する。これが実現できる可能性は低くはないが、確実なわけでもない。「良い選手はボールを蹴るとき、ボールの鼻を見る」と、あるラグビーコーチが話していた。若い選手に「ボールの鼻を見ろ」と言えば、キッ

観察ノート

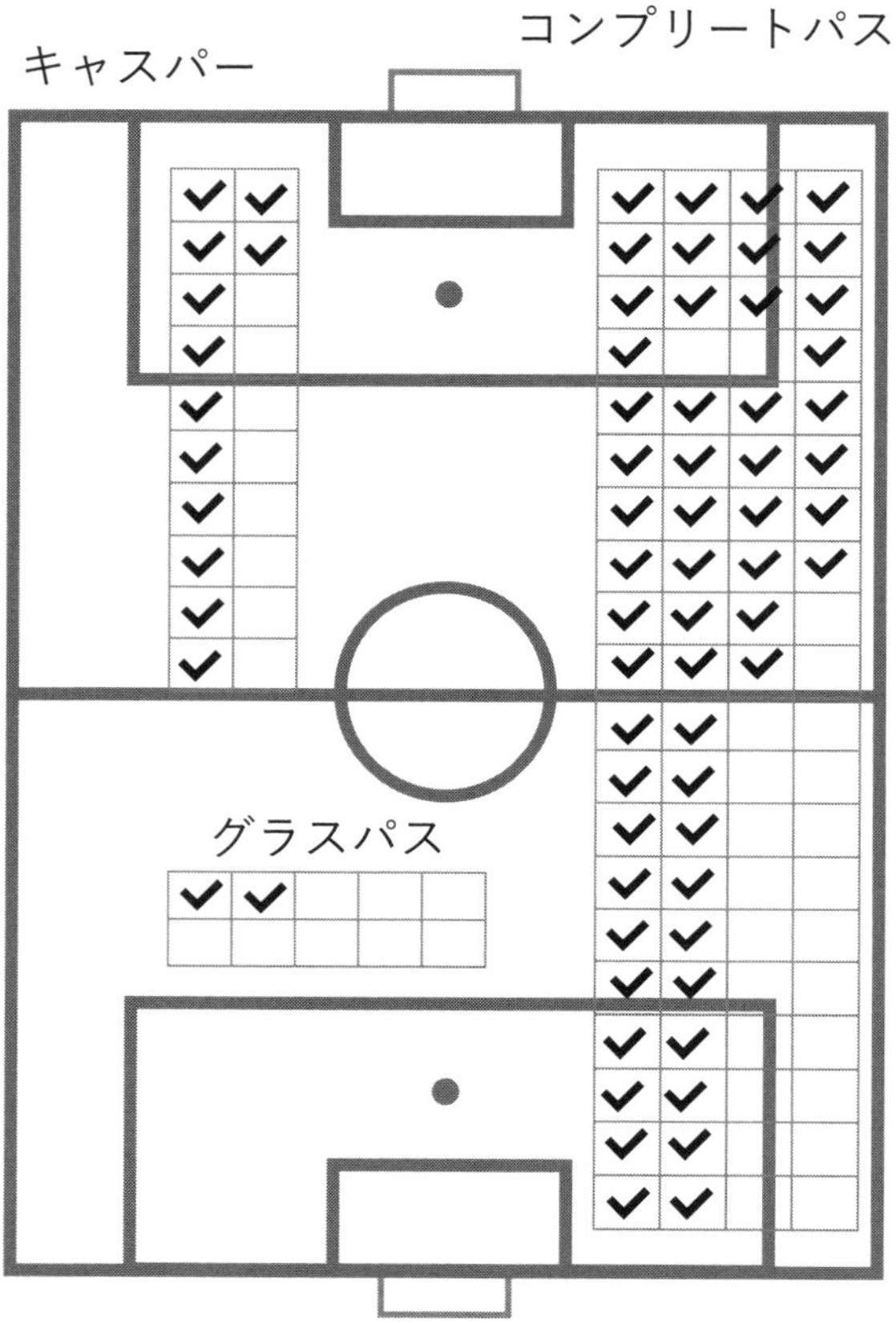

＊キャスパー：実際は相手がピッチにいるのに、幽霊（いない）かのように、ボールが味方につながったときの現象
＊コンプリートパス：成功したパス
＊グラスパス：芝を擦る、低い弾道のパス

クが上達する可能性は十分にあるが、無意識のプロセスを意識化することがかえって混乱を招く場合もある。あるいは、ボールの鼻を見ていることは優れたキックの要因ではなく、単に優れたキックと相関関係にあるだけかもしれず、視線を変えたからといって肝心のキックは変わらないかもしれない。いずれにせよ、やってみる価値はあると思うが、１つの賭けであることに変わりはない。

スコットランド・ラグビーのパフォーマンス・アナリストが話してくれた教訓を紹介しよう。ある世界的なスキー選手（失礼、名前は忘れてしまった）が、重要で厳しいレースに向けた準備のために、ほかのスキー選手のヘルメットに取りつけられたGoProで撮影した映像を使おうとしたそうだ。彼女は自分の走るコースを、夢の中に出てくるくらいまで知り抜いておきたいと考えたのだ。しかし、この実験は成功しなかった。レース当日の彼女は、ヘルメットの上部に取りつけたGoProと実際の目の位置との微妙な視野角の違いに戸惑うことになってしまった。弊害のほうが大きかった。ある意味では、別のコースを覚えてしまったようなものだ。

知覚の全てが解明されるまでは、我々自身が試行錯誤を繰り返さなければならない。ＶＲ技術もおそらく、試すべき手法の１つではあるだろう。ＶＲ技術で選手の視覚を発達させられる可能性はあるのか？　それはイエスだろう。だが一方で、たくさんの間違いを犯してしまう可能性もあるだろうか？　おそらくそうだと思う。製品が市場に出始めてから最初の３世代くらいまでは、意欲的ではあっても不完全なものなのではないかと予想している。私が先陣を切って採用することはないかもしれない。

≫プラットフォームを用い、発展させる

研究によれば、ジオンは知覚にとって不可欠なものである。試合は、一連の小さなゲーム（多くの場合、2、3人くらいの少人数による）で構成されている。守備ではカバーリングし、バランスをとり、裏に抜けるパスを防ぐ。攻撃では連携して動き、ディフェンダーの背後や横のスペースを観察して反応し、スペースを創造し、走り込むタイミングを計る。このような一般的で基本的な相互作用、つまりゲームの「形」を熟知していれば、選手はより複雑な視覚環境の中で起こる相互作用を十分に理解できるようになる。ジオンを習得することは、より複雑な戦術的アイデアを習得するための準備となる（両者は同一ではないが）。より確率の高い方法で、動きや相互作用を予測・予想することができるようになるのだ。つまり、「パターン認識の奇跡」を活用するための武器を持つことができる。これは読解力を教えるのと同じだ。高度なレベルでそれを行えれば、あらゆる高等な概念が手にとるように理解できる。

したがって、できるだけ多くの練習時間を、例えばロンドのように、選手と空間との基礎的な相互作用を基本的な形で何度も再現できるトレーニングメニューに費やす必要がある。これはジオンを構築する練習だ。そして、ロンドにはさらなる利点がある。マットは次のように言っている。

「ロンドのメリットの1つは、試合の縮図であることだ。攻撃、守備、攻から守、守から攻へのトランジションがある。試合のこれらの局面をどう扱うかに応じて、異なる原理や目的に焦点を合わせながらロンドを戦術的に活用することができる。ロンドは、試合の4つの局面の核となる相互作用を再現できるだけでなく、無限の適応性を持っている。知覚を養いながら、特定の技術や戦術に焦点を合わせることができるのだから」

マットのコメントによると、試合ベースのトレーニングメニュー（ロンド、少人数ゲームなど）の利点の1つは、それらが「プラットフォーム」と私が呼ぶものであることだ。基盤となるものがあれば、新しいトレーニングメニューを次々と導入するのではなく、最も生産性の高いメニューを戦略的に少しずつ変化させながら繰り返すことで、選手を惹きつけることができる。生産性は高まり、選手はより集中することが可能になるのだ。

例えば、選手を3つのグループに分け、1つのボックスに6人、隣のボックスに6人、そして3番目のチームが守備をするというロンドを行うことがよくあるとしよう。この練習を「ポゼッション・ロンド」と呼ぶことにする。これを3回目か4回目に行うときには、次のように言えるようになっているはずだ。「3人組をつくって。ポゼッション・ロンドをする。15秒後で準備して。では、始め！」選手はすぐに準備ができるだけでなく、メニューの中身もわかっている。基本的な動き方を理解するための時間は必要ないだろう。そして、このプラットフォームを手に入れれば、細かい変化や複雑さをその上に加えていくことができる（＊33）。プラットフォームを再利用するということは、練習メニューを繰り返すということではない。

実際には、プラットフォームを使うたびに小さな変更を加えるだけでなく、一回のセッション中に段階的に変更することもできる。意思決定をベースとする優れたセッションの、重要な性質がここにある。コーチの中には、試合ベースの練習を行えば意思決定を強化できると考えている者もいる。その通りかもしれない。だが、練習メニューの最中に焦点を変えることで、さらに多くの効果が得られる。

アトランタ・ユナイテッドのアカデミーで最近行われたマットのセッションは、その好例だ。まずは5対2のロンドから始まった。マットのセッションはほとんどすべてロンドで始まるので、彼が「ゴッー！」と言った瞬間から、選手たちは何をすべきかを正確に理解し、自主的に取り組み始めた。最初は標準的なルー

＊33
第5章の「スティーブ・コヴィーノのスタート＆ストップ」というビデオで、スティーブ・コヴィーノがこれをやっているものが見られる。ビデオの1分50秒のところで、彼は簡単にこう言っている。「私が笛を吹いたら、君たちには〝バルセロナ〟のセットアップしてほしい」。ホイッスルが鳴ると、彼らは嬉しそうに素早く走り出す。この時点で、彼らにとってプラットフォームは自然なものになっている

ルのロンドを少しプレーさせた。ボールを奪ったディフェンダーは、ボールを失った選手と交代する。次にロンドのやり方を少し変え、ボールを奪ったら守備側は2人とも抜けることができるようにした。代わりに、ボールを失った選手とその右隣のチームメイトが守備に入る。

チームワークを強調するために微妙に変化させたものだ。守備側はボールを奪えば2人の選手がどちらも利益を得るので、一人が一か八か奪いにいくのではなく、協調するインセンティブが働くのである。それから、マットはさらにチームワークを強調する変更を加えた。攻撃側が2人のディフェンスの間を抜くパスを通せば、ディフェンス側はもう1ラウンド守備に残らなければならない。一度ボールを奪ったらそれを返して、もう一度ディフェンスをする。これで守備側は、カバーリングやバランスの調整を考えるようになる。2人ともボールに襲いかかれば、必ずその代償を払うことになってしまう。

次にマットは、ロンドを行う四角いエリアの外側にコーンを置いた。新しく入る2人のディフェンダーは、コーンの周りをダッシュで回ってからエリアの中に入らなければならない。これは、よりプレスに近いダイナミズムを生み出す。2人で素早くスペースを埋めなければならないのだ。次の課題も用意されていた。ディフェンダーがボールを奪ったあとパートナーへパスを通すことができれば、パートナーは外へ出ることができる。パスを失敗すれば、2人とも守備を続けなければならない。逆に、ボールを奪ったあと自分が外に出て、パートナーを残すこともできる。このラウンドでは、少年たちはボールを奪ったあと素早くパスを出すことを試みるようになった。また、忠誠心などチームの価値観も共有される。チームメイトを外に出すチャンスがありながら、それを選ばなかった少年たちは、チームよりも自己を優先させたとして周囲からブーイングを受けることも多かった。

また、ディフェンダーが声を出すことを禁じられ、互いの動きを読んでポジションを調整することに集中しなければならないラウンドも用意されていた。このように、マットは常に着目点と重点を変えながら、サッカーの核となる相互作用の知覚を高め続けていた。

もちろん、ロンドのバリエーションはこれらに限ったものではないし、この例が最も一般的というわけでもない。より一般的なバリエーションとしては、スペースの要素を含むものがある。例えば、一定本数のパスをつなぐことができたら、ほかの選手がロンドを続けている別のエリアに長いパスを繋いでみる、といったような形だ。しかし、マットの手法で興味深いのは、守備の面にフォーカスしていることだ。

このほかにも、セッションのダイナミクスを微妙に変化させるバリエーションは、数分もあれば20種類は思いつくのではないか。プラットフォームは変わらなくても、焦点を変えることは可能である。

第2章

プランニングとデザイン

VIDEOS DISCUSSED

[QR コード]

＊各注釈の映像はこちらからアクセスできます

忘却との戦い

「リトリーバル（記憶の検索と回復）」

「教育の主な機能は、学習者が重要な情報を長期記憶に蓄積できるようにすること」（＊1）

あなたは、これまでの人生で学んだことの大部分を、ほぼ確実に忘れてしまっているだろう。例えば、学校で習ったことのほんの一部しか覚えていないのではないか。もし、私の言うことが信じられないのであれば、子供を持ち、15年経ってから数学や歴史の宿題を手伝ってみるといい。学習とは忘却との絶え間ない戦いであり、それゆえ、教えることもまた同様である。この章では、学習デザインにおける重要な要素、つまり、トレーニングメニューやトレーニングセッションをどのように構成すれば、そのプロセスを確実に理解し、記憶できるのかについて話をしたい。そして、その最初のテーマである「記憶」と、その対極にある「忘却」については、もう少し深く掘り下げて考える必要がある。

忘却がどのように起こるのか、その一例を挙げよう。あなたがパーティーの席でほかの人と話していると きに、初対面の「アレックス」を紹介されたとしよう。「はじめまして」と、挨拶を交わす。そして短い時間、会話を楽しんだ。話の最中も、あなたは脳の一部であるワーキングメモリを使って、複雑な推論と鋭い知覚を行いながら、周囲の世界について意識的に考えている。アレックスが「今日は車が停めやすかったなぁ」

＊1 Sweller, J., van Merrienboer, J. J. G. and Paas, F. (2019) "Cognitive architecture and instructional design: 20 years later," 教育心理学レビュー 31 (2) pp. 261-292.

メモリー

と言った瞬間、それが参加者が少ないことへの皮肉だと気づき、あなたは微笑んで笑い声を上げた。と同時に、アレックスの発音から彼の出身地が中西部であることを推測した。

ワーキングメモリの中では、驚くべき高次の思考と知覚が機能している。これによって人類は、ストリング理論を考え出したり、ペニシリンを発見したりといった数々の問題解決を可能にした。もちろん、オーバーラッピングセンターバックというコンセプトの発明も。だが、ワーキングメモリには1つの大きな制限がある。ワーキングメモリは、一度にごくわずかな情報量しか保持できないのだ。一度に多くのことを考えようとすると、考えがまとまらなかったり、忘れてしまったりする。例えば、到着したばかりの別の友人と少し話をしただけで、アレックスの名前を忘れたことに気づく。

ワーキングメモリの限界については、ご存知の方も多いだろう。（アメリカでの）電話番号が7桁であるのは、一般的なワーキングメモリがそれくらいしか保持できないからだ。対象が数字の羅列よりも実質的なアイデアとなると、その制限はさらに厳しい。一度に考えられる実質的なアイデアは、せいぜい1つか2つだろう。ラザニアを焼くための買い物リストをつくるのと、上司に送るメールのことは考えられなくなる。大抵は、どちらか一方しかできない。しかも、これはワーキングメモリが理想的な状態にある場合の話だ。一般的にはワーキングメモリは理想的とは言いがたい状況にあることが多く、能力はさらに低下する。

大音量の音楽を聞いたり、テレビに目を向けたりするなど、ほんのわずかな意識の変化で、考えていたものがすっぽりと抜け落ちてしまうこともある。長期記憶と呼ばれる脳の別の部分に知識（＊2）を「符号化」しない限り、その知識を失ってしまう可能性が高いのだ。

しかし、何かを「忘れている」からといって、知識を長期記憶に移行できていないとは限らない。パーティーの帰り道、ラジオから10年か20年前の曲が流れてきたとする。「Kool & The Gangだ！」と、何年も聴いていない曲の歌詞が突然蘇ってくる。

そして、歌詞もリズムもすべて知っていることに気づく。不思議なことに、以前この曲を聴いたときに居た場所や、一緒に居た人たちの記憶までもが蘇ってくるのだ。

その曲に関する知識は、自分でも知らないまま、ずっと長期記憶の中に残っていた。そして突然、知っていたのに忘れていたことや、知っていたことさえ知らなかった記憶にアクセスすることができたのだ。このように、物事をワーキングメモリに呼び戻すプロセスを「リトリーバル（記憶の検索と回復）」と呼ぶ。複雑で誤作動しやすいプロセスではあるが、アスリートにとって不可欠なものだ。ここまでの重要なポイントを要約しておこう。知識は長期記憶に収められなければ「忘れてしまう」が、長期記憶に収められていたとしても、必要なときにアクセスできないので「思い出せない」知識もある。このことは、適切なきっかけによって失われた記憶へのアクセスが可能になったときに、はっきりと理解できる。だが保存された大部分の知識については、適切なきっかけが現れずに、取り戻せない場合もあるのだ。

＊2
ここで言う「知識」とは、事実に基づく知識と、ボールの受け方のような物理的な知識を指す。次に、「事実」には抽象的なものと具体的なものの両方が含まれる。「三角形は3つの辺を持つ閉じた図形であるという考えや、犬が一般的にどのような形をしているかという知識などが（事実に）含まれる」とダニエル・ウィリンガムは書いている。例えば、スポーツの世界では、ボールをパスするためのスペースをどのように認識するかなど、抽象的な知識がたくさんある。これを知識として認識することが少ないために、学習を知識主導で行うことができないだろうか

もう1つ、この懐かしい歌の記憶の例からわかることがある。長期記憶の容量は、ほぼ無制限だということだ。記憶の中には何百もの曲と、それを聴いていた夜のディテールまでもが保存されている。いまはほとんど意識していないことでも、きっかけがあれば、もう一度その記憶を呼び覚ますことができる。あなたの頭の中には、いったいどれくらいの曲があるだろうか？　答えるのは難しいだろう。そのほとんどは永久に隠されたまま、巨大なジュークボックスのように、検索と再生を待っているからだ。

長期記憶が無制限であることには、良い面と悪い面がある。良い面としては、XまたはYについて詳しく学ぶことで、Zについて学べなくなることは滅多にない。むしろ一般的には、あるトピックについて深く知ることで、そのトピックに関連するほかの知識を学んだり思い出したりすることが容易になる。新しいアイデアは、すでに知っているほかの事柄と結びつけば、すぐに意味のあるものとなる。思い出し、応用することによって結びついていくため、1つのことを思い出すと、ほかのことも思い出せるようになる。あるテーマに関する知識が多ければ多いほど、1つの情報に対してより多くの関連性を持たせることができる。

認知心理学者のミシェル・ミラーは、「ボトルネックになるのは記憶容量ではなく、必要なときに必要なものを見つける能力だ」と述べている（＊3）。そして、一般的にアスリートは瞬時に知識を必要とする場合が多いため、記憶に保存された知識を見つけ出す重要性はさらに高い。試合の最中であれば、知識を見つけ出す速さが、それを使いこなすための決め手となる。そしてほとんどの場合、素早く見つけ出すことができるのは、何度も見つける練習をしたものだけだ。

＊3　ジェームズ・ラング著『Small Teaching』参照

記憶とアスリート

アスリートは、ほかのことを実行したり認識したりするのに忙しいときでも、知識と技術の両方を自動的に、確実に、瞬時に思い出すことができなければならない。「知っている」ことでも、それを瞬時に呼び出すことができなければ、意味がないのだ。アスリートはこのことを肝に銘じ、記憶の中を検索する達人になるべきである。そして学習環境をデザインする上でも、この事実を十分に考慮しなければならない。もしコーチが、アスリートが記憶の中の情報をワーキングメモリに呼び戻すことを学ぶプロセス（「リトリーバル練習」と呼ばれる）に注意を払わないなら、コーチが「知っていて当然」だと考えていることを思い出せないアスリートを育ててしまう危険がある。このようなことが起こりやすいのは、「思い出す」ことはある程度自動的に行われると考えてしまいがちだからだ。アスリートが練習中に、あるプレーを何度も繰り返し行うことができていれば、コーチは「そのプレーに関してはもう教えることはない」と思ってしまう。「できるということは、知っているということだ。必要なときにはいつでも思い出せる。もしできないようなら、集中力やモチベーションが足りないからだろう」と。

実際、アスリート自身もそう考えていることが多い。そのプレーを行う能力があり、コンセプトも理解している。だが、その知識を試合で実行しようとすると失敗してしまい、その理由もわからない。

教育における最も重要な「違い」の1つは、成績と学習の違いである。成績とは、教えられている期間に知っていること、できること。学習とは、もっと後になっても知っていること、できることである。ハリー・フレッチャー・ウッドが言うように、「教えられている間の生徒の成績は、永続的な学習の指標にはならない」のだ。コーチとしてのあなたの人生を映画にするとしたら、このセリフを読んだときに雷を鳴らす演出をしたいところだ。

残念ながら映画化は未定なので、この内容をもう少しわかりやすく説明しよう。トレーニングでの成績は誤ったシグナルである。ある選手が「トレーニング中にできる」ことを示したとしても、「試合で再現できる」ことを示すものではない。コーチはトレーニングを観察し、選手はそのときに見せた熟練度を試合でも見せてくれる可能性が高いと考えてしまう。しかし、トレーニング中のアスリートはまだ「忘れる」ことを始めていない。セッションが終わるとすぐにそのプロセスが始まる。「忘れる」ことは容赦のない強敵だ（＊4）。

教育心理学者のポール・カーシュナー、ジョン・スウェラー、リチャード・エドワード・クラークは、次のように要約している（＊5）。「適切な情報を長期記憶に保存したり、長期記憶から取り出したりする効率を上げたりすることができない『方法論』は、効果がない可能性が高い」。

それに対して何ができるかを理解することが、この章の大きな焦点になる。さらに掘り下げる前に、記憶の仕組みに関して、しばしば論争の種となる誤解を説明しておきたい。選手がトレーニング中に「実行している」のを見て、当然「記憶している」はずだと思い込んでしまうと、試合中にその記憶を実行に移せないのは、集中力や意欲の欠如、態度の悪さといった本質的な欠陥があるからだ、と考えてしまう危険性がある。言い換えれば、コーチが「忘れる」ことの役割を十分に理解していない場合、人間関係にリスクが生じる（＊6）。ただし、実行に失敗する原因が、選手側の集中力や態度や意欲の欠如だということはありえない、と言っているのではない。それも十分にありえる。だがコーチとしては、安易に選手を責めてしまうよりも、自分自身の指導方法や、記憶と学習の環境について何度も自問してみたほうがいい。選手の態度に何らかの

＊4
選手が練習したことが試合に反映されない理由は、忘れること以外にももちろんある。疲労や緊張、十分なレベルの練習をしなかったことなどが考えられる

＊5
教育心理学者3名による論文がダウンロードできる
www.bit.ly/3IGB7YZ

＊6
これらの課題については、第4章の「理解度のチェック」で詳しく説明

失敗があると推測する前に、自分自身の課題に熱心に取り組み、指導方法だけでなく、学習設計が正しく行われているかを評価したほうが、長期的には選手たちとより良い関係を築くことができるだろう。

次に進む前に、ここまでに明確にしたことを要約しておく。

・ある事柄について初めて学習することと、すでに学習したことをワーキングメモリに呼び戻すのは別の機能だが、関連している。
・記憶の検索が容易であれば、選手は必要なときに知識を素早く利用することができる。
・トレーニング中の一時的な学習の成績に惑わされると、記憶の検索が不確実であることを見落としがちになる。
・試合時に記憶の検索がうまくいかないからといって、その理由は必ずしも、最初の指導が効果的でなかったことにあるとは限らない。もう1つ、記憶の構築という別のステップが必要である。

記憶とは検索すること

「リトリーバル練習」とは、学習したものの、忘れかけていることをワーキングメモリに呼び戻すプロセスだ。この考え方は、次のグラフ（左のページ参照）のように、いわゆる忘却曲線の一例として捉えることができる。

忘却曲線とはもともと、1880年代にヘルマン・エビングハウスが綿密な研究に基づいて作成したものであり、彼が一連の意味のない音節を覚えることができた実際の速度を表している。それ以来、忘却曲線はさまざまな条件下で再現され、次のことが実証されてきた。

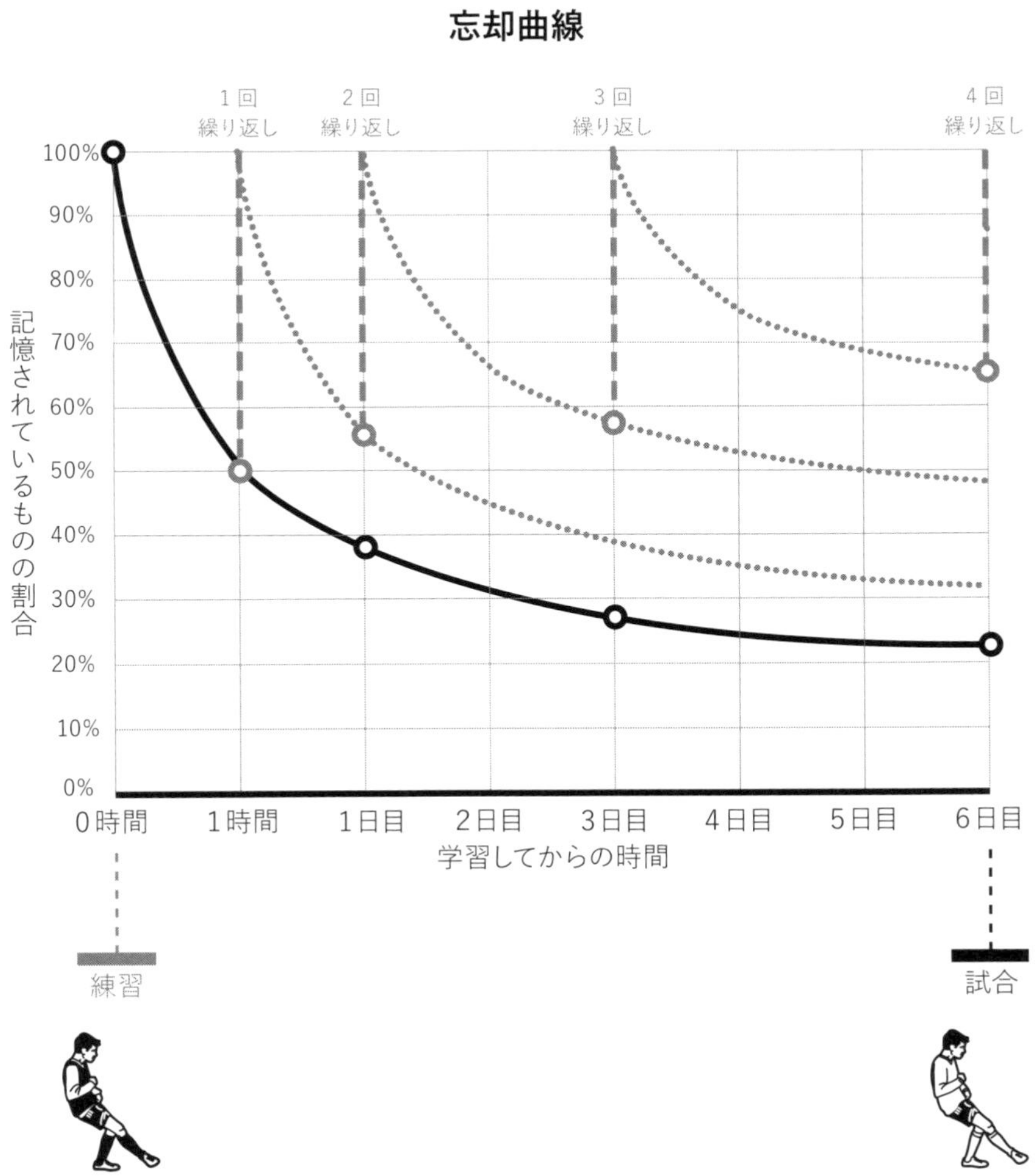
忘却曲線
1回
繰り返し
2回
繰り返し
3回
繰り返し
4回
繰り返し
100%
90%
80%
70%
60%
50%
40%
30%
20%
10%
0%
記憶されているものの割合
0時間
1時間
1日目
2日目
3日目
4日目
5日目
6日目
学習してからの時間
練習
試合

・何かを習い覚えると、すぐにそれを忘れ始める。
・忘却率は驚くほど高く、何かを学んでから数時間後には、そのほんの一部しか覚えていない（＊7）。
・思い出す練習を重ねる度に、忘れる速度と量がいくらか減少する。
・忘却の速度を遅くするには、時間を置いてから、思い出す練習をする必要がある。知識を脳内に深く保存するためには、忘れ始める頃に、記憶を検索して思い出すことが効果的である。
・思い出す練習を何度も重ねつつ、練習と練習の間隔を少しずつ長くしていくことが、記憶にとって最も有効である。

これらは価値のある情報だが、忘却曲線がすべてを教えてくれるわけではない。長年にわたって、様々な学習課題に対して忘却曲線が導き出されており、その原理は広く受け入れられているが、それでも前ページのような忘却曲線はほとんど仮説に過ぎない。学習者、学習内容、学習環境による違いを曖昧にして一般化したものだからだ。ある特定のテーマについてトレーニングを行ったとして、Aの時点、あるいはBの時点で記憶の保持率はどれくらいか、また、その知識を検索して思い出す練習を何回行えばいいか、といったことを正確に教えてはくれない。潜在記憶（繰り返すことで、無意識にできるようになった動作などの記憶。例えば、歩くことや自転車に乗ること）と顕在記憶（意識的に思い出すことができて、言語化できる記憶。例えば、勉強した内容）は、おそらく異なる方法で脳内に保存される。また、個人差や学習環境の違いもある。例えば、どれだけ注意を払い、どれだけ努力して覚えようとしているのかは人によって異なる。ある特定の状況について、具体的な予測をすることはできない。人によって、忘れる内容もスピードも異なる。

しかし、基本となる考え方は存在する。つまり、記憶の検索と呼び出しを戦略的に、時間をかけて行わな

＊7
言語学習ソフト「Duolingo」を使ったことがある人は、「Duolingo」が検索練習を中心に設計されており、忘却曲線に支配されていることを知って驚くことはない

ければ、人は忘れてしまうのだ。テストの前夜に詰め込めば、短期的には成績が上がるが、そのような方法では勉強したことをすぐに忘れてしまう。何回かに分けて勉強し、その間に十分な睡眠をとるのが理想的だ（＊8）。そうすれば数カ月後にも覚えている可能性が高くなる。

忘却曲線が提起する未解決の問題の中で、おそらく最も重要なのは、「学習者はあるアイデアを学ぶために、何回それに接触する必要があるのか」ということだ。これについても、明確な数値は存在しない。おそらく必要な反復回数は、アイデアの複雑さと学習者の予備知識に影響されるだろう。その分野の専門家であれば、初心者よりも少ない反復回数で学ぶことができる。

グレアム・ナットホール（教育者）は著書『The Hidden Lives of Learners』の中で、学生の「概念の習得」に関する広範な研究結果に基づいて、有用な経験則を提示している。「一人の学生が特定の概念を理解して習得するためには、少なくとも3回の異なる時期に、関連する全ての情報に触れる必要があることを発見した」「その情報が不完全であったり、3回の反復学習ができなかったりした場合、その学生は概念を習得することができなかった」。ただし、3回の反復学習という条件については、生徒の注意力を考慮する必要があるとナットホールは指摘している。熱心に教えたとしても、生徒側の注意力が十分でなければ、学習につながるような経験ができたとは言えない。これらの条件と「3回接触ルール」に基づけば、「学生たちが何を学習し、何を学習しないかを80〜85%の精度で予測できる」ことを、彼と同僚たちは発見したのである。

「3」という数字には特別な意味があるのだろうか？　おそらく、そうではない。何かを知っていることと、競争の激しい条件下でも成功できるほど十分な熟練することは、まったく別物である。理解するよりも、習得することに意味がある。アスリートは高いレベルやプレッシャーの中で、知識を瞬時に思い出すことが必要だ。学校のテストなら、細胞分裂のステップを1〜2分で思い出すことができれば正解できるだろう。し

＊8　睡眠が記憶の形成に重要な役割を果たしていることを、コーチたちは知っている。科学者たちは、記憶は睡眠中に統合されると考えている。これは、睡眠の重要な生物学的機能の1つであり、睡眠が妨げられると記憶が妨げられることが示されている。このように最近の研究では、スポーツで成功するためには、「よく眠ること」がこれまで考えられていた以上に重要であることがわかってきている

かし、相手ディフェンダーの陣形の隙を突くのに1秒かかってしまうようではアスリートとして失格である。つまり、ナットホールの言う「3回の接触」は、ほぼ確実に「最低限」の必要条件なのだ。

忘却の仕組みの謎については、まだ科学的に解明されたわけではないが、トレーニングをデザインする上ではっきりと教訓にできることがいくつかある。1つ目は、たとえ完璧なトレーニングセッションであっても、その1回だけでは持続的な学習にほとんどつながらない、ということだ。アスリートがコンセプトを一旦忘れて再び思い出すための時間を挟みながら、確実に習得ができるように数回のセッションを計画しなければならない。2つ目に、トレーニングセッションの終了時にアスリートを観察すると、ほぼ間違いなく、実際よりも「よく学習できた」と思ってしまう。実際には知識はその瞬間から衰え始めるが、コーチは彼らのスキルや熟練度を高く記憶してしまっており、試合になってようやくギャップに気がつくことになる。最後に、間隔を空けて記憶を検索することで、より効率的な検索が可能になるということだ。例えば、リトリーバル練習の綿密な計画に基づき、1日15分を3日間、合計45分間のテスト勉強を行えば、テストの1～2日前の夜に60分間一気に勉強するよりも成績が良くなる可能性が高いだろう（＊9）。神経科学・心理学者のマシュー・ウォーカーが『睡眠こそ最強の解決策である』（SBクリエイティブ社刊）で述べているように、記憶の定着には睡眠も欠かせない。3回の睡眠を挟むことで学習効果が倍増し、より強く記憶が定着するのだ。

先に進む前に、ここまで述べた2つのアイデアを整理しておこう。

・「リトリーバル練習」とは、脳内に保存された記憶を検索することで、記憶を忘れないようにし、思い出す能力を高める。
・「分散練習」とは、リトリーバル練習を行う間隔を空け、忘れ始めるタイミングで練習を行うことで、よ

＊9 余談だが、ブラウンとローディガーは、学習者は自分がどれだけ勉強しているかを正確に認識することができないと指摘している。そのため学習者は、自己診断のような価値の高い活動ではなく、再読のような価値の低い活動を続けてしまいがちだ。選手は自分たちが学習できているかどうか、それほど正確には把握できていないことがほとんどだ。これは覚えておくべき事象だ

り効果的になる。どの程度の間隔を空けるかも重要となる。

大切なのは、練習の量やタイミングだけではない。難易度も重要だ。ペップス・マクリー（教育者）は「思い出すプロセスが大変であるほど、リトリーバル能力が強化される。ただし、思い出すことに成功した場合に限る」と述べている。ここで重要なのは、何かを苦労しながら思い出せば、記憶の検索経路がより深く刻み込まれるということだ。一部の認知科学者は、この現象を説明する際に「望ましい困難」という言葉をよく使う（＊10）。困難な状況下で記憶を検索して思い出すことができた選手は、より良く、より長く覚えている。ただし、２つ目のポイントを見逃してはならない。効果が高くなるのは、思い出すことに成功した場合に限る。課題が難しすぎて、思い出すことに失敗した場合は、記憶力が強化される可能性は低くなる。

つまり、選手たちにとって適切な難易度の課題を用意し、練習することが大切なのだ（＊11）。学習者にとってやりがいのある課題でなければ、最高の成果は得られない。ただし、ダニエル・ウィリンガムは、課題が難しすぎる場合も同じことが言えると指摘している。ワーキングメモリの負荷が大きすぎて、学習が長期記憶に定着しないからだ。コーチは、課題のレベルと成功率の両方を注意深く観察する必要がある。だが私の知る限り、学習者が課題を遂行したり、思い出すことに成功したりする確率がどの程度であるのが理想的かということについて、信頼できる数値は存在しない。初心者か熟練者かによっても、大きな違いがあるだろう。熟練者は、表面的な細部ではなく、基本的な原理を理解しているため、失敗からも学ぶことができる可能性がはるかに高い。初心者は、そうはいかない。選手たちが学ぶにつれて複雑さや課題のレベルを上げ、より効果的な学習ができるようになっていく様子を観察することが重要だ。初心者が学ぶためには80％の成功率が最も効果的かもしれないし、熟練者は50％の成功率で成長できるかもしれない。繰り返すが、この数値はあくまで推測だ。わかっていることは、選手の習熟度に関わらず、失敗も経験しながら着実に成功

＊10　「記憶は思考の残りかすである」ダニエル・ウィリンガム

＊11　成功は報酬をもたらす。ドーパミンが分泌されることで、認知活動を続けたくなるのだ。ウィリンガムは「適切な難易度の問題に取り組むことはやりがいがあるが、簡単すぎる問題や難しすぎる問題に取り組むことは不快である」と説明している。また彼は、問題解決とは「成功するあらゆる認知的作業」とも定義している

を重ねることが望ましい。これは、リトリーバル能力や記憶の構築に限らず、ほかのタスクにも当てはまるだろう（＊12）。

リトリーバルと連携して使えるもう1つのコンセプトとして、「エラボレーション」というものがある。ブラウン、ローディガー、マクダニエルは『Make It Stick』の中で、エラボレーションとは「（思い出そうとしている）ある知識を、記憶の中のほかの知識と関連づけるプロセス」だと説明している。関連づけることで、孤立した「知識の点」を、認知心理学者が「スキーマ」と呼ぶ知識のネットワークに変えることができる。記憶の中の知識のつながりが多ければ多いほど、検索の手がかりが増え、思い出す可能性が高まる。さまざまな場面や文脈で、さまざまな例や説明を用いて記憶を呼び戻すことが、最も効果的なのだ。アスリートの場合であれば、異なる言葉を使って（例えば「ハーフスペースとはどういう意味か、『ライン間』という言葉を使わずに教えてほしい」）、あるいは異なる設定の下で（「オーケー、だがもしここにディフェンスが2人いたらどうする？」）情報を思い出すように求められることも、1つのエラボレーションだ。

ディテールや関連性が織り込まれれば、1点の記憶は広範囲につながり、より強力で有用なものになる。フィールド上の異なる場所、変化するスペース、相手のさまざまな行動など、検索設定に多様性を持たせることで、アスリートは記憶にアクセスしやすくなり、順応性も高くなる（＊13）。

しかし、効果的なリトリーバルに最も必要なのは遅らせること、つまり時間を空けることだ。忘却を克服するトレーニングによって、長期的に忘却を防げる。簡単に言うと、何かを思い出すのに最適なタイミングは、それを忘れ始めたときである。リトリーバルでは、様々な場面で、適切な難易度でコンセプトを思い出し、応用していくことが大切だ。長期記憶に知識をインストールするためには、リトリーバルの間隔を徐々に長くしていくとともに、アスリートが記憶をリトリーバルして行動すべき状況に変化と予測不可能性を

＊12
アスリートによって「正しい道」が異なるのは当然だが、1つの重要な法則として「熟練者と初心者では学びかたが違う」ということを覚えておいてほしい。熟練者は苦労から学び、初心者は苦労に戸惑うことが多い。制約のある状況に置かれた選手に解決策を考えさせるという経験的な状況は、一般的に学習能力の高い人ほど効果的である

＊13
例えば試合の中でドリブルをする選手は、あらゆる角度から迫るディフェンダーに対応しなければならない。もし選手がトレーニングでディフェンダーに向かって直接ドリブルする練習だけをしていたら、ゲーム中の状況が予測不可能に変化したときに、その知識が生まれにくくなる

徐々に加えていく、というトレーニングスケジュールを構築する必要がある（そして、第1章で述べたように、このプロセスはできる限り適切な知覚環境で行われるべきだ）。

長期的な記憶を目的としたトレーニングを設計する際に、もう1つ理解すべき重要な概念が「インターリーブ（交互配置）」だ。トレーニング中にトピックを切り替えると、最初のトピックの忘却が加速されるため、間隔を空けることと同じ効果が生み出され、より短時間で、覚えることをより困難にできる。アスリートの集中力を最初のトレーニングメニューから引き離し、再び元に戻すと、最初のメニューを思い出すのが難しくなっている。

重要なのは、これにより1回のセッションの中でリトリーバル練習を行えることだ。「インターリーブによって、知識を『頭の中から』追い出し、再び取り戻すための生産的な機会をつくることができる」と、ペップス・マクリーは『Memorable Teaching』の中で書いている。

ブラウン、ローディガー、マクダニエルの3人の著書『Make it Stick』の主要なテーマの1つは、学習が行われていることを目で見るのは難しく、直感で推測しようとしても間違うことが多いため、学習ができているかどうかの判断するのも難しい。

継続的に途切れることなく集中して学ぶことで、学習効果は最大限に高まると一般に信じられているし、私自身も長年そう考えている。ある意味では、それは正しい。同じトレーニングを続ければミスは減っていくので、効果的に見える。しかし、最初の成功率が高ければ、忘れるスピードも早くなるという事実を見落としてはいけない。「ブロック練習」（1つのトレーニングメニューを継続して反復するドリル型練習）は、状況によっては有効だが、「シリアル練習」（シリアルとは『連続、シリーズ』の意味。またはインターリーブ練習）と呼ばれる、複数のメニューを交互に行うトレーニングも組み合わせなければ、忘れやすくなり、すぐに元に戻ってしまう。

ブロック練習は、最適ではないという研究結果があるので避けるべきだ、と主張する人もいるが、私はそうは思わない。スキルやコンセプトが学習者の頭の中で確立されるまでは、ブロック練習は有効だと思う。つまり、確実に理解して実行できるようになるまでだ。「指導の初期段階」とでも呼ぶべき時期には、1つのタスクに禅のように深く集中することで、確実に理解することができる。

アスリートが十分に理解し、スキルを正しく実行できるようになれば、インターリーブによって記憶を最大限に強化するための条件が揃うので、意図的にシリアル練習を行わせるようにする。インターリーブは記憶のためだけではなく、新しいコンセプトの学習にも役立つ。アスリートは核となるコンセプトを長期記憶に留めるだけでなく、「エラボレーション」によって知識を関連づけたり、新しい文脈で応用したりしている。したがって、学習プロセスにおけるこの部分には、ブロック練習に費やした時間よりも大幅に長い時間をかけることになるだろう。

再構築する

デイブ・ラブ氏

デイヴ・ラヴは、NBAの3つのチームに加え、他競技のさまざまなレベルのアスリートとも長年にわたって仕事をしてきたシューティングコーチだ。彼は選手の動作を修正するために呼ばれるケースが多い。手首が十分に曲がっていなかったり、シュート時に気づかないうちに体が傾いたりする、といった動作の癖が、長期的な上達の妨げとなる場合がある。デイヴの仕事は、その悪い癖を直して、試合で威力を発揮できるような良い癖に変えることだ。彼は、インターリーブ練習のアイデアをどのように適用し、そのアイデアについての彼の考え方がどのように変化したかについて次のように説明してくれた。

新しい技術に取り組むとき、あるいはいままでの習慣を変えようとするときは、選手に目隠しをしてもらう。そうすると、すべてが非常に内面的なものに変わる。そして、選手が自分の身体と、自分が何をしたいのかについて考えることができるように、タスクを限定したブロック練習から始める。さらに、心理学的な観点から、「成功した」と感じられるようにすることが大切だ。例えば、自分はシュートが苦手だと感じている選手の意識を変えるには、まずは簡単なシュートのタスクをやらせると役に立つ場合がある。苦手意識を変えるには、結果を出すことが一番だ。簡単なことでも、まずは結果を出せばいいのだ。

だが、この時点で試合に出してしまうと、トラブルになりかねない。いままでトレーニングしてきた世界とは全く違うからだ。トレーニングが簡単すぎるので、実際の試合での予測不能な困難に対する準備ができていない。選手にとって、まだこの段階では試合に出られないという事実は、受け入れ難いだろう。だが、急いではいけない。コーチにとって常に課題となるのは、選手が新しいスキルを習得する際に、適切な難易度を設定することだ。

私のコーチキャリアの初めの頃は、ブロック練習を多くやりすぎた。不確実性を取り入れるのが遅すぎて、選手に判断する機会を与えていなかった。そのため、なかなかスキルを試合に反映させられず、選手が練習ではできていることを試合で実践できない場面を見るたびにイライラしていた。

私がいま、心掛けていることは、選手が自分の体の動きを内面的に認識し、スキルを実行する状況を判断できるようになるタイミングを見つけることだ。その時点から練習をより複雑にし、変化を取り入れ、事前決定（練習内容の詳細を事前に選手に伝えること）を避けるようにする。

私は、6つの異なる「レイヤー」を使って、変化を加えている。「距離を加える」「スピードを加える」「動きを加える」「ドリブルとキャッチを加える」「ディフェンダーを加える」「意思決定を加える」の6つだ。

早い段階で大きな変化を加えすぎても、選手の動作を変えることはできないが、そういう時期は実はかなり短いことがわかった。いまではかなり早い段階から、変化を取り入れた環境に移行するようにしている。

例えば、ある選手がシュートを打つときに、手首をもっと後ろに反らす必要があるとしよう。選手が自分の欠点を認識できるように、最初のうちは余分なレイヤーを取り除き、動作の修正に集中できるようにする。リングに近づいて再び調整し、新しい動作が上達したら、6つのレイヤーを徐々に追加していく。数年前であれば「12フィートの距離でできないうちは13フィートには挑戦させない」といったように、段階的で月並みなやり方をしていたが、いまはもっと変化を取り入れるようにしている。コーチとしては、練習のコントロールが難しくなるのは怖いが、10フィート、11フィート、12フィートと、怖さを感じないようなコントロールは、どうせ偽物だ。

クライフターン

とても簡単な例を挙げよう。もし私が、若い選手にクライフターンを教えようと思ったら、ブロック練習から始めるだろう。20回、あるいは30回連続してクライフターンをやらせるかもしれない。このときに目標とするのは、選手がスキルを洗練させ、高度に熟練した動作を記憶できるようにすることだ。選手がクライフターンを正確かつ安定した形で習得し、正しく行えるようになったら、次はシリアル練習に移行したい。例えば、クライフターンをして、ステップオーバーして、ドラッグバックをしてもらう。あるいは、パスの練習を少しさせる。それからもう一度、クライフターンを含むボールワークをやってもらう。新しいタスクに移るたびに、選手は異なるスキルを認識することに集中力が求められる。そうすると前の動作を忘れてしまうので、クライフターンの練習に戻ったときに、より一生懸命にやらなければならず、結果的に記憶の保存と想起につながるのだ。だが、もし選手が理想的なクライフターンを行えるようになる前にシリアル練習に移行したら、どうなるだろうか。動作が間違っていたり、欠陥があったり、役に立たないものであったりしたら、インターリーブ練習によってその欠陥ごと記憶に刻み込んでしま

う危険性が高い。

クライフターンのようなスキルやハイプレスのようなコンセプトを、選手たちが試合で発揮できるようにするためには、さらに踏み込む必要がある。本章の前半で述べたように、選手たちには、新たに習得するスキルを使うべきタイミングを知るため、知覚的なシグナルや状況が再現された環境で練習させることが望ましい。変化する状況が生むシグナルに反応し、それを読み取る練習が必要だ。例えば、「この動作をするには相手ディフェンダーからどのくらい離れるべきか？」といったシグナルだ。これは記憶形成の観点からも重要であり、リトリーバル練習の第3のタイプである「ランダム練習」が必要な一例となる。

ランダム練習は、インターリーブの概念をさらに一歩進めるものだ。パターンとタイミングを予測不可能にし、できれば文脈によって変化させる（コンテクスト・ドリブン）ようにする。トレーニングを進めていく中で、どこかの時点で予測可能性を排除することは、成功のために必要だ。そうしなければ、トレーニング中の認知はいつまでも試合より簡単なものとなる。トレーニングを、試合のような負担で行なわなければ、選手は十分に鍛えられない。ウェイン・スミスが、ジェームズ・カーの著書『Legacy』の中で述べている。「トレーニング中の意思決定は、試合のときよりも難しくする必要がある」と、彼は指摘する。そのため、特に試合前の最終トレーニングでは、選手に対して「問題を投げかける」ことを基本原則とし、「状況をランダム化する」ことを、チームの方針としている。ランダム化することは、直後の試合に向けた準備のために有効なだけではない。ランダム化の結果として「長期的な学習効果の向上が見られた」ともスミスは指摘する。選手に対して「予想外の出来事に対応して問題を解決する」ことを要求したとすれば、その問題というものは「未知の予期せぬ問題」であると想像しがちだろう。

だが面白いことに、最も価値のある問題とはおそらく、選手はどう対応するべきかをすでに知ってはいるが、そのシグナルを発見しなければならないタイミングや文脈が予想外であるような問題なのだ。選手たちは、解決策を導き出したり発見したりするのと同じくらい、あるいはそれ以上に、既知の解決策を適用したり応用したりしている。これは必ずしも問題ではない。明確なゲームモデルがあれば、最終的には、既知の解決策を適切なタイミングで実行し、状況に合わせて調整する能力を持つことこそが目標になるかもしれない。

チームスポーツにおける調整能力は、問題解決の手段として重要だが過小評価されている。もし、フライハーフが左に行き、インサイドセンターが右に行くことで問題を解決するのであれば、それは全く解決策にはならない。

究極的には、最もランダムな状況が生み出される状況とは試合そのものだ。しかし、完全にランダムな試合の中では、学習中のスキルを十分に習得できるほど使える機会はほとんどない。試合はランダムすぎて、学習のためには最適ではないので、コーチとしては「コントロールされたランダム性」を戦略的に導入したいところだろう（＊14）。制約をつけた試合形式の練習が、上級学習者にとって非常に効果的である理由の1つはここにある。試合を戦略的に変則化すると、望ましい学習状況をより頻繁に再現させることを目的とする場合が多い。

＊14　厳密に言えば、「ランダム」と言われているものはランダムではなく、予測不可能なものだが、数学者には申し訳ないが、ここではこの言葉を使っている

ニック・ウィンケルマンとランダムなバッティング練習

先日、アイルランド・ラグビー協会アスレチック・パフォーマンス&サイエンス部門のトップであるニック・ウィンケルマンが、メジャーリーグベースボールクラブのコーチを対象として行ったプレゼンテーションを見てきた。彼の話はとてもシンプルなものだった。バッティングケージでブロック練習を行う場合、打者にはストレートの速球のみを次々と打たせる場合が多い。これは一般に、クラブが何年も前から行ってきたトレーニング手法だ。スイングの新しい側面を学ぼうとしたり、スイングを変えようとしたりする場合は、選手が必要とする基本動作をこの方法で身につけさせることができるかもしれない。だが、その基本が身についた時点で、ブロック練習は効果を失い始める。

シリアル練習とは、例えば速球↓チェンジアップ↓カーブと球種を変えていくことだ。これは、修正したスイングを実戦で使いこなすための適応力を身につけるためには、より良い方法だろう。正しいスイングを身につけた上で、別の設定（球種）にもそれを使ってみる。だが別の設定（球種）には別のタイプのスイングを使うこともあるだろう。そうして（新たに身につけたスイングを）忘れ始めたところで、また速球が来る。新しいスイングをもう一度思い出すことはより難しくなるが、その分、より持続的な記憶を形成することができる。

ランダム練習とは、例えば速球↓カーブ↓スライダー↓速球↓速球↓スライダーというように、予測できないパターン。この状況では選手は、新しく身につけたスキルを、どのような手がかりを知覚した場合に使うべきかを練習することができる。試合の状況をシミュレーションすることも、ランダム練習の１つとなるかもしれない。状況設定に応じて、あるパターンがより起こりやすくなることもあるためだ（例えば、一塁にランナーがいて、二塁が空いているときは速球が多くなる、など）。これは重要なことだ。選手は新しいスイングを覚えても、試合と同じ条件下で経験したシグナルを新しいスイングと結びつけることができていなければ、プレッシャーがかかる状況では古いスイングに戻ってしまうことが十分に考えられるからだ。ランダム練習を行うことで、選手は予測できない状況に反応してスキルを使えるようになるため、実際でもそのスキルを使う可能性が高くなる。ここで、ランダム化というものが純粋にランダムではないことも注目すべき点だ。完全にランダムなのではなく、予測不可能なのだ。コーチは例えば、最初のうちは打者に投げる球の３分の１以上を速球とし、そこから少しずつ減らしていく場合もあるだろう。また、認知科学者がよく指摘するようには、学習とは目に見えにくいものだ。トレーニング中には生産性が低く見えるものでも、長期的にはより良い結果をもたらすことがよくあり、これは特にブロック練習に当てはまるという研究結果が出ている。トレーニング中には選手のパフォーマンスが向上したように見えるものが、たとえその瞬間には順調に見えなくとも、シリアル練習やランダム練習を加えることによってもたらされる学習は、長期的にはより強力なものになる。コーチはよく注意するべきだ。

ウィンケルマンが指摘しているように、トレーニングセッションの「シリアル化」は、トレーニングメニューの中にも、メニューとメニューの間にも取り入れることができる。例えばバッティング練習のあと、フィールディング練習をし、またバッティング練習に戻るといったことだ。一度のトレーニングセッション中に、ずっと同じ何かに集中することは、練習の大きな妨げにしかならない。あるスキルを学ぶために合計80分を費やすなら、５日間かけて20分ずつ４回に分けて行うほうが効果的だ。ある日一度に90分費やしてからほかのことに移ったり、あるセッションでそのスキルに取り組み始めてから一旦離れ、また戻ってきたりするよりも良いだろう、とニックは述べている。

先日、陸軍士官学校の男子サッカー部のラッセル・ペインのトレーニングセッションを見学したあと、このようなアイデアの応用法について彼と話し合った。ペインの指導する選手たちは、パスパターンに取り組んでいるところだった。「順序1」のパターンでは、選手（P2）はボールを受けてあとターンし、味方（3）へボールをつなぐ。「順序2」は、パスの出し手（1）に（2が）別角度のボールを返し、出し手（1）はそれを3人目の味方（3）につなぐ。「順序3」のパターンでは、パスを受けた選手（2）は出し手（1）にボールを返したあと移動して、（3）と（2）が一緒に2対1の関係をつくり（1）を突破する。

次のような形だ（次のページ図解参照）。

これを各ラウンド数分ずつ、フィードバックを挟みながら練習した。フィードバックは的確で優れていた。ラッセルは、それぞれのパターンをいつ、なぜ使うのか、選手に問いかけながら指導していたので、練習は活気に満ちていた。全員が真剣で、集中していた。その後、このトレーニングメニューからさらに効果を引き出すために、インターリーブを利用する可能性について話し合った。

1つ目の方法は，ブロック練習からシリアル練習に移行すること、そして、選手たちが学んだパターンに十分に習熟できたら、次はランダム練習に移行することだ。シリアル練習ではパターンを交互に繰り返すことになるので、選手は各パターンを思い出すため必死にならざるを得ない。次にランダム化すると、パター

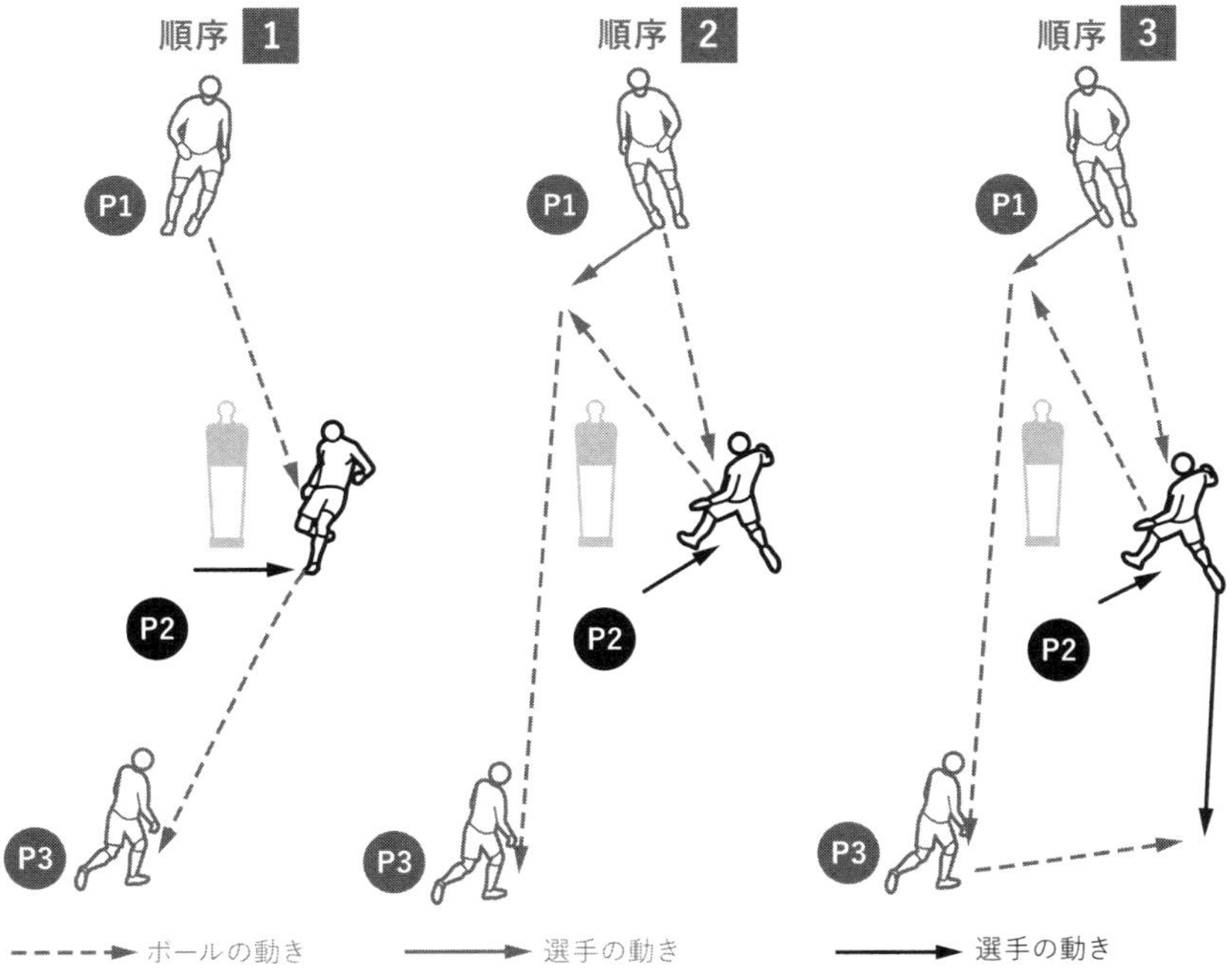
順序 1
順序 2
順序 3
P1
P2
P3
P1
P2
P3
P1
P2
P3
ボールの動き
選手の動き
選手の動き

ンの並びが予測できなくなり、選手は状況に応じて素早く、懸命に対応しなければならない。私たちは、その方法についてブレインストーミングでアイデアを出し合った。

最もシンプルな方法は、監督が各ラウンドの前に選手に口頭で指示を出すだが、それよりも選手が本番の状況で目にするのと同じ視覚的シグナルをもとに選択させるほうがいいと考えた。ラッセルは，最初のパスを受ける選手のすぐ背後にディフェンダーを置くことを提案した。このディフェンダーの役割は、最初は限定的なものだ。どのパスパターンを使うべきかを示すシグナルとして，タイトなマークか緩いマークか、どちらかの位置を取るだけだが、これによりチームメイトたちは（第1章で述べたように）知覚を強化することができる。時間が経つにつれて、ディフェンダーはプレッシャーを強めていってもいいだろう。

この練習を改善できる可能性がある2つ目の方法は、1日後か2日後、あるいは4日後にもう一度同じ練習をすることだ。幸いなことに、リトリーバル練習に関するデータによれば、望ましい結果を得るために必ずしも長い間隔を空ける必要があるとは示されていないようだ。このようなトレーニングメニューは、1回で20分行うよりも、5分ずつ3回行うほうが効率的ではないかと考えられる。もちろん、コンセプトをより詳しく説明するため、つまり選手の理解を深めるために時間を延ばすことはありえるが、単に短い間隔でリトリーバルを行うだけでも効果は発揮される。次の週のトレーニングスケジュールに組み込む必要はなく、単純に練習の合間に取り入れるだけでいい。例えばロンドを20分やったあと、短い休憩を挟んで、先週取り組んだパターンを思い出しながら5分。そしてまたロンドに戻る。実際のところ、リトリーバル練習を一種の抜き打ちテストのような感覚で活用することは効果的だ。「ローステークス・アセスメント（訳注：結果があまり重要ではない成績評価）」を頻繁に行うことが学習ツールとして非常に有用であるということは、認知心理学の最も重要な知見の1つだ。学校教育の場であれば、学習サイクルの終わりにだけテストを行うのではなく、何度も小テストを繰り返すような形だ。こういった小テストは、採点をして生徒に返すことはあっても、成績評価の材料にはしない。学習者がどれだけ学習できているかを把握することだけが目的であり、小テストの結果が成績に影響することはない。

自習時間の確保

マーク・マンネラ氏

マーク・マンネラは元校長であり、プロスポーツのフランチャイズと協力して、組織内の学習の最適化に取り組んでいる。野球チームが直面する最大の問題の１つは、「スケジュール」であると彼は考えている。１８７日間で１６２試合が行われる中、どのように練習し、選手を育成するのか。時間がない中で、選手が必要とするさまざまな種類の育成要素のバランスを取りつつ、学習のための余裕を確保するにはどうすればよいのだろうか。マークは解決策を述べている。

野球のシーズンは毎日が忙しいため、理想的な間隔を取ってスケジュールを立てるのは難しいが、不可能ではない。プロ野球では、１週間以上、毎日、毎晩、休まずに試合に出るのが普通だ。試合のない貴重な日には、選手は完全に休息を取らなければならない。そのため、球団がシーズン中に学習の機会を設けたいのであれば、タイトなスケジュールの中で工夫を凝らす必要がある。私が担当したあるマイナーリーグの監督は、前の試合の反省という短期的ニーズと、選手の長期的な育成に焦点を当てるという長期的ニーズの両方に対応する、斬新なリズムを発見した。

その監督は、次のように語ってくれた。監督を始めた頃、学習のメンタル面に取り組むために、さまざまなアプローチを試みた。選手時代の私はミーティングが大嫌いで、時間の無駄だと思っていた。コーチがクラブハウスの前に立ち、選手の悪い点をいちいち全て話している間、私たちは座ってコーチの顔を見ながら、話し終わるのを待つだけだった。選手を引退して監督になったとき、チームの全員が同じ認識を持てるように教えることの必要性を感じ、それを実現する良い方法を見つけたいと思っていた。

彼がつくり上げたシステムは、次のようなものだ。試合当日、ピッチングコーチはピッチャーとキャッチャー全員と10分間のミーティングを行い、前夜の試合について話し合う。このミーティングは短くするべきだ。そのためには、選手たちに前夜の試合から何を感じ取ってほしいかを、明確にしておく必要がある。「昨日の試合についてどう思う?」と尋ねるだけではダメで、的を射た質問を用意する。そして、コーチから選手へ一方的に話すだけではなく、お互いの会話の時間を持つように心がける。

選手が学ぶためには、考える時間も必要だ。より短い時間で、お互いの得るものが大きくなるように、濃密な会話が必要だ。その後すぐ、野手は打撃コーチと同様のミーティングを行う(キャッチャーは両方のミーティングに参加できる)。だが、これらのミーティングは実際の試合の出来事を振り返るためのものなので、どのような話題が出るかをあらかじめ予測することはできず、選手の長期的な成長や組織の目標達成につながる話題を教える場にはならない。そこで監督は、もう1つ別のタイプのミーティングが必要だと考えた。

前日の試合内容に囚われ過ぎず、チームの未来を築くためのものだ。そのためには、事前に重要なテーマを決めて、それを計画的に進めることが必要だった。さまざまな間隔を試した結果、彼は7～10日に1回、第2のタイプのミーティングを行うことにした。多くの場合これは、3連戦を3回行った後ということになる。この期間を設けることで、彼は指導をサポートするために関連するビデオクリップを集めたり、コンセプトが曖昧にならないように間隔をあけたり、重要な指導内容に何度も立ち戻ったりすることができるようになった。

このように2つのパートに分けたスケジュール設計により、選手は試合でのパフォーマンスから学ぶだけでなく、メジャーリーグを目指すために必要な幅広い知識を身につけ続けることができる。

パート1：学習に必要な時間

学習は長期的か短期的か

長く身につく学習の鍵は「練習と練習の間隔を空け、記憶を薄れさせながら反復して行う」ことにある。つまり、選手1回の練習で習得できるものは、ほとんど何もないことを意味する。あるトピックについて1回のセッションを行えば、選手は一時的にパフォーマンスが変化するかもしれないが、そのような変化はすぐに消えてしまうのだ。1回のセッションでは足りないのなら、選手が持続的にスキルを習得して長期的に成長できるようにするためには、コーチはより長い時間軸で計画を立てる必要がある。一度に1回のセッションを計画するだけでは不十分だ。

では、どのくらいの時間軸とすべきか。確かな正解はないが、私は学校で教えた経験に基づいて、ある程度の有用な目安を提供することができる。例えば、長期的な学習が目的であれば、理想的な計画間隔は1週間より長いと確信できる。これは重要なことだ。なぜなら、多くのコーチはトレーニングを計画するために1週間のインターバルという時間枠を使っていると思われるからだ。どうやらコーチには、1週間ずつ計画を立てたいという強い動機があるようだ。

まず、コーチは試合を通して進捗状況を評価し、目標を設定する。勝っても負けても引き分けでも、コーチは試合を終えたあと、チームが次に良い結果を出すために何を改善すべきかを考える。「土曜日の試合ではファーストタッチが弱かったり、プレスされたときにボールを保持できなかったりして苦戦を強いられたので、1週間でその点を改善することにする」と。そして次の土曜日には、それが改善されているかどうかを確認することになる。ここで理解しておくべき大事なことは、改善は試合でのパフォーマンスという形で表れる場合もあれば、学び始めた兆候という形で表れる場合もあることだ。選手がそれを長期的に習得するためには、その後の数週間をかけてトレーニングの難易度と複雑性を高めていき、間隔を空けながら反復を続けられるようなトレーニング環境を提供することが必須となる。

学習対象が、例えばファーストタッチをどちらの方向へ向けるかといったようなスキルであれば、選手は自然と十分な頻度で継続的な反復練習を行うことができ、上達できるかもしれない。しかし、自然に起こることが少ないプレー（例えばサイドチェンジ）であったり、間違った方法で行いやすい、あるいは選手間でうまく連携せずに行ってしまう危険性が高いプレー（攻撃ポイント切り替えのチャンスを逃す、ファーストタッチの方向が悪くプレッシャーから逃れられない）であったりすれば、学習の最初のステップはすぐに損なわれてしまう可能性もある。皮肉なことに、次の試合で進歩が見られずコーチが失望することになったほうが、選手にとって良いことかもしれない。「彼らはまだまだだ。月曜日と水曜日にもう一度やり直そう」と言うコーチは、長い目で見れば選手が上達できるようにステップを踏む可能性が高いだろう。だが理想を言えば、「あれは素晴らしかった。先週よりずっと良くなった。あとは、攻撃ポイントを切り替える力をこれからずっと使えるようにするため、今後数週間この調子でやっていこう」と言うコーチがいてもいいだろう。

1週間単位で計画を立てるもう1つの動機は、次の試合の戦術的課題に対応する必要があることだ。「土曜日にはクロスタウン・ユナイテッドと対戦する。勝つためには何を練習すればいいだろうか」とコーチは考える。これは、ある程度有効なことではあるかもしれないが、これによりチームに加えた変化を長期的に習得することはできず、短期的なパフォーマンスとなる可能性が高い。木曜日にチームが何かに取り組めば、土曜日にはその記憶がまだ残っているはずだ。火曜日にも同じことをやっていれば、なおさらだ。しかし、その後も忘却は続いていく。短期的成果と長期的成果の間にある矛盾が露呈してしまう（これについては、第6章で改めて論じる）。２つは単純な対立関係にあるわけではない。

コーチとしては、これから対戦する相手に合わせて戦術的な調整をする必要があるし、そうすることで確実に選手の理解を深めることができる。パフォーマンスの変化は、短期的には勝利につながる。その試合に勝つことがどれだけ重要であるかにもよるが、意味のないことではない。しかし、やはり短期的成果に過ぎない。クロスタウン・ユナイテッドのプレッシングに対応する方法を選手たちが学んで試合に勝てたとしても、次の土曜日の相手であるアンダーヒルFCは別の課題を提示してくる。クロスタウンとの試合のために始めたことが、チームの長期的な取り組みの一部でない限りは、すぐに忘れてしまう可能性が高い。次のシーズンにクロスタウンと対戦するときになっても、選手たちがあまりにも覚えていないことに驚くかもしれない。おそらくは、シーズンの初めに数週間かけて戦術の核となるいくつかのアプローチに取り組み、試合の前にそれを思い出すようにして、少しずつ適応させていくことが理想的かもしれない。

いずれにせよ、クロスタウンに勝つこと（パフォーマンス向上により達成が望める）と、選手の長期的な成長（短期的なパフォーマンスの変化では達成できない可能性が高い）がトレードオフの関係にあることについて、考えてみる価値はあるだろう。多くの選手にとって、人生の中で最も激しく競い合う時期を迎えようとするまさにそのときに、短期的目標を達成するための学習ばかりを強いられることで、成長が停滞してしまうということはないだろうか。

１週間単位で計画を立てることが一般的な理由の３つ目は、「ピリオダイゼーション」である。月曜日は回復、火曜日は高強度、水曜日は軽め、木曜日は再び高強度というように、コーチがアスリートのトレーニング負荷に留意し、その結果として1週間のサイクルで計画を立てるのは妥当なことだ。しかし、具体的なトレーニングメニューを想定しなければトレーニング負荷を弾き出すことは難しいので、カバーしようと考えているメニューも同時に計画することになる。そして、より長いスパンでの学習に目を向けるようなプランニングの見直しを行うということは、まずないだろう。それこそがまさに問題だ。

記憶の科学によれば、1週間のトレーニングで一見向上したように見えても、その後の数週間にアスリートが定期的にそのコンセプトを思い出し利用しなければ、記憶はすぐに衰退してしまう可能性がある。試合を中心とした1週間ごとの計画では、長期的な成長には不十分だ。これは、特に若い学習者にとって考慮すべき重要なことではあるが、誰にでも関連することであり、アスリートのキャリアの後半では見過ごされがちだ。果たして、短期的な目標に基づいた週単位の計画を立てるべきなのだろうか。

もちろん、特にプロや大学、またおそらく一部の高校も含めたエリートレベルのチームでは、目先の結果を出すという形で組織として成功を達成するのが目的になっている。ユースクラブでさえも、年に数回は、勝つことに大きな意味がある大事な試合（例えば、注目度の高いトーナメント）があるかもしれない。だが、コーチにとって、すぐに失われてしまうような短期的学習に力を入れ続けるインセンティブ（誘惑）が強すぎる理由はそれだけではない。さまざまな意味で、そうするだけの根拠はある。クラブはともかくとして、保護者や選手たちが、そして場合によっては自分自身も、試合に勝てたかどうか、改善の兆しが見られるかどうか、という点でコーチを評価する可能性が高いからだ。短期的目標に向けた指導を行う理由は数多く存在している。ほぼどのレベルのサッカーでも、大多数の選手は、短期的なインセンティブに重きが置かれた環境で学習時間の大半を過ごしている。多くの場合はコーチもそのことを自覚しておらず、長期的に持続する学習・成長に必要なステップにはほとんど注意が払われていない可能性がある。プロチームのコーチから、選手たちが学べていないことに唖然とする、と聞かされたことは数え切れないほどある。残念ながらコーチたちは、こういったことを選手のせいにしがちだ。「『あいつに教えなきゃ』ではなく、『あいつがいるとあのプレーができない』と言われるんです」と、同僚の一人は嘆いていた。

リトリーバル練習は、自由なプレーの中では自然に起こるようなものではないのではないか。それをトレーニングにたくさん取り入れるだけで、長期的なスキル習熟のために十分なのか。コーチがそう疑問を抱いても当然ではあるだろう。だが結局のところ、例えばファヴェーラ（ブラジルのスラム街）や、毎日の無秩序なプレーの中で行われる激しい競争が主な学習手段となるような同様の地域から頭角を現した世界のトップ選手たちは、そのやり方でかなりよく学ぶことができているようだ。

単純に高い頻度でプレーするだけでも、選手が「ある程度の」知識を長期記憶に移すことができるのは確かだ。一方で、一定程度の自由なプレーをすることがトレーニングの貴重な一部であることもまた事実である。しかし、知識やスキルの種類によって長期記憶に残りやすいもの、残りにくいものもあるし、強化の仕方もそれぞれ異なる。自由なプレーでは、ボールタッチや狡猾さ、一般的な動きの原則などは学ぶことができる可能性が高いが、それ以外に何が強化されるかは予測不可能であり、協調性や戦術を必要とするスキルはほとんど学べないかもしれない。もちろん、どの選手が何を学べるか、何を最も深く学べるか、という点でもバラバラな進行度になるだろう。したがって、チーム全体で知識を共有したいと思っても、それが実現する可能性は低い。さらに、自由なプレーにはデータの問題もある。コーチが成功例を挙げるとき、言及される選手は勝者、つまり少数の例外的な選手だ。そして、たとえ早熟なスキルを持ち幸運に恵まれた選手がどこかのストリートから現れたとしても、そういった選手もやはりどこかのチームに入り、ポジションごとの責任、連携したプレス、統率の取れた守備ブロックの崩し方といったプレーの側面を学ぼうとしなければならない。

スラム街からプロのトップチームへ直行するわけではない。まずはアカデミーへ行くだろう。世界中どこでも、驚くべき才能を持った選手が生まれたかと思えば消えていくような例は間違いなくある。自由な指導モデルで幸運な勝者となる者もいるだろうが、その裏には同じモデルで生まれた何千人もの敗者がいる。コーチは教師であり、すべての選手がすべてのトピックを学んでいく中で最大限の効果を求めていくものだ。自由なプレーも有用なものではあるが、全選手の学習を最適化することを目指すコーチにとっては、十分とは言えないだろう。

パート2：どうすればいいのか（何をすべきか）

計画を提案

では、学習内容を忘れていくことも念頭に置いた上で、長期的な記憶と持続的な学習に強く焦点を当てて計画を立てていくためには、クラブはどのようなステップを踏めばいいのだろうか。本章ではいくつかの案を提示していく。まず、「ユニットプラン」と呼ばれるアイデアを提案したい。これは、一連のコンセプトをおよそ6週間かけて習得する計画となる。次に、クラブやコーチが既存のやり方を大きく設計し直すことなく、間隔を空けた練習の効果を活用し始めることができるような、あるいはそれが効果的であるかどうか試すことができるような、簡単なステップをいくつか説明する。

ここでの目標は、クラブやチームの状況に関係なく、長期記憶形成の科学を活用できるようにすることだ。

（6週間の）ユニットプラン

クラブのカリキュラムを更新することも、プランニングにおいて一般的なやり方の1つだ。年に一度、綺麗に色分けされたスプレッドシートが、コンピュータの奥底から引っ張り出される。そして、何を教えることが本当に重要なのかについて熱血した議論が交わされたあと、そのドキュメントは再び置き去りにされ、各自がそれぞれいままでやってきたことをほとんどそのまま続けていく。計画期間として1週間は短すぎるが、1年間は長すぎる。

では、長期記憶を構築するには、どれくらいの期間が適切なのだろうか。おそらく4～6週間といったところだろう（＊15）。これは学校教育での私の経験をもとにした推定値であり、絶対的なものではない。適切な期間はもう少し長いかもしれないし短いかもしれないが、4～6週間という期間が記憶の形成に適していることは確かだ。思いついたアイデアを数日寝かせて、また学習して、ほかのアイデアと組み合わせて、また数日後に学習する。一度に複数の目標に取り組むユニットを組み、その中でトピックを交互に並べることができる。4～6週間という期間は、計画という観点からも管理しやすい期間となる。私がまだ若い英語教師だった頃、1年間の授業目標を記入したカレンダーを提出するように言われたことはいまでも覚えている。頭が麻痺するほど苦しい作業だった。3月11日に『怒りの葡萄』の第17章を教えるといったような遥か先の目標は、見れば見るほど現実離れしているように思えた。緻密な計画に基づき作成されたカリキュラム表の多くが、ほとんど使用されない理由がよくわかるだろう。大多数の人々にとって、1年という期間は計画を運用するには長すぎる。

教師としては、翌月に予定しているギリシャ演劇の1日ごとの授業内容を計画するほうがより現実的であり、率直に言って自分自身でもやりやすいと感じられた。これを年に6～8回行い、（計画通りには進まないのが常なので）様子を見ながらやっていくことで、授業の進行や小テストの間隔などを考えるのがだんだん上手くなっていった。

また、4～6週間という期間は、選手とコーチの両方にとって変化と目新しさが得られる間隔でもある。一貫性や永続的な原則を持つことは非常に重要だと思うが、だからといって、1年間ずっと同じ内容を繰り

＊15　「精神的な負担を最小限に抑えながら、知識を素早く簡単に使えるようにするには、数カ月、あるいは数年単位の持続的な練習を促す必要がある」とペップス・マクリーは書いている

返していると感じさせるべきではない。学習者にとっては、自分が進歩し、新しいアイデアを取り入れていると感じられることがモチベーションにつながる。新しい学習目標や学習トピックを設定することは有効な手段となる。あるトピックを一定範囲まで習得したあと、翌年になって再びそのトピックを取り上げて知識をさらに深めるといった場合には特にそうだ。このことは、学習ユニットの期間を短めに取るか、長めに取るかを考えることにも影響する可能性もある。集中力の持続期間が短く、扱うトピックもシンプルであるような若い選手の場合には、3週間のユニットが適しているかもしれない。上級者であれば、味方との連携や相手の動きへの反応が必要なプレーをマスターするために、より長い期間を必要とするかもしれない。

4週間から6週間を単位として、いくつか重要なトピックを選んで取り組むことにしてみよう。トピックの規模にもよるが、例えばオフェンス側で2つ、ディフェンス側で2つ、トランジションで1つ、そのほかいくつかの技術的スキルを取り上げると良いだろう。4～6週間であれば、トレーニングに慣れ親しみながらも退屈することが無い程度に、十分多様なコンセプトが盛り込める。

できればそこに、スティーブ・フリーマンが「対応トピック」と呼んでいる戦術的コンセプトも取り入れることができればさらに良い。例えばプレッシングと後方からのビルドアップのように、守備面で何かに取り組むというのは、自分たちの攻撃に対して相手がどう守るかということであり、その逆も言えるということだ。これを取り入れれば、攻撃練習と守備練習の行き来がしやすくなり、トレーニング環境も自然と改善する。守備のプレスが向上すると、攻撃側のビルドアップが難しくなる。攻撃のビルドアップが上達すれば、守備側のプレスはもっと細部を高める必要がある、というものだ。

最初の数日間は、より「ブロック的」なアプローチでコンセプトを導入し、選手が認知に要する負荷に注意を払いながら段階的に情報を与えて、覚えたことをうまく長期記憶に移せるようにするのが望ましいだろう。何度かセッションを重ねながら、時間をかけて詳細を教えていく。急ぐ必要はない。むしろ、ゆっくりと進めたほうが結局は速いかもしれない。選手が何をしようとしているのか、自分の役割は何なのかを理解したら、インターリーブを始める。トピックを変えたり、また最初のコンセプトに戻ったりしながら、戻るたびに新たな複雑さと課題を適度に追加し、選手が知識を「エラボレーション」できるようにしていく。

例えば、1日目はプレッシングに取り組む。2日目は後方からのビルドアップ。時折ディフェンダーに、もしプレッシングをする側だったらどうするか、あるいは相手ディフェンダーがいたとすればどう対応してくると想定できるかを問いかけてみる。3日目はプレッシングに戻る。4日目はまた後方からのビルドアップ。

その次は、何か新しいトピックに移ってもいいだろう。例えば、攻撃面ではワイドな展開とクロスに取り組み、守備面ではクロスに対するディフェンスとトランジションに取り組むとする。戦術セッションの大半はクロスに費やすが、その間にプレッシングの復習も10分間行う。その後は5回のセッションのうち3回はクロス（とクロスに対する守備）、2回はプレッシング（と後方からのビルドアップ）に主眼が置く。

しかし、各セッションのメインテーマではないコンセプトを思い出す機会も設けることができる。例えば、クロスの練習を一時中断し、突然こう言うのだ。「よし、キーパーがボールを持っているぞ。黄色チームはビルドアップしようとする。オレンジチームはプレスをかける。それぞれやるべき大事なことは何だ？　スタート！」。

これは、典型的なリトリーブ練習だ。こうすると、選手は突然、プレッシングやビルドアップをするときの自分の役割を必死に思い出さねばならなくなる。さらに、それを終えてクロスの練習に戻ると、その役割を学習する上でもインターリーブの恩恵が得られる。一旦別のことに気を取られることで、選手は元の練習を思い出す努力をしなければならなくなるからだ。おそらく、セッションの最初に行うスキル練習でも同じようなことをやっているだろう。ボールを動かしたり、ダイレクトで返したり、胸で受けたりといった動作を、最初はブロックして、次に連続的に行う。

もう1つ、このユニットプランの概要に加えるべき重要なものがある。「リトリーバル・リスト」というものだ。これは、過去1年ほどの間に学んだことのリストである。整然と記録された過去のリストがあれば、現在のユニットだけでなく、古いユニットからコンセプトを思い出す機会をときどき得られるようになる。ユニットが終わったからといって、忘却が止まるわけではない。選手が習得したアイデアを記憶にとどめることができるかどうかを、偶然に任せるわけにはいかない。すでに知っていることを失わないために必要な努力を費やすことは、その価値が過小評価されてしまう場合が多い。だが幸いなことに、さほど時間のかかるものではない。

以前のユニットで学んだことがリトリーバル・リストに残してあれば、たとえ短時間でも再び引き出すことができるだろう。その年の「カリキュラム内容」のリストを活用するのも、シンプルな手法として有効かもしれない。少なくとも、カリキュラムを忘れ去られたままにせず、コーチたちの頭・意識の中に生かし続けるには良い方法だ。リストには、トピックごとに復習した日付を書き込む場所も設けておけば、どれくらい間隔を空けたか、いつリトリーバルを行ったかを、より戦略的に把握できる。

例えば、アップ・バック・スルーについては最近5週間取り組んでもいないし何の話もしていなかったことが一目で確認できる。マーク・マンネラは、「もし私がプロのコーチであり、スタッフがいるとしたら、このリストはミーティングの最初にホワイトボードに掲げるべきものだ。そして、全員で共有して管理する」と話してくれた。

リトリーバル・リストに残したトピックは、どのように、そしてどのくらいの頻度で、練習のユニットに組み込めばいいのだろうか。私としてはまず、「記憶の検索が野放しになること」を避けたいと思う。無計画に次から次へとトピックを飛ばすと、気が散ってしまったり、前のトピックが中途半端に頭に残ったりして、長期記憶にじっくりと定着させることができない可能性が高い。そうならないよう、リトリーバル練習をとおして以前に学習した２つ程度の事柄を再強化することを目標とする時間を、スケジュールの中に定期的にＩ回や２回組み込むのはどうだろうか。例えば毎回の練習のたびに10分間、または週に２回リトリーバル練習をするといった形だ。あるいは、紅白戦や試合形式の練習の中で、一時的に目的・目標を変えてみることもできる。２、３回、キーパーにボールを渡して、「よし、キーパーがボールを持っている。黄色チームはビルドアップ、緑チームはプレスをかけるんだ。それが終わったら一度止めて、どうだったか聞いてみるよ」と。もちろん、そういったことが自然に起こるのを待つだけでもいいのだが、意図的に、目に見える形で、リトリーバル練習を集中的に行いたいテーマにシフトすることにはメリットがある。

選手が自分の行動をより注意深く観察するようになり、自分が何をしているのかをより意識するようになることだ。より注意深く見ることを促されるわけだ。プレーを止めて「緑チーム、あそこのプレスは良かったが、最高だったとは言えない。何が良くて、何が足りなかったと思うか教えてくれ」と言えば、選手もやらされている感じはしないだろう。選手たちは、突然プレスをかけようとする状況になったことを強く意識しているので、おそらく色々なことを言ってくれるだろう。

この例で暗に示されているのは、リトリーバルが効果を発揮するために長い時間は必要なく、大きくスケジュールを変えなくともさまざまな使い方ができるという事実だ。また、リトリーバルは、実際の練習内容は変えずとも、別のトピックの練習中に質問やフィードバックを通して復習するという形で行える場合もある。「止めて。みんな、いまボールを奪ったところだ。トランジションでボールを奪ったとき、ディフェンスが乱れていたらどうしたい？」　あるいは「止めて。いま、トランジションでボールを奪ったところだが、ディフェンスは乱れていた。これはいままで学んできたことだ。もっとうまくやるには、どうすればよかった？　そうだ。ボールをソフィーに戻そう。彼女からまた黄色チームにボールを回すから、どうするべきなのか見せてほしい」と。

あるいは、試合ベースのトレーニングメニューをリトリーバルの土台として活用することもできる。「5対5の中で、縦パスを後ろに返して攻撃ポイントを切り替える練習をしたい。良い形でできたら2点与えることにしよう」。つまり、リトリーバル練習を組み込む方法はいくらでもあるということだ。重要なのは、具体的な時間を区切った上で、その時間にリトリーバルを行うことにコーチが責任を持つべきだ。その時間に意図的にリトリーブ（検索して取り出す）する内容を計画し、進捗状況を注意深く観察しなければならない。結局はそれが時間の節約になる。学習した内容を長期記憶に定着させることで、次の年に最初から教え直す必要がなくなるからだ。

どのようにアプローチするにしても、まずはリトリーバル・リストの作成をおすすめしたい。何を、どれくらいの頻度でリトリーブしたかを記録することで、リトリーブをより意識するようになり、何が効果的で何が効果的でないかについての洞察を素早く得ることができるようになる。例えば「この3つのコンセプトを最低4回復習する」という目標を持って始めるとしよう。そして、そのコンセプトが試合に表れるかどうか、またいつから表れるかについても記録を取り始める。

時間が経てば、より効果的にやれるように、コンセプトを見直すたびに日付を記録し、徐々にリトリーバルの間隔を長くしていくこともできるだろう。あるいはメモを取るための場所を追加し、「機能している」

「なかなかうまくいかなかった」「またすぐに復習する」「次回はエントリーパスの重要性に注目する」などと書いていってもいい。最初はシンプルに始めるのも悪いことではないし、リトリーバル・リストを導入したからといって、ほかの使い慣れたシステムやルーティンをすべて変更する必要もない。とりあえずは試してみた上で、大きく変えるかどうか決めればいい。だが長い目で見れば、忘却との戦いを制するためには、セッションのメインテーマとは無関係な別のアイデアを引き出してきて復習する時間を取ることが必要になってくる可能性が高いだろう。

アクティビティデザイン

コーチがリトリーバル練習を理解することは、アスリートが記憶するのに確実に役立つ。同様に、コーチがワーキングメモリを理解することは、1回のトレーニングセッションの中で個々のメニューを改善し、選手がもっと良い結果を得られるようにすることにつながる。ワーキングメモリとは、脳の中で意識的な思考（自覚的に行う思考）が行われる部分だ。複雑な問題を理解して解決する能力は、地球上の全生物の中でも我々人間だけに備わっている。しかし、高次の思考という「スーパーパワー」にも明確な限界がある。一度に1つか、2つのことにしか集中できず、持続性にかけることだ。特に、ほかに注意を奪われるとすぐにコンセプトを見失ってしまう。したがって、ワーキングメモリの「負荷」を考慮することは、学習環境において特に重要なポイントとなる。つまり「ワーキングメモリがどれだけ容量の上限近くまで使われているか、意識的に処理しているアイデアについて考えるのに、どれだけ労力を使っているか」ということだ。

ワーキングメモリに負荷がかかっている典型的な状況を簡単に考えてみよう。慣れない土地で車を運転していると、妻から電話がかかってきて、家のバスルームのリフォームについて相談された。難しい決断を迫られる。話をするうちに、運転への注意力が失われていく。車線を少し外れたり、信号への反応が遅かったりすることに、後ろの車が気づき始める。曲がるべきところを曲がり損ねる。知覚が鈍ってしまうのだ。ワーキングメモリは、対向車の速度や、安全に左折できるかどうかを判断するために使われる。だが妻との会話でワーキングメモリが消費されてしまうことで、その予測の精度が低下する。事故に遭う可能性も高くなってしまう。

この3つの例は、ワーキングメモリに一度に多くを処理させてしまうことで、明確な影響が表れる。

・両方のタスクを処理する質が落ちてしまう。運転が下手になると同時に、妻と話し合っている問題についてもはっきりと考えることができなくなる。

・新しい知識を覚えるのが難しくなる。目的地までのルートを長期記憶に保存できないので、次に運転するときは白紙の状態から始めなければならない。

・周囲の世界に対する認識の精度が落ちる。

これらの効果については、すでに本書で言及したものもある。この例が示すように、ワーキングメモリへの負荷を管理することは、さまざまな形で学習に強く影響するため、トレーニングメニューの設計を検討する際にあわせて考慮に入れることが重要となる。

ワーキングメモリにかかる負荷の管理には、2つの方法がある。ワーキングメモリに過剰な負荷をかけたくはないが、負荷が少なすぎても良くない。人は本来、好奇心旺盛であり、難題に挑むことを好むものだ。その挑戦は学習とモチベーションの両方にとって不可欠なものとなる。例えば、脳がパズルを解くことに引きつけられるのは、それが喜びの源であるからだ。だがパズルへの興味を持続させるためには、難易度が適切でなければならない。ダニエル・ウィリンガムは『Why Don't Students Like School?』の中で、次のように述べている。「好奇心は、人を新しいアイデアや問題を探求するように促す。しかし我々は、その問題を解決するためにどれだけの精神的労力が必要なのか、すぐに判断してしまう。労力が多すぎたり少なすぎたりすると、その問題に取り組むのをやめてしまう」。

言い換えれば、ワーキングメモリに過剰な負荷をかけることなく、トレーニング環境に十分なチャレンジ（課題）を確保することは、コーチの仕事の中でも最も重要なことの１つだ。認知心理学者のロバート・ビョークは、これを「望ましい困難」と呼んでいる。学習者が退屈すると気が散ってしまいやすく、学習はうまくいかない。脳が課題に興味を持ち続けられるようなトレーニング環境をつくることは、効果的なアクティビティデザインを行うために非常に重要だ。

ただし、課題には必ず目新しさが必要だというのは、よくある誤解だ。脳が課題を必要としているからといって、コーチが常に新しい練習メニューを導入しようとする必要があるわけではない。実際、トレーニングにおいて特に難しい部分は、気晴らし（気分転換・娯楽）の中にも課題を導入する場合が多い。マット・ローリーが行っているトレーニングセッションは、私が見てきた中でも最も魅力的なものだった。マットのセッションは、毎日ロンドで始まる。というより、ロンドはトレーニングセッションの前に行われる。選手が練習場にやってきたらチームメイトに挨拶し、６人揃ったらグループをつくってプレーを始めるというのがルーティンだ。ロンドのスペースは、あらかじめ準備されている。マットがグラウンドに入る頃には、選手たちはすでに熱心に、おしゃべりをしながら楽しく、そして競い合うようにプレーしている。これは、ロンドに慣れているせいでもある。選手たちはやり方を知っているので、すぐに飛び込んできて、好きなところにたどり着ける。ルールについての長い説明や屁理屈はいらない。「コツを知っている」ということが過小評価されている。

正式に練習が始まると、マットはそこでもすぐに、選手たちがコツを知っているものを利用する。「ロンド」と声をかける。「私の笛で試合開始だ。負けるなよ！　ピーッ！」トレーニング本番が開始され、マットの笛で選手たちが活気づく。ロンドというおなじみのメニューではあるが、ラウンドごとに微妙に変化していく。「ラウンド2」とマットが告げる。「パスを数えて。10回つながったらディフェンダーは腕立て。スタート！」　繰り返すが、選手たちはコツを知っているため、素早く楽しそうにプレーできる。だが、少しずつ変化が加えられていくことで、課題への挑戦を続けられる。「ラウンド3」とマット。「ディフェンダーはボールを奪ったら3秒間キープ。それができたらオフェンス側の選手が腕立て。スタート！」　慣れ親しんだフォーマットやプラットフォームを使うことで、選手はワーキングメモリへの負荷を最小限に抑えながら、練習メニューの変化に集中することができる。

あるいは新しいメニューのルールを覚えるよりも、「ボールをキープする」ことにワーキングメモリを完全に集中できる。ただのロンドなら寝ながらでもできるくらいだが、常に小さな変化を加えることで、技術や戦術の異なる側面に焦点を移し、挑戦し続けることができる。マットにとっては一挙両得だ。彼が思いつくさまざまなロンドのバリエーションと、それによって強化される選手の能力については、一冊の本が書けるほどだ。

「止めて。ラウンド4」とマットは告げる。「ディフェンダーは、今度はボールを奪ったらリスクを冒してもいい。パートナーにパスを通せたら、2人とも抜けられる。あるいは、単にボールをキープしてもいい。馬鹿なプレーや自己中心的なプレーはしないように。スタート！」。柔軟な土台の上に構築できるチャレンジ（課題）の幅は、ほとんど無制限だ。慣れ親しんだ環境は、多様性と課題を導入する場として最適であることが多い。

マットのアクティビティデザインは、ジョン・スウェラーによって開発された認知心理学の1つの分野である「認知負荷理論」の重要な概念を実証している。この理論を理解することは、教育者がワーキングメモリへの負荷を管理することによって学習効果を最大化する上で有益となる。スウェラーは、学習の多くの場面でワーキングメモリにかかる負荷は2種類あると指摘している。1つは「内在的な認知負荷」であり、これは学習者が学ぼうとしている事柄について考えることから直接的に生じる負荷。もう1つの「外在的な認知負荷」は、学習者が積極的に学ぼうとはしていないが、学習中に考えなければならないことから生じるワーキングメモリへの負荷だ。仮に、ボールを保持しスペースを活用することを選手たちに教えるために、あるトレーニングメニューを導入したとする。スペースやポジションや体勢について考えているとき、選手には内在的な負荷がかかっている。それらを学ぶために練習メニューのプレー方法（ルール）を理解しようとすることは、外在的な負荷となる。そして、プレー方法について考えることが多くなれば、それだけワーキングメモリが必要となり、スペースや動作の学習を考えるためのワーキングメモリが少なくなってしまう。外在的なタスクは、内在的なタスクよりもワーキングメモリを必要としてしまう場合もある。

例えば、マットが夜中に目が覚めて、選手にプレスとプレッシャーへの対応を教える究極のツールとなる新しいトレーニングメニューを思いついたとしよう。彼はそれを「プレッシングゲーム」と名づける。翌日、トレーニングにやってきた彼は、選手たちにそれを説明する。2色のコーンを2組ずつ、計4組用意する。まずオレンジチームがボールを持つ。そのボールを最初のコーン（緑）の間に通せば1点。黒チームがオレンジチームを押し返し、最初のコーン（黄）の間まで戻させることができたら、黒チームに1点。オレンジチームを2つ目の黄色いコーンの間にまで押し戻せば黒チームがボールを獲得し、攻守が入れ替わる。また、各ゾーンには４人の選手がいて、２人はどこにでも行くことができる。

目眩がしてこないだろうか？　いま、マットのチームの選手たちが初めて「プレッシングゲーム」をプレーするときに感じるであろうことを、大げさに体験している。つまり、外在的認知負荷が高いということだ。練習の本来の目的である内在的なタスクを学習することよりも、その練習メニューをどのように行うかを理解するために大きなワーキングメモリが使われてしまっている。「プレッシングゲーム」がどんなに完璧なものであったとしても、それを選手に教えることで、より多くのワーキングメモリを外在的タスクに使わせてしまい、学習効果は一時的に低下する。ここでマットはどう対応するべきだろうか。

いくつかの可能性がある。例えば、練習の外在的な要求のいくつかを簡素化すれば、内在的な要求に利用できるワーキングメモリの量を増やすことができるだろう。４組のコーンや、選手が行けるゾーンと行けないゾーンが必要だろうか？　あるいは、練習のルールを段階的に変えていき、選手が単純なやり方を覚えてから、複雑さを加えていってもいいかもしれない。それよりも、選手たちがよく知っているロンド形式でプレッシングを教えるほうが効果的でないかと、自問してみることも考えられる。答えが「ノー」であることも十分にありえるが、そうであれば彼の目標は、「プレッシングゲーム」が永続的な成果をもたらすことであろう。もし25回使ってみて、それが素晴らしいものであれば、スピードアップのための初期投資にはそれだけの価値があったということになる。

だが、実際にはマットのセッションの大きな強みは、選手がよく知っていて毎日行っているトレーニングメニューを利用しており、外在発的な負荷がほとんどないという事実にある。したがって、すべてのワーキングメモリを内在的なタスクに集中するために利用できる。ここで伝えたいのは、新しいメニューを避けるべきだとか、簡単なメニューだけを使うべきだということではなく、単に外発的負荷と内発的負荷のトレードオフを意識する必要があるということだ。もちろん選手は一生懸命に考えるべきではあるが、何について考えるべきだろうか。新しいことを教えるためには、新しい設定が必要となるのは確かだが、新しい活動を学ぶためにはそれぞれ導入コストが必要となり、そのコストは活動の複雑さによって異なることを忘れてはならない。

私としては、理想的なトレーニングメニューとは、プラットフォームになるものだと思う。選手がマスターできる基本的なセットアップに、コーチが簡単なバリエーションを加えることで、学習の焦点を移すことが可能となる。このような練習では柔軟性を維持しつつ、外部（外在的・外因的・非本質的）タスクにワーキングメモリを割り当てる必要性を減らすことができる。そしてもちろん、内在的負荷と外在的負荷のバランスは、選手のエンゲージメント（集中）とモチベーションに影響を与える。外在的な認知負荷が大きければ、ダウンタイムが発生し、好きなサッカーのプレー方法とは別のことを学習することになる。目新しさ（練習メニューの新しさ）と挑戦（課題の難しさ）とは別のものだ。皮肉なことに、目新しさが大きいと、選手が感じるポジティブな没頭・集中や建設的（積極的・発展的）な挑戦のレベルが低下してしまうことがある。マットのチームの選手たちは、「プレッシングゲーム」を一旦理解したとしても、プレーを始めてから最初の20分は、まだほとんど、それが実際的にどのように機能するのかを把握しようとしている段階でしかない。

認知的負荷理論には、コーチにとって重要な応用例がほかにもある。ワーキングメモリが一度に複数のアイデアを保持しにくいことがわかっているのであれば、トレーニングメニューには段階的に複雑さと学習効果を加えるべきだということになる。選手に1つのアイデアを紹介したらすぐに実行させ、それを終えてから次に別のアイデアを追加したほうがいい。選手がよりスムーズに、ワーキングメモリに負担をかけずに実行できるようになったら、新しい課題や新しいアイデアを追加してもいい。こうすることで、選手が興味を持って楽しく学べるレベルを保ちつつ、一度に多くを要求しすぎないようにすることができる。電話で話しながら運転する例からもわかるように、一度に多くのことをやろうとすると、長期記憶に定着せず、知覚能力も低下し、ほかのスキルの全体的なパフォーマンスも低下してしまう可能性が高い。そのため、コーチが一度に1つずつステップを踏むほうが、学習がより速く進むことが多い。練習の最初に選手がトライすべきことを5つ与えるよりも、同じ5つのことを練習全体に分散して順番に与えていくのがいい。

例えば、後方からのビルドアップに取り組むため、選手に次のようなことをさせたいと考えたとしよう。

1．グラウンダーで短く速いパスをつないで素早くボールを回す
2．パスを受ける選手は体を開いてボールを受けられるようにして、ピッチ上を見渡す
3．受け手の1歩前やスペースへのパス
4．まずはダイアゴナルパス（斜めのパス）を出すことを考える

最初からこれらのことを列挙して、すべてをマスターするように求めるよりも、「まずはパスの速さに集中しよう」と言ったほうがはるかに生産的だろう。「ボールを動かしたいのだから、パスはキビキビと速く、しかも扱いやすいようにグラウンダーで。いまはそれに取り組もう」と。5分くらい経ったら選手を止めて、次のように言ってもいいだろう。「はい、かなりわかってきたね。パスのキレはそのまま、どこにパスを出すかを考えよう。1歩前にボールを当てて、味方が体を開いて受けられるようにしよう。前方にスペースがあれば、ボールを前に出して走り込ませてもいい。じゃあやってみよう」。

こうすることで、ワーキングメモリの負荷を管理できるだけでなく、選手にとってもより興味深いものになる。それぞれの要素を区別し、練習する機会を与えることで、目新しいが対処しやすい課題が常に用意さ

れ、練習内容は常に変化し進化しているように見える。選手はより多くのことを学び、より満足し、より熱心にプレーできるようになる。

認知負荷理論から得られるもう1つの重要なポイントは、初心者と熟練者では学び方が異なるということだ。熟練者はワーキングメモリにほとんど負荷をかけずにタスクの大部分を実行できるため、より簡単に、より速く新しいアイデアを取り入れることができる。また、一度に複数の新しい概念を扱うこともできるかもしれない。熟練者は一般に、自分自身の長所と短所をよりよく認識している。逆に初心者の欠点は、自分に欠けている能力に気づかず、自分の能力を過大評価しがちなことだ。

教える相手が熟練者であれば、後方からビルドアップする際に気をつけるべき3つのことを同時に指示してもいいかもしれない。熟練者は自分の学習ニーズに合わせて適切なものを選んだり、あるいは時期をずらしてそれぞれのトピックに集中したりもできるだろう。だが、初心者はそうはいかない。

初心者は自分自身の能力と、置かれている状況を十分に理解していないため、複数のトピック間で素早く判断してフォーカスを移すことができない。

だがそれ以上に、初心者と熟練者の最も重要な違いは、指示の少ない学習環境にどう対応できるかにある。コーチが何をすべきか、どのようにすべきかを説明せず、選手自身が状況から知識を導き出し、発見して学ぶことが求められるような状況だ。例えば、アタッキングサードを極めて狭くする制限が課された試合形式の練習で、選手が適応方法を学ぶことが期待されている場合などが考えられる。このような環境は、初心者よりも熟練者にとってははるかに生産的であることが研究により示されている。初心者は、有効な解決策とそうでないものを区別するのに十分な知識を持たないことが多いためだ。初心者が学ぶことは、間違っていたり、偶然であったりすることが多い。

ポール・カーシュナーとカール・ヘンドリック（教育心理学者）は、熟練者が複雑な問題に直面した場合には、問題を見て、その問題を効果的に「分類し、解決する」のに役立つ「根底にある原理」を見出すことができると述べている。一方で初心者は、「表面的な特徴」に目を向けてしまう。つまり、発見が求められる環境では誰もが何らかのことに気づきはするのだが、価値のあることに気づけるかどうかは、各自の予備知識のレベルに応じて変わってくる。例えば、物理の問題に関するある研究では、回答者が初心者である場合、間違ったことに気づいてしまうことが多いとわかった。2つの問題があるとして、初心者どちらもボールの運動に関する問題なので同じやり方で解けるに違いないと思ってしまう。だが実際には、1つは加速度の問題で、もう1つは速度の問題であり、同じ方法で解けるものではなかった。

カーシュナーとヘンドリックは、「違いは量的なもの（つまり熟練者はより多くのことを知っている）だけではなく、質的なもの（つまり知識の構成自体が異なっている）でもあることが研究によって示されている」と述べている。

初心者はより直接的な指導から恩恵を受け、熟練者は自ら問題を解決する場面からより多くを得られるという傾向を、スウェラーは「ガイダンス・フェディング効果（指導減退効果）」と呼んでいる。「学生に対して最初は、ワーキングメモリの負荷を軽減するために明示的な指導を多く与える必要がある。それが知識を長期記憶へ移すことを助ける。学生の知識が深まれば、明示的な指導は不要となり……、フェードアウトさせ、代わりに問題解決を行わせるべきだ」とスウェラーは述べている。カーシュナーとヘンドリックも、プロセスを徐々に進める「フェイディング」の利点を強調している。学習者がより熟練するにつれ、指導は言葉や直接的なものではなくなっていき、選手は自らの経験や、おそらくはより自由でオープンな問いかけ（これに類するものは第3章の最終セクションで説明している）から洞察を得ることができるようになる。

サッカークラブのロサンゼルス・ギャラクシーのグレッグ・ヴァニー監督は（＊16）、プロ選手を指導するにあたり、さまざまな練習メニューを多用している。例えば、守備の陣形が整っている相手を引き出そうとする攻撃練習。選手たちは、この練習のルールが微妙に変化していくのに合わせて、状況ごとにその差異を調整することを強いられる。これは理にかなっている練習と言えるだろう。「ガイダンス・フェイディング効果」により、この種のトレーニングが熟練者にとって理想的であることが示されると同時に、初心者にとってはあまり理想的でないことも示される。マイケル・ブラッドリーなどの（トップチームの）選手たちに有効な手法が、ポジショニングと位置調整のニュアンスを理解しておらず、環境からの重要なシグナルを正確に知覚しにくいユース選手にも有効であるはずだと仮定してしまうことには問題がある。

しかし、学習者が熟練者であるか初心者であるかは固定されたものではなく、対象とする課題によって変わる可能性があることも覚えておいたほうがいい。熟練者であっても、新しいことを学ぶときには初心者の状態に戻ることもある。ヴァニーのように制約を利用するコーチが、何か新しいもの、例えば、セットプレーや次の対戦相手に対する攻撃パターンを導入しようと考えたとき、与えられた課題に対して選手たちが突然、一時的に初心者の状態に戻ってしまうことに気づくかもしれない。ここでは、スウェラーが「範例」と呼ぶ指導方法の採用が必要となるだろう。主要な用語や決定事項を説明しながら、理想的な解決方法を慎重に示す手法だ。これにより、選手たちはまたすぐに問題解決型の環境に戻ってくれるだろう。一方、ユースアカデミーの指導を行う際には、もっとゆっくりと指導を進行させていく必要がある。街の反対側にある別のクラブでU14の選手を育成することになったとして、そのクラブの選手たちが「ラインの間でプレーする」という概念に慣れていなかったとすれば、彼らはこのタスクに対してしばらくの間は初心者であり、直接的な指導を与えることが望ましいと認識したほうがより生産的だろう。

＊16
グレッグは、制約条件に基づいた一連の素晴らしいトレーニングメニューとそのバリエーションについて、寛大かつ忍耐強く私に説明してくれた。皮肉なことに、私のワーキングメモリは、彼が話していることのニュアンスを理解し、同時にそれをノートに図示しようとすることで容量の限界に達していた。話を終えたあと、覚えていたのは断片的なことだけでしかなかった。これは、初心者のワーキングメモリの失敗の一例である。ビルドアッププレーの際に、相手ディフェンダーにマークする相手を選ぶことを強いるにはどうしたらいいか、という彼の話も折り込むことができていれば、きっとこの本はもっと良いものになっていただろう

つまり、ベストな方法は1つではないということだ。これを本書のテーマにしたいと私は考えている。学習法に関する議論においては、プロという最もエリートな環境にいる最高の選手たちを対象としてうまくいっていることを元にし、ほかの環境に応用しようとする場合が多い。熟練者のトレーニングの様子を見て学べることは計り知れないが、それをそのまま安易に初心者に適用するのは間違ったやり方だ。

スキルの転用を妨げるものは何か?

セフ・バーナード氏

コーチングの最大の課題の1つが、スキル（または知識）を転用することだ。練習で習得したように見えるコンセプトが、試合ではうまく発揮されない、または「転用」されないことがよくあるという考え方だ。第1章では、「無秩序の上に秩序を築く」、つまり、チームがあるコンセプトを適用できる状態にまでうまく持っていく能力について論じた。これは、セフ・バーナードが「コンセプトの構築」と呼んでいることと同様の概念だ。「コンセプト転用」の鍵の1つであるこの概念について、彼は次のように説明してくれた。

バスケットボールは、アドバンテージ（優位性）とディスアドバンテージ（劣位性）の勝負であり、結局はそれがすべてだという共通の認識に沿って進化している。オフェンス面では、優位性を見つけ、使い、創造し、共有することができるか。ディフェンス面では、それを無力化し、混乱させ、打ち消し、取り返すことができるか。それが勝負の分かれ目となる。

有利不利を認識してそれを活用するための個人能力を高め、またチームとしても一体感をもってそれができるようになるため、最も効果的な方法は、できるだけ多くの状況の中で物事を行うことだ。試合の中で「考える」側面こそが重要な習慣であることを理解した私が次に抱いた疑問は、そのために練習計画やメニューの設計をどうするべきなのか、技術的トレーニングと知覚的アクション（視認、予測、決断、実行）の優先度をどう考えればいいのか、というものだった。

私が始めたのは、練習計画書の余白にメモを書き込むことだ。練習メニューを「フェーズ（局面）」で区別するようにする。これは、カナダ女子代表チームのプログラムに携わっていたときに用いた手法だ。フェーズは、A、B、C、Dの4つ。

フェーズAではディフェンスをつけず、何の妨害もなくプレーする。フェーズBでは、「ガイド」を加える。ガイドとは、選手が一定の選択や決断に導くため、ある種の制約を与えることを役割とする相手選手だ。例えば、ある選手に利き手ではないほうの手を使わせたいから、左手を使うように誘導する役割を持つディフェンダーと対戦させる、といったものだ。フェーズCは、2対2、3対3、あるいは3対2や4対3などの有利・不利のある少人数の試合形式。フェーズDの練習メニューはほぼ試合と同じで、5対5で、オフェンスとディフェンスの間の流れを途切れさせることはほとんどない。

最終的には、練習プランを記録に残すことで、1週間のうちでフェーズAとBの練習にどれだけの時間を費やしていたかを知りたい。なぜなら、AとBはコンテキスト（文脈）のない練習だからだ。試合のような手がかり（合図）がなく、ディフェンダーのいないところで決断を迫られることもない。AやBの練習に多くの時間を費やすコーチは、なぜ選手が実際の試合の中で決断し実行できないのかと思っているかもしれない。私の感覚では、そういうコーチはCとDの段階の練習に十分な時間を費やしていないのだと思う。コーチとしては、CやDのフェーズには居心地の悪さを感じる場合もある。「きれいに見えない」からだ。AとBをうまく組み立てれば、きれいで正確な練習のように見える。だが、プレッシャーがかかるとスキルが崩れてしまう。私が見ているのは、選手が試合の混沌と緊張感の中で、それまでに取り組んできた「コンセプトの構築」ができるかどうかだ。それができないのであれば、トレーニング環境をどのように設計し、何を行うように構成したのか、責任はコーチの私にある。

ハーフコートの練習でオフェンスを教える際に、全員がすでに所定の位置にいる状態からスタートさせているとする。だが実際の試合になると、選手たちはその位置に行けないこともある。これは教え方に問題がある。どこから間違っていたのだろうか？　試合では、選手はボールをインバウンドし（コート内にボールを入れ）、プレッシャーをかけられながら前方にボールを運び、ショットクロックの制限にも対処しなければならない。だが練習でフェーズCに取り組む際には、選手にアドバンテージを与えた状態から始めており、アドバンテージを生み出すことやディスアドバンテージから抜け出すことは選手に要求していなかったのかもしれない。また、インバウンド、フルコートのプレッシャー、ハーフコートのオフェンスとディフェンスなど、それぞれ別の練習は行っているとしても、それらの状況への入り方も、そこから次の局面への移り方も学んではいないのだろう。その責任も、コーチの私にある。

時間をかけて取り組みながらも、点と点を結びつけ、コンセプトへの組み込みを要求することはしなかった。コンセプトの中に組み込まなければ、準備完了とは言えない。そして、練習で行ったことを試合に適用できなければ、定着も転用もできていないということだ。

「（選手が）学ばなければ、教えることは終わっていない」偉大なバスケットボール指導者であるジョン・ウッデンはそう言っている。コーチの望むことを選手がやってくれないのなら、それはコーチの責任だ。練習を計画したのはコーチだからだ。

スプリントコーチのスチュアート・マクミランが言う次の言葉は、まさに至言だと思う。「コンテキスト（文脈）がコンテンツ（内容）を形づくる。コンテンツがコンテクストを形づくる」。「秘伝のタレ」は存在しない。だが、プランニングとデザインには「魔法が宿る」と言える。

アクティビティデザインの経験則

ワーキングメモリにかかる負荷を意図的に管理することは学習を加速させるために重要だが、効果的なトレーニングメニューの設計を行うために効果的な原則はほかにもある。本章の締めくくりとして、学習に関する研究によって明らかに裏づけられていると思われる、いくつかの「経験則」について説明する。トレーニングセッションのメニューを構想や見直しをするためにも役に立つ原則だ。次章で説明するチェックリストは、計画ツールとしては過小評価されているが、計画プロセスの中で重要なことを見落とさないようにするために有用となる。

ただし、以下のすべての経験則を、すべてのトレーニングメニューに盛り込むべきだというわけではない。コーチが自分自身に問いかけるべき質問のリストだ。これらの設計要素は、練習の大部分に何度も登場するべきもの。もし、ある練習メニューを微調整してこれらの規則のいずれかに合致させる簡単な方法があるようなら、強く検討する価値があるだろう。そうでなくとも、リストを見て原則の性質について改めて確認するだけでも価値がある。原則は正しいことが多いが、常に正しいわけではなく、状況に合わせて適応と適用が必要になる傾向がある。

第一の経験則：ターゲット目標を持つ

アンダース・エリクソン（心理学者）は著書『Peak』で、計画的な実践の科学について研究してきた成果をまとめている。練習を成功させるためは、「漠然とした全体的な改善を目指す」のではなく、可能な限り具体的な結果を目標とし、理想的には1回のセッションで達成できる目標を明確に設定する必要があると述べている。だが難しいのは、この目標というものは、ほとんどの人が自然に行おうとすることよりもさらに具体的なものにするべきだという。目標設定はすでにやっていると考えている者が多いが、それは勘違いである。その目標とは例えば、「攻撃のポイントを切り替えることに取り組む」とか、「3－5－2のディフェンダーの役割を教えたい」とか、「もっと積極的に前に出てプレーさせたい」といったものだろう。若い選手のスキルトレーニングであれば、「足技を鍛えたい」とか、「クライフターンを教えたい」といったものでもあるかもしれない。

だがこれらの目標は、漠然としすぎていて効果的ではない。漠然とした目標（例えば「攻撃のポイントの切り替えに取り組む」、あるいは「攻撃のポイントをもっとうまく切り替える」など）を立てているコーチは、より具体的で、できれば観察可能で管理可能な目標を選択すれば、指導のアップグレードにつながるはずだ。例えば「パスの速度を速め、より素早くボールを扱えるようにポジショニングすることで、攻撃ポイントを切り替える能力を向上させたい」といったようにより具体的な目標があれば、どのように練習すべきかも想像できるようになる。速いパス回し、ボールを受ける際の体勢の調整、ファーストタッチのシンプルさと方向づけ、頭を上げてのプレー、パスの後にどう動くかを決断することなどに取り組んでいけばいい。コーチとして、これはトレーニングメニュー内の1つひとつのラウンドで何に焦点を当てるべきかを決定する助けになる。「小さな変化の積み重ねが、大きな望ましい変化をもたらす」とエリクソンは述べている。目標は曖昧に適用されてしまうことが多いので、よく使われる不正確なタイプの目標と区別するため、ここで話している目標のことは「ターゲット（的を絞った）目標」と呼ぶことにしよう。

第二の経験則：ラウンド方式の練習

前述のようにワーキングメモリは、ほかのタスクによる負荷が最小限に抑えられているときこそ、最も効果的にコンセプトを長期記憶に定着させたり、重要な手がかりを知覚したりすることができる。一般的には、選手が新しいことに挑戦する際には、一度に1つずつやるのが望ましい。そのため、トレーニングメニューはラウンド方式でデザインすると良い。まず1つの指導内容を導入し、選手にそれを試してもらう。上達が見られたら中断させ、別の指導内容を追加する。選手がやりにくそうであれば、うまく理解できていない部分を説明し、再度挑戦させる。これは一見時間がかかるように見えるが、早い段階で一度にすべての指導内容を教えるよりも、はるかに速い。後者のやり方では、指導内容をすべて身につけられる選手は誰もおらず、大半の選手は何も学べないか、ごく一部だけを学べる程度だ。これでは誰が何を習得したのかわからなくなり、翌日にはまた振り出しに戻るしかない。

第三の経験則：分離してから統合する

良いトレーニングメニューとは、時間とともに発展していくものだ。より難易度が上がり、より複雑になっていく。試合と同じ条件にどんどん近づいていくということだ。さらには試合を凌駕し、本番の環境以上に速く厳しいトレーニング環境がつくり出される場合も多い。それに比べれば、試合そのものは簡単に思えるようになる。私はエリカ・ウールウェイ（スクールカウンセラー）、ケイティ・イェジ（小学校校長）との共著『Practice Perfect』の中で、ある1つのスキルを単独で使うことから始めて、時間をかけて統合していく、という進め方について説明している。ラウンド練習、つまり、一度に1つの新しいアイデアを追加し、選手にそれをすぐに使う機会を与えてから次のものを追加していくことで、この方法を比較的簡単に実行することができる。では何を統合すればいいのか。どのように難易度を上げ、複雑さを加えていけばいいのだろうか。ここでは、トレーニングを発展させていくための軸となる考えをいくつか紹介する。

・単純なものから複雑なものへ。ブロック練習からシリアル練習、ランダム練習へと進行する。小さなポジショナルグループから始めて、大きくしていく。まず、オフ・ザ・ボールの動きを1種類だけ行う。そして、さらに別の動きを追加する。あるいは、ゆっくり→速く→さらに速く。単純なことを迅速かつ正確に行えば、複雑に見えることも多い。
・簡単なものから難しいものへ。中盤でのボール回しのスピードアップを図るため、まずは相手側より多い人数で始める。次に同じ人数で。次は相手より少ない人数で。それができれば、試合で戦う準備は整う。あるいは、スペースに余裕のある状態から始めて、徐々にスペースを狭くしていきながら実行するようにする。
・秩序から無秩序へ。フォワード2人で攻撃の練習をするとして、最初は全員が定位置につき、ミッドフィルダーがボールを持ったところからスタートする。次は、相手チームが攻撃チームにボールを出すようにすると、攻撃チームはフィールド上のいままでとは違う場所で自分たちの形を再構築しなければならなくなる。あるいは、定位置から離れてスタートさせるようにする。最後は、相手チームがボールを持った状態からスタートし、攻撃チームにはまずボールを奪わせる。ポジションを離れて混乱した状態になるため、定位置に戻ってボールを保持するのは簡単ではなくなる。このポジションから攻撃に転じるのは、すべてのピースが揃っている状態から始めるよりもはるかに難しく、実際の試合に即したものとなる。選手は試合の中で、自ら秩序を築くことを求められる。それができて初めて、選手たちは本当の意味で準備が整ったことになる。

第四の経験則：トッピングを組み合わせる

高級なアイスクリームショップを想像してみよう。自分の好きなフレーバーを注文できる。特に魅力的であるのは、今日はチョコレートチャンク、明日はグミベアというように、無限に近いほど多様で豊かなトッピングを組み合わせられることにある。このように、「リトリーバル・リスト」にあるアイデアをトッピングする機会を探してみよう。以前に習得したアイデアを突然取り入れることで、長期記憶に定着させることができる。リトリーブの間隔は短時間でも、長い間隔のリトリーブと同じくらい効果的な場合もある。

第五の経験則：外在的負荷の管理

慣れ親しんでいるものの利点を忘れてはいけない。それにより選手は練習の手順ではなく、学習内容そのものに意識を集中させられるからだ。使い慣れたプラットフォームを再利用できない場合は、時間をかけて段階的に新たな練習メニューを導入するようにしよう。また、導入への投資を行う場合は、複数のトピックを教えるのに十分な適応性があるメニューであるかどうかを検討してほしい。

第六の経験則：専門性のレベルに適応させる

すべての学習者が同じように学べるわけではないため、トレーニングメニューは選手の習熟度のレベル（全般的なレベルと、取り組もうとする特定のトピックに関するレベル）に合わせる必要がある。初心者であればあるほど、より明確な指導が必要だ。熟練者が慣れ親しんだことをする場合には、発見型の手法が有効であることが多い。だが注意が必要だ。もし、選手が習得に苦労している、あるいはチャレンジ精神が不足しているように見えた場合は、あなた自身の専門知識レベルが正しいかどうかも検討する必要があるかもしれない。

チャレンジの最終章：理想の難易度とは？

第三の経験則は、時間が経つにつれて難易度を高めていくプロセスを示している。ここで「どの程度難しくするべきか」という疑問が生じる。ウェイン・スミスは、「意思決定に関して、トレーニングは試合以上に難しいものであるべきだ」と指摘している。少なくとも、これは理想的な答えだ。生産性を持ったままその域に到達できれば、うまくプレーすることが可能。難易度がまだ管理可能であるのなら、試合でプレーするのは比較的簡単なことになる。試合よりも難しいトレーニングとは、どのようなものだろうか。試合よりも速いスピードでのプレー、数的不利でのプレー、相手の人数を増やしたりプレッシャーを強めたりしたプレーなどが考えられる。そして、第1章で紹介したクリスチャン・レイバースの教えも必ず取り入れなければばならない。トレーニングメニューの最終バージョンは、前段階のプレーから移行する必要がある。そうでなければ、選手は十分に準備をすることができない。

第3章

フィードバックと質問をさらに活用する

VIDEOS DISCUSSED

[QR コード]

＊各注釈の映像はこちらからアクセスできます

イントロダクション

フィードバックの定義

コーチングで最もよく使われるツールは、おそらくフィードバックだろう。選手個人にも、選手のグループにも、トレーニング中にも、試合中にも、選手が動いているときにも休憩しているときにも、そしてもちろんその後にも、車の中、ロッカールーム、フィールドの片隅でも、絶えずフィードバックを行う。また、同僚やチームメイトにフィードバックをすることもある。フィードバックはどこにでもあるため、チャンスと課題の両方が豊富にある。頻繁に使用するフィードバックが少しでも上手になれば、指導の結果が一変する可能性がある。だが、いつもやっていることは、ほとんど反省することなく行っている場合が多い。慣れ親しんだことは習慣になりやすく、注意を払わない。それを変えるのは難しい。さらに、フィードバックはあまりにも身近なものであるため、平凡すぎて継続的に注目する価値がないと感じられることもある。もし同僚が戦術に関するビデオを送ってきたら、見てみるだろう。だがフィードバックのビデオだったら？　おそらく見ないだろう。

本章の目的は、フィードバックによって生産性を高め、選手がより多くを学び、より早く成長できるようにすることだ。そのためには、定義を明確にする必要がある。「フィードバックとは、選手が一旦何かを実行したあとで提供するガイダンス（指導・方向づけ）である」。フィードバックには、反応を返すことも含まれ

フィードバック

る。何かを説明して教えたあと、選手がそれを試してみる。それを見てどうだったかを選手に伝えるのがフィードバックだ（＊1）。

　ほとんどのコーチは、プレーが止まっているときと動いているときの2つの状況でフィードバックを行う。中断中のフィードバックは、グループに対して行われる傾向があるようだ。例えば「コンパクトになりすぎていた」というように、チームを止めて観察し、代替案を説明したり、選手がその代替案に気づくように問いかけたりする。一方でプレー中のフィードバックは、多くの場合、個人に向けられる可能性が高くなる。インプレー中に「マルコ、ボールに行け！」と叫んだりすることだ。だが、「もっとプレスをかけろ！」といったように、グループに対して使うこともある。

　どちらにもメリットはある。「ボールに行け」という指示がマルコだけに当てはまるのであれば、ほかの全員はプレーを続けたほうがより多くのことを学べるし、おそらく不満を抱くこともないだろう。マルコが動きを修正するように言われている間、彼らが立ち尽くす必要はないのだから。マルコとしても、チームメイトたちの前に立たされて言われるより

＊1　3つ目のタイプのフィードバックとして、選手が自分自身に与えるものもあると言えるだろう。コーチはそれを、制約ベースのアプローチを用いる際に最大限に活用しようとすることができる。これは特に熟練した学習者に当てはまるものであり、後述する

は、素直に指摘を受け入れられるかもしれない。

これらの理由から、コーチによっては、プレー中にのみフィードバックを与えることを信条としている者もいる。だが、それは理想論かもしれない。なにしろマルコはプレーの真っ最中なのだ。プレーすることと、指示を聞くことを同時に上手く行うことが可能かどうかはわからない。マルコにはコーチの声が聞こえてすらいないかもしれない。聞こえていたとしても、まるで聞いているかのようにうなずいて、従順な様子で「はい、わかりました」と言ってプレーに戻るかもしれない。「はい、コーチ。わかりました。はい、はい、はい」。しかし、彼が指示を理解していない可能性は高いし、理解していてもすぐに忘れてしまうだろう。「はい、コーチ」と言いながら彼が実際に言いたいことは、「話すのをやめてください、コーチ。僕はプレーしようとしてるんです」である可能性が十分に考えられる。

つまり、マルコがそのときにボールへ行くかどうかよりも重大な、より大きなリスクにもつながりかねない。時間が経つと彼は、コーチを無視することを覚えていく。コーチの言葉に半分だけ耳を傾けることが、コーチングへの対応法であると学んでしまうのだ。

最近、マット・ローリーのセッションを見学しながら、このことを考えていた。彼は9番の選手がどこで走るタイミングを変えるべきか理解させたかったのだが、「ダレン」と名前を呼ぶと、ダレンは少し顔を向けただけでそのままプレーを続けた。結局のところ、プレー中に大声で指示を受けるのは、選手にとってはよくあることでしかないのだ。しかし、マットが次に行ったことは、普通とは違っていた。「私を見て」とマットは言った。「ちょっと試合のことは無視して」と。ダレンはまだ、プレーを完全にやめていいのか迷っているようだった。「大丈夫だ」とマットは微笑みながら言う。「やめていい」。ゆっくりと、ダレンはマットに視線を向けた。次はフィードバックだ。「ボールにチェックバックするときは、半秒待つんだ。少し走ったように見せかけてから、バッ！と。こうやるんだ」と、実演してみせる。そして、ダレンをプレーの流れに戻した。

小さな変化が、その場のコミュニケーションだけでなく、チーム全体の文化にも大きな影響を与える。マットは、ダレンに問答無用で注意を払うように要求するのではなく、フィードバックが優先であることを示したのだ。彼はチームの中で、まず完全に注意を払うべきだという文化を形成することを望み、それを実現していた。コーチから何かを言われたときにどう対応するのか、どのチームにも暗黙の了解がある。「うなずいて、半分聞く」という文化を持ったチームもあるだろう。だがマットのチームにあるのは、「全神経を集中させる」という文化だ。

だがマットは、この方法をどんな場面でも使うわけではない。チームのほかのメンバーも恩恵を得られるような形で指導を与えることもできただろうか？　あるいは、ダレンがフィードバックをすぐに活かせるような機会をつくってあげてもよかっただろうか？　あるいはダレンに対し、自分自身で考えさせるように仕向けることもできただろうか？　もちろん。そうかもしれない。可能性は無数にある。

だがそれも、論点の一部だ。単純なフィードバックの1つひとつに、いくつもの選択と決断が伴う。フィードバックが上手くできるようになるということは、その判断について検討して議論できるように、フィードバックの動作原理と共通語彙を発展させていくことを意味する。

フィードバックの原理を3つのレベルに構成

本章では、フィードバックの動作原理について説明する。章は3つのレベルで構成されており、それぞれ「レベル101」「レベル201」「レベル301」だと考えてほしい。各レベルには構成の中心となるテーマがある。

レベル101では、ファンダメンタルズ（基本的なこと）、つまり、正しく行うための核となる事柄を説明している。コーチが基礎を卒業することは決してない。基礎だからといって、それが簡単だということでも、大半のコーチ（たとえエリートレベルであっても）がそれを正しく行えているということでもない。最もシンプルなことほど、最も見落とされやすいものだ。私のお気に入りの練習ビデオの1つに、殿堂入り間違いなしのバスケットボール選手、ドウェイン・ウェイドがドリブルの練習をしている映像がある（＊2）。彼は世界最高のポイントガードの一人だが、自分のプレーを向上させるために取り組んでいることは何か。そう、ファンダメンタルズだ。コーチも、常に基本に忠実であるべきだ。

レベル201では、フィードバックを与えたあとに何が起こるか、その指導をアスリートがどのように活用するかということに焦点を当てている。結局のところ、フィードバックを与えるだけでは何も身につかない。フィードバックが行われたあと、それを活用しようとする努力があってこそ学びが生まれる。フィードバックが無視されてしまえば、その先はない。コーチは、選手がフィードバックに耳を傾けるだけでなく、フィードバックを活用して学ぼうとする文化を築かなければならない。

レベル301では、フィードバックを利用して意思決定を促すこと、つまり質問を通してフィードバック

＊2
QRコードから
VIDEOS DISCUSSEDの
「Dwyane Wade ball handling」
で映像をご覧ください

を行ったり、選手が問題解決を行う状況をつくったりすることに重点を置いている。長期的には、選手には自らに問いかけを行い、常に自分を見つめ直してほしい。それを教えるためには、プロセスをモデル化し、それが選手の成功に役立つこと、メリットがあることを選手たちに納得させることが有効だ。

この動作原理を説明していく前に、いくつか注意点がある。

まず、これらの原則は経験則であるということ。基本的には正しく、役立つことが多いものではあるが、すべての状況において常に正しく最重要であるわけではない。フィードバックは、さまざまな文脈で多様な学習者が目まぐるしく変化するスキルや知識を習得するために、多種多様なスタイルのコーチによって使用されている。そのような状況下で原則を適用するためには、必ず判断と裁量が必要となる。どんなに正しい原則であっても、それが適さないときや場所もある。「答えはケースバイケースだ」と、クリスチャン・レイバースは言っている。

もう1つは、メジャーリーグのあるフランチャイズを訪問したときの話だ。私は、彼らのメジャーリーグとマイナーリーグのコーチたちに向けたプレゼンテーションを行うために招待された。「皆さんが直面している指導上の最大の課題は何ですか？」と尋ねたところ、最初に発言したコーチは「選手が我々のフィードバックを聞こうとしない。イエスと言いながらほとんど無視しようとしている」と答え、その場にいた全員がうなずいた。予想外のことだった。

「なぜですか？」　私は尋ねた。

「多くの場合、彼らは単純に、私たちが正しいとは思っていない。自分たちは特別であり、自分に合う方法は自分がわかっていると思っている」とコーチ。

続いて、別のコーチがつけ加えた。「『スイングを短くしろ』と言って、たとえ選手がそれを信じてくれたとしても、彼らはアドバイスを受け入れると、すべてが崩れてしまう時期が訪れると知っている。スイングを変えれば、いずれはメジャーに近づけるかもしれないが、直後の6週間は打率が2割2分になってしまうのは確実だ。そのリスクを冒すには、選手が本当にコーチを信頼しなければならない」。選手たちは、コーチが本当に自分のことをわかってくれているのか、本当に自分をレベルアップさせようとしてくれているのか、そして、一時的な苦戦がその過程であることを正しく判断してくれるのか、確信が持てていなかった。スイングが短くなることで生じる谷間を歩くリスクを受け入れるには、コーチとの関係を信じ、信頼できなければならなかったのだ。

フィードバックは、より広い人間関係とより大きなカルチャーの中に存在するものであり、指導自体の細部と同じくらい重要である場合が多い。

フィードバックを繰り返すたびに文化が形づくられ、それが再びフィードバックに反映される。フィードバックは何かを教えることだけでなく、人間関係を強化することにも、逆に損なうことにもつながる。私が会ったコーチが発見したように、信頼の文化が存在していなければ、フィードバックの動作原理はさほど意味を持たない。しかし、その逆もまた然り。選手の向上に役立つフィードバックを与えることは、信頼を築く上で最も重要な方法の1つだ。信頼はフィードバックの結果として生まれるものであり、必須条件でもある。

フィードバック101

焦点を絞ったフィードバック

典型的なサッカーのトレーニングでコーチが行うフィードバックの一例を挙げる。U16チームの女子選手が攻撃のポイント（起点）を切り替えることに取り組んでいるとしよう。４バックでボールを回す選手たちを止め、コーチは次のように言う。

「みんな止まって！　攻撃のポイントを変えるときは、力強いパスをテンポよく出すこと！　グラウンダーのパスを、正確に蹴るように。相手を素早く左右に動かそうとしていることを忘れないで！　そしてパスを受けるときは、姿勢に気をつけよう。体を開いて受ければプレーの選択肢が増えて、フィールドを見渡して次のパスを素早く出せるようになる。それから、いまのアシュリーのようにプレスをかけられると少し慌ててしまう人もいる。そうならないように必要なことは２つ。アシュリーはファーストタッチで正しい角度をつくらなければならない。そして、ファーサイドにいるシャノンも角度を調整しなければならない。シャノンはできれば高い位置にいたほうがいいけど、アシュリーにプレッシャーがかかったときは、シャノンはもう少し深く下がって、アシュリーが安全にパスを出せるようにしたほうがいい。シャノンやってみて。ＯＫ。よし、みんなわかった？　プレー再開しよう！」

この中断中に、コーチはたくさんの良いアドバイスを与えた。だが、実はそれが問題だ。良いアドバイスが多すぎるのだ。監督が指摘したキーポイントとして、以下の5つを挙げた。

1．力強いパスをテンポよく出す
2．グラウンダーパスを正確に蹴る
3．パスを受けるときは姿勢に気をつける。体を開いて受ければプレーの選択肢が増え、視野が広がる（フィールドを見渡せる）
4．アシュリーはファーストタッチで適切な角度をつくらなければならない
5．シャノンもそれに合わせて角度を調整しなければならない

これらの指導ポイントは、1つひとつが明確に説明されている。選手が「コーチの指導の根拠」を理解するために役立つ文脈を含んでいるものもある。また、選手がいつどのようにその指導を使うかを判断するための知覚的な手がかりについて説明しているものもある。だが、これらの良いアドバイスはすべて無意味になってしまうかもしれない。コーチが5つのポイントを指導した時点で、選手のワーキングメモリはすぐにオーバーロードしてしまう。一度に多くの情報を記憶することはできないし、ましてや使うことなどできない。これは、コーチが陥りがちな罠だ。良かれと思ってやってしまうことがあだになる。フィードバックをしている最中に、関連するポイントを思いつき、選手が関連性を理解できるようにと衝動的に追加してしまうのだ。あるいは、ポイントを追加することで学習が加速されると本気で信じている。しかし残念ながら、結果はその逆であることが多い。

スキルや知識は、長期記憶に定着させなければ、実戦の条件下で使用することはできない。つまり、ワーキングメモリへの負荷を常に意識する必要があるということだ。すでに述べたように、ワーキングメモリの容量は信じられないほど小さい。ワーキングメモリに多くの情報を保持しようとすると、長期記憶形成のプロセスを含むほかの認知プロセスが遅くなったり、停滞したりしてしまう。

このやりとりのあと、起こりそうなことを考えてみよう。誰も一度に5つの指摘には集中できないので、各選手が自分にとって最も有用なものを1つだけ選んで集中してくれればまだいい。しかし、これはあり得ない。それよりも、各選手が5つの中から咄嗟に、おそらくはランダムに、集中するポイントを選ぶ確率のほうが高い。それでも、悪くはなさそうに思える。良いアドバイスの中から、選手全員が選んでいるのだから。だが選手たちがそれぞれ違うテーマを選べば、コーチにとっては誰が何を選んだのかわからない。コーチは、選手たちがそのアイデアをどのように利用しようとしているかについてフィードバックを与えることができない。例えば、ルシアはパスを受けるときに体を開くことができたとしても、次にプレーが止められたときにはまったく別のこと、例えばパススピードを改善する必要があることをコーチから指摘されるかもしれない。ルシアはボールを受けることに意識が向いており、集中力を持続させるどころか、新たなフィードバックによって気が散ってしまい、集中力が低下してしまったのだ。

そして、次にプレーが止められたときにはどうなるか。5つすべてのアイデアを習得している選手はいないだろうから、コーチは次回も同じ5つのことを言うべきだろうか。選手が上達しているかがなかなか確認できない場合、コーチはその5つのトピックにどのくらい時間をかけていくべきだろうか。テンポよくパスを出せるようになったのだろうか？　強く蹴るようにはなったが体が傾き、ボールを浮かせてしまってはいないだろうか？　上達している選手とそうでない選手がいるのでは？　5つの異なるタスクに対する複数の選手の上達度を評価しようとするのはほとんど不可能である。したがって、選手の学習度に応じてコーチが対応することもほぼ不可能となる。

しかし、このようなフィードバックは、もっと単純な結果をもたらす可能性が高い。多くのことを覚えようとするあまり、選手がそれを習得できるほどの集中力をもって取り組むことができなくなるという結果だ。ワーキングメモリの過負荷が、パフォーマンスを低下させてしまう可能性が高い。ニュージーランドラグビーのデイブ・ハドフィールドは、こう言っている。「5羽のウサギを追いかけると、1羽も捕まえられない」。結局のところ、一度に複数のアイデアを扱おうとすると、たとえ2つであっても持続的な理解にはつながりにくい。むしろ、混乱やフラストレーションを助長する可能性が高い。また、コーチはフィードバックを行うことに対する説明責任を果たさないことが常態化してしまう。このようなことが長期にわたって続くと、トレーニングに対する信頼が損なわれていく。

それでは、この大量のフィードバックを小さな塊に分割して連続したラウンド方式とし、各ラウンドで追いかけるべき1羽の「ウサギ」を提供したとしたら、セッションはどのように展開されたかを考えてみよう。最初のラウンドは、例えばこうだ。

「みんな、プレーを止めて。いま大事なのは、速いパスを出すこと。相手を動かそうとしているんだから。ここから数分間、すべてのパスをこういうスピードで出してほしい。［パスを実演］ 自分とチームメイトに厳しく。やってみよう！」

選手にとってのタスクは俄然明確になり、コーチにとっても、実行の様子を観察することは扱いやすいタスクになった。パススピードについての有益なフィードバックも与えることができるようになる。成功したらすぐに補強し（「そう、ブリアンナ、素晴らしいパススピード！」）、選手に進歩を実感させ、集中力を持続させることができるようになる。説明責任を果たす文化も築かれ始める。「フィードバックを活かせているかどうか、ちゃんと見ているよ！」という、暗黙のメッセージが発せられている。

まもなく、2つ目のフィードバックを与えられる。第1ラウンド後の選手たちのプレーの進歩に応じて、次のような異なるパターンを考えてみるといいだろう。

オプション1：「みんな、止めて。すごくいいよ！　あの場面では本当に速いパスを出せていた。どんな感じだったか、うまくやるために必要なことは何だったのか、気づいたことを教えてほしい。［コーチは選手から3つの答えを聞く］　よし、じゃああと2分、このポイントに集中して取り組もう。そうすれば、ボールを速く動かせたときにどんな感じがするのか、本当にしっかり理解できる。自分を追い込み続けていこう！」

オプション2：「みんな、止めて。すごくいいよ！　あの場面では本当に速いパスを出せていた。実感できたと思う。その調子で、今度はボールを受けるときのプレースピードを加速させることにも集中したい。素早く体を開いてボールを受けるようにするんだ。［実演する］　こうすれば、素早くボールを動かし続ける準備ができる。ボールを受けるときに注意するのは？　［選手に答えさせる］　そう、腰だ。やってみよう！」

オプション3：「みんな、止めて。あれは良かった。いままでより強くパスを出せた人が多かった。でも、バウンドしたり、浮いてしまったりするパスもあった。グラウンダーで出さないといけない。やり方は知っているだろう？　アシュリー、ボールが芝生を切って地面を滑るように蹴るには？　そう。体をボールに被せる。ルシア、やってみてくれ。いいぞ。じゃあプレーに戻って、今度はグラウンダーの鋭いパスを見せてほしい。やろう！」

オプション4：「みんな、止めて。何に注意してプレーしていたんだったっけ？　ルシア？　そう、パススピードだ。速く出せたパスもあったが、まだまだ少ない。そこに集中していこう。パスのたびに、うまく出せたパスなら『イエス！』、遅すぎたら『ノー！』と私が叫ぶことにする。『イエス』がたくさん聞けるように。さあ、やろう！」

2回目のフリーズで4つの異なるバージョンは、選手たちのプレーに応じた4種類の反応を表している。

・オプション1は、選手たちはおおむねうまくやれていた場合。コーチは選手たちに、引き続き同じ学習ポイントに焦点を当てつつ、さらなる習得を促すことにした。何かを1度や2度うまくやれただけで終わりではなく、それはスタートに過ぎないからだ。
・オプション2も、選手たちはおおむねうまくやれていた。鋭いパスを出すために必要なワーキングメモリの負荷が減少したため、コーチは、うまくやれていることを別の関連スキルにつなげることにした。
・オプション3では、観察すべき学習ポイントが1つだけであったため、コーチはよくありがちな技術的ミスを確認することができ、それを修正することを選択した。
・オプション4では、やはり観察すべきポイントが1つであったため、コーチはありがちな1つのミスを見つける以上に、全体的にうまくやれていないことに気づけた。そのため、次はプレーを動かしながら、選手が自分の成功をより意識できるようなフィードバックの使い方を採用することができた。

ここで、コーチが使う可能性のある4つの反応を説明するためにページを割いたのは、コーチが選手のニーズを正確に観察して対応できるようになることこそが、焦点を絞ったフィードバックの大きな利点の1つだからだ。コーチの仕事は単にプレーについて事実を叫ぶだけではなく、その事実を、必死に学ぼうとしている選手たちにとって適切なタイミングと場所に合わせることだ。そのためには、正確に観察できることが必要だ（＊3）。一度に5つのことを正確に観察できるコーチはほとんどいない。

焦点を絞ったフィードバックには限界もある。特に、熟練したアスリートの場合であれば、条件つきの問題解決から得られる暗示的なフィードバック（これについては後述する）からのほうが、より多くの恩恵を得られる場合がある。しかし、焦点を絞ったフィードバックを中心とするコーチングからは注意力、効率性、自己認識を高め、また単純に選手をより幸福にすることができる。なぜ、どのようにこれらのことが起こるのか、いくつかの研究によって説明されているので、少し触れておこう。

どのような学習環境であっても、成長が速い者と遅い者がいる。学習速度の大きな要因の1つは、集中力と、それを持続させる能力だ。すべての学習者が集中する能力をある程度は持っているため、個人差はあるとしても、コーチや教師が影響を与えることができる部分でもある。コーチは、選手が学習内容に集中することを持続させ、それを習慣化する努力をするように働きかけることができる。カル・ニューポート（コンピュータ科学者）は著書『Deep Work』の中で、世界レベルの仕事をするために必要な条件について研究している。例として挙げられているのは、コンピュータのプログラミングコードを書く仕事だ。良いコードを

＊3　注意深く観察し、その結果に合わせて指導を行うことを「理解度チェック」と呼んでいるが、これは次の章のテーマ

書けるなら、幸運だ。なぜなら、高品質のコードはかつてないほど高く評価されている。だが、グローバルな競争は熾烈を極める。コードは世界中を自由に瞬時に移動し、あらゆる場所で書かれたコードがすぐに競合相手となる。競争は常にやってくる。だから、「素早く、何度でも、それを実行できなければならない」とニューポートは書いている。「それ」とは、新しいことや難しいことをマスターする能力だ。正直なところ、これはアスリートの人生によく似ている。つまり、困難なことをより良く、より速く行うことを学ぶために、激しい競争を繰り広げるのだ。この競争に勝つためのカギは、ニューポートによれば、途切れることのない注意力と深い集中力を持続させる能力にある。長い時間集中できる者は、他者と一線を画すことができる。

しかしニューポートは、我々の日常生活（仕事や学習環境を含む）には気を散らすものがあふれており、常に中途半端な注意を払う状態が一般化しているため、集中できる意識状態をつくり上げることがかつてないほど困難になっているとも指摘している。このような環境は、成功の原動力となる集中力を養うどころか、むしろ減退させてしまう。

その理由を理解するのにわかりやすいのが、「注意残余」という言葉だ（＊4）。あるタスクから別のタスクに切り替えたとき、頭の中は部分的に前のタスクに集中したままとなる。例えば、プロジェクト中にメールをチェックするために中断を入れ、プロジェクトに戻ったとき、自分では気づかなくとも、まだ部分的にメールに意識が向いている。これでは、最高の仕事ができる可能性は低くなってしまう。ニューポートは、集中力が最も必要とされる新しいことや難しいことを学ぶときに、特にこの傾向が強いと指摘している。しかし研究者によると、ほとんどの職場環境は、人々が常に低レベルの注意散漫な状態で業務を行うことにつながる環境となっていることもわかっている。

アスリートのトレーニングの場がそういった環境とは異なると考える理由はない。彼らにもやはり、中途

＊4 「注意残余」とは、ミネソタ大学のソフィー・リロイが職場の生産性に関する研究に基づいてつくった造語である

半端な注意力散漫の状態を常態化させてしまう危険性があるのだ。一度に1つのことにのみフィードバックを与えることには、特にコーチが1つのアイデアに焦点を当て続けることで、トレーニングにおける集中力とフォロースルー（やり抜くこと）の習慣を構築できるという利点もある。選手があるアイデアを聞いたとしよう。ほかに気を取られるアイデアがなければ、選手はそのアイデアを明確に理解することができる。そして、すぐに実践し、上達の度合いについてさらなるフィードバックを受ける。「これは良かった」「代わりにこれを試してほしい」と。選手はまたやってみる。「いいぞ。今度はこれを追加しよう」。選手は3度やってみる。頭の中はまだ同じ課題に集中できている。頭に浮かんだ別の何かに意識を移していくことはなく、やがて、1つの考えにとどまることを学んでいく。

逆に、選手が何かを学ぼうとして次から次へと別のことに飛びついてしまう場合、気を散らす一番の犯人はコーチであることが多い。スペースの取り方について話していたコーチが、突然、走る角度について気に入らないことがあるのに気づき、スペースの話をやめる。そこで選手の誰かがボールを失ってしまうと、コーチは衝動的に中断させて、今度はボールを失ってはいけないという話を始める。コーチが注意散漫であることは、選手が注意散漫であることと同じだ。コーチに集中力があることは、選手に集中力があることと同じだ。一貫して何かを追い続けることで、集中する癖が習慣化される。あるアイデアに対して持続的に注意を向けることで、アスリートの頭は、次のレベルに到達する前から、そのレベルで求められることを学習できる。フィードバックが与えられず、試行錯誤や実験を通して学ばなければならない状況に置かれても集中できる力を身につけることができる。

焦点を絞ったフィードバックを選手の学習に役立たせるもう1つの方法は、ショーン・エイカーが著書『The Happiness Advantage』の中で「ゾロ・サークル」と呼んでいるものの中で過ごすように仕向けることだ。この考え方は、「管理しやすい小さな目標に努力を集中させれば、パフォーマンスを発揮する上で非常に重要なコントロール感覚を取り戻すことができる」というものだ。1つの明確なコンセプトの習得に集中することで、人は進歩を実感し、自分にとって効率的な学び方を確立することができる。「まず取り組む範囲を限定し、その取り組みが意図した通りの効果を発揮するのを目にすることで、知識と自信を得ることができる」とエイカーは書いている。フィードバックを受け、それを自分のパフォーマンス向上のために活用することは、モチベーションを高め、力を与えてくれる。より良くなるためのプロセスを信じられるようになる。

心理学者が用いる用語に「内的統制型」というものがあり、これは自分に起こることを自分でコントロールできると信じている人のことを指す。その反対は「外的統制型」で、自分に起こる出来事は自分自身の行動や決断の結果ではないと信じている人たちを表す。つまり、「自分のせいではない」という考え方だ。ほとんどのコーチは、この2つのタイプの選手を指導したことがあるものであり、内的統制型の選手のほうが学習を進めやすく、長期的な成功につながると聞いても驚きはしないだろう。

「ゾロ・サークル」という名称は、自分自身が達成を実感できる管理可能な目標に集中することで、その成果が得られることを表す。達成感（自分の進歩を実感すること）とエンゲージメント（何かに没頭すること）は幸福の重要な要素であり、喜びと同じくらい強力な幸福の源ではあるが、あまり認識されていない場合が多い。そこには好循環が存在する。選手は、自分が成功するのを見ると幸せになれる。幸せな選手は、より懸命に練習し、意欲も増していく。やがて、このことが選手の考え方に影響を与えるようになる。それが自己信頼につながっていく。

フィードバックを一度に1点だけに絞った場合、選手に伝えていないほかのすべてのことについてはどうすればいいのか、と考えるコーチもいるかもしれない。だがその心配は、ちょっとした錯覚だ。一般的なコーチがフィードバックの中で何かを伝えても、選手がその内容に集中できず、フィードバックを活かせない例はいくらでもある。同じ5つのポイントを何度も何度も繰り返すよりも、一度に1つのポイントだけについてフィードバックを行うほうが、より早く選手を習熟に導くことができる可能性が高い。5点中0点よりも、1点中1点の成功率のほうが早く前に進むことができるというわけだ。また、選手がトピックに集中できていれば、プレー中のフィードバックを加えることによる効果もより高くなる。直感には反するかもしれないが、フィードバックの流れを遅くしたほうが、実際には選手の学習速度が速まるのだ。

迅速なフィードバック

先日、あるコーチの会合で、ジョン・バーマイスターがアンナという生徒にチェロを教えるビデオを紹介した。ビデオの中でジョンは、アンナに短時間で的確なフィードバックを与え、彼女はそれを即座に何度も何度も実践している。ジョンの指導を聞いてから3、4秒で、彼女はその指導内容を実行に移す。実際に記録を見てみれば、何がそれほど優れているのかを理解することができる（＊5）。ビデオはアンナがある曲のワンフレーズを演奏するところから始まる。

ジョン：よろしい。ではトリルを加えてみましょう。［実演］こうです。ここも基本的にはターンです。
［実演2回］　これと同じようにできますか？　私の番です。［実演3回］　やってみてください。
［アンナが演奏］

＊5
QRコードから VIDEOS DISCUSSED の「John Burmeister fast feedback」で映像をご覧ください

ジョン：素晴らしい。もう1度やってみてください。
［アンナが演奏］
ジョン：あと3回、その調子で。［アンナが2回演奏し、何かつぶやく］
ジョン：何て言ったの？
アンナ：ひどい音！
ジョン：私にはそうは聞こえない。もう一度やってください。もう一度
［アンナが演奏］
ジョン：いいですね。今度は実際のスピードに合わせましょう、そう。［実演］　8分音符のことはまだ気にしないでください　［実演］［音符を歌う］
［アンナが演奏］
ジョン：この2つの楽章ができるかな？　［実演］［音符を歌う］
［アンナが演奏］
ジョン：良くなってきた。続けて
［アンナが演奏］
ジョン：そうだ。もう一回
［アンナが演奏］
アンナ：遅いわ
ジョン：少しだけだ。だから変えてみよう
アンナ：できないわ

ジョン：できるよ［アンナが演奏］
ジョン：それでいい。素晴らしかった。なんて素敵な装飾音なんだ！ビブラート、トリル、全部自分でやってみよう
［アンナが演奏］
ジョン：素晴らしい。先へ進もう。1・2・7 ハイ！…

このクリップは、フィードバックの効果を左右する最も重要な要素の1つが、受け手がいかに早くそれを使う機会を得られるかであることを強調している。フィードバックのスピードが重要であることは、無駄に長すぎるフィードバックを聞いたことのある人なら誰もが認めるところだろう。ジョンは、アンナが自分の指導を記憶に新しいうちに何度でも使えるようにするため、余計な言葉は使わず一度だけ伝えるようにしている。アンナは、ジョンの実演がまだ耳に残っているため、それを再現しようとする。この短いクリップの中で、アンナはトリルを11回演奏している。このような素早いやり取りが、セッションをスピーディーでダイナミックなものにしているのだ。

この例のように、「言葉の経済性」とでも言うべき、メリハリのある言葉選びで抑えの効いたフィードバックをすることが、成功には欠かせない。結果として、常に行動と応用を意識させることができる。フィードバックに時間がかかると、受け手の記憶は驚くほど簡単に薄れてしまう。実践する前に失われてしまうことさえある。だがこの例では、アンナはフィードバックを聞いたらすぐに使うことを習慣にしている。少し考えてみてほしい。フィードバックがどれほど受け手に無視されているかは見落とされがちなことだ。コーチが何か言えば選手たちはうなずき、「ありがとうございます。参考になりました」とでも言うかもしれない。

本心からそう言ってくれる場合もあるだろう。ほとんどの場合、選手はフィードバックを活用するつもりでいる。だが実際にプレーを始めると、そのフィードバックが頭の中にさほどくっきりとは残っておらず、十分に実行に移すことはできないのだ。

ほかのコーチに向けてフィードバックをしていると想像してみよう（例えば、まさにここで紹介しているトピックについて）。そのコーチに頼まれてトレーニングセッションを見てみると、セッションが何度も何度も止められていることに気がつく。彼は何かを言っては、また同じことを繰り返し言う。時折気分が乗っている場合には3回言うことすらある。実際のプレー時間が短すぎるので、選手たちは彼の言うことをあまり気に留めていない。「君はフィードバックするときに必要以上に長く話したり、何度も同じ説明をしていたりすることがある。一度だけ言って、すぐにプレーを試させてみるのはどうだろうか。ストップウォッチを使って、30秒以上話さないことを目標にしてみては？」と、伝えてみよう。

これは素晴らしいフィードバックではあるが、コーチはこう答える。「ええ、わかっています。ただ、選手が聞いてくれないんです。一度言っただけではやってくれない。2回は言わないと、私の言うことを本当にわかってはくれないようなので」。

早くも彼は言い訳を始めてしまった。アドバイスに対して、なぜそれがうまくいかないと思うのか、あるいはなぜ自分が別のやり方をするのかを説明しようとしている。このようなことが増えれば増えるほど、アドバイスの受け手が指導を受け入れて変わろうとする可能性は低くなってしまう。アドバイスを聞いた側が言い訳をして自分を正当化するというのは、フィードバックの場面で非常によくある光景だ。フィードバックした内容について受け手によく考えてみてほしいことは確かなのだが、考えるのはフィードバック内容を一度使ってみてからのほうが効果的だ。受け手にとっての理想的な順序は「聞く、考える、試す」ではなく、

「聞く、試す、考える」なのだ。

しかし、このコーチのほうが正しく、あなたが間違っている可能性もあると仮定してみよう。一般的にフィードバックを与える側は、自分の観察が間違っている可能性があること、あるいは、どこかの時点で正しくなくなってしまう可能性があることを想定しておくことが重要だ。教えるときにも学ぶときにも、謙虚さを持たねばならない。では、「いや、これは私が正しいんだ」とは言わずに、どうすれば相手に信じてもらえるだろうか？

まずはフィードバックを使ってみてから判断してもらうというのも、１つの手ではあるだろう。「そうかもしれないね。でも、何度か試してみてから考えてみてくれないかな。やっているところを見た上で、私なりの意見も伝えるので」と言ってみる。理想としては、コーチがすぐにアドバイスを使ってみることができるように、セッションの中断時にこのフィードバックを与えるのがいいだろう。例えば、次のように。「これから3回は、プレーを止めたとき、指導したい内容を1回だけ、30秒以内で伝えるようにしてみよう。私が時間を計って、30秒のところで少し手を挙げることにする。その上で、選手がいままでよりも話を聞いてくれると思えるかどうか、２人で話し合ってみよう」。

ここでやったことは、アドバイスがうまくいくかどうかの議論を、実際に試した後まで先延ばしにしたということだ。どんな良いアドバイスを受けても、うまくいかないと思う理由をつけてしまうような人に、皆さんも会ったことがあるだろう。「まずやってみる。すぐに。それから考える」という文化を築くことが、行動の習慣化につながる。利口な言い訳がフィードバックに抵抗するための便利な道具になるのを避けることができる。

フィードバックについては、１つ不思議なことがある。フィードバックに費やす時間が長くなればなるほど、受け手にとってフィードバックの価値が下がっていくということだ。言えば言うほど、1つひとつの言葉やアイデアに対する集中力は薄れ、すぐに試すチャンスも遅れてしまう。経済学者なら、話す時間が増えると「限界利益が逓減する」と表現するかもしれない。ただし、話す量を減らせばいいという単純な話でもない。トピックが複雑であれば、必ずしも超高速で話すわけにはいかない。重要なのは、費やす時間と得られる価値のバランスだ。議論に時間をかければかけるほど、その後に行う強化のためのフォローアップが重要になる。

だが、すべての条件が同じである場合には（常に同じとは限らないが）、基本的にはフィードバックは手早く与えるに越したことはない。

焦点を絞った速いフィードバックの好例を見てみよう。ニューヨーク州オールバニーで行われたブラック・ウォッチ・プレミアのトレーニングセッション映像だ（＊6）。コーチのジェームズ・ビーストンが指導しようとしているテーマは、低いブロックをつくった相手に対してアップ・バック・スルーを用いること。フィードバックの比較的早い段階で、ジェームズは選手たちにパスの強さを変える習慣をつけるよう求めている。1本目のパスはターゲットに向かって鋭く。2本目の落とすパスは、受け手の選手が選択肢を読み取って3本目のパスを出すことができるように、より柔らかく。3本目のパスはスルーパスであり、これは再び鋭く出さなければならない。選手たちが実際にやってみた1回目は、3本のパスが通りはしたが、はっきりとパススピードに変化をつけることが十分にできてはいなかった。このあと、ディフェンスの動きを読み、それに合わせてパスパターンを変える練習に進むと、この能力が成功のカギを握ることになる。

映像が始まると、ジェームズはチームを一旦止める。彼のフィードバックはシンプルなものだ。

「止めて！（フリーズ）　ここから1分間は、パスの強さに注意してほしい。1本目は強く蹴り抜く。柔らか

＊6
QRコードから VIDEOS DISCUSSED の「James Beeston stays focused」で映像をご覧ください

く落として、スルーパスはまた少し強く。ＯＫ？　パスのテンポに集中して！　スタート！」

ジェームズは、選手たちに「パスのテンポを変えること」という1つの課題を与えていることがわかるだろう。彼はそれを一度、本当に一度だけ、慎重に言葉を選びながら伝える。余計な言葉は一切なく、すぐに実行させる。「フリーズ！」から「スタート！」まで、実に18秒という短い時間だ。1つのことに集中する文化はすでにチーム内に浸透しているが、ジェームズは最後に念を押してそのことを強調する。選手たちをプレーに戻す前の最後の言葉で、意識をどこに向けるべきかを思い出させる。「パスのテンポに集中」と言う言葉だ。だがもちろんそんな一言だけでは、ある程度は有効だとしても、少年たちの集中力を持続させることはできない。選手に集中させようとするなら、コーチ自身も集中し続けなければならない。

そこで彼は、中断時に指摘したことを、プレー中にも一貫した言葉でフィードバックしていく。何度も何度も、シンプルな合図を送りながら、自分が指摘したことを選手に思い出させる。「落として、スルーパス！」と。あるいは「このパスに集中！」と、パスのテンポに焦点を絞っていることを強調する。注意を持続させる訓練だ。

（映像開始から6秒のところでジェームズが時計を合わせているのがわかるのも興味深い。自分のフィードバックのペースを把握し、改善を図るため、自分自身についても時間を計っているのだ）

最後に、彼が一貫して言葉で指示を出していることにも気づくだろう。これも、ジェームズがトレーニングで用いているルーティンの1つだ。彼が「フリーズ！」「スタート！」と言えば、即座に全員が反応する。時間の無駄がないだけでなく、切り替えの際に気が散ったり、選手が雑談して集中力が失われてしまったりすることもない。第5章で改めて詳述するが、このように手順をしっかりとルーティン化することは選手が集中できるフィードバック環境を維持するために重要であり、勢いを持続させる弾み車のような役割を果たしてくれる。選手が集中できていることで、練習の中断も素早く行うことができ、プレーのエネルギーと集中力を維持できる。それがまた次の中断へと引き継がれ、エネルギーを残して次のプレーへ移っていくことができる。

簡単なことのように聞こえるが、簡単なことは難しい場合が多いものだ。最近、ジョン・バーマイスターのチェロのレッスンとジェームズ・ビーストンのトレーニングセッションのビデオをコーチたちに見せたことがあった。あるクラブの監督が手を挙げた。「言いたいことはわかりますが、でもどうしたらコーチが話しすぎるのをやめさせられますか？　それが一番の問題です。見ていると、コーチは話してばかりで、子供たちはもう聞いていないのに、ずっと話しているんです」。

「言葉の経済性」（できるだけ少ない言葉で語る技術）を向上させる有効な方法の1つは、より良い計画を立てることだ。何を言いたいのかが明確でなければ、言葉数が多くなってしまう。コーチングをしながら、選手たちに何を伝えるべきか、その場で考えようとすると言葉が不正確になる。しかも言いながら考えている（つまり気が散っている）ので、もっとうまく言えるように、うまく伝わるように、2回、3回と繰り返してしまう傾向がある。また、最も重要なことが何であるかがわからないときにも、多くのことを言いすぎる可能性が高くなる。対策としては、毎回のトレーニングセッションについて、選手に実行してほしい最も重要なことをあらかじめ書き出しておくといい。トレーニング中に取り上げたい重要なアイデアを伝えるための要点をいくつか書き留めておけば、それだけでも言葉が半分くらいになる。ジェームズがアップ・バック・スルーのリズムに取り組むには、例えば次のようなことを書き留めておくかもしれない。「強く、柔らかく、強く」「セッターから少し離れる」「セッターのタッチで（相手を）誘い込み、スルーパスで射抜く」。こうすることで、練習の場で的確な言葉を使うことができる。また重要なポイントを覚えておくことで、我慢もできるようになる。話を続けてしまうのは、途中で重要なことを思い出し、それを逃したくないからである場合が多い。観察しながらメモを取り、「顔を上げさせることを忘れずに」と書いておけば忘れる心配はなくなり、いつ何を話すか自己管理しやすくなる。

ストップウォッチと音声録音アプリを入れたスマートフォンもスピードと集中力を高めるための便利なツールになる。ジェームズのビデオを見ながら（あるいは同僚に頼んで）、自分のフィードバックの時間を計ってみよう。目標を設定し、より速くなるように努力する。あるいは、自分の声を録音して聞き返す。余計な言葉がたくさん出てきて、ぎこちなく聞こえるはずだ。自分のフィードバックを書き起こした上で、不要な言葉をすべて消していくのも効果的だと思う。これを週に2、3回、数週間続ければ、明確で効率的・直接的なフィードバックをする練習になり、言葉の使い方が上達していくはずだ。

「ポーズ」の上手な使いかた

コーチングにおいて私が好きな言葉の1つが「ポーズ（一時停止）」だ。「ポーズ。キーレンがボールを持っていたときの状態に戻ろう」といったように、プレーを停止状態にするために便利な言葉だ。私は「ストップ」よりもこの言葉を好んで用いている。「ポーズ」は、中断が一時的なもので、選手たちがすぐにまたプレーに戻るという意味が込められているからだ。この言葉を使うと、選手はプレーしたいのだから、できる限り「一時停止」を短くしなければならない、と意識することができる。しかし、どのような言葉を使って停止・再開するとしても、一貫性を持たせることが大切だ。毎回同じ言葉で停止と再開を行うことで、選手の反応は自動的かつ一貫したものになり、指導ポイントをすぐに伝えることができるようになる。選手には、例えばこう説明するといいだろう。

「私が『フリーズ』と言ったら、できるだけ早く止まること。そうすれば手短に話をして、またすぐにプレーを再開できるので」。プレー再開時にも一貫した言葉を使うことが同じく重要だ。フィードバックを繰り返すと、遅くなってしまう。コーチが何かを指摘して、また同じ言葉を繰り返す。さらにもう一度繰り返すこともある。これでは、選手たちはプレーしたくてたまらなくなり、コーチの言葉は耳に入らなくなる。

不必要にフィードバックを繰り返してしまう理由の1つは、区切りをつけて終わりを示す句読点がないことだ。リズムが大切だ。「ゴー!」や「プレー!」などを句読点のように使う習慣をつけると、話をきっぱりと終えるのがうまくなり、不必要な繰り返しを避けることができる。

≫ソリューションオリエンテッド（解決志向）

フィードバックを与える目的は、アスリートがより良くなるのを助けることだ。これは、モチベーションやインスピレーションを与えることを意味する場合もある。アスリートが正しい行動をとっていることに気づき、その行動を継続する方法と理由を理解する手助けをすることもあるだろう。しかし多くの場合は、結果を改善するために何か別の方法を見つける手助けをすることが目的となる。当たり前のように聞こえるかもしれないが、それをうまくやることこそが常に課題であることは、少し観察しただけでも理解できる。

カルロスというディフェンダーを例として考えてみよう。彼はプレーがうまくいかず苦しんでいる。ドリブルに対する守備の反応が遅い。思い切ってボールを奪いに飛び込むことで窮地を脱しようとするが、これがかえって事態を悪化させる。コーチはその明らかなミスにまず気がつく可能性が高く、すぐにそこを指摘したいという衝動に駆られるかもしれない。「カルロス！　飛び込むな！」と。ここで大事なのは、言い方だ。目にしたものを言葉にするにあたって、「何をすべきか」ではなく、「何をすべきではないか」を説明してしまっている。それよりも、代わりにどんな行動をとればいいか、何を観察すればより良い判断ができるかを教えたほうが、カルロスにとってはるかに有益なはずだ。「カルロス、ポジションをキープして」と言えば、アタッカーとゴールの間にいることを意識させることができ、少しはマシになるだろう。「タックルは必要なときだけ」と言えば、すぐに役立つヒントを与えられるかもしれない。だが理想を言えば、優れたコーチはさらにその上を行く。

カルロスの姿勢はまっすぐで、相手アタッカーが動き出す瞬間に、まず少しかがんで筋肉を曲げ、次に反

望ましい結果

問題の説明	望ましい結果	正確なアクション
遅すぎる！	速く前を向いてプレーしなさい	ファーストタッチが前向きであることを確認
カルロス、飛び込むな	カルロス、ポジションをキープして	カルロス、お尻は低く、あごは高く

応するという2つの動作をしなければならない。それを彼に認識させるよう促すのだ。もし、かがんだ状態からスタートすることができれば、より速く反応できる。そのためには膝を曲げ、尻を下げる。アタッカーの中心から少しずれたポジションを取り、体の角度を外側に向け、内足を少し前に出す。こうするとアタッカーはサイドに向かいたくなり、プレーの不確実性を減らすことができる。あるいはカルロスは、相手の行動をできるだけ確実に読むためにどこを見ればいいのか、もっと理解する必要があるかもしれない。もしかしたら、これらのいくつかを行う必要があるかもしれないが、すべてを一度に取り組むことは決してできない。

では、どれから手をつけるか。コーチとは医者と同じで、症状ではなく、原因を探る仕事だ。良い医者は、患者に「咳をするな！」「血圧を下げろ！」などとは言わない。もし自分が選手に対して、「飛び込むな！」と症状を抑えるように言っていることに気がついたら、そうではなく根本的な原因とそれを治すための正しい行動を導き出すように心がけてほしい。

一般的に、物事は具体的であるほど良いとされている。つまり、「望ましい結果」を説明するよりも、問題を解決するための「具体的な行動」のほうが有用だということだ。望ましい結果とは、何かをより良く実行することでもたらされるであろう事柄を指すが、それを伝えただけで改善が得られることはほとんどない。

問題そのものや望ましい結果について話をすることは、真実ではあっても役に立たない場合が多い。コーチは、選手がそれらの結果を達成する方法を知っていると思い込んでいるが、実際には知らないことがほとんどだ。「誰もサポートしていない！」といったような避けたいことや、「外に開け！」といったような起きてほしい結果を口にするのではなく、その先へ進むためには、コーチは問題解決法を説明できるように根本的原因を探さなければならない。

「ボールが足元に来ないように、この角度で引き戻して」と、技術的に何をすべきか正確に伝える。「ボールを持った選手がプレッシャーを受けていないなら、縦を狙う」と、判断の仕方をより明確にする。「ボールを受ける前に背後を確認しろ」と、目をどう使うべきかを教える。

先日私は、音楽教師のジョン・バーマイスターが少年オーケストラへの指導の中でこれらを実行している様子を見学することができた。

彼らの演奏する曲は、オーケストラ全員が同じの音を完璧な正確さで演奏することを求められるものだったが、最初はそれができなかった。レベルの低い教師であれば、「音を合わせて！」「みんな一緒に！」と、正しくはあるが無益なことばかり言ってしまうかもしれない。だがジョンは医者のように、症状を見た上で、その原因を治療しようとした。少年たちはそれまで目の前の楽譜を見て、自分個人の役割をこなすことを学んで身につけてきたが、今度は集団で演奏するため、指揮者に集中できるように目線を調整する必要があった。もう一度、そのセクションを演奏するように合図しつつ、ジョンはこう言った。「小節が終わったら、目線を私に合わせるように。楽譜じゃなくて私にね」。そして、その小節を1回、2回と演奏すると、最後は完璧なユニゾンとなった。彼は、患者に症状を治せとだけ言うのではなく、根本的な原因を治療したのだ。

だが、このような指導法を上達させるにはどうすればいいのだろうか。何人かのコーチに聞いてみたところ、彼らは「常に観察すること」が重要であるとアドバイスしてくれた。ほかのコーチをただ見るだけでは、求めているものに焦点を合わせられない場合が多い。それよりもコーチからのフィードバックやアドバイスに耳を傾けるといいし、自分自身を撮影したり録音したりすることも同じくらい有用だ。あるコーチは、自分のトレーニングセッションやハーフタイムトークを録画し始めたことが、大きな転機になったと話してくれた。「自分が話したことをもう一度よく見て、選手の反応を調べてみるんです。そして次に同じようなセッションをするときに、より具体的に情報を伝えられるようにするにはどうしたらいいかと考えます」。

別のコーチは、自分がいつも指導している選手よりも若い選手たちをときどき指導することが役に立ったと話してくれた。思い込みや決めつけが少なくなり、より明確に説明する必要が出てくるため、良い練習になるのだ。また、自分があまり詳しくないほかのスポーツのコーチを観察することを勧めてくれたコーチもいた。どのようなフィードバックが役に立ち、どのようなフィードバックが役に立たなかったのか。コーチであることの難しさの1つは、あまり知識のない選手や学ぶことが苦手な選手にとって何がわかりにくいのか、自分には見えない場合が多いことだ。コーチ自身がかつて優秀な選手であり、学ぶことが得意であった場合には特にそうだ。結局のところ重要なのは、症状を見抜くために自分を律することであり、目に見える問題がなぜ生じているのかを自問することだ。「なぜ、なぜ、なぜ」と。

≫試合中のコーチングとフィードバック

これは私の持論だが、アスリートが有益なフィードバックを得られる可能性は、フィードバックを受ける状況の激しさが増すにつれて低下する。競技環境が激しければ激しいほど、コーチは単に問題点を挙げたり、正しくはあるが役に立たない言葉を叫んだりする可能性が高くなってしまう。

「遅すぎる！」
「誰かあいつをマークしろ！」
「あんなところでボールを失うな」
「バラバラにやるな！」

皮肉なことに、状況が緊急であればあるほど、口を出しても役に立たなくなる。この点については第6章でさらに詳しく述べるが、試合中は、トレーニング中に「符号化」した言葉を使って、すでに教えたことを伝えるだけにとどめたほうが、パフォーマンスを向上させられる可能性が高いという経験則がある。そしてこのような指導は、ボールがライン外に出たとき、選手がプレーから離れたときなど、ワーキングメモリの負荷が最も少ない瞬間に行いたい。そのときこそ、戦術を調整したり、選手に何かを思い出させたりするチャンスだ。プレーが動いている際中は、フィードバックを与えてもほとんど気が散るだけでしかないし、プレー終了後ではさらに意味がない。

「トレーニング中に符号化した言葉を使う」というフレーズは、ＦＡ（イングランドサッカー協会）の伝説的コーチ、ディック・ベイトのごく短い映像を思い出させてくれる（＊7）。

＊7　ＱＲコードからVIDEOS DISCUSSEDの「Dick Bate encodes language」で映像をご覧ください

その映像の指導のテーマは守備時にスペースを埋めることだ。これ以前の段階でベイトは、どれくらい速く、どんな角度で、いつスペースを埋めるかを説明していた。さらに体の位置について、相手が必ずやってくる動きに素早く反応できるように、体勢を低くしておくべきであることも説明していた。選手はすでにその動作を長期記憶しているので、ワーキングメモリを使わずに自動的に行うことができる。だが選手がこのプレーをするとき、ディックは毎回同じフレーズを使う。「Get out and get down!（出ろ、下げろ！）」と。彼は、この言葉しか使わない。なぜ、そんなことが重要なのかと思われるかもしれない。

つまり、選手がすでに知っているはずのことを思い出させるような、せいぜい数語の短く印象的なフレーズを、プレーと一緒に符号化しているということだ。プレーとフレーズを結びつけることには、いくつかの利点がある。

1. トレーニングの際、ベイトがこのフレーズを使うことで、何を重視すべきかをプレー前に選手に思い出させることができる。ビデオの中で、彼がそうしているのが聞こえる。ベイトは、選手にとって必要なタイミングの後ではなく前にフレーズを使う。このフレーズをリマインダーとすることで、選手が正しく理解し、正しい行動を取る確率が高まる。プレー後にフレーズを使って修正しようとするよりも、行動前にフィードバックを与えるほうがはるかに効率的となるのだ。

2. トレーニングメニュー中に選手がうまくやれない場合、このフレーズによって効果的かつ効率的に問いかけを行うことができる。「〝出ろ、下げろ〟と私が言うとき、具体的に何を期待しているのか？　足はどうすればいいのか？　膝は？」と。これらの項目はすべて、選手の頭の中で〝出ろ、下げろ〟というトピックの下にまとめられる。そうすることで、物事をより早く修正し、コンセプトをより明確に結びつけることができるようになる。

3．このフレーズは短く頭に残りやすいので、ワーキングメモリに負担をかけることなく、試合後（場合によっては試合中）に選手に何をすべきかを知らせることができる。フレーズの速さは非常に重要だ。選手にとって馴染みのないことを説明する言葉ではなく、すでに知っていることを思い出させるだけの、単なる記憶スイッチでなければならない。単語が増えれば増えるほど、うまくいく確率は下がる。試合では、コーチはさらに短く「out and down」と言うかもしれない。十分に短い言葉であれば、コーチはそれを使って選手の記憶を活性化させることができる。気が散るリスクも少なく、成功する可能性も高くなる。

4．クラブ全体を考えても、非常に大きな価値がある。クラブのコーチ全員がこのフレーズを使えば、一度誰かが教えるだけで、どのコーチも同じフレーズを使って以後何年間も選手たちの知識を活性化させることができる。

このベイトのビデオを、かつてアレゲニー・カレッジの男子バスケットボールヘッドコーチだったジム・ドリッグスに見せると、彼は即座に理解して次のように話してくれた。

私の周りにいる最高のコーチたちは、指導に役立つ共通言語をつくり出しています。その言葉は選手やスタッフの心に深く刻まれます。私たちは、ときには何時間もかけて言葉について考えることもあります。もし、言葉や言語を計画していなければ、セッションで実際にできることは少なくなってしまうでしょう。
ジムが言うことはまさに真実だ。また、より生産的な試合中のコーチングを行うための鍵でもある。試合で役に立つ可能性があるのは、選手がすでに熟知しているフレーズだけだ。

より解決志向のフィードバックにシフトするというのは、青少年スポーツの話のようなものだと感じる読者の方もいるかもしれない。そういったことは選手が成長するまでにやることであり、それから「本当の話」が始まると。だがそういった考えがあるからこそ、冒頭で紹介した、スーパーボウルを制したシアトル・シーホークスのコーチ、ピート・キャロルのビデオは非常に有益なものとなる（＊8）。解決志向のフィードバックが彼のスタッフの哲学の重要な部分を占めており、エリートレベルでさらなる成功を収めるため使われているものであることが明らかにされている。以下は、キャロルの言葉をそのまま抜粋したものだ。「私たちはコーチとして、何が悪かったのか、何が間違いだったのかではなく、自分たちが見たいもの、望ましい結果について話すことを常に徹底している。ほかではなく、自分たちが実現したいことについて話をする」。

解決策を提示することは、チームのコーチング哲学の一部だ。選手にとっては、育ててもらっている、サポートされていると感じられる効果がある場合が多い。だがそれだけではなく、シーホークスの場合には、勝つことが最も重要である場面でも選手のパフォーマンスを最大化できる方法であると考えているのだ。

＊8
QRコードから
VIDEOS DISCUSSEDの
「Pete Carroll focused feedback」
で映像をご覧ください

ポジティブフレーム

　2人の選手を考えてみよう。名はアルベルトとベルナルド。彼らはトレーニングの中で、ほぼ同じやりとりを経験する。少人数の試合形式の練習で、それぞれのコーチが笛を吹き、2人がもっとうまくやるべきことを指摘した上で、もう一度プレーさせる。指摘は例えば腰を開く、視線を上げる、あるいは中央ではなくサイドにパスを出す、ボールを浮かせないようにする、などといったことだ。

　アルベルトは、チームの前で批判されることを嫌っている。コーチの言葉は非難や裁きのように感じられ、自分が何かに失敗したことを暗に示しているようだ。プレーを再開しても、頭のどこかで考え続ける。「なぜコーチは、その前のプレーで完璧にできたときは何も言ってくれなかったのか。僕を追いつめようとしているんだ」と。

　一方、ベルナルドは、向上する機会を与えられたことに感謝している。自分の成功のために尽力してくれる人から、目標を達成するための貴重な知識を得たと受け止めている。今回のフィードバックはミスを改善しようとするものだが、コーチがあくまで彼を信頼していることを示している。プレーが再開されると、ベルナルドはパッと腰を開き、カウンターの起点となる低く強いボールをウイングへ送った。「ああ、これで良かったんだ」と彼は思う。

　これを1000回繰り返すとしよう。2人にはさまざまな指導が与えられる。「そこは反対の足を使え」「ここでもっと厳しくプレスする必要がある」「もっと早くパスコースに入るんだ」と。そのたびにアルベルトは憤りを感じ、ベルナルドは学ぶ機会を得たと喜ぶ。アルベルトは「僕じゃなく別のやつにパスコースに入るように言えばいいじゃないか」と思い、ベルナルドは「パスコースを見つける協力をしてくれてありがとう」と思う。アルベルトのチームとベルナルドのチームを想像してみてほしい。一方の選手たちは、チームメイトが不機嫌そうに話を聞き、言い訳をつぶやくのを見ている。もう一方では、チームメイトが身を乗り出してよく聞き、素直に学ぶのを見ている。新しくチームに加わった選手たちは、こうした反応を観察し、チームメイトと同じように行動する。文化が生まれる。シーズンを通して両チームが得るフィードバックの内容はまったく同じかもしれないし、スタート時点で選手の質も同程度かもしれないが、「FCベルナルド」が栄え、「アルベルト・アスレチック」が停滞することは間違いないだろう。そのうち、よく事情を知らない人たちが「FCベルナルドはいい選手を集めている」と言い出すだろう。その地域の子供は運動神経がいい、回復力がある、ハングリーである、といった社会学的な特徴に理由があると考え始めるかもしれない。

フィードバックが成功するかどうかは、その技術的な内容だけに理由があるのではなく、受け取る選手の姿勢やメンタリティーも要因となる。しかし、こうした資質は、単に個人の性格や、出身地の文化、家族、社会の大きな流れなどのみに左右されるものではない。チームやクラブの文化を通して、多くの人が考えている以上に、選手がフィードバックに対して生産的に反応するよう習慣づけすることができる。そしてそういった文化は、無数の小さな、ほとんど誰も意識しないような相互作用を通して築き上げられるものだ。選手に対して、向上するためにはチャンスをつかむ必要があること、成長に必要な考え方を受け入れるべきであることを説く話をするのも、ある程度は効果的かもしれない。だが選手が達成感を味わえたり、苦しいときにコーチからの信頼を感じられたりするような十数回のやりとりのほうが、おそらくはるかに大きな影響を持つだろう。学習に対するポジティブなマインドセットは、ほかのタスクに集中しがちなフィードバックの場面で、注意深く言葉を選ぶことを通して構築できる。私はこのテーマを「ポジティブフレーミング」と呼んでいる。

「ポジティブフレーミング」という言葉は、選手をもっと褒めることだと考えるコーチも多いだろう。これは正しくはないのだが、コーチたちは褒め方について十分な指導を受けているので、褒め方を検証して欠点を明らかにする価値はある。コーチや教師の指導法についてのアドバイスには、褒め方の「ルール」や、褒めることでフィードバックに対する選手の受容性を高める方法が含まれる場合が多い。例えば、良いことを伝えた後に批判をし、また良いことを伝えるという「称賛のサンドイッチ」。褒める回数は、批判する回数の5倍にするべきだと言われることもある。このようなアドバイスは、善意に基づいているとはいえ、実はお粗末なものだ。

問題点の1つは、褒めることとポジティブさが同じであるという思い込みだ。フィードバックにおける「ポジティブ」とは、良いことばかりをたくさん伝えることではなく、選手が必要とする情報を、モチベーションとインスピレーションを高められるような方法で伝え、選手の能力を信じていることを示すことだ。単純に選手をもっと褒めればそれが達成されるわけではなく、皮肉なことに、逆のことも起こりうる。ここで少し時間をとって、その理由を簡単に説明しよう。

褒めることには強力な価値があるが、これはチーム内の通貨のようなものでもある。褒めすぎはインフレを引き起こしてしまう。すべてのプレーを「すごい」と表現していれば、やがてその言葉も、褒めること自体も無意味になる。すべてが素晴らしいというのは、何も素晴らしくないことと同じだ。そして、優れた選手になるために学ぶべきことは山ほどある。何か1つ改善するために選手を5回褒める必要があるとしたら、先が思いやられる。

「称賛のサンドイッチ」も、決して良いものではない。称賛で批判をごまかす必要があると考えているのであれば、それはつまり、選手は上達する方法を知りたがっていない、コーチが選手をだまして聞くようにしなければならない、と思い込んでいるということだ。言い換えれば、選手は弱い存在だと思ってしまっている。選手を弱い存在として扱えば、実際に弱くなってしまう。選手のほとんどは、どうすれば上達できるかという真実を知ることを何より望んでいる。重要なのは褒める回数を増やすことではなく、選手が苦戦している部分をもっと別の形で伝えることだ。

人ではなく行動

ベルナルドがコーチから「もっとこうしたらいい」と言われたとき、彼は自分という選手を信頼してもらえていると感じられた。これこそが、良いフィードバックの精神だ。選手には、「君を信じている」という言葉と、「もっと良くなれる」という言葉を同時に伝えたいのだ。幸い、この2つを両立させるのはそれほど難しいことではない。最初のステップは、批判的なコメントを、人ではなく、行動に対する評価としてとらえることだ。

「You don't（○○しない）」というフレーズについて、少し考えてみてほしい。

例えば「君はボールを失ったときに、頑張って奪い返そうとしない」というように。

同じ文で、don'tを「didn't（○○しなかった）」に置き換えたものと比べてみよう。「君はボールを失ったときに、頑張って奪い返そうとしなかった」となる。

「しない」という言葉は、相手を裁く。「君がいましたことは、いつもしていることだ」と。ミスを拡大解釈し、それが永続的な欠点であることを示唆する。さらに言えば、故意にやっているのではないかとまで言いたげに聞こえるかもしれない。「しなかった」という言葉は、一回限りの行動や出来事を評価するものだ。選手はいつもなら正しくできているが、今回に限ってはできなかったという可能性を残す。一度だけのことなので、すぐに修正もできる。

しかし、「didn't」であっても、解決法ではなく問題点に焦点が当てられていることに気づいた読者もいるかもしれない。次のような言い方を比べてみるとどうだろうか。「君はボールを失ったときに頑張って奪い返そうと〝しなかった〟」「君はボールを失ったときには〝いつも〟頑張って奪い返そうとしなければならない」「君はボールを失ったときには奪い返すため全力で頑張らなければならない」「〝たとえ難しくても〟、ボールを失ったときには〝みんな〟奪い返そうと必死で頑張らなければならない」「ボールを奪い返そうとみんな必死で頑張らなければならない」。

数のパターンを挙げたのは、異なる言い方によって微妙に異なる形で文化が形成されていくことを強調するためだ。例えば、「みんな」を多用すれば集団としての責任感や団結感が、「いつも」を使えば粘り強さや一貫性の重要性が形成される。

学習者は、どうすれば上達できるかを知りたがっている。コーチがその方法を示せなければ、学習者の期待を裏切ることになる。重要なのは、言葉の微妙な変化に気を配れば、選手に自分のプレーの質に対する責任を負わせ、身につけるべきスキルを説明し、目標とする高い基準を設定できるということだ。コーチは選手をダメにさせようとしているのではなく、高めようとしているのだと感じてもらうことができる。言葉の習慣は、長期的に文化を構築するためのツールとなる。

「ポジティブフレーミング」とは、言葉や口調の裏側にまで気を配る手法のことだ。例えば「○○しない」を「○○しなかった」にするような小さな調整で、フィードバックがその瞬間に与える感情を変えられると同時に、長期的には、コーチが選手に厳しいフィードバックをするのは彼らの成功を願っているからだということを思い出させることもできる。選手たちの目標は、コーチの目標でもあるのだ。「ここがダメだった」「もっとこうすればいい」というような批判的フィードバックを、選手への尊重を込めて、やる気を起こさせるような形で伝えることができれば、選手はもっと学ぶことができるし、コーチとの関係も強化される。このようなことが起こり始めると、副次的な効果として、自由に褒めることもできるようになる。批判的なフィードバックとのバランスをとることや、選手の気分を良くすることを目的として褒める必要はなくなる。褒めることを、どのようなプレーを繰り返すべきかを選手に知らせるという、最も価値のある用途に使えるようになる。このことについては、改めて後述する。

すでに述べたように、批判は狭い範囲の具体的な行為のみを対象とするべきであり、一般化させるべきではない。ここでは、批判を前向きにとらえるために有効なテーマをほかにもいくつか紹介しよう。

挑戦と願望

アスリートには競争心があり、自分ができることを証明したいと思う性質がある。偉大になること、何かを成し遂げることに憧れるのだ。その思いを生産的に活用するためには、批判をチャレンジに変えたり、成功への意欲を引き出したりすることが有効な手法となる。

フィードバックを「チャレンジに変える」簡単な方法は、「やってみよう」というフレーズを加えることだ。「ここはワンタッチでプレーしなさい」ではなく、「ワンタッチでやってみよう」といったように。あるいは、「ワンタッチでできるかな?」と問いかける形にするのもいいかもしれない。

向上心に訴えかけるには、「君ほど上手い選手ならそこはワンタッチで返すべきだ」「そこはワンタッチでやれる力がある」「いまのレベルなら、ワンタッチでやれるように挑戦してもいい」といったように言い換えることもできるだろう。あるいは「ワンタッチで気持ちよくプレーできるチームになろう」と、チーム全体の目標に関連付けてもいいかもしれない。

このように、伝え方のバリエーションはさまざまだ。若い選手であるかベテランであるかによって、向上心への訴え方は大きく異なるとしても、コンセプト自体はどの年齢層にも適用できる。

U10：メッシのように、ワンタッチでそのボールをプレーできるかどうかやってみよう。

プロ選手：今週末の相手は厳しいプレスをかけてくるので、より速いプレーをしなければならない。それをもう一度試して、一回一回のタッチをより速いテンポでプレーできるかどうかを確認しよう。

いずれのケースでも、コーチの言葉は、選手の「勝ちたい」「成功したい」という気持ちを引き出し、その大きな目標を、求めたい変化と結びつけていることがポイントだ。

すべてのフレーズがこうでなければいけないと言っているわけではない。ただ、「ワンタッチでやれ」ではなく、「ワンタッチでやってみよう」と言える機会が増えれば素晴らしいことだ。「ワンタッチでやりなさい」という言うのは、「君はまったくワンタッチでプレーしない」とか「なぜワンタッチを怖がるんだ？」と言うよりマシであることは確かだが、このようなフレーズは使いすぎになってしまう可能性もある。何をもって使いすぎと捉えるかは、指導をする選手によって異なる。甘やかしてばかりではなく、ときには冷めた対応も必要ということだろうか。それはそうではあるが、この2つの考え方は対立するものではない。逆に相乗効果を発揮するのだ。「コーチは選手をサポートするためにここにいる」という文化が構築され、より大きな関係を築くことができていれば、冷めた態度をとる場面も効果的なものとなる。

いくつかの例を挙げよう。各フレーズの背景を指摘するためのポイントも添えているので、各自のスタイルや環境に合わせて応用してほしい。

「それじゃあ、アリー、もっと速くできる?」

・「それじゃあ」という言葉は、アリーがすでに正しくやれているプレーを評価していることをさりげなく意味している。だからこそ、さらに発展させる準備ができている。

・「できる?」という言い方は、技術的なフィードバックをチャレンジに変える。アリーはプレーでこの質問に答えることになる。

・「もっと」という言葉は、アリーがいまよりも多少は速くやれていることを意味する。「もっと速くできる?」と「速くできる?」を比べてみよう。後者は速さが足りないと言いたげだが、前者は単にいまよりさらに改善することに焦点を合わせている。

「ジョン、そのタッチをきれいに」

・「(ボールタッチを)きれいにする」というフレーズを、私はコロンバス・クルーのユースアカデミーを指導するケルヴィン・ジョーンズのセッションを見て学んだ。力強いフレーズだと思う。ジョンが成功への正しい道を歩んでいること、コンセプトは正しく理解できており、あとはディティールに磨きをかけるだけであることを思い出させてくれた。

「それじゃあ、マディ。レベルを上げて、左足でカットインしてシュートできるかな」

・「レベルを上げられるかな」という言葉は、マディが頑張っていることを評価し、より高いレベルへの到達を目標としているものだ。これまでも達成できていることを示している。

・「左足でカットインしてシュートする」というのも大事だ。解決志向を忘れてはならない。選手は、課題を解決するための的確なプレーができるように、コーチが助けになってくれることを期待している。

「それじゃあ、マディ。クリステン・プレス（サッカーアメリカ女子代表）のように、（利き足ではない）逆足でカットインしてシュートを打てるようになってほしい」

・この言葉は、マディが「こうなりたい」と思う選手と結びつけ、ここで要求しているタスクが世界的な選手の考えるプレーと同じであることを示している。

「それでいいんだ、ショーン。でも、もしトップチームに上がったらもっと速くやらなきゃいけない。いまからやっていこう」

・「それでいい」という言葉は、何か間違っていることではなく、良いことの話をしていることを意味する。
・「トップチームに上がったら」つまり、こういうスキルはトップチームの選手が使うものだということ。ショーンにもいつかそこへ行けるだけの力があると示している。

「それでいいんだ、ショーン。でも、トップチームでやるなら、もっと速くやらなきゃいけないから、いまからやっていこう」

・ショーンにもう少し責任を持たせる。彼にとってトップチームに上がることは挑戦ではなく、上がることを信じているように表現しつつ、そこで活躍するためのスキルを教えようとしていることを示す。

「それでいいんだ、みんな。でも、いつかトップチームでやる選手がいるのなら、もっと速くプレーしなければならない。いまから意識していこう」

・「それでいい」「トップチームでやるなら」という要素は同じだが、チーム全体を指す言葉として全体化する。

「みんなの中にはいつかトップチームでやる選手もいる。だから、もっと速くプレーしなければならない。いまそれを見せてくれ」

・ここでも再び、「何人かはトップチームでやる」と信じていることを示す。自分がその選手になりたいと思わない者はいないだろう。いまスキルを実行することが、そこに至る第一歩となる。
・「いまそれを見せてくれ」という言葉には、いますぐにやってほしいという挑戦が加味されている。

「デヴィン、タックルしたのは良かった。次の段階は、奪ったボールをキープできるように味方につないでいこう」

・このフィードバックは、うまくできたプレーを認めると同時に、デヴィンがそのスキルを使って、さらに良いプレーをするためにできることがある、という考え方を組み合わせている。

選手が挑戦を楽しめるように仕向け、願望を伝えることには、ミスを恐れないようにさせるという副次的効果もある。

＊9
QRコードから VIDEOS DISCUSSED の「KelvinJonespositiveframing」で映像をご覧ください

私たちは共に歩んでいる

ケルヴィン・ジョーンズ氏

ケルヴィン・ジョーンズの指導を見る機会があったことにはすでに触れた。私にとって、彼はポジティブフレーミングの達人だ。上記に紹介したフレーズの多くは、彼のコーチングから盗んだり、転用したりしたものである。そこで、彼のコーチングのビデオと（＊9）、コーチング言語に関する彼自身の考えをいくつか紹介したいと思う。そのビデオとは、数年前に私が初めて彼のコーチングを見た直後に、同意を得た上で、バージニア州で少年たちに指導する様子を撮影したものだ。数年が経過し、いま

彼はコロンバス・クルーのアカデミーディレクターとして、エリート選手たちと一緒に仕事をしている。だが私は、ケルヴィンに昔のビデオを見せた上で、彼自身の言葉遣いや選手へのアプローチについて気づいたことを尋ねてみた。

私にとって「〜していい」というフレーズは、いまになって振り返ってみると、「自分一人でやっているのではない」という思いを強く表している。私たちは一緒にやっているのだ。私が一緒にいるのだから、安心してリスクを取ってほしい。怖がらないでいい。こういう問題を抱えているのは、君だけではないんだ。それが大事なことだ。

口調や言い方も重要だ。子供たちは楽しむためにサッカーをしているが、同時に競い合うことを学ぶためでもある。「〜していい」という言葉を使うことで、子供たちは互いに競い合うだけでなく、自分自身の中でも競っているのだと気づいてほしい。「もっと速くできる?」という問いかけは、自分の限界を試すこと、自分がどれだけ速くできるかやってみることを気づかせるものだ。

ポジティブなフィードバックとネガティブなフィードバックの比率に話を戻すと、私自身は、何かを修正させるようなフィードバックを与えていることが多いように思う。つまり、良くないパスは良くないということだ。そのことを認識させる必要がある。だがそれを、「君はもっと上手くできる。もっと上手くできると、私はわかっている」と言うことで、非難や否定にはならない。

私は「修正して」という言葉も使うが、これは、「自分次第で修正できることなんだ」と思い出してもらうためだ。

言葉の経済性も重要だ。話せば話すほど選手は離れていってしまう。自分が何を求めているかを的確な言葉で明確にすることで、よりスムーズに物事を進めることができる。

プレーを止めた時間には、詳しい話をすることもあるかもしれない。だが（プレー中の）コーチングでは、自分が選手に何を求めているのかを明確にし、それをどう修正するかをその場で考えてもらいたいと思う。ファーストタッチを直すとか、パスを直すとか。自分次第で変えられることに集中させ、それができるんだと信じさせたい。

ある程度は、感情を安定させることもできている。とはいえ、例えば19歳のチームを指導するとき、ときどき口調が変わってしまうこともないとは言わない。このことには２つの側面がある。ピッチサイドでの自分自身について振り返ってみると、失敗した選手に対して怒ったり怒鳴ったりしていることを反省する部分もある。たいていの場合、これは選手たちにとってプラスにはならない。ストレスが高まり、プレーの質もさらに下がってしまうかもしれない。厳しくするタイミング、厳しさを出すタイミングを見極めることが大事だ。頻度はかなり少なめにしたほうがいい。怒鳴らなくとも、望んでいるレベルの激しさや集中力を選手たちから引き出すためにできること、言えることはある。

例えば、14歳の新チームを受け持ったとしよう。彼らはいままさにトレーニングの方法を学んでいるところだ。ロンドをさせていると、彼らは足の正しくない部分でボールを受けたり、トーキックでパスを出したり、ブラインドバックヒールに挑戦したりしていた。クオリティーの高いプレーではなかった。そこで私は、彼らに問いかけた。「足のどの部分を使うべきか？」「その理由は？」「パスはどこで蹴るべきか？」「なぜ？」彼らは答えを知っていた。そこで私は「それなら、もっと良くしてくれ。これでは良くない」と言ったが、怒鳴ったわけではない。厳しくはしないようにしている。選手たちにわかってほしいのは、コーチが怒っているということではなく、「これでは良くない」ということだ。自分にとって良くない、選手として良くない、自分の目標に向けて良くない、と。

選手を引退して初めてコーチの世界に入った頃は、年齢が高めの子供たちのアシスタントを務めることが多かった。そういった役割を通して、選手たちのことを少しずつ知ることができるし、ヘッドコーチに対する選手たちの反応をヘッドコーチ以上に理解できることも少なくない。その結果、私は気がついた。選手と同じ目線に立ち、彼らがどのような人間で、どのような道を歩んでいるのかを知ることが大切なのだと。

ベストを想定する

すでに述べたように、フィードバックをする際には、人と行動を区別することが非常に重要だ。「ヨハン、シュートコースをもっと速く塞げ」と言うのはいいとしても、ヨハンがそれをできていないからといって「怠けている」と言ってもあまり生産的ではない。

コーチは解決法を説明すべきなのであって、選手の性格的な欠点を指摘する必要はない。我々は教師として、選手たちに高い期待を持っていること、毎日真面目に努力してほしいこと、個々の選手を一人の人間として深く信じていることを、できる限り一貫した形で伝えたいと思っている。選手たちの良い面に目を向けており、彼らが苦しい時期であっても我々の信頼が揺らぐことはないと。こうすることで、選手との人間関係を築くだけでなく、学習に伴うリスクを冒しても大丈夫だと選手に思わせることにもつながる。もし、何度か試してみてうまくいかなかったとしても、選手を批判したり、あきらめたりはしない。もう一度やってみるよう促すだけだ。

選手に大きな期待をかければかけるほど、彼らには力があることを忘れさせないようにする必要がある。選手が苦しんでいるときも、それは普通のことであり、すぐに成功できると本能的に感じられるようにしたい。コーチングでは、一見矛盾していると思えるようなアイデアを含んだ複雑なメッセージを、一回で同時に表現することが求められる。難しい課題ではあるが、やはりこういったことが、選手にベストを求める文化をうまく定着させる秘訣だ。

すでに学んできたように、何かがうまくいっていない選手に対して、向上心に訴えかけるような伝え方をするのは有効な手段の１つだ。「君ほど力のある選手なら、あのボールを浮かせずに低く強く出せるはずだ。もう一度やってごらん」と。選手がベストを尽くしていると想定することも、選手への信頼感を示す上で有効な方法だ。少なくとも、選手がミスを犯したとき、そのプレーが間違った意図に基づいていたと不必要に決めつけないようにしなければならない。これは自明のことだと思いたい。ペナルティーエリア手前からシュートを打ってくる相手選手に対し、飛び出すのが遅れてシュートコースを消さなかったヨハンに「怠けている」と言ってしまうのは、ひどい決めつけでしかない。ヨハンはそう言われたことをすぐには忘れられないだろう。だがもしかしたら、もっと複雑な理由があったのかもしれない。自分が何をすべきか、シュートを打つ選手を止めるのは誰の責任なのか、どれくらいの速さで距離を詰めるべきなのか、わからなかったのかもしれない。考えてみれば、ヨハンが相手との距離を詰められなかった理由のいくつかは、優れた選手になるための考え方や懸念事項を示している可能性もある。

ヨハンの動き出しが遅れるのは、ポジショニングや守備の形を真剣に考え、常に中央を空けないように気

ないのかもしれない。あるいは、飛び込みすぎて切り返されることを警戒しているのかもしれない。実際には彼は相手との距離を詰めるべきだったとしても、その際には「出ろ、下げろ」と明確な言葉で伝える必要がある。そして同時に、彼のミスは、コーチが選手に持ってほしいと望んでいる勤勉さや責任感といった特性が強く出すぎた結果なのかもしれないことを認識してほしい。

試合では、正当な理由に基づいて間違いが起こる場面が無数にある。選手が本来のポジションを守ろうとするあまり何かをうまくやれなくなる「勤勉の罪」。コーチから与えられたアイデアをあまりにも頻繁に、積極的に使いたがる「熱意の罪」。複雑な試合の中でコーチからの指示を正確に実行しようとしすぎて、「忠誠心」や「向上姿勢」から生まれるミス。さらには、自分の義務を果たそうとするあまりチャンスを逃してしまうような、「責任感」から生じるミスもある。

ヨハンに与えるフィードバックの中に、彼の複雑な思考を認める言葉も含めてみてはどうだろうか。「ヨハン、中央を守りたいのはわかるが、エリア手前ではもっと速く相手との距離を詰めたほうがいい」とか、「いつもディフェンスの形を保とうとしてくれているのはありがたいが、ここは必ず思い切って距離を詰めるべき場面だ」といった具合だ。選手がベストを尽くしていることを想定するというのは、コーチが修正したいと考えるようなプレーを選手が選択した正当な理由を認め、フィードバックの中でその理由に触れるということだ。

以下にいくつかの例を示そう。

・アリー、君がサイドでプレーしたいのはわかるが、ここは中でプレーする状況だ。
・アリー、君がそこでサイドに開きたい理由はわかるよ。それが正しいことも多いけど、ここでは中でプレーできるチャンスがある。なぜ中のほうがいいんだろうか？（または、どこを見ればそのことがわかるだろうか？）

・前への意識があることは素晴らしいが、それが正しい判断ではないことを示す合図がここにある。
・アンドレにパスを出すのもいい。ボールをキープしようと考えているのだろう。だが、もっといい選択肢もあるので考えてみてほしい。
・本能的に守備のリスクを避けようとしてくれているのはありがたいが、ここはスペースを与えてしまうと痛い目にあうケースだ。
・なるほど、サイドチェンジを狙うのはいいが、この状況でどこに人数がいるかを見てみよう。
・いまのタッチは良くなかった。でも、そこでクサビのパスを入れようとしていたのは良かった。

いずれの場合でもコーチは、チームが大切にしているアイデアについて考えて取り入れようとする選手の行動に対して、評価していることを示している。コーチにとっては望んでいることであるはずだし、評価を伝えることは、そういったプレーを続けさせることにつながる。その上で、こういった修正を加えることは、選手との関係性への投資のようなものでもある。修正点を伝えることで、選手が何か間違ったことをしたときに、コーチは「ほら、まただ」「またあの子か」と咄嗟に考えているのではなく、「そうした理由がちゃんとあるはずだ」と考えていることをわかってもらえる。間違いには正当な理由があると認めることで、信頼関係を築くことができるのだ。選手は自分のミスについて、たとえ心の中だけでも「言い訳」をしなければならないのなら、そのことにワーキングメモリを消費してしまう。それを減らすことで、選手はより注意深くコーチに耳を傾けるようになる。

もう1つの利点として、これらの例では、ほかの選手たち（全員ではなくとも）に対しても、どういった要因を考慮に入れるべきであるかを伝えている場合が多いことに気がつくだろう。「いまは思い切って出なければならない場面だったが、守備時に常に中央を守るよう心がけてくれているのは良いことだ」とヨハンに伝えることで、ほかのメンバーにも両面から注意を促すことができるのだ。ヨハンにもう少し思い切ってプレーしてほしいと思うのと同時に、彼と同じくらい自分の責任を考える選手がもっと増えてくれてもいいだろう。このフィードバックにより、守備においては陣形の維持とアグレッシブなプレーの優先順位を常に考えてバランスを取るべきであることを、選手たちに思い出させることができた。この場面ではヨハンはもっとアグレッシブに行く必要があったが、陣形もやはり重要だ。ディフェンスとは常にそういった要素が重要となる。

あとは、選手がベストを尽くしていると想定することのメリットは、コーチが「なぜ選手は別のことをするのか」という理由を考えるきっかけになることだ。「善意のエラー」を想定することで、コーチはポジティブシンキングに基づいて考えることができる。ミスの原因を毎回のように「またあれだ」と決めつけてしまうは、少しばかり短絡的だ。もちろん、そうではない。選手に自分で考えることを教えているのであればなおさらだ。選手の立場に立ち、選手が考える要素を考え、判断が難しいことを受け入れられるように自らを律することが、より良いコーチになる秘訣だ。

選手のミスを修正するたびに、ほぼ毎回のように、何らかの正当な理由があったことを認識するべきだと言いたいわけではない。この手法も、簡単に「使いすぎ」になりがちなものだ。時間の浪費にもつながるし、選手たちも何かと理由をつけて自分のミスに甘くなってしまう可能性がある。これはこれで、一種の「称賛のサンドイッチ」になりかねない。そしてもちろん、ヨハンは単純に少し怠け者であり、もっと努力する必要があったという可能性もある。このことについては後述する。

この手法をどの程度用いるかは、コーチのスタイルや選手たち、文脈による。だが、選手がベストを尽くしていると想定することが強力である理由は、教える相手への信頼を示し、コーチは選手が正しく行動してくれるということを第一の前提にしていると伝えられる点にある。アスリートにとって何よりも苦しいのは、周囲の人々から見放されるのではないかと恐れる瞬間だ。一方で彼らは、コーチからの信頼を意識できるときにこそ最も強くなれる。

ほかのコーチであれば疑念を伝えてしまうかもしれない場面で、その逆を実行すれば、長期的な学習関係の核となる信頼関係を築くことができる。

だが、結局はヨハンが手抜きをしがちで、あまり努力家でないことが、相手選手との距離を詰めなかった理由だったとしたら？　選手との関係は、銀行口座のようなものだとも言えるだろう。小さな預金をコツコツと積み重ねていくことが、大きな財産につながる。そして、預金の引き出しが必要になったとき、つまり選手に率直な苦言を呈するとき、残高が多ければ多いほど、率直に伝えきることができる。ヨハンが本当に努力を怠る状態が続いており、成功が危うくなっていると思ったとき、預金があれば彼を引き止めて話をすることができる。「君はベストを尽くしていないと思う。もっと頑張れるはずだ」と、率直に伝えられるだろう。言い換えれば、このようなフィードバックがヨハンのためになるかどうかは、それまでのやり取りを通して、コーチが彼を信じていること、彼の成功を望んでいることをどの程度示せてきたか次第となるのだ。

》妥当な匿名性

フィードバックの最後のツールとして、私が「妥当な匿名性」と呼んでいるものを紹介する。ポジティブな環境をつくり、信頼を築き、選手に自己反省を促すような形で批判的なフィードバックを与えるための手法だ。これは、グループに対してフィードバックをする場面で有効となる。選手に間違った行動が観察されたことを伝えるにあたって、必ずしも名指しは必要ない。これは、FCダラスのクリス・ヘイデン監督を見ていて気づいたことだ。彼はセッションの中で、「頑張って本気で加速して目的の場所に行こうとしている選手もいるし、なんとなく向かおうとしている選手もいる」といったようなことを言うのだ［そして、理想的な動きとダメな動きを実演する］。このフィードバックは、全選手に対して自分を見直し、実演例との比較を促すものだ。実は、最大のメリットはそこにある。チームの全員が、自分の動きを少しアップグレードして、前者のグループ（良い動きができていたグループ）に入るよう努力するように仕組まれているのだ。自分の最高の動きをできていなかった選手は、個人的にそれを修正することができるし、自分自身の内面に問いかけるプロセスの練習にもなる。「あれが自分のベストだったのだろうか？」と。必ずしも直接伝えられなくとも、改善に努めることができる。

興味深いのは、匿名性をどの程度にするか調節も可能であることだ。例えばルーベンという選手がもっと動きを鋭くする必要があったとすれば、「〇〇な選手もいる」と言った瞬間にさりげなく彼にアイコンタクトをすることで、自分は特に見直しが必要なのかもしれないと気づかせることができる。そして同時に、コーチが意図的に彼を名指ししていないことも意識させられる。理想としては、選手がチームの前に立たされて自分のミスについて話し合うことにも抵抗がないような文化を築くことができればいい。だがそこに至るまでに、あるいはそのやり方に馴染めない選手に対しては、「妥当な匿名性」を利用することが有効だ。さらに例を挙げよう。

・「ディフェンスの立ち方については、良かった選手もいれば、良くなかった選手もいた。マッケンジーはこんな感じ［好例を実演］だったが、こんな風［悪い例を実演］な選手もいた。全員が最初の例みたいにやれるようにしよう。やってみよう！」

・「（実演）パッと開いてスペースをつくれた選手もいるが、緩急をつけずゆっくりスペースに入っていく選手もいる。こういう細かい部分に気を配れるかどうかが、土曜日の試合に出たいというアピールになる。名指しで責めるつもりはないが、私がどこを見ているかを意識して、自分で確認して最高のプレーを続けてほしい」

≫クリス・ヘイデンのトレーニングセッションにおけるポジティブ・フレームワーク

サッカーの現場での素晴らしい指導映像の中でも（＊10）、ＦＣダラスのクリス・ヘイデンのものは私にとってのお気に入りだ。これは２０１３年にアメリカサッカーの同僚が教えてくれた。ヘイデンのポジティブフレーミングに込められた豊富な要素に、目を見張るものがあった。

「動きをもう少しシャープに。デイビッド！」

「デイビッド！　動きをもっとシャープにしたらどうだ。もっと速く！」

・クリスはここでデイビッドに建設的なフィードバックを2回与えているので、選手の最初の反応が不十分だったのだと推測される。１回目は「もう少しシャープに」と、デイビッドがベストを尽くしていることを想定した上で、そこが出発点であることを確認し、上達が可能であるように思わせている。

・2回目の「動きをもっとシャープにしたらどうだ」では、チャレンジを用いている。最後に「もっと速く」がついていることで、微妙な違いを感じ取ることができる。また、デイビッドの名前が最初に出てくるのも特徴的だ。もしかしたらクリスは、デイビッドが彼の言葉にもっと注意を向けられるようにしているのかもしれない。最初のフィードバックでは名前を後から呼んでいたので、デイビッドはそれが自分に向けられたものであることに気づかず、聞き逃してしまった。

＊10　ＱＲコードからVIDEOS DISCUSSEDの「Chris Hayden positive framing」で映像をご覧ください

「(ボールを) 呼べ、呼べ。遅いぞマーティン。呼べ、呼べ、いまだ！　素晴らしい」

・このマーティンへのフィードバックも、最初の例の2つ目に似たもの。歯切れが良い言葉で、大事なことを強調しているように感じさせつつ、あくまで解決策に焦点を当て続けている。クリスは、マーティンに最初の指示をしたあとに、それがうまくいっているかどうかをフォローアップしている。クリスのフィードバックを活かしてマーティンが良くなれば、すぐにわかる。もちろんここで、クリスは「素晴らしい」が、褒め言葉としての力を失わないように、使いすぎないようにしている。

「みんな、速いコンビネーションをやってみよう。速いコンビネーションだ。ベンジー、サポートに走るときは、次のパスの方向を向くようにして、次のパスの方に体を向けよう。君なら簡単だな」

・「みんな」を対象として、選手にチャレンジさせる。ベンジーの姿勢に着目した上で、「次のパスの方を向く」と、解決策を言葉で明確に表現している。事前に考えておいた言葉のように思える。

・「君なら簡単だ」というフレーズは、ベンジーには総合的な力があることを改めて思い出させているようだ。彼のように質の高い選手であれば、こんな修正は簡単に行うことができると。ベストを尽くしてくれることをある程度想定している。

≫最終的な考えはトーンとモデリング

言葉遣いや言葉の選び方について、これまで色々と述べてきた。だがそれ以上に、優れたコーチの話を聞いていると、「トーン（口調）がちょうどいい」ように聞こえるはずだ。私がケルビンやクリス、マットの話を聞いてもそう感じる。建設的なフィードバックとは、しっかりしていて明確なものだ。甘やかした言葉は必要ないが、怒りやフラストレーションを見せるのは基本的に生産的ではない。サッカーが勝負事である以上、選手に対して声を荒げたり、少し怒鳴るような口調になったりすることが必要な場面もあるかもしれないが、あまりにも安直に厳しく言いすぎるコーチが多いのではないかと私は思う。おそらく、そのほうが選手に高い要求をしているように感じられるのだろう。高い基準を設けることと、厳しく言うことは切り離せないと。だが、フィードバックに強い感情を持ち込むことが、かえって邪魔にならないかどうかを考えてみる価値はあると思う。コーチが選手を怒鳴れば、選手はこう考えるだろう。「この人は誰にでも同じように怒鳴るのだろうか？　お気に入りの選手にも？　なぜいつも僕なんだ？」。さらにもう少し喧嘩腰な態度をとれば、選手はこう思う。「お父さんと同じような怒鳴り声だ。僕が頑張っていないと思ってるの？」。こういったすべてのことで選手は集中力を乱され、本来考えてほしいはずの学習内容ではなく、別の事柄に注意が向き、違う形でワーキングメモリを割り当てなければならなくなる。

コインの裏のように、もう1つの側面があることにも気がつくだろう。優れたコーチは、何もかも「すごい」と評価してしまわないように気をつけている。肯定的な補強を惜しみなく使いはするが、大げさには使わない。「いいぞ」「よくやった」という言葉のほうが、「素晴らしい」「すごい」よりも説得力を持つことが多い。あまりに褒めすぎると、コーチが成功したことに驚いているように見えてしまうかもしれない。

モデル化されたフィードバック

「こんな風にやってみよう」というのは簡単なフィードバックだ。「こんな風に」の部分は、言葉で説明することもできるが、「実演」や「モデル」で伝えるのも同じくらい（ときにはそれ以上に）簡単かつ効果的である場合も多い。これは、特に驚くべきことではないだろう。ほとんどのコーチは、フィードバックの一形態としてモデリングを頻繁に使っている。そのバリエーションは千差万別だ。

・こんな風にやってみて
・もっとこんな風に
・これ「平凡な実演」とこれ「優れた実演」の違いに気をつけて

行動をモデル化して選手に示すことで、ワーキングメモリの使いすぎを回避できる場合が多い。視覚的コミュニケーションと言語的コミュニケーションのワーキングメモリは、うまく組み合わせれば加算して利用できることがわかっている（＊11）。アスリートは、言葉だけを聞くよりも、短く適切な言葉を添えられた図像を見るほうが多くの情報を吸収できる。実際、私や同僚はワークショップで、ポジティブフレーミングなどの指導法を実践している教師たちに、モデルを用いたフィードバックを行うケースが多い。グループの動きを一旦止めて（フリーズ）、「では、こうしてみてはどうでしょう」と言うのだ。

＊11　この本のイラストレーターであるオリバー・カビグルフォリは、一流の作家でもあり、彼の著書『DualCoding』は素晴らしい出発点となっている

そのあと参加者たちを見ていると、私たちが示そうとした部分だけでなく、モデルのさまざまな面を模倣していることに気づくことがよくある。例示したかった内容が言葉の切り替えであったとしても、参加者は突然、私たちと同じ表情やボディランゲージまでも使うようになる。模範演技中に見たものが、知らず知らずのうちに自分の意識に入り込んでくるのだ。これは、フィードバックの一形態としてのモデリングの力と、計画意図の重要性の両方をあらためて気づかせてくれる例にほかならない。

（余談だが、私たちはワークショップで使うモデリングを準備してリハーサルを行い、モデリングを通して伝えたい内容をうまく伝えられるようにしている。コーチたちにはこのやり方を盗んで、アシスタントと一緒にトレーニングセッションで見せたい実演を練習して洗練させてほしいと思う。）

ほとんどの場合、本章のフィードバックに関する私の考察は、コーチが望ましい行動の実演を言語によるフィードバックの一部として行っていること、つまり、コーチは視覚と言語の両方のチャンネルを通じて考えを伝えていることを想定している。興味深いことに、ジョン・バーマイスターとジェームズ・ビーストンの両氏は、言葉によるフィードバックの際に、彼らが求める言葉のリズムをモデル化している。彼らの言葉も複数の機能を持っているのだ。

モデリング（誰かに何かをする方法を示す実演）は、フィードバックと同じく、非常に単純に見えるため軽視されやすい。だからこそ、多少の最適化を行うのに適している。これは、私とケイティ・イェジ、エリカ・ウールウェイの共著『Practice Perfect』で書いたトピックであり、第2章「プランニングとデザイン」でも取り上げている。とはいえ、モデリングに関していくつかの簡単な考え方を示すことは、ここでも有益かもしれない。

本章を通して述べてきた制約条件は、部分的に言語化されて部分的にモデル化されたフィードバックにも、あるいは大部分がモデル化されたフィードバックにも当てはまる。

ワーキングメモリと注意力の限界によって制限される学習を効果的に進めるため、言葉によるフィードバックは迅速かつ焦点を絞って行うのが重要であることをこれまでに学んできた。そして、この2点を実行することで、行動をすぐに取り入れる文化が築かれる。選手のプレーやポジショニングをモデリングする際にも、同じことが言える。迅速に、焦点を絞り、選手にすぐに試してもらうことが大事だ。

モデリングは、問題よりも解決策に焦点を当てるべきである。第1章で紹介したように、私たちが目で見て学ぶことのほとんどは、気づかないうちに学んでいる。選手に何かを見せるときは、そのクオリティーがどのようなものであるかを見せることだ。コーチングの過程においては、細部に至るまで優れていることが普通に見えるようにしたい。理想的な動きと最適でない動きを比較することが効果的な場合もあるが、たいていの場合、質の悪い動きがどのように見えるかを示すことに時間を費やしても、さほど生産的ではない。それならば選手にゴールシーンを見せ、常に意識に残るくらい想像できるようにさせてやったほうがよっぽどいい。

モデリングにも言葉と同じく、ポジティブな方向性とネガティブな方向性がある。感情のコントロールができていないコーチは、モデルを安易に辛辣にしたり、皮肉を込めたり、嘲笑的にしたりしてしまう。言葉と同様に、モデルも選手への信頼が伝わるようなものにしたい。最後に、モデルが機能するためには、以下の2つのことが必要となる。

1. モデルは正しいことを示す必要がある
2. 選手はモデルを見なければならない

2つ目は自動的に行われるように思えるが、そうではない。選手がただ立ち尽くしてモデルを「見て」いるだけでは、価値のある情報を処理することはできない。注意を払っていないからだ。あるいは、注意を払おうとしているが、どこに焦点を合わせたらいいのかわかっていない。研究によれば、人の焦点というものはかなり狭く、すぐ目の前にあるものであっても大部分は見えていないのだという。したがって、例えば守備時の体の位置についてモデルを示そうとするのであれば、示したいものを選手が観察してくれる可能性を高めるため、何に注目することが最も重要であるかを教えたほうがいい。「手本を見せるので、私の足を見て」と言えば、選手たちは足の位置の取り方がどうなっているか気付くことができるだろう。そうしなければ、選手はいろいろなものに目を向けてしまうはずだ。当たり前のこととして簡単に聞き流してしまいがちだが、もう一度言っておこう。モデルを見せる前に、何を一番見るべきか、どこを見るべきかを選手に伝えよう。この考え方を「Calling your shot（射撃予告）」と呼ぶ。

フィードバック201

フィードバックを受けると使うは別物

フィードバックを与える際に正しい言葉を使うことは重要だが、選手がフィードバックのプロセスから学ぶことの中で、話を聞くこと自体から学ぶ部分はほんのわずかな割合に過ぎない。選手が指導を受けた内容を実際に使う場合に、使おうとするときにこそ学習が起こるのだ。したがって、効果的なフィードバックとは、フィードバック後に選手が真面目に行動に移すよう促す、あるいは行動に移すことを可能にするものであることが重要な特徴の１つだ。選手が与えられたアドバイスを採り入れ、それをしっかりと振り返り、新しい状況に適応させ、自分のプレーやパフォーマンスを評価することを学び、その結果として着実に上達することができたとすれば、良いフィードバックだったと言えるだろう。実際にそうなれば、選手はコーチングによって上達できるというプロセスを信じるようになる。良いフィードバックとは何より、選手がコーチングプロセスを信じられるようにするものなのだ。

この点について難しい部分を説明するために、私と妻のリサの話を簡単に紹介することが役に立つかもしれない。リサと私は、洗濯に関して異なる哲学を持っている。リサは、汚れた衣類はすべてカゴに入れなければならないと考えている。カゴの中に完全に入った洗濯物だけが「カゴの中」とみなされ、グレーゾーンはほとんど存在しない。

一方で私としては、「カゴに入れる」という言葉には、もっと柔軟性があると思っている。洗濯物は、実際に洗濯に回すべきかどうか判断する間、どれくらいの時間になるかはわからないが、様々な場所に放置されることがある。バスケットの縁からぶら下がっている衣類は、合理的に解釈すれば明らかにカゴの「中」にあり、満点でカウントできる。床に落ちている洗濯物でも、明らかにカゴに入れる意図があった場合は、部分点を与えていいだろう。要するに、洗濯に関してリサは「法の条文」的な女性であり、私は「法の精神」的な男なのだ。

そのため、ときには意見の相違や衝突が生じることもある。実は、私は結婚してからもずっと「行動改善計画」を立てているのだが、ほとんど結果が出ていない。リサが私の洗濯レベルを向上させようとするため、寝室のクローゼットに呼ばれることがある。そこで彼女は私に「フィードバック」を与える。「ハニー、洗濯カゴを見て。何か気づいたことはない？」

彼女のテクニックは強力だ。この先、私がやるべきことを自分で決定して実行できるようにするための判断材料となる合図に注目するよう仕向けているのだ。つまり「床に落ちている洗濯物」イコール「拾ってカゴに入れる」という合図だ。だが実際のところ、私は洗濯物を拾い上げたくはない。床に散らばったままにしておいて、いざというときに拾う方がずっと楽だ。そのやり方を続けるためには、ちょっとした作戦が必要だとすぐにわかった。幸いなことに私は、素晴らしい態度を取ることに鍵があると気づいたのだ。

妻が「何が見えるの？」と言うので、「僕の洗濯物だよ、ベイブ」と答える。「シャツがあんな風に床に散らばっていて、本当にひどいね。カゴの近くにすらないじゃない！」。「ジーンズがカゴから垂れているのが見える？」と聞かれたら、私はこう言う。「うん。あれは本当に良くない。カゴに全部入らないといけないね。見た目も汚いし、カゴも取りにくいし、ほかのものをカゴに入れるのも大変になる。もっとうまくやるようにするよ」私ほど自己批判的でフィードバックを聞く気がある夫は滅多にいないと、誰もが認めざるを得ないだろう。

認識できたことを強調するため、私は「わかったよ、ハニー。完全に理解できた」と言う。さらに彼女が指摘した重要なポイントを繰り返す。「ジーンズはカゴの中まで入れなきゃダメ。床に置いちゃダメ」このとき私は彼女の目を見て、それぞれのポイントを強調するように軽くうなずく。最後は「本当にためになるよ」「言ってくれてありがとう」などと言って締めくくる場合が多い。

そして次の日、私はまた汚れた洗濯物を床に放り投げるということを繰り返すのだ。

どう考えても、私はフィードバックを受けるのが得意だと思う。身構えず、注意深く耳を傾け、話を聞いて理解していることを示し、感謝の言葉を告げるのだ。

だがこの話からわかるのは、フィードバックを受けることと、フィードバックを使うことは別物である。私は後者が苦手で、自分の行動を変えられずに、良いアドバイスを実行に移せない。自分の悪い習慣に固執してしまう。むしろ、見かけ上フィードバックを受け入れる姿勢を取ることで、自己満足の世界をより安全なものにしているのだ。私は謙虚にフィードバックに感謝すると同時にそれを無視し、その後何もしないことを選んでいる。

言うまでもなく、これは選手たちもよくやっていることだ（ちなみにコーチも同じ）。したがって、コーチング能力について評価を行うには、相手がフィードバックをどう受け止めるかよりも、フィードバックをどう使うかに重点を置く必要がある。コーチングする相手を改善するのが上手くなりたいのであれば、「後から」勝たなければならない。生産的な行動を起こさせなければならない。フィードバック２０１では、そのための方法について説明する。

整合性の取れたフィードバック

選手がフィードバックを聞いても十分に考えようとしない理由の1つに、コーチが「フィードバックはあまり重要ではない」と伝えることが挙げられる。より正確に言えば、自分のフィードバックを重要視していないことを意図的に伝えるコーチはほとんどいないが、意図しない形でそうしてしまうコーチが多いのだ。練習中にコーチがプレーを止める場面を想像してほしい。選手は後方からのビルドアップに取り組んでいる。コーチはこの章の最初の部分を読み、フィードバックは一点のみに集中するべきだと知っているので、選手の足を止めてこう言う。「止まって。後ろからビルドアップするときは、パススピードをもっと速くしなければならない。こういうパス［実演］では遅すぎる。こういうパス［実演］を出せば、相手は守るためにもっと速く動かなければならなくなる。そうすれば相手の形を崩してギャップをつくれる。グラウンダーの強いパスを見せてくれ」。迅速かつ焦点を絞ったフィードバックで、しっかりとした仕事をこなしている。

ところが、選手たちが練習を再開すると、彼は選手一人ひとりに指摘をし始める。「アダム、もっと足を速く！」「カルロス、素晴らしい判断だ！」「マルコ、クサビを入れられるか？」「ケビン、そこは反対の足で受けろ！」などなど。

このようなフィードバックの1つひとつは、有用なものが多いかもしれない。だが全体としてみると、何か重要なものが欠けている。その前にコーチは、パスの強さが非常に重要だと言うためトレーニング全体を止めていた。だが練習が再開されると、彼はさまざまなことに気を取られ、もはやパススピードについて考えているようには見えなかった。プレー中に行ったフィードバックは、パススピードに関するものは皆無だった。選手たちが改善しようと努力している様子が見て取れたからなのか、あるいは相手の守備にギャップを生むほどパススピードが速くなったからなのか。実際には残念ながら、彼の言葉から判断すると、プレーを止めたときのことはほとんど忘れてしまったようだった。わずか数秒で、彼の関心は別のところに移っていた。つまり、パススピードは、こだわり続けるほど重要なものではない、と言っているかのようだ。もしこのようなことが繰り返されるなら、選手にはより大きなメッセージとなって伝わり、彼がプレーを止めて選手たちに伝えることは大して重要ではないと思われるようになるだろう。コーチにとって重要でないことなら、選手にとっても重要である可能性は低い。

だがもし、コーチが中断明けに行うプレー中のフィードバックが、次のようなものだったらどうだろう。「そうだ、それでいいんだ、ルイス！」「もっと強く出せ、デイビッド！」「もっとうまくやれ、ダニーロ！　スピードはいいがバウンドさせるな」「よし、みんな、これで必要なパススピードがつかめてきたぞ」。2つ目の例では、コーチは自分が与えたばかりフィードバックを選手が使っているかどうか、どのように使っているかに集中するよう意識している。目に入ってしまうほかのほとんどのものを、とりあえずは無視することに成功しているのだ。

この変化には2つのメリットがある。1つ目は即時性だ。選手は、望まれる変化を効果的に起こせているかどうか、リアルタイムでフィードバックを受けることができる。これは、選手がどのように課題を達成できているかを理解する助けとなる。

「自分は変わろうとしているが、正しくできているのだろうか？　進歩できているのだろうか？　しっかりやれたか？　やりすぎたか？」

目標と、目標に向けた進歩の両方に注意を払うことで、より速く学ぶことができるようになる。

デイビッドはボールをもう少し強めに蹴るようにして、必要な基準に届いたのではないかと考えたが、コーチからは「良くなったが、もっと強く」と言われた。引き続き集中して取り組んだことで、十分なボールスピードとはどれくらいなのか意識できるようになった。同じくルイスも、自分がうまく変われていることをすぐに理解できた。彼の努力は、コーチの目にも明らかなほどの変化をもたらした。次はその変化を習慣化することに集中できる。あるいは、もしコーチから「そうだ、それでいいんだ、ルイス！　今度は、相手が体を開いて受けられるようにパスを出せるかい？」と言われたとすれば、パス出しの別の側面に磨きをかけることもできるだろう。

さらに言えば、このコーチは自分の指導ポイントの重要性を改めて強調することができた。フィードバックを与えたあと、選手が指導内容に集中できているかどうか（単にうなずいて理解したかどうかではなく、使っているかどうか）に注目し、集中力を持続させる習慣を身につけさせるのだ。選手たちは、フィードバックを有効に使えているかどうかについてフィードバックを受けられる。このコーチは、フォロースルーと自己認識の文化を構築しているのだ。

整合性の取れたプレー中のフィードバックには、さまざまなタイプがある。選手があるアイデアに集中しながらも、うまくやれていない場合、コーチは指導ポイントを振り返って伝えてもいいだろう。「みんな、もっとパスを速く。まだまだだぞ」と。選手がフィードバックの要点を忘れているようであれば、ジェームズ・ビーストンのように「このパスに集中しろ！」と念を押すだけでもいい。もし、うまく実行できているようであれば、次のステップを説明し始めることができる。「そうだ、それでいいぞ、ルイス！　じゃあ次は、受け手の右足に出してみよう！」「さあ、もう一段レベルを上げよう！」。この場合、新しいアイデアは、最初のアイデアをマスターした後に続くものとなる。

このコーチがほかにも、アダムのフットワークやマルコの意思決定を改善したいと考えていたらどうだろうか。そういったことを1つや2つ、口に出してもいいだろうか？　それは構わない。プレー再開後のフィードバックすべてが、直前に伝えたばかりの指導ポイントに関するものである必要はない。また、選手が良くないタッチをするたびに指摘しなければならないとも言わない。新しく難しいことをするのなら、選手に自分一人で苦労する機会を与えるのもいいだろう。だが重要なのは、中断時のフィードバックと、その後のプレー中に行うフィードバックの間でしっかりと整合性を取ることだ。フィードバックが使われるかどうかこそが大事であり、コーチがそこを見ていると示すことができる。プロセス全体の中で最も重要なのは、フォロースルー、つまり「その後」なのだ。選手がしっかり実行できているのであればなおさらだ。まさにそのときこそが、「そうだ、それだ！　変わったのがわかるぞ！」と選手に伝えるべき場面である。ここが成功につながるポイントとなる。もし、チーム内で話し合ったアイデアを選手が使っていないとしたら、コーチがまず問うべきことは、何を重視し何を期待しているかを選手たちに明確に示せているかどうかだ。プレー中のフィードバックと中断時のフィードバックの整合性を取ることは、そのための一番の近道となる。

整合性の取れたフィードバックの目的の1つは、指導ポイントへの注意力を重視する文化を築くことにある。ここで、音楽教師ジョン・バーマイスターが話してくれたことを紹介しよう。彼は自分がユースオーケストラを指導するビデオ（第4章「理解度のチェック」でも取り上げている）を見て、オーケストラを止めて抑揚を確認するように告げる場面を見直した。「この前の段階では、抑揚にかなり取り組んでいました。それからリタルダンドに移りましたが、一度何かに取り組んだら、私はいつもそれを聴いていますよ、だからしっかりやってくださいね、というメッセージを伝えたいのです。だから、セッションの中で何か話をしたあと、そういう音が聞こえなければ、私は止めて指摘します」。これを整合性の取れたフィードバックのアイデアに適用すれば、プレー中のフィードバックは直前の中断だけでなく、その日のセッション中のすべての中断、またその日のトレーニングを通して積み上げられた理解との間でも整合性を取ることが考えられる。

最後に、私が最近見学した大学のコーチのセッションから得たヒントを紹介したい。セッションの合間の給水タイムで、練習を止めたあと指導ポイントへの集中力を持続させることの重要性を話し合ったのだが、彼はそれが難しいと感じていたようだ。中断後に指導ポイントを補強したいとは考えているが、実際にプレーが動いていると目に入る事柄が多く、いろいろと言ってしまう。彼は単に忘れてしまうのだ。そこで、次の給水タイムに、私たちはあるアイデアを思いついた。彼はクリップボードを持ち歩く習慣があったので、プレーを止めるたびに指導ポイントを簡潔に書き留めることにしたのだ。例えば「ディフェンスは分断されないように深さを保たなければならない」と。これは、何を教えたのか後から振り返るための興味深い記録になると同時に、選手たちが深さを保てているかどうかをフィードバックするたびにチェックマークをつけることで、自分自身が指導のフォローアップをできているかどうか確認できる。「アリー、よくやった！」と言ったらチェック。「シドニー、もっと深く！」もチェック。クリップボードに5つのチェックマークをつけてからでなければ再びプレーを止められないことにしたので、彼自身が集中力を持続させる習慣を身につけることができた。

誰もが彼女の一件を知っている

ワシントン・ミスティックスの選手強化ディレクター、セフ・バーナードもフィードバックの整合性について深く考えている。だが彼は、整合性を取るべきなのは、コーチが1回の練習の中で行うフィードバックだけではないと捉えているのだ。

セフ・バーナード氏

長年、選手個人の成長やチームの成長を追っていく中で、同時に10個のことに取り組むのは不可能だと気がついた。バカバカしい話に聞こえるが、実際にそういうことはありがちだ。達成したいことが10個あったとしたら、優先順位を決めなければならない。そこで私は、「3の法則」を適用している。1人の選手に対して具体的に取り組むべきことを3つに絞り込む作業を行っているのだ。そして、実際にフィードバックの焦点となるものは1つだけである場合が多い。

すべての選手に何か1つ最も重要な指導ポイントがあり、それについて適切なタイミングで一貫した注意喚起や激励が与えられているようにしなければならない。複数のコーチがいる場合は、各選手の「何か1つ」を全員が把握しているようにすることが重要だ。

例えば、ある女子選手がいて、左足でゴールを決められるようにすることに取り組んでいるとする。彼女は利き足ではない左でもっとスムーズに、自信を持ってプレーできるようになる必要がある。それが彼女の「何か1つ」だ。トレーニング開始前に15分ほど早めに来て、左足の練習をすることもある。

トレーニングが始まると、チームはまず新しい攻撃の形を確認するミーティングから始める。次にウォーミングアップ。それから少人数のグループでディフェンスのカバーリング練習。続いて、短い間隔で対戦形式の練習をする。

例えば5対5でプレーしているときに、ゴール前でボールを持った彼女は左側が空いていたにもかかわらず、強引に右足側からシュートに持ち込んだとする。ここが彼女にとって試される場面であり、コーチのフィードバックが試される場面でもある。もしここで、彼女の「何か1つ」に対してタイミング良くフィードバックを与えなければ、コーチとしては彼女への対応を誤ったことになる。彼女の「何か1つ」に常に注意を払っていなければならない。何か口を出すのなら、その1つのことについて言うべきだった。ここはコーチがコントロールできる部分だ。口を出して修正をさせるなら、それが各選手の重点ポイントへ確実につながるように、意図を持って行うことができる。そのようなメッセージの一貫性は、学習プロセスに不可欠なものだ。

私たちのトレーニング環境では、チームの移動スケジュールが許す限り、毎週ミーティングを開いて選手の育成について話し合っている。そこで各選手の現状を把握し、3つの事柄を共有するのだ。その3つを改善できているかどうかも確認する。もし答えがイエスなら、次のステップに進むための話し合いをする。答えがノーなら、アプローチをどう変えるか、あるいは別のことに焦点を当てるかについて話し合う。

フィードバックの焦点をいくつかのものに絞るというプロセスを踏むのは有効だ。私たちの場合であれば、3つ以内。また、複数のコーチがいる環境に移った際には、1回の練習の中だけでなく、「このテーマをどのように進めていくか」と常に問い続け、整合性（合意とは異なる）を取る必要がある。

批判ではなく修正

ここでは、おそらく効果的でないフィードバックの例を紹介する。効果的でない理由はよくあることだが、簡単に直せることでもある。ある大学のコーチが、8対8で練習している選手たちを止めた場面だ。セントラルミッドフィルダーであるジェンナは、サイドで詰まったケイティからの短い横パスを受けた。ここでジェンナは広いエリアを使ってサイドを変えるチャンスもあったが、再び相手のプレッシャーがかかるエリアにボールを戻してしまう。チャンスを無駄にするとともに、チームのゲームモデルを理解しきれていないことが示された。

「プレッシャーに戻すんじゃない、ジェンナ！　攻撃のポイントを切り替えろ。チェルシーを探して逆へ開くんだ」と、コーチは言う。あるいは、もう少し指示的ではないアプローチで、ジェンナに問いかけを行うかもしれない。「あそこでどんな選択肢があった？　この状況なら、どこでプレーしたいと言ったかな？」。

指示であれ質問であれ、これらのフィードバックは、いまのところ、どちらも批判の例となる。目的は、ジェンナに「この流れではもっとこうするべきだった」「こうすればよかった」と伝える（あるいは認識させる）ことにある。このフィードバックを有効なものとするためには、批判を修正に変えることが必要だ。そのためには、ジェンナとチームメイトに同じ流れを再現してやり直す機会を、すぐに与えたい。そこで改善がみられれば理想的だ。

学習というものが長期記憶に変化を加えることであるとすれば、修正を行うことでジェンナは適切な実行方法を、つまり「どう感じ取るか」「実行中（または実行前）にどのような視覚的手がかりが目に入るか」を記憶できる。解決策の記憶が筋肉と心に組み込まれる。修正によって、批判の中で説明されている抽象的な概念をすぐに適用する機会が得られる。理論を実践に変えられるのだ。

コーチは修正を行うにあたり、例えばまずジェンナに「あそこで攻撃のポイントを切り替えなければならない。チェルシーを探して（逆サイドに）開きたいんだ」といったフィードバックを与えてもいいだろう。さらに「ケイティにボールを返して、そこから攻撃を切り替えてみよう」と付け加える。あるいは、問いかけの形を用いるのであれば

コーチ：ジェンナ、ポーズだ。あそこでどんな選択肢があった？
ジェンナ：サイドのチェルシーに出すこともできました。
コーチ：そう、そしたらどうなったかな？
ジェンナ：フィールドを広く使えます。
コーチ：そのとおり。ケイティにボールを戻して、やってみよう。

どちらの方法でも、ジェンナは正しい実行方法の記憶をより強く、より豊かにすることができる。単なる説明だけでなく、「答えを実行」し、そこにあらゆるタイプの細かな事柄を付け加えられる。例えばプレーを試した上で、ファーストタッチをどのような角度で受けるべきかがわかる。フェイントを入れれば動きをごまかせることがわかる。そして、チームメイトたちもそれに応える練習をする。チェルシーは、ジェンナがボールを受けるのが見えたら自分のポジショニングをわずかに調整することを学ぶ。そしてもちろん、コーチにとっては、学習を加速させるために整合性の取れたフィードバックを提供するチャンスとなる。「そう

CRITIQUE

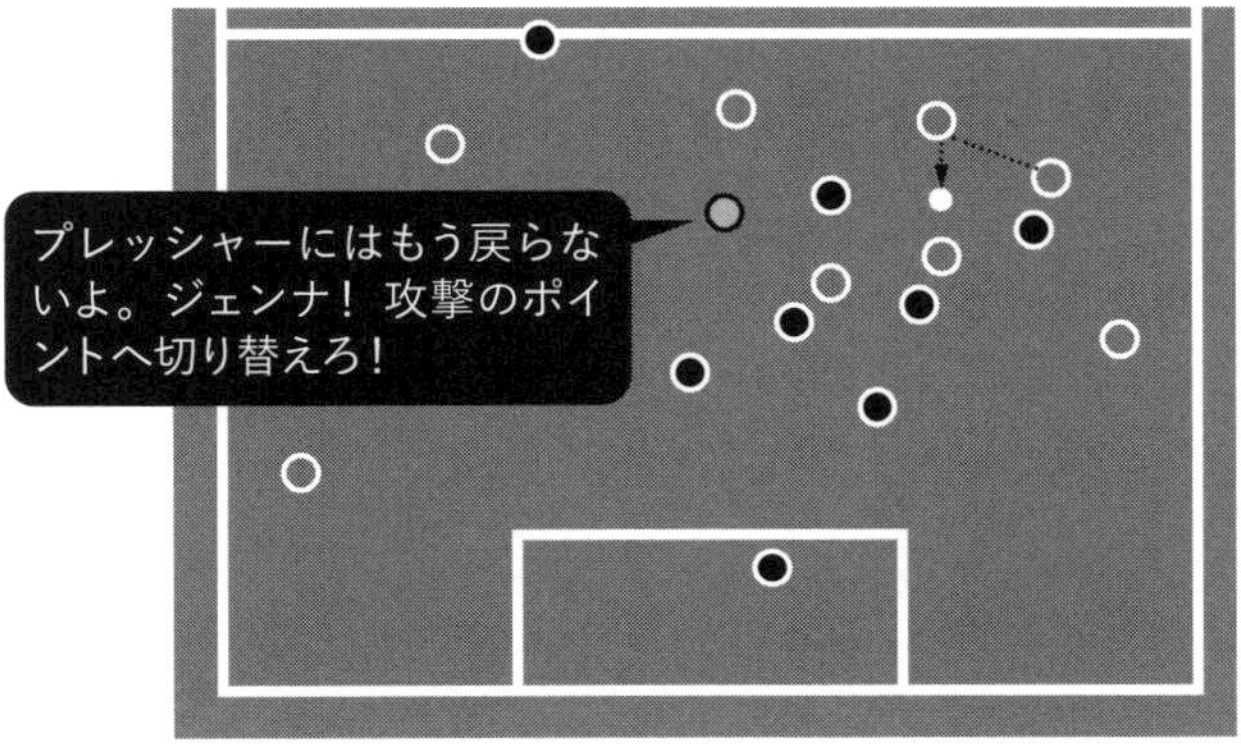

だ、ジェンナ、その調子だ。素早く開いて、そこだ！」「そう、完璧なボールだ、ジェンナ」「いいね、ジェンナ、でももう一回やってみよう。もう少し動きをごまかせるようにできるかな」といったように。

批判を修正に変えることで、選手は実践しながら学び、「正しいこと」がどのように見え、どのように感じるかをより強く深く記憶していくことができる。そうすると、言葉を行動に移す文化が築かれる。多くのコーチにとってこれは当然のことであり、原則自体に反対する者はほとんどいないのではないかと思う。それではなぜもっと実行されないのか、という疑問を検討する価値はあるだろう。2つの理由が思い浮かぶ。まずは時間の制約だ。教えるべきこと、やるべきことは山ほどあるので、「これだけ言っておけば大丈夫だろう」と次のことに手を出したくなってしまう。それも当然のことではある。選手たちには、何よりプレーをしてほしいのだから。だが忘れてはならないのは、学習効果のほとんどはコーチが言葉を発したときではなく、選手たちがその言葉を実践したときに得られるということだ。修正というステップを追加するのは時間がかかるように思えるが、繰り返しが少なくなるので、最終的にはそのほうが速くなる。何かに費やす時間の本当の尺度は、使った秒数や分数の合計ではなく、使った秒数や分数の合計を、その結果得られた学習量で割ったものだ。プレーを止める時間は短くしたいものだが、止めるからには記憶の形成につながるようにしたいはずだ。

「いますぐやろう」というステップを飛ばしてしまうもう1つの原因として、「衝動性」(意図せずフィードバックしてしまうこと)が挙げられる。練習中に何か気になることがあると、コーチは衝動的にプレーを止め、目にしたものをそのまま選手に伝えようとしてしまう。話をしている時点で、コーチの頭の中ではまだその内容が処理中であり、選手にどう行動してほしいのか考えがまとまっていない。興味深いことに、衝動的な決断に関する多くの研究では、ほんのわずか1~2秒遅らせると、より戦略的な決断が可能になることが示されている。これが事実だとすれば、練習中に観察したことや選手たちに話したいことをノートに書き留めるのが有効かもしれない。指導ポイントを口に出すのは、忘れてしまうのが不安だからなのでないかと私はよく考えている。だからすぐにプレーを止めて話をしてしまう。指導ポイントを言葉にすることで、少なくともその問題に対処したと自分で納得しているのだ。だが書き留めておくことで、忘れてしまう不安は少なくなり、より一貫性のある形で、話をより少なくするよう自分を抑えられる。メモを取るのに1~2秒かけるおかげでプロセスを落ち着かせ、衝動ではなく意図に基づいて対応できるようになるのだ。

若い選手には、修正点を順序だてて説明すると良い。「よし、ケイティにボールを戻そう。ジェンナ、ボールを受けるときは腰を開いて、ボールが自分の前を転がるようにして。[ジェンナが実行する] いいね。ファーストタッチをこうすれば、チェルシーにパスできるようになるのがわかるだろう? それじゃあ、2タッチ目でチェルシーの足元にパスを出してみよう。[ジェンナが実行する] よし。次はフルスピードでやってみよう。ケイティにボールを戻して。ディフェンスはジェンナのファーストタッチまで動かないように！」。このようにすればジェンナは、基本動作をより簡単な状況でゆっくりと確かめ、うまくいくようにリハーサルしたあとで、もう少し難しい設定で実行することができる。

バイナリーフィードバックの使用

ジェームズ・ビーストン氏

トレーニングについて話し合う中で、ダグと私は「バイナリー（二進法）フィードバック」の持つ可能性を試してみることにした（＊12）。これはデイビッド・イーグルマンの著書『Incognito: The Secret Lives of the Brain』で紹介されているアイデアだ。

このアイデアは第二次世界大戦に端を発している。イーグルマンによれば、イギリスには、英仏海峡を渡って接近してくる飛行機のエンジン音を聞いて、視認できる前からイギリス機であるかドイツ機であるかを判断できる者（スポッター）がごく少数存在していたのだという。当然ながらこの情報の価値は高く、それができる者をもっと増やしたいと英国は考えた。だがスポッターたちは、自分が聞いているものについてほかの人に説明することができなかった。説明はできず、ただやれるだけだ。ほかの者が同じことをできるようにするためには、どう訓練すればいいのだろうか？

うまくいった方法は、スポッターが訓練生の隣に立ち、エンジン音が聞こえてきたら訓練生が「イギリスかドイツか」を当てるという、非常にシンプルなものだった。スポッターは単に「そう」「違う」

＊12　バイナリーフィードバックとは、バイナリ（binary）とは、2つの選択肢（2進）を持つこと。フィードバックの中で「はい」か「いいえ」のように選択肢があるフィールドバック

と答えるだけだ。この結果は、今日のAIの原動力となるアイデアの先駆けとも言えるかもしれない。大量のバイナリーデータ（何かが正しいか正しくないか）さえあれば、時間をかけることで、脳は説明できないようなことでも学習できるのだ。

コーチとして、特に運動学習の分野では、知覚しにくいことを実行するよう選手に求めることがよくある。例えば、無意識に一歩余計なステップを踏んでしまう選手に対し、効率的な動作の習慣を身につけさせたい。コーチが単純に選手の隣に立ち、正しく動作できたら「イエス」、一歩多かったら「ノー」と言うようにしたらどうだろう。プレーの中断や停止を行うことなく、素早く効率的に学習できるだろうか？　私は指導している選手の何人かに、バイナリーフィードバックを試してみることにした。テストを行ったのは「フットワークのパターン」、「守備時のドロップステップ」、そして、周囲を確認するタイミングに焦点を合わせた「アウェアネス（意識）ドリル」の3つ。いずれも複雑な動きを高速で行う必要があり、言葉での説明が難しく、選手自身がうまくやれたかどうかを認識するのも難しい状況だ。

多くの選手は、フットワークを見せると、まずそれをできるだけ速く実行することを考える。最終的な成功のカギとなる正確さや技術の細部には、ほとんど注意を払わない。フットワークを身につけても、試合で効果的に使えるレベルに達することはない。ある選手の場合は、プルバックとソールロールの間で足を下ろせず、バランスを崩したまま動き続けてしまうことが多かった。動きの途中で足を下ろさないようにと単純に伝えても、特に効果はない。ある日の練習で私は彼に、プルバックとソールロールの間で足を下ろしたかどうかについてだけ「イエス」か「ノー」でフィードバックを与えることにすると告げた。最初のうちは「ノー」が多く、簡単そうに見える習慣を変えるのに苦労しているのがもどかしかった。そこで、前半部分をもっとゆっくり実行するようにしてもらった。「もっとゆっくりボールを転がして引けば、足を下ろしてバランスをとる時間ができる。ゆっくり転がしたほうが、全体の動きは速くなる」と。すると突然、「ノー」が「イエス」に変わり始めた。進歩が数えられる形になったことで、やる気が引き起こされる。「イエス」が返ってくるたびに、彼にはうまくやれているという実感が湧き、安定してイエスが続くようになると実行のスピードも上がっていった。彼はこのシンプルな「イエス／ノー」というデータ出力に反応することで、ほとんど無意識に行っていた動作の習慣を、すぐにつくり変えることができたのだ。

2つ目のケースでは、守備時に相手に押し込まれながら後方へ走る選手が、不必要なステップを加えてしまう癖を直す手助けをしたいと考えた。余分な動きが入ると反応時の勢いが鈍り、身体を間違った方向に押しやってしまう。これはディフェンダーにとって小さな、しかし重大な欠点であり、複雑な動きの中で無意識に行ってしまう微妙な習慣でもある。ここでバイナリーフィードバックが役に立つのではないかと私は考えた。やはり最初は簡単なことからスタートした。余分なステップを注意深く観察し、選手が正しく動作できたかどうかを「イエス」か「ノー」で告げるだけだ。「イエス」は「余分なステップをなくせた」という意味だ。「ノー」の場合でも、評価を下すような口調にならないよう気をつけた。習慣を変えるには、何度も「ノー」と告げることが必要になると私も選手もわかっていたからだ。習慣を断ち切ることの難しさを私も理解していると示すため、「ノー」と言いつつ微笑むこともあった。進歩は遅かったが、やがて速まってきた。最初は苦労していた選手が、何らかのきっかけで急速に上達し始めたのだ。そこからはさらに複雑な条件下で動きを試させるようにして、まもなく彼は新しく合理化された動きを習慣とすることができた。

3つ目のドリルでは、選手がボールを受ける前に肩越しに相手を確認する「スキャン」のタイミングを改善するために、バイナリーフィードバックを使ってみようと考えた。選手に確実かつ適切なタイミングでスキャンさせるようにするのも難しいが、それ以上に難しいのは、スキャン中に見た情報を実際に処理できたかどうかを評価することだ。頭を振るように指導するのは簡単だが、それに伴う知覚や認知を指導することは難しい。

三脚の上にiPadを置き、画面を青、赤、黄、緑の各色3〜4秒間隔で点滅させながら、選手の背後に配置した。選手はボールを受ける前にiPadを「スキャン」し、見えた色を叫ぶ。こうすることで、選手が実際に背後にあるものを有意義に処理できているのか、それともただ頭を動かして見せているだけなのかを評価することができる。色が正しければ「イエス」、正しくなければ「ノー」、バイナリーフィードバックを返す。しかし、この場合は選手が光を正しく見たかどうかを確認するだけなので、フィードバックはあまり効果的ではないことにすぐに気がついた。このことは、バイナリーフィードバックについて重要な欠点を浮き彫りにしてくれた。この手法は、選手がほかのやり方では知覚できないものを知覚できるようにすることを助けられる場合にこそ特に効果的であるということだ。この例では選手がフィードバックに応じて行動を変える必要があるわけではなく、光を正しく認識できているかどうかは選手自身がすでにわかっていたのだ。フィードバックによって選手が自分の動きに対する理解を変えたわけではない。

スキル習得を加速させるため、特にその初期段階において、無意識に行っている行動に対する意識を高めたい場合に、バイナリーフィードバックが有効であることを考察できた。しかしそのためには、大量のフィードバックを素早く連続して行い、選手はほとんど「禅」のように1つの動作に集中し続けることが必要となる。また、短時間で集中的に行うのがベストだ。何らかの動きを洗練させるために数分間集中的に行い、それから別の練習に移ったあと、一旦忘れる時間をとってからまた数分間行うといったように、インターバル方式で活用するのもおすすめだ。

適用のタイミング

フィードバックをするとき、コーチが話をすること自体も指導にはなるが選手が、実際に学習するためにはコーチの説明したアイデアを適用することが必要であり、学習は適用を行うタイミングで起こる。つまりコーチとしては、話を終えたあとに起こることにもっと注意を向け、練習を止めて再開させたあと、選手がプレーを修正し、適用し、理解を深める機会を確実に提供できるようにする必要があると言える。選手にとって可能な範囲で、できる限りバリエーションに富んだ、試合に近い文脈で指導内容を適用できるようにしたい。これは当たり前のことのように思えるが、実際に適用を行う時間と空間をつくり出すのは簡単ではない。フィードバックを適用する機会が確実に繰り返される環境を構築することは難しく、またコーチは教えることに精一杯で、選手が実際に学べているかどうかまで気が回らない場合もある。

先日、ある女子チームのコーチが練習を止めて見事なフィードバックを行う場面を見ることができた。3つのエリアをつくり、黒チーム対グレーチームで「3対3＋1（白）」を行う練習だ。黒チームとグレーチームの選手はそれぞれ3つのエリアから出られないが、「＋1」の選手はどこにでも行くことができる（フリー

3v3 +1

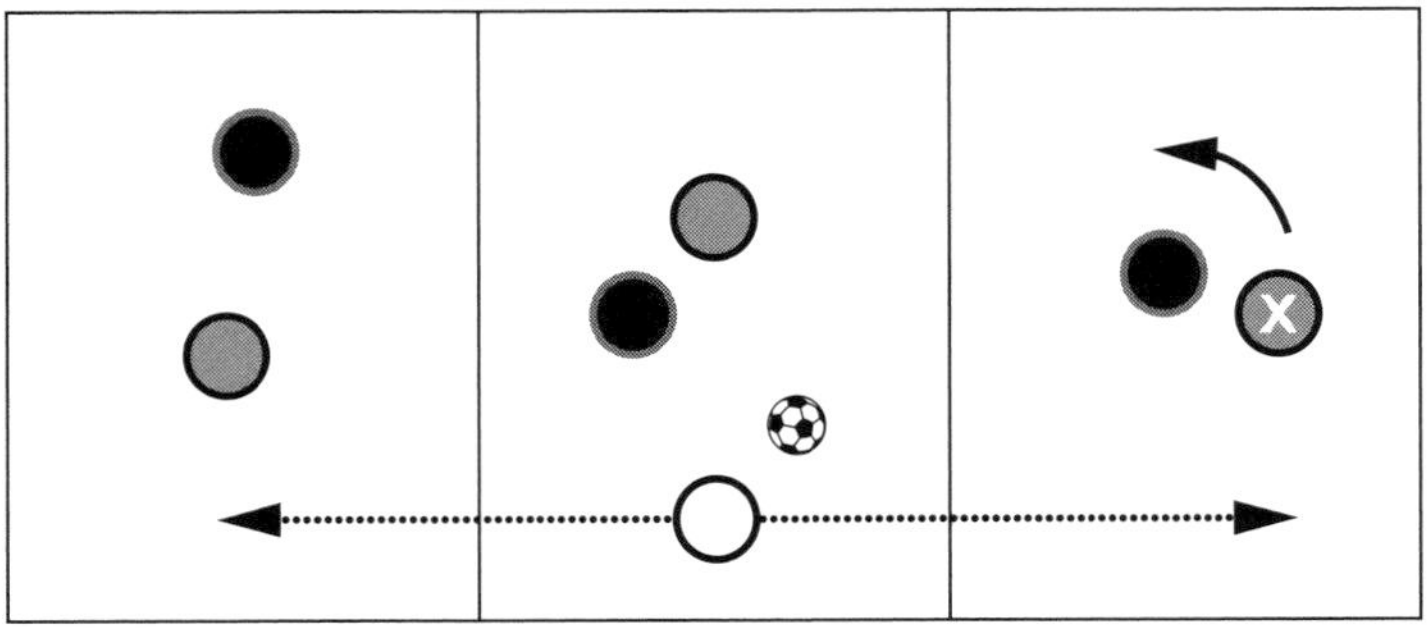

マン）。上の図のような形だ。

この練習では、選手はスペースをつくってディフェンダーから距離をとらなければならない。そうすれば確実にボールを受けることができる。ある時点で、フリーマンがボールを持ってグレーチームのポゼッションに参加する状態となったとき、×印の選手はディフェンダーの背後に回り込んでフリーになろうとした（矢印）。だがディフェンダーに簡単にカバーされてしまい、失敗に終わった。

コーチはプレーを一時中断した。「こういう状況でフリーになるためには、２つの走りをしなければならない場合が多い。１つは相手ディフェンダーに対して、もう１つはボールに対して」。そして彼は、最初の走り（「ディフェンダーに対する走り」）をするように数歩ステップを踏んでみせ、次に自分の空けたスペースに向けて方向を転換して戻る動き（「ボールに対する走り」）を見せた。そして、選手にも同じ動きをさせる。相手ディフェンダーは、その動きで来ることがわかっていてもタイミングが読めない。またコーチはディフェンダーの死角での動き方も教えたので、ランは成功した。光明が差した。選手はボールを受け、抜け出せた。

私（教える側）の立場からすると、ほぼ完璧なフィードバックだった。彼が強調した技術は洗練されており、重要であり、あらゆる場面で応用できるものだった。指導したのはボールのないところでのプレーであり、これはボールのあるところでのプレーよりもはるかに指導される機会が少ない（しかし同じくらい重要なものだ）。

さらに、プレーを止めて良いフィードバックを行う上で欠かせない要素がすべて揃っていた。

・止めてから再開まで約25秒という速さ。
・1つのアイデアに焦点を絞っており、ワーキングメモリに負担をかけない。
・批判だけではなく、修正も行っている。対象の選手は聞くだけでなく、求められるプレーを試す機会も与えられた。
・選手は伝えられたアイデアをすぐに実践することができた。
・明確で、簡潔で、記憶に残る言葉を使った。「2つの走りをする。1つは相手ディフェンダーに対して、もう1つはボールに対して」。完璧だ。

私だけでなく、選手たちにとっても記憶に残る指導だった。コーチが「プレー」と言えば、選手たちがそのアイデアを使い、応用し、適応しているのがわかった。動きの変化が見て取れた。パワフルだった。だが、長続きはしなかった。それが玉にキズであり、私にとっては教訓となった。

1分もしないうちに、コーチは「2つの走り」とは別のテーマでもう一度プレーを止めた。この2つ目のフィードバックも、指導内容的にもトピック的にもよくできたものではあったが、選手のワーキングメモリから最初のフィードバックを消してしまう結果を生むことになった。選手たちは、2つ目のフィードバック内容を考えながらプレーすることで、最初に教えられたボールから離れる動きをしなくなってしまった。せっかく始まった探求と学習が、完全に根付くことはなかった。「2つの走り」を習慣として身につけ、理解し、記憶に定着させるには、もっと時間が必要だったのだ。

ディフェンダーの死角に入り、フェイクを入れた走りで相手のバランスを崩すというアイデアの実践にもっと時間を割くこともできたはずだった。そうすれば、例えば素早い体勢変化をまじえて本当に最初の方向へ走るとディフェンダーに信じ込ませなければならない場合があることや、実際には「フェイクラン」「フェイク・チェックバック」「最初のランの継続」の3パターンになる場合があることなどにも気づけたはずだ。

学習には、あるアイデアを使い、応用する時間が必要である。学習効果を高めたいのであれば、あるアイデアに集中し続けることを目標としなければならない。そして本当に学習を加速させたいのであれば、そのアイデアに集中し、選手が一旦それを忘れ始めた頃にもう一度取り組むようにする必要がある。指導を行うのはプレーの中断時であっても、教えられたアイデアを使う機会が持続的に得られなければ、選手が実際に学習することはできない。あるアイデアをうまく教えることができたあと、集中を維持するため、次のアイデアに移らないようにしたほうがいい場合もある。この例で言えば、オフ・ザ・ボールの緩急や方向の切り替えにもっと焦点を持続させることができれば完璧だった。

ここで、コーチが考えるべき実践的なアクションは以下のとおりだ。

・フリーズ後のプレー時間を長くし、伝えたアイデアを選手が確実に身につけられるようにする。

・選手が指導内容を使う機会を探し続けられるように、プレー中の選手に「ディフェンダーのバランスを崩せ、緩急を変えろ、方向を変えろ」など、いま取り組んでいることを思い出させる。
・一定の長い時間（10分、12分、15分）の中で、同じトピック（またはその新しいバリエーション）に焦点を当てたフィードバックを与える中断を複数回取るようにする。
・その日のセッションの後半にもう一度そのトピックを思い出させて練習し、また次の1、２回のセッションの中で短時間だけでも復習を行うことで、身につけたばかりの習慣を長期記憶に叩き込む。

これらを行うため、コーチには自分を律することが必要だ。優れたコーチであれば、90分間で選手が吸収できる以上のことを教えることもできてしまう。だがその中から、何について話すかを選択する必要がある。コーチとして最も重要なことは何であるかを知り、それをうまく指導することに集中しなければならない。また、フィードバックを活用する機会を見逃さないよう、選手自身に意識を強めさせる工夫をすることも有効だろう。後述するが、制約条件を課したコーチングもその手段の1つだ。これは、練習のルールや構造設計次第で、ある種の出来事がより頻繁に起こるようにすることができ、その結果として、選手は明示的な指導やフィードバックをあまり受けずとも、プレー経験自体から学ぶことができるようになるという考え方だ。このようなアプローチは熟練した学習者に対して特に効果的だが、うまく応用することで、学習の初期段階にある選手に対しても、コーチがフィードバックをより効果的に活用できるようになる。例えば練習中に、コーチが与えたばかりのフィードバックに対応するルールを追加し、この新しいルールを選手にも明確に伝えることで、選手はそのルールによりフィードバックの適用機会が生まれ、より意識できるようになる。ジェンナの話に少し戻るとしよう。彼女は攻撃ポイントを切り替えるのではなく、プレッシャーのかかる場所にボールを戻してしまっていた。プレーを止めて修正点をジェンナに伝えたあと、コーチはルールを変更することもできる。「これから5分間、ディフェンダーは1人を除いて全員がボールがあるのと同じサイドにいなければならない」とか、「これから5分間、攻撃ポイントを切り替えてから決めたゴールには2点を与える」「これから5分間、ボールをフィールドの一方のサイドから逆サイドに移動させてからでないと得点できない」などといったように。

これらの変更を加えるのは、攻撃のポイントを切り替える機会をより増やしたり、インセンティブを高めたりすることにつながるだろう。もちろんコーチの皆さんは、私が挙げたものよりさらに洗練された良い例を提案できるはずだ。ここで伝えたいのは、フィードバックを活用する動機を選手に与えるため、一時的に練習のルールを変えると、適用の効率を高められるということだ。

フィードバックを適用する機会を選手に認識させるために、その後のプレー中に使える合図の言葉を導入することも同じく有効な手法となる。例えばジェンナのコーチは、こう言ってもいいだろう。「これから5分間、プレッシャーを逃れてプレーを切り替えるチャンスがあったら『イエス！』と叫ぶことにする。私が『イエス！』と言うのを聞いたら、攻撃ポイントを切り替えるチャンスを探すべきだとわかるだろう」。あるいは次のように。「狭いスペースでボールを持って数的不利になっていたら『プレッシャー！』と叫ぶ。それを聞いたら、攻撃のポイントを切り替えようと思ってほしい」。こうすれば練習のルールを変えずとも、フィードバックで話したアイデアを使う機会が自然に発生したときに、選手が気づく可能性を高めることができる。プレー再開後に新しいアイデアを適用する機会が、選手が十分にアイデアを試すことができるほど頻繁に自然発生しないと見込まれるなら、ルール変更が有効だろう。機会は発生するかもしれないが、選手がそれに気づかない可能性があるなら、合図の言葉を送るのがいい。両者に共通する考えは、伝えたアイデアを実践する機会をより多く得られるように、つまり理論から実践へ着実に移行できるように、「アフターケア」を行う努力が必要だということだ。

このようなコーチングの実践に対する反対意見としてよく言われるのが、過度なコントロールを行うことで選手の意思決定を歪めてしまうというものだ。ある状況においては、相手のプレッシャーから逃れる上で、攻撃ポイントを切り替えることが最善の方法ではないかもしれない。言葉による合図や特定の制約（例えば「得点する前にサイドを切り替えなければならない」）を加えることで、判断が歪み、選手がアイデアを使いすぎてしまうことはないだろうか？　もちろん、それはある。だが制約を加えるのは、問題を解決する方法を選手に教え、それを実行する経験をさせるためであり、常にそうさせようとするためではない。コーチがそのことを意識し続ける限り、リスクは管理できる。もし、あるアイデアを数分間強化したことで、選手たちがあらゆる状況で常にそのアイデアを使おうと執着するようになるとすれば、チームはコーチの指導に高いレベルの関心を払って徹底的にやり抜いているということであり、コーチは間違いなく正しいことをしていると言える。それならば相手のプレッシャーに対する違う対処法も教え、ある状況ではどれがベストなのかを選手と話し合ったり、選ばせたりするのも簡単なことだろう。

選手がフィードバックを適用する実践機会を見つけて理解できるようにするための2つ目の方法は、次にプレーを止めた際に選手に振り返ってもらうことだ。例えばジェンナのコーチが、攻撃ポイントを切り替えるチャンスを認識させるため、「プレッシャー！」と声をかけるアプローチを試してみたとしよう。次にプレーを止めたとき、コーチは「よし、みんな。私が『プレッシャー！』と言った場面は3、4回あったね」と言った上で、選手たちに質問を投げかける。攻撃ポイントの切り替えはできたか。ときどきうまくいかないこともあったのはなぜか。何が難しいのか。うまくいったときは、何をしたからうまくいったのか。このように振り返りをさせることで、学習内容を選手の意識の一番前に残しておくとともに、フィードバックを試す機会を探すため注意し続けるという目標も思い出させることができる。

より本格的な環境でフィードバックを適用する機会を増やすためのもう1つの方法は、第2章でも紹介したリトリーバル練習の科学を参考に、スペーシング（間隔空け）とインターリーブの概念を適用することだ。ジェンナのコーチが、攻撃ポイントを切り替えるチャンスを探し続けて最大限に活用することを選手たちに望むなら、一旦ほかのトピックに移った上で、15分後に最初のアイデアに戻るのが良いだろう。「プレッシャーから逃れるプレーに戻って、まだできているかどうか確認しよう」と。あるいは、翌日の練習でプレー中に突然「プレッシャー！」と連呼し、選手がどれほど効果的にやれているか試してみる。少し間隔が空いてほかのトピックに気を取られている選手たちは、何をどうするべきだったか必死に思い出さなければならない。この考えをより体系的にトレーニング全体に適用する簡単な方法は、プレーを止めて与えたフィードバックの中でも特に重要なトピックと指導ポイントをメモしておくことだ。簡単に参照できるトピックリストを用意しておけば、過去のトピックに立ち戻って指導に反映させ、選手の長期記憶に定着させようとすることも容易になる。

ループを短くする

ケイティ・イェジ、エリカ・ウールウェイと私の共著『Practice Perfect』では、医学界における驚くべき問題点について論じている（＊13）。放射線科医は、レントゲンやそのほかのスキャン画像を読むことが上達するどころか、時間が経つにつれて下手になっていくことがよくあるのだ。スキャン画像を何千枚と読み取ってきた経験の積み重ねが大いに役立つのではないかと思ってしまうが、１つだけ足りないものがある。一般的な放射線技師は、例えばマンモグラフィを見て評価を下したあと、自分の判断が正しかったかどうかを知るのは数日後、場合によっては数週間後や数カ月後になってしまうことが多いため、そのときにはもう症例の詳細やなぜそのように分析したのかをほとんど覚えていない。このように判断からフィードバックまでの時間があまりにも長いため、暗中模索の状態で診療を行うことになり、なかなか上達できないのだ。

フィードバックではスピードが重要なポイントになる。フィードバックは、その対象となる出来事に近ければ近いほど、影響力が大きくなる。実際のところ反応の速さは、反応の強さよりもはるかに重要であることが多い。「そうじゃない、こうだ。もう一度やってみよう」とすぐに言ってやることで、あとから主張を繰り返すため話したり叫んだりする必要がなくなる。練習中にボールがラインを割ったとき、「みんな、中盤でボールを持っていたのに、狭いところに戻してしまったね。まただよ。いつも言っているのに……」と、少し不満げに言ってしまうようならどうだろうか。ボールが出るのを待つ必要はないかもしれない。それよりも、最初に何かが起こった時点でフィードバックを与えるのだ。

前項のジェンナのコーチの例では、選手がフィードバックを適用する場面にもう少し近いところで振り返

＊13　ジョシュア・フォア『Moonwalking with Einstein』参照

りの質問をすることで、「ループを短く」することができるかもしれない。例えば、１度目に「プレッシャー！」と叫んで選手が攻撃ポイントを切り替えようとしたとき、コーチはその直後にプレーを止め、そこで生じる課題や問題について一緒に考えたり（本章後半「フィードバック３０１」の「問題を示す」を参照）、小さな修正を加えたりすることもできるだろう。このときコーチは、いくつかの質問を投げかける。「ここで難しいことは何だ？　それを克服するために何をしなければならない？　そうだ。続けよう。『プレッシャー』の声に引き続き耳を傾けて。プレー！」。

そして、プレッシャーから逃れて攻撃を切り替えるプレーを選手たち自身に何度か試させてから、学んだことについてより広く分析するよう求める。選手たちがうまくやれているようなら、何度か続けて実践する機会を与えてもいいだろう。しかし、もしうまくいかないようなら、コーチは最初のプレーに近いタイミングで再びフィードバックを与えようとするかもしれない。「ポーズ、みんな。いまそこで『プレッシャー！』と私が叫んだとき、プレーしているエリアからボールを出せなかった。理由は、ボールを受けるときのテクニックにあって……」。

「速いフィードバック」というコンセプトに関連して、ここで朗報がある。原因となる根本的な行動に近いタイミングでフィードバックを行えば、あとから大掛かりなフィードバックをするよりも早く行動を変えることができる。選手がミスを３回、４回と繰り返すのを待って、フラストレーションを溜めたあと、その問題がいかに重要かを強調するために３回指摘を繰り返したとすればどうだろうか。選手は集中力を失い始め、すぐに実践する機会も失われてしまう。それよりも、最初に問題が目に留まった時点ですぐに「こうしたらどうだ」と提案し、少しだけ違ったやり方でプレーを再開させたほうがいい。踏み込みが速い方が、傷が浅くて済む場合も多い。

ここで、1つ思い出したことがある。コーチによっては、プレーの中断を、自然な中断（ボールがラインを割る）とコーチが行う中断（「そこでみんな一旦止めて」）の2つのカテゴリーに分けている場合もある。後者は不自然で混乱を招くという理由でコーチに使うなと言うのでもなければ、分けること自体にそれほど意味はない。私としては、そもそも前提に欠陥があると思う。このような議論をする人は、中断があまりにも頻繁に起こるようなトレーニングを見ていることが理由なのだろう。その場合は頻度を減らせばいいのだが、時間をとって選手に話をする価値があるのなら、大事なのはタイミングだ。選手が知覚の手がかりをまだ感じ取れるうちに、対象となる出来事に近いタイミングでフィードバックを行うことが重要だ。ボールがラインを割るのを待つと、選手がフィードバックの対象となる場面の詳細を覚えている可能性は低くなる。その出来事に修正点を結びつけることも、そのシーンを再現することも難しくなる。次節で説明するように、おそらくこれこそが、フィードバックの「ループを短く」する最も重要な理由だ。元の状況を視覚的に再現できてこそ、選手は問題に目を向け、認識と行動を結びつけることができる。問題を解決したいのであれば、問題が見えなければならない。素早くフィードバックを行うことで、シンプルかつ容易に状況を再現できる。

経験則として、可能な限り原因の出来事とそれに対する反応は近づけたほうが良いのだが、ループを短くすることは厳密なルールではなく、ほかの要素とバランスを取るのも大事だ。例えば、すぐに反応するということは、素早く言葉で表すことを意味する。だがそれよりも、正しく言葉を選ぶため時間をかけたほうがいいだろうか？　もっとデータを集めたほうがいいのでは？　どのように話をするか、どのように解決法を実演するか、アシスタントコーチと話し合ったほうがいいだろうか？　それも正しい。起こりうるエラーについてトレーニング前に計画し、考えておくこともちろん重要だが（第4章参照）、その場で行うフィードバックについても、少し時間をとって計画したほうが良い場合も多い。

ループを短くすることには、もう1つのリスクもある。コーチがより衝動的になることで、さほど重要ではないときも目に留まっただけで練習を止めて口を出したり、止める頻度が高くなりすぎたりする傾向が強くなる。知覚に関する研究は、計画が重要であることを示している。見るものを管理する最善の方法は、見たいものの中で最も重要なものと、パフォーマンスを低下させる可能性が最も高いエラーについて事前に一通り考え、優先順位をおおむね決めておくことだ。プレーを止める際の一貫したルーティンを決め、慣れ親しむのも重要となる。コーチは止めるべき場面で「ポーズ」「ストップ」「フリーズ」と言えるだけでなく、実際に選手がすぐに止まってくれるようにしておき、チームが素早くスムーズにフィードバックに移行できるようにする必要がある。選手の位置を動かし、また元の場所に戻るように指示しなければならないとしたら、時間を浪費するし、フィードバックも対象とする場面から離れてしまう。それだけでなく、例えばケリーにはもっと中央へ、カルラにはもっと深い位置に立つように指示するといった調子だと、フィードバックを与える際の言葉や明確さが損なわれてしまう可能性もある。

最後に、ここから数ページにわたって「ガイダンス・フェイディング効果」について説明する。これは、熟練者の学習が進んだ時期においては、フィードバックが多すぎることが混乱を招く場合があるという考え方だ。エリートアスリートの場合は、エラーを何度か発生させてから対処したほうが良いというケースもある。できれば対象とする動作に近いタイミングでフィードバックを行うことが望ましいのだが、違う要素のほうが重要となる場合もある。とはいえ、フィードバックを近くすることの効果は、スキル習得において最も顕著に現れるかもしれない（＊14）。身体に習得させたい動作がある場合、スピードの恩恵は最も顕著となる。そしてここでは、バイナリーフィードバックの活用を考慮する価値もありそうだ。

＊14 私の憶測であり、この問題に関する研究を見つけることができていない

「コーチ・ハードと成功探し」

ダン・マクファーランド氏

ダン・マクファーランドは、北アイルランドのベルファストを拠点とするアルスター・ラグビーのヘッドコーチだ。アルスターは欧州でもトップクラスのプロラグビーチームであり、ヨーロピアンチャンピオンズカップにもたびたび参加している。マクファーランド氏は、グループの指導と個人指導のバランスをとるために、選手育成において彼とスタッフが2つのアプローチを並行して用いていることを紹介してくれた。

私たちのトレーニングの多くは、試合形式のアプローチとなる。各練習メニューの主な焦点は、通常、攻撃か防御のどちらか。どちらであるかによって、1人のコーチが練習を進行し、目的に合わせて指導する。例えば、ディフェンスコーチのジャレッド・ペインが、ラック周りのスペーシングを改善し、ラインスピードを高めて攻撃に変化をもたらすことに取り組みたいとする。すべての「ポーズモーメント（指導ポイントを伝えるための中断）」はジャレッドが行い、グループとしてのチームへのコーチングはすべてジャレッドが担当する。彼のセッションであり、彼が優先される。選手たちは彼の指導に集中しなければならない。

しかし、ラグビーの特性として、一方のチームがディフェンスしている間はもう一方のチームが攻撃しているものであり、その時間は長引くことが多い。練習の焦点を置いている側のチームだけでなく、対戦相手側のチームだったとしても、プレーしている限り選手は常に成長できるようにしたい。私たちはこの理念を「コーチ・ハード」と呼んでいる。ここでは、練習が進行している間、(メインであるジャレッド以外の）ほかのコーチたちが個々の選手を指導する機会を見出すことに重点を置いている。そのためには、コーチ陣がよく動き、よく意識することが必要となる。

例えば、フォワードコーチのロディ・グラントが、ジャレッドのセッション中、ブレイクダウン、ラックでのオフェンスを見ることに集中したとしよう。そのためロディは、プレー中のオフェンスの背後に移動する。ここでロディがケビンに目を留めたとする。彼は、合図に素早く反応したり加速したりせず、ブレイクダウンに到着するのが少し遅くなっている。ロディは、「ケビン、コンタクトスピード」と声をかけるかもしれない。このフレーズは、私たちがトレーニングで一貫して使っている言葉だ。ケビンが直前のラックに対して遅すぎたという意味だが、トレーニングした動作に焦点を合わせている。ラックへの進入が遅かったことに対する解決策は「コンタクトスピード」だ。

アドバイスを行う内容やタイミングは非常に重要だ。

・第1に、アドバイスは即座に行わなければならないが、選手の「プレーに集中する」能力を妨げたり、優先されるジャレッドのコーチングを妨げたりしてはならない。コーチはタイミングを見極める必要がある。

・第2に、選手の名前をはっきりと呼ぶこと。そうしなければ、ケビンは自分のことだとわからないかもしれない。このフィードバックでロディとの意思疎通を行う際、ケビンは1秒ほど顔を向けるだけということがよくある。

・第3に、言葉は正確かつ簡潔でなければならない。そのためには、チーム独自のコーチング用語集を持つことが重要だ。

この例では「コンタクトスピード」という言葉を使った。選手たちはこれが、タックルの合図に反応し、ブレイクダウンでディフェンダーとの競争に勝つために加速することを意味すると知っている。素早くアドバイスを行えば、コーチは「前回のラックに行くのが遅すぎた」と言う必要はない。その内容は解決法を表す言葉である「コンタクトスピード」に含意されているからだ。

・最後に、おそらく最も重要なのは、ロディがアドバイスを行ったあとできるだけ早く「成功探し」に着手すべきだということだ。彼は指導を続けるなかで、特にケビンが「コンタクトスピード」をうまく発揮しているかどうかを見ていく。それが確認できれば「ケビン、そうだ、いいコンタクトスピードだ」と肯定する。これでフィードバックのループが完成する。これは、ケビンのプレーが良くなったことを彼に知らせると同時に、コーチが何かに取り組むように言った際には、それができたかどうかに注目していることを示すものだ。私の経験上、このプロセスは広範囲に効果を発揮する。たとえコーチングが個人に向けられたものであっても、そのアドバイスは近くにいるほかの選手の耳にも入り、「コンタクトスピード」の重要性が強化される。

ほかのコーチが別の要素を教えている間に、このような場面でコーチングを行うのは、コーチにとって難しいスキルだ。むしろプレーする側の感覚に近い。ジャレッドが何か言いかけていないか、選手がその瞬間に気を取られていないかなど、プレー環境の中で手がかりを読み取る必要がある。複雑なスポーツをプレーしながら、小さなアドバイスを行うため、選手の能力に同調しなければならない。そういう意味では、選手側にも難しい要求となる。選手はシステムの中で流動的にプレーしながら、フィードバックを受ける細部の小さなことにまで気を配らなければならない。それがエリートアスリートである。

再現を生む称賛

褒めることは、人をやる気にさせ、気分を良くさせ、もっと頑張ろうという気持ちにさせるツールとして最も強力なものだと思い込んでいる者が多い。少なくとも、そういうつもりで使われているようだ。トレーニング中のコーチの声を聞いていると、「いいね、サラ」「そうだ、アジア」「いいぞ、いいぞ、みんな！　良かったぞ！」といった言葉が耳に入ってくるだろう。

「よくできたね」と声をかけ、肯定的強化を行うことが、アスリートに対してそのような効果をもたらしうることは確かだ。だが肯定的強化はそれ以上に、「どういうプレーを再現すればいいのか」がわかるという意味で学習ツールとして強力なものであるのだが、このような応用法はあまり活用されていない。選手が何らかの物事をずっとうまくこなせていたとしても、うまくやれているという認識がないばかりに、継続することができなくなってしまう。あるいは、何かをやってみたとき「今回」と「別の回」の違いがわからない。実際のところ、自分が何かをしたことにすらまったく気づいていない場合もある。

観察力のあるコーチであれば、適切なタイミングで特定の肯定的強化を行うことで、このような事態を変えられる。そのためには、シンプルに最初の成功体験を説明する言葉から始めるのが良いだろう。そうすれば選手は成功したことを理解し、継続できるようになる。「いいね、ルーシー」と言うより「そう、それだ、ルーシー」と言ったほうが、単に彼女の努力を褒めるだけではなく、特定の行動を観察していることが明確になる。これは小さな違いではあるが重要だ。そこからさらに発展させ、何が正しかったのかを選手に知らせることもできる。「そう、ルーシー、ファーストタッチが良かった！」と。

あるいは、何が正しかったのか、さらに具体的に示してもいいだろう。「そう、ルーシー、プレッシャーから逃れるファーストタッチが最高だった！」　それをきっかけにプレーを止めてもいい。「ポーズ。みんな、いまそこでルーシーがやったことは本当に冴えていた。ファーストタッチを体のほぼ真後ろに向けなければならなかったが、チームで取り組んできたように体を開いて受けたから［実演］ボールを失わないようにできた。あと何回か、全員でプレーしながらやってみよう」。あるいは、プレーを止めていくつかの質問を投げかけることもできる。選手に成功したプレーの分析を求めているのか、それとも改善の機会を求めているのか、最初は明らかにしなくていいかもしれない。次のように。

コーチ：ルーシー、ファーストタッチはどうやった？
ルーシー：後ろに流しました。
コーチ：なぜだ？
ルーシー：カヤが来ていたから。
コーチ：最初のタッチを後ろにしたからボールを守れた？
ルーシー：そうだと思います。

「そう、まったくその通りだ。完璧だった。これまでボールを失うことが多かった場面でボールをキープしてくれた。本当に良くできていたから、みんな見ていたかどうか確認したかったんだ」。

何かを成功したとき、特に初めて成功したときは、重要なコーチングの機会となる。成功を指摘し、選手自身がそれを見て理解するのを助けることで、同じ成功が繰り返される可能性を高められる。逆に、例えば次のようにしてしまうとどうだろうか。ボールを受けたルーシーのファーストタッチが、突っ込んでくるディフェンダーの足が届く範囲にこぼれてしまったのが見えたとする。「ポーズ。ルーシー、いまのファーストタッチは悪くなかったけど、次は身体を回転させて、ファーストタッチを後ろに落としてボールを守れるかやってみよう」。ルーシーはこう言われても、提案された通りにできるかどうか信じきれないかもしれない。だが最初の例なら、すでにできている。あとはそれを繰り返し、習慣化していくだけだ。できることはすでにわかっているのだ。

もう1つの隠れた利点は、プレーの中断時に問題点を精査するのと同じくらい念入りに成功の精査も行うことで、中断そのものに対する選手の感情的反応を変えられることだ。ホイッスルや「ポーズ」の言葉など、プレーを止めるための合図を聞いたとき、選手たちは感情を揺さぶられ、中断中もその感情を引きずっている。中断の合図を聞くと、選手たちがネガティブな気持ちを抱くチームも当然あるはずだ。それは、プレーを中断せず続けたいという理由もおそらくあるが、ボールを持った選手が何か間違ったことをしたと聞かされることがわかっているからでもあるだろう。ポジティブフレーミングやエラーの修正をしっかり行うことも大事だが、フィードバックに対する選手の感情的反応を決定的に変えるためには、中断を利用して良かった点や成功点を指摘することが何より効果的だ。

再現を生む称賛のポイント

・コーチが「それは良かった」とか「あれは素晴らしかった」と言ったとき、「それ」や「あれ」が何を指しているのか選手が理解していることを確認するのは状況分析として有効だ。ルーシーがファーストタッチのことを言われたと理解していることが確信できるならいいが、そうでない場合は「それ」が何であるかをつけ加えることが重要だ。

・褒めることに夢中になりがちだが、ポイントは選手が何を再現すべきかを伝えることだ。「すごい」という言葉を何度も何度も重ねるより、「それだ。そうするんだ」といったように、より控えめに褒めたほうがダイレクトに伝わる場合もある。称賛の言葉を使いすぎると、本当の成功を強調したいときに意味が薄れてしまう。ある日の練習の中で24回目に言われた「すごい」は、選手にとってそれほど印象には残らないかもしれない。

・選手に望むのは、成功を繰り返すことだ。ジョン・バーマイスターが生徒のアンナにチェロを教えるビデオを紹介したが、もう一度見てみると、アンナがトリルを正しく弾けたときの彼の反応に気づくはずだ。

ジョン：素晴らしい。もう1度やってみて。

［アンナが演奏］

ジョン：あと3回、その調子で。

［アンナが2回演奏し、何かつぶやく］

「もう1度やってみて」「あと3回、その調子で」というフレーズが力強いのは、正しくやれることは習熟の中間地点にすぎないことを意識させてくれるからだ。選手が何かを一度成功すれば、それが突然プレーのレパートリーに加わると思ってしまうこともあるが、実際には何度も何度もやらなければそうはならない。できることなら、再び成功の実感を得られるような機会をすぐに設けてあげたほうがいい。

・素早くやれるチャンスがあれば、ときには細かな指導を追加してみる。「そう、それでいい」とか「それじゃあ、もう1回やって」と言うのに加えて、技術的な指導を加えてもいいだろう。「そう、それでいい。うまくやれたのは体の位置が良かったからだ。こういう風にね。［実演］　それじゃあ、もう1回できるかやってみよう」。

・言葉は短く、そして優しく。ポジティブフィードバックにおいて特に難しいのは、褒めるのは気分がいいから、あるいは自分がどれほど興奮しているかを感じ取ってほしいからという理由により、選手がいかに素晴らしかったかを伝えるのに夢中になり、いろいろと言いすぎたり、何度も繰り返し言ったりしてしまいがちなことだ。これでは言葉の意味は薄まってしまう。迅速かつ焦点を絞ったフィードバックの研究を踏まえ、注意しなければならない。また、褒めすぎてしまうと不誠実な印象を与えてしまう危険性もある。つまり速く、鋭く、シンプルに、素早く、そして「素晴らしい」は控えめに。

シグナルとノイズ：カーとカリー

継続してほしい成功点を指摘するためにわざわざプレーを止めるのは、子供向けの対応であるかのように思えるかもしれない。だがこれは、あらゆるレベルにおいて重要なことだ。ゴールデンステート・ウォリアーズ（NBAクラブ）のヘッドコーチ、スティーブ・カーがステフィン・カリーに対して同様の対応をとっていることも映像で確認できる（＊16）。ここでは、カリーにはうまくやれていないことがある。だがカーはそれよりもカリーに正しくやれていることを意識させ、それを継続させたいと望んでいる。長い目で見れば、それがカリーとチームの成功につながる。どのレベルの選手であっても、プレーの中で避けられない感情的反応が影響し、何かをやりすぎてしまう場合がある。ある選手が正しく打てたショットすら入らなければ、そのことがプレー全体に対する選手の認識に影響する。逆に、打つべきではなかったショットを打ったものが入ってしまうと、突然、ひどい角度からとんでもないショットを打つ選手になってしまう。コーチとしては、長い目で見ることが望ましい。最初のショットのようにフリーになれれば、本来は10本中8本は入る。バランスを崩しながら打ったショットが入ったのは良かったが、それに惑わされてはならない。

すべての行動は、（意思決定や実行の質を表す）シグナルであり、（その状況でたまたま生じる）ノイズでもある。コーチができる最も重要なのは、選手がノイズではなくシグナルに注目するよう手助けすることだ。ある一場面の結果に関係なく、長期的に成功を引き起こす行動は何であるかを見極めなければならない。カーはそれを実践している。カリーがコート上にいてアップテンポでプレーしていると

＊16　QRコードから VIDEOS DISCUSSED の「Signal and noise: Kerr and Curry」で映像をご覧ください

き、周囲で起こっていることの中には、(彼の経験や知覚は主観的なものであるため)彼が十分に認識できていない素晴らしいこともある。カーはそのシグナルをカリー(あのステフ・カリー)に理解させる手助けをしている。このようなことは、自分のプレーに誇りを持つ選手が、調子が悪いように感じられる試合で抱く感情をコントロールし、前へ進むことに集中させる助けとなる。コーチが単なるスコアボード以上の明確なゲームモデルを持つべき理由は、ここにもある。「これが我々のプレーだ」と言えれば(特にそのアプローチが競技への深い理解に基づいている場合)、より安定したシグナルに注意を向けることができる。コーチが、勝っているときにはある行動を褒め、負けている状況では同じ行動を批判するとすれば、選手は腹を立てることが多い。多くの場合、それは選手が正しい。自分が正しいことをできているかどうか、スコアボードだけが判断材料になるようなシステムの中でプレーしなければならないようでは、選手は混乱せざるを得ない。

フィードバック301

理解力と自律性を身につける

フィードバックを与えることの長期的な目標は、将来的にフィードバックを与える必要がなくなるようにすることだ。コーチは選手たちに、指示をしなくともしっかりとした判断ができるようになることを望んでいる。コーチがいないときでも、ただプレーするのではなく、競技を理解してほしい。そして、その理解によって、周囲にも好影響を与えてほしい。フィードバックの第３段階は、選手自身に考えさせることで、理解力と自律性を身につけさせる。そのため、選手に問いかけを行うことに重点を置いている。

適切な質問をして、選手は自分自身で答えを導き出すようになり、ピッチやフィールドやコートやリンクに足を踏み入れるたびに、確実に脳のスイッチを「オン」にすることができる。しかし、コーチが選手に問いかけを行うのは、最も難しいことの１つ。しかも、選手に考えさせるためには、ただ質問をすればいいというような単純な話ではない。

質問をフィードバックの一形態として使う（伝えるより問いかける）ことは、非常に有益となりうる。だがデメリットがないということではないし、それが常にベストな指導法とも限らない。実際、質問の使い方を誤ってしまうと危険だ。例えば、本当はアスリートに別の方法を指示したいだけなのに質問の形をとってみたり、誰も答えられないような言葉を飾った質問をしたりすれば、選手はすぐに質問を敬遠するようになり、質問の効果は低下してしまう。また、質問には時間がかかることもある。質問をすることで、誰も答えない沈黙の時間が流れたり（＊17）、選手が当てずっぽうで答えたり、長ったらしい答えで練習が遅れたり、ぎこちない的外れな答えが返ってきたり、質問が良くなかったため言い直さなければならなくなったり、といったことも起こりうる。時間配分の観点からも余計なコストがかかる可能性があるということだ。適切なシチュエーションを選ぶこと、テンポを意識すること、そして何よりもしっかりとした質問設計が、質問を成功させるための重要なポイントとなる。例えば、コーチであればフィードバックを与えることは多いだろう。ある場面でシンプルかつ迅速で直接的なフィードバックを行うようにすれば、次の場面で質問をする時間をより多く確保できるかもしれない。どちらか一方だけではダメなのだ。

　認知科学者のジョン・スウェラーは、初心者と熟練者では学び方が異なることを指摘し、教師は「ガイダンス・フェイディング効果」と呼ばれるものを考慮するよう提案している。選手が何かについて初心者（競技全般について初心者、またはそこで学習している概念について初心者）である場合、ワーキングメモリが過負荷になりやすく、結果として学習した内容を長期記憶に移せないことがある。熟練者は、より速く、より多くのことを処理できるため、ワーキングメモリに負荷がかかりにくい。そしてまた、熟練者が学ぶためには、より多くの課題を与えることが必要となる。初心者と熟練者では、教え方を変える必要があるということだ。「学習者には、初期（初心者の状態であるとき）に多くの明示的な指導が与えられるべきだ」とスウェラーは述べている。つまり、質問は少なくし、より直接的なフィードバックを与える必要がある。学習者の知識が増えれば明示的な指導は効果が低下し、やりすぎると専門知識のさらなる発展を妨げることさえあるため、徐々に「フェードアウトさせて問題解決に置き換える」べきだ（＊18）。そのためには、回答の自由度が高い質問や、選手自身が問題解決を試みるような制約に基づく学習を導入する必要があると考えられ

＊17
「あまりにも静かすぎて聞こえてくるのは『コオロギ』の鳴き声のみ」という表現をしたりするため、「crickets（コオロギ）」と一言でいうこともある

＊18
雑誌「Teacher」でのインタビュー［オーストラリア］

ている。

つまり一般に、学習プロセスの初期には選手に方向性を指示し、後期になれば問いかけをより重視すべきだということだ。まずコーチは、チームが実行しようとしている原則を、フィードバックによって詳しく説明する必要がある。これは指示的なものだ。次に、その原則を、どのように、なぜ、どのようなタイミングで適用できる可能性があるかを選手に問いかけるようにしなければならない。さらにトップレベルになれば、質問をすることは少なくなり、純粋に問題解決的な状況での指導が多くなると想定される。つまり、選手が試合で実際に遭遇する問題を再現するように、ルールやデザインなどの「制約」が設計された形の練習だ。

もちろん、これは大まかな傾向である。優れたコーチであれば、初心者に「プレスをかけるときに起こりうる問題は？」と問いかける場合もあるし、熟練した選手に指示的な指導を行う場合もある（ペップ・グアルディオラがラヒーム・スターリングに行った素晴らしい指導の様子が映像に収められている）（＊19）。これは非常に重要なことだ。熟練した選手であっても、ある分野の知識に関してはまだ初心者ということも十分にありうるためだ。

指導現場での質問力を高める簡単な方法が１つあるとすれば、それは重要な質問を事前に計画する習慣を身につけることだろう。もちろん、計画したとおりに使えることもあれば使えないこともあるかもしれない。だが咄嗟に思いついて質問をするよりは、重要なテーマについて質の高い質問をできる可能性は高くなる。明確な答えのない稚拙な質問ほど、時間を浪費し、勢いをそぐものはない。

＊19
ＱＲコードから VIDEOS DISCUSSED の「Pep Guardiola direct feedback」で映像をご覧ください

知覚を重視する

選手の意思決定の質を加速させる最も強力な方法は、彼らの知覚を形成する質問をすることだ。第1章で述べたように、選手の目がどこに向いているか、何を見ているかは、強い意思決定の核となることが多い。実質的に、それ自体がすでに意思決定を行っていることすらある。正しい情報を集めなければ、間違った判断をしてしまう。英語の「I see」という言葉は「見た」だけでなく、「理解できた」という意味でも使われるが、これは一般的に考えられる以上に真実に近いということだ。

選手が素早く見ることを要求されるとき、正しく見ることは普段以上に難しくなる。一般的に、コンマ6秒以内に行われる「決断」は脳が意識的に考える前に行われ、知覚がほぼ直接的に行動につながることになる。メジャーリーグの打者は、投手がボールを投げるとき、投手から視覚的な合図を読み取っている。腕はどこに流れているのか？　腰の回転の速さは？　例えば「スライダーが来る」という知覚は、意識する前に「スイング」という動作につながるのだ。もし打者の目が腕の動きと腰の回転に注意を向けていなければ、正しく判断するのは難しくなるだろう。だが興味深いことに、ほとんどの打者は、自分がこのようなことをしているとはわかっていないようだ。

試合中にプレッシャーをかけられた状態でボールを受け、自分でも意識しないうちにディフェンダーの裏側のスペースにボールをさばく。それができるのは、過去に同じような場面を何度も見てきて、どこを見ればスペースが空いているのがわかるかを無意識のうちに知っているからだ。だから視野を素早く読み取り、瞬時に反応することができる。その瞬間に見たものだけでなく、何年もかけて見てきたものや注目してきた

初心者からエキスパートへの継続

直接フィードバック／明示的なガイダンス

“ プレスするときは、1つのユニットとして一緒にプレスする必要がある。中盤のラインはプレスを素早く認識して、ボールを失ったらもう一度プレスをかけて、良いユニットとしてよりプレスをする必要がある

質問/指導 問題解決

“ プレッシャーをより効果的にするためには、何を改善する必要があるのか？

質問/指導 問題解決

“ その際、私たちはどのような原則に従っているのだろうか

質問/指導 問題解決

“ そこでのプレスの効果は？

質問/指導 問題解決

“ チームでプレスをするときは何を見る必要があるか？

制約に基づく

“ ゲームではプレスの設定をさまざまに行う必要がある。数分後に、何を学んだのか尋ねる

初心者
コンセプトを初めて教える

エキスパート
エリートレベルのコンセプトを教える

もの、つまり、どこを見て何に注目するかという千差万別な判断の積み重ねがあるからこそ、うまくいくのだ。

コーチとして、知覚について知っておくべき重要なことがいくつかある。

・我々が見るものは主観に基づいており、目の前にあっても見ることができないものは多い。
・あるいは、何かを見てそれに反応したとしても、見たことに気がついていないこともある。
・我々は知覚に関する自分自身の行動や習慣の大部分に気がついていない。例えば、プレー中にどこを見ているのか意識することはほとんどない。
・意外なことに、熟練者は初心者よりもプレー中に見ているものが少ない。熟練者が初心者と異なるのは、むしろどこを見るべきかを知っていることである場合が多い。
・我々が「判断ミス」だと考えるものは、実際には「知覚のミス」であることが多い。
・アスリートの知覚は視覚に大きく依存するが、視覚のみではなく聴覚や感覚的な知覚も重要となる。

何かに熟練することとは、何に注意を払うべきかをさまざまな意味で知ることであるのなら、質問を用いた指導によって、何を、どのような目的で、いつ見るべきかを理解できるよう選手を導くことで、選手がより良い情報を収集し、より良い決断を下すためのツールを提供できる。とはいえ、目を鍛える方法について語る際には、どうしても推測を含まざるを得ない。選手の無意識の行動を意識化すれば、コーチがそれを教えられるようになるのだろうか？　私の知る限りでは、確かなことはわからない。

幸いなことに現在では、トッププレベルの選手がプレー中に目を使って何をしているかを研究し、理解することができるようになってきた。例えば、クリスティアーノ・ロナウドがアイトラッキンググラス（視線追跡メガネ）を装着してドリブルでディフェンダーに向かっていく映像がある（＊20）。このメガネは、彼の視線が、ディフェンダーの腰から膝、足、膝とスキャンしていく様子を映し出す。これが、彼がディフェンダーの動きを読むためのプロセスというわけだ。同様に、バスケットボールのシューターがボールを放つときにどこを見ているかを示す研究もある。しかし、ほかの選手たちに「相手の腰、膝、足を見ろ」「リムの裏を見ろ」と言っても、それが機能するかどうかは別問題だ。もしかしたら、「見る」ことを正しく配線することで、選手を上達させることができるかもしれない。逆に無意識のプロセスを意識化してしまうことで脳のシステムを混乱させ、動きを鈍らせてしまうだけかもしれない。

やってみる価値はあるだろう。少なくとも、うまくいけばメリットは計り知れない。ほとんどすべてのトップ選手がトップレベルになれた理由は、長年の成長過程の中で、何かあるいは誰かのおかげで、適切なタイミングで適切な場所を見る習慣を身につけることができたという偶然の産物だ。それを偶然ではないようにして、すべての選手がその幸運に恵まれるようにできるだろうか。トレーニング中に知覚に基づく質問を増やすことで、選手にもっと見る力をつけさせることはできるだろうか。私は可能だと思う。

特に私が提案したい4つの質問がある。コーチの皆さんは、もっと良い質問をほかにも自分で思いついてくれるはずだ。

＊20
QRコードから VIDEOS DISCUSSED の「Emphasize perception w/ feedback」で映像をご覧ください

》「何が見える？」

この質問は、選手に自分の視野を説明するよう求めるものだ。練習の中断時や、ビデオ学習のセッションで用いることができる。選手がすべてを言い表すことはできないので優先順位をつけなければならないが、この質問によって、選手が何を意識しているか、何が重要だと感じているかがわかる。

センターバックのカレブは、ボールを持った相手ミッドフィルダーがフィールド中央に侵入してきたとき、フォワードのマークを外して止めに行こうとはしなかったとする。コーチはプレーを止めて彼に問いかける。「カレブ、何が見える？」。理想的な答えはおそらく「ボールにプレッシャーがかかっていない」というものだろう。この答えが返ってくれば、コーチの仕事は簡単だ。カレブは自分が何を見ようとするべきかわかっている。あとは認識と行動をつなげてやればいい。「それで、君はどうすればいいんだ？」と。

「カレブ、何が見える？」と聞いて、「ポジションがずれている」「中盤がサポートしてくれていない」「わからない」などの返事が返ってきたら、カレブが読み取るべき合図を理解していないことが問題だとわかる。彼が合図を見つけるのを助けなければならない。「この状況でセンターバックが気づくべき重要なことは……」とか、「相手の腰を見て、足を引いているなら、まず彼がロングパスを出そうとしているのがわかるから……」と。「何が見えるか」を問うことは、言い換えれば、選手が視野の中で何を重要視しているかを理解するための診断だ。多くの場合、コーチは質問の中で重要な知覚の手がかりを教えているものだと知っておくといいだろう。例えば「スチュワートにはスペースと時間があり、前に向かってプレーできる。君はどうすればいい？」というように。この質問に答えられる選手は、コーチが問題を特定してやれば解決法はわかるということだ。だがこれは、選手が自分で問題を特定できることとは異なる。カレブを真の意味で自立させるには、彼が自分で見ることができるように手助けをしなければならない。

》「どこに目を向けるべきか？」「何を見るべきか？」

これらの質問は、カレブに積極的に見ることの重要性を思い出させ、何を見るべきかについての彼の理解度を評価するものでもある。だが、（このときだけでなく）一般的に見るべき手がかりや原則が何であるかを尋ねているため、より焦点が絞られる（その手がかりについてチーム内で実際に話をしたことがあればベストだ）。また、カレブは複数のことに気を配る必要があるため、複数の答えがある可能性もある。「何を見るべきか」に対する適切な答えは、例えばこうなるかもしれない。「ボールを持っている選手と、僕がいまマークしている選手の動き。それから、誰か違う選手が僕ともう一人のセンターバックを引き離そうとしていないかも確認しています」。それならばコーチは彼に、いつ見るべきか、どうすれば効率よくやれるかという話をすることができるだろう。「素早く目線を送ってボールへのプレッシャーを確認し、それから……」と。

》「何が教えてくれるのか…？」

この質問は、手がかりについてより明確に議論するためのものだ。「下がるかプレスに行くか、判断材料になるのは？」「どう走ればいいのか、判断材料は？」と聞いてみよう。「ディフェンダーの向き」や「2人目のディフェンダーがルーズすぎないか」といった答えが返ってくれば、駆け引きを学んだ選手である証だ。

多くの場合、カレブにこのような質問をすることは、「君はどうすべきか？」と聞くのと少なくとも同じくらい有効だ。目から始まり、決断に至る。コーチが選手にさまざまな選択肢を教え、その中からどれを使うか、あるいはどう応用するかを決めるよう求めているのであれば、こういった質問は特に有用となる。良いチームでは、プレーの原則とゲームモデルは共有された知識となっている。知覚についての質問をするのは、選手がそれらの中から選択して応用する方法を学ぶよう求めるということだ。

ここにはコインの裏表がある。視覚的な合図について考えて教えるのであれば、選手がそれを使って相手を欺くことができるように訓練することもできる。「どちらへプレーするべきか、何が教えてくれる？」と問いかけ、「ディフェンダーの向き」という答えが返ってくるなら、選手は優れた相手が何を見るかわかっているということであり、それを利用するよう指導することができる。ディフェンダーには、合図を操ることを教えられる。フォワードには、休んでいるように見せかけて突然走り出す動きを教えられる。目をそらしているふりをして、実はディフェンスの視線がそれるのを待つのだ。

≫知覚、自己認識、フィードバック

ジョー・マズーラ氏

ジョー・マズーラは、NBAのボストン・セルティックスでアシスタントコーチを務めている。彼は、フィードバックを与えることの長期的な目標は、将来的にフィードバックの必要性を減らすことであると考えている。そのため、彼が行うほぼすべてのことには、知覚のもう1つの重要な形態である自己認識が含まれている。これは、技術を実践するときにも重要となるものだ。「試合では選手は自分のショットを調整しなければならないが、私にはその手助けができない」と彼は言っていた。

一緒に仕事をする上での目的が決まったら、最終的に完成形がどのようなものになるかを選手に示すことが大切だ。私が最初に行うのは、できるだけ多くの映像を入手すること。ここでは選手が直接的に共感できるような例を見つけることが重要となる。憧れの選手や、自分のやりたいプレーの手本になるような選手ということだ。また、教えようとしている動きを「使うべきだった」場面の映像を見つけることも重要だ。「この動きを使うべきだった場面を4、5例紹介する」と。だからこそ我々はその動きに取り組みたいのだと言える。そうすることで、意識と注意力が高まる。映像を見たら次に、その動きに名づけるキーワードやフレーズを見つける。そうすればすぐに練習に応用でき、フィードバックも短縮できる。

もっと技術的なことを言いたければ、最高のシューターたちの映像を撮影して、こう言うかもしれない。「ガイドハンドをまっすぐにして、リリース時にボールが回らないように、彼らはこうしている」と。自分を成長させるためには、何に注意を向けるべきかという意識を育むことが重要だ。

私はよく、選手にまずこう言う。気にしているのは成功や失敗や結果ではない。ショットを打つ動きの間、必ずガイドハンドがバスケットに向かってまっすぐになっているかどうかを気にしているのだ。また、選手が自己評価をできるようになることも心がけている。あるときは、卓球のラケットを選手のガイドハンドに結びつけて、まっすぐになっているかどうかを確認した。そしてこう言う。「これが卓球ラケットの与えてくれるフィードバックだ。手をまっすぐ伸ばしていればラケットの内側は見えない。内側が見えたら目的を達成できなかったということだ」。その制約の中でも、何を見るべきかを知ってほしかったのだ。目的は常に、自覚を高めることだ。自分が何をしたのか、次のショットでは何を修正するべきなのかを知ってもらわなければならない。

私は、選手が見ることになるフィードバックを理解できるようにしようとしている。「フィードバックは自分のミスから来るものだ」と言っている。手の置き方の話であれば、こう言うかもしれない。「ボールが右や左へ行くミスは、手がボールの中心になかったということだ。ボールが長かったり届かなかったりするミスは、まっすぐ飛んでいるのならいまは許容範囲だ。もちろんすべてのショットを成功させたいところではあるが、右や左へ行くのをなくして、すべてのショットをまっすぐ撃って、ミスを減らそう」。あるいは、フォロースルーについて。「ミスショットがすぐに地面に当たってペイントエリアから出ていくなら、ショットが低弾道ということだ。ミスショットがまっすぐ上がってペイントエリア付近でバウンドするなら、軌道は良いということだ」。選手は、「フィードバックは自分のミスから来る」という考えを理解しなければならない。

選手の自己認識を高めるため、バイナリーフィードバックの考え方を用いることがよくある。「ショットの考え方はわかったので、あとはひたすら打ってみよう。私は『イエス』か『ノー』かを言うことにするが、決まったか、外れたかという意味ではない。ショットが入るか、入らないかは重要ではない。『イエス』は動きがすべて正しかったことを意味する。『ノー』は、そうでなかったということ。各位置から10回ずつ『イエス』を聞けるようにしよう」。

また、選手には自分で修正する余地も与える。これは指導と育成のスピードアップにつながると考えている。練習を終える頃には、自分自身でわかるようになっていてほしい。ときどきは、「フィールグッド（良い気分での）シューティング」と呼ぶ練習もやっている。こう言うのだ。「各位置から何本でも好きなだけ打って、完璧なフォームで打てればどんな感じなのかを意識できるようになろう。慣れてきたら次の位置に移動して」。

そして、私はいつも練習を撮影するようにしている。最終的には、選手が試合に近い状況で、正しく状況を読んでスキルを実行している映像が大量に溜まるようにして、それを見てもらいたいと思っている。また、指導した選手の映像と、最初に参考にしていた選手の映像とを組み合わせて編集し、同じようにやれているのを見てもらうのも素晴らしい機会になる。

≫ 問題点の提示

最近私は、あるMLSのアカデミーで、ハイレベルなライセンスコースを受講しているコーチたちのトレーニングセッションを見る機会があった。セッションの目的は、数的優位をつくり出し、それを利用するというもの。これは高度な意思決定が要求されるテーマだ。選手たちはオーバーロードをつくるように指示されていたが、なかなかうまくいかない。コーチはときどき選手たちを呼び集め、「あそこはどうやった？」などと質問していた。だが、「あそこ」が何を指すのかはっきりしない。その前の4、5分間の、どの場面のことを言っているのか。仮にコーチがその場面を明確にし、全員にしっかり思い出させることができたとしても、全員がそれぞれ異なる視点から思い出すことになり、記憶の正確さも客観性もバラバラだ。クラウディオがスペースにいて相手のバランスが崩れているチャンスを、クリスチャンが見逃したという場面だったかもしれない。だがいまになって振り返っても、クリスチャンが何を感じ取れなかったのかを説明することはほぼ不可能だ。

何が足りなかったのだろうか。グループでの問題解決が機能するために必要なことは何だったのか。「クリスチャン、数分前に君がボールを持っていたとき、クラウディオは右側で相手ミッドフィルダーの間のレーンにいて……」と始まるフィードバックをするくらいなら、「クリスチャン、君がボールを持っている夢を見たんだが……」という話をしてもいいかもしれない。クリスチャンにとってどの程度役に立つかという点では、ほとんどの場合同じようなものだ。

選手の問題解決を助けるために存在しなければならない重要なものとは、問題そのものだ。細部が重要になる。問題を解決したいのであれば、その問題を理解して分析することができるようにするため、問題が全員にはっきり同じように見えなければならない。したがって、問題解決を教えようとするコーチがトレーニングの中でできる最も重要なことは、自分が議論している状況を再現し、選手たちにそれが見えるようにすることだ。知覚の決定的役割を理解できるようになってくると、このことはさらに重要になる。例えば、知覚に基づく質問をうまく活用するためには、知覚するための具体的な状況がなければ難しい。コーチがすぐにプレーを止め、クリスチャンがボールを持ってクラウディオがスペースにいるという場面を再現できれば、すべてがまったく違う。その状態なら「クリスチャン、何が見える？」と言うことができる。そこから、なぜ、いつ、どのような決断を下すのかについて本格的に話ができるようになる。

問題を見せることは、選手の説明責任を強め、プレー精度を高めることにもつながる。例えば、ホセが相手のプレッシャーを受けながらボールを持っていて、中盤のパートナーであるディランとサルはサポートにつく位置が悪いとしよう。ホセは孤立している。彼はボールを失い、カウンターを受けることになる。これはディランとサルにとって、以前から抱えている問題だ。２人は消えてしまうことが多く、効果的なサポートを提供できていない。コーチはこう言う。「止まろう！　ホセがあそこでボールを持っていたとき、中盤のほかの２人はどこでサポートしていた？」。

「僕はフリーでした」とディランは言うが、実際はディフェンダーの裏に隠れていたのだ。教える立場としては、ここで立ち往生してしまう。ディランは事実と違う形で記憶している。あるいは記憶することを選択している。つまり、話を進めるためには、実際の状況を再現するしかない。そうすればディランも、自分の動きに足りない部分があることに気づくだろう。そこでコーチはこう言う。「ホセ、ディランにボールを出してくれる？」「ディラン、いまの君が立っている場所に、ホセはどうやってボールを出してくれる？」。

このように、問題を示すことは、選手の知覚だけでなく説明責任も強める助けとなる。ディランは、自分が実際にいた位置より良い位置にいたと思い込むことはできなくなる。

一方でサルはディランとは異なり、言い訳をしようとはしていない。どうすればいいのか知りたがっている。だが「ディフェンダーの後ろから顔を出すんだ」と伝えても、かなり抽象的だ。どうやって？　具体的にはどこに？　どこでどう決めればいいのかを教えてやれば、より彼のためになるはずだ。どちらの選手の場合も、上達のカギは実際の場面を再現することにある。ホセはここにいた。相手ディフェンダーがここにいた。サルはここにいた。では、どうすれば結果を変えられるかを話してみよう。

これを可能にするため、ありふれたやり方だが重要なことがある。選手に対し、元々いた位置に正確に止まるように指示する一貫した合図を決めておくことだ。これがうまくいくためには、合図を使う理由を選手たちが理解していることが必要になるだろう。「止まろう！」と言ったらその場から動かないようにするべきであることを説明したければ、例えばこう言えるかもしれない。「これは、チーム全員がもっと良くなるため、小さいけれど重要なことだ。もっと学び、もっとプレーし、もっと成功できるようにするため、プレーを止める時間をもっと素早く、もっと有効に使うようにしたい。できるだけすぐに止まってほしい。ごまかそうとしたり、ポジションを少し修正したりはしないように。ありのままに正確に見ることが大切だ」。

そこで、プレーを止めるためのシンプルで一貫した合図を使い、合図に反応するタスクを何度か練習して、シャープな動きでやり切ることができるようにする。これが大事であることを示すため、「よし、いいぞ。みんなそこですぐに止まってくれたな。ありがとう」とフィードバックを与える。あるいは「忘れないで。合図が聞こえたら、すぐに止まるように。もう少しうまくやれるようにしないといけない」と。平凡で、つい省略してしまいがちなステップかもしれない。だが、このシステムを正しく理解するために時間をかけることで、時間節約や集中力強化という形で１００倍とも言えるほど見返りが得られる。

問題を示すため、すでに存在しない状況を再現しなければならないこともあるだろう。ブラック・ウォッチ・プレミアのディレクターであるスティーブ・フリーマンが使っているアイデアを紹介しよう。彼は次のように教えてくれた。「再構築が必要なら、選手たちにやらせるんだ。『ボールはどこから来た？』『２人目のディフェンダーはどこにいた？』『サポートはどこにいた？』と問いかける。すると、選手はプレー中に意識して観察せざるを得なくなる。そうしておかないとシーンの再構築ができないからだ」。そして、スティーブのアイデアを生かす上では、本書のもう１つのテーマである「語彙の共有」もカギとなる。１人目や２人目のディフェンダーという言葉が何を指すか全員がわかっていなければ、先ほどのような質問はできない。実際に、専門用語を共有することで、問題を一緒に考えるプロセス全体を加速することができる。「止まろう！　ここで何が見える？」とコーチが言ったとき、理想的には、教えられたコンセプトを選手が理解していて、そのコンセプトに沿った答えを返してくれるといい。そうすれば、ほかの選手がそのアイデアを見たり使ったりするのを助けることにもなる。「エステバンがラインの間にいます。サイドでオーバーロードをつくれています」と。ここでもし、選手が説明できる戦術的コンセプトが「サイドから広く攻めるのは有効だ」ということだけだったとすれば、議論の再現性は低くなってしまうだろう。

最後に、いま紹介した２つの方法、つまり「知覚に基づく質問をする」ことと「問題を示す」ことは、併用するとさらに効果的に働く。問題を再現した上で、「何が見える？」と選手に問いかけることは強力だ。特に、選手に遠くを見させるときに有効となる。スコットランド代表ラグビーチームのコーチングスタッフと話をしたことがあるが、彼らは、選手が自分の周囲の視野より遠くにあるものを見ていないときに、誤った判断を下すことが多いと気づいていた。相手のフォワードだけを見ていれば正しい判断に思えても、相手のディフェンスにまで目を向けると違う選択肢より効果が低いことが明らかになる。しかし、バックスまでの距離は20ヤード、フォワードまでは8ヤードなのだ。このようなことは多くの選手に当てはまる。彼らの目に入るものは、自分を中心とした半径10ヤードか12ヤードくらいの小さな輪の中にあるものだけだ。それ以外はすべて見えていない。そこでスコットランド・ラグビーのコーチ陣が考え出した解決法は、「何が見える？」という質問に選手が答えたあと、「遠くを見ろ」と返すことだった。つまり、選手が遠くを見ることを習慣づけるということだ。だがもちろんこれは、シーンを完全に再現でき、全選手が自分のポジションを維持できている場合にのみ有効なものだ。

参加の形

先日、コーチのジェームズ・ビーストンがU19チームの少年たちを指導しているところを見学した。アップ・バック・スルーに焦点を当てたセッションだ。ジェームズは選手たちに「ロックイン」、つまり集中して、注意深く、身体的努力と同じくらいのレベルで精神的にも努力することを求めていた。最初に15分ほどパターンの基本を学ぶ練習を行ったあと、ジェームズは選手たちに質問を投げかけ、最初の段階での理解度を確認した。

私はいつも、コーチが選手に質問するのを見るとき、彼らが「比率スペクトル」（３００ページ表参照）のどこに当てはまるかを意識している。「Ratio（レシオ、比率）」とは、選手とコーチが行う認知的作業の比率を意味する言葉だ。これを理解するには、２種類のレシオを定義する必要がある。「参加率」と「思考率」だ。

質問を注意深く聞いている選手の大多数が、実際に自分が答えるかもしれないというつもりで積極的に回答を考え、声に出して答えようとし、それがトレーニング中ずっと続くなら、「参加率」は高いと言える。全員がセッションの間中、積極的に考えているということだ。逆にもし、選手がほとんど中途半端な回答しかしなかったり、2、3人の選手がすべての質問に答えたり、誰も答えないまま質問が宙に浮いてしまったりするなら、そのセッションは参加率が低いということになる。参加率は、表のX軸で表される。「思考率」はY軸で表される。

質問が適切で、挑戦的で、選手が重要なコンセプトを適用するように促すものであれば、質問の思考率は高くなる。選手への質問が「はい」「いいえ」だけで答えられるものであったり、答えが明白すぎたり、選手が考える時間もとらず最初に思いついたアイデアで回答しているようであれば、思考率は低いということになる。

グラフの右側上部に位置づけられるものが理想的なセッションだ（＊21）。参加率も思考率も高いセッションということになる。だが残念ながら、私が見てきたなかでも左下に近いセッションのほうがはるかに多い。コーチがプレーを止め、「ここで何をしたいのか」「どんな選択肢があるか」と選手に問いかけたとしても、2、3人の選手が中途半端な答えを返すだけだ。その選手たちはおそらく口が達者で、話すのが好きなのだろう。あるいはお調子者で、わかりにくい質問の気まずさを解消したいのかもしれない。誰かが何かを言ってくれたのはありがたいことだ。だが残りの14人の選手は答えないし、答える必要がないことも知っている。そのまま立ち尽くし、遠くを見つめたり、あるいは足元のボールを無造作に転がしたりしながら、プレーの再開を待っている。彼らは、コーチが何を言ったところで、結局サッカーとは考えるゲームではないと思い始めている。

ジェームズのセッションは、グラフの右上隅に位置するものだ。1つの映像を紹介しよう（＊22）。彼はま

＊21　できる限り右上に位置するべきだと最初は書いたが、実際には、選手に重要なプレー原則を記憶から素早く思い出してもらいたいセッションもあるだろう。そのような場合は、Y軸の思考率が少し低くなるかもしれない

＊22　QRコードから VIDEOS DISCUSSED の「James Beeston stays focused」で映像をご覧ください

レシオはどこにありますか?

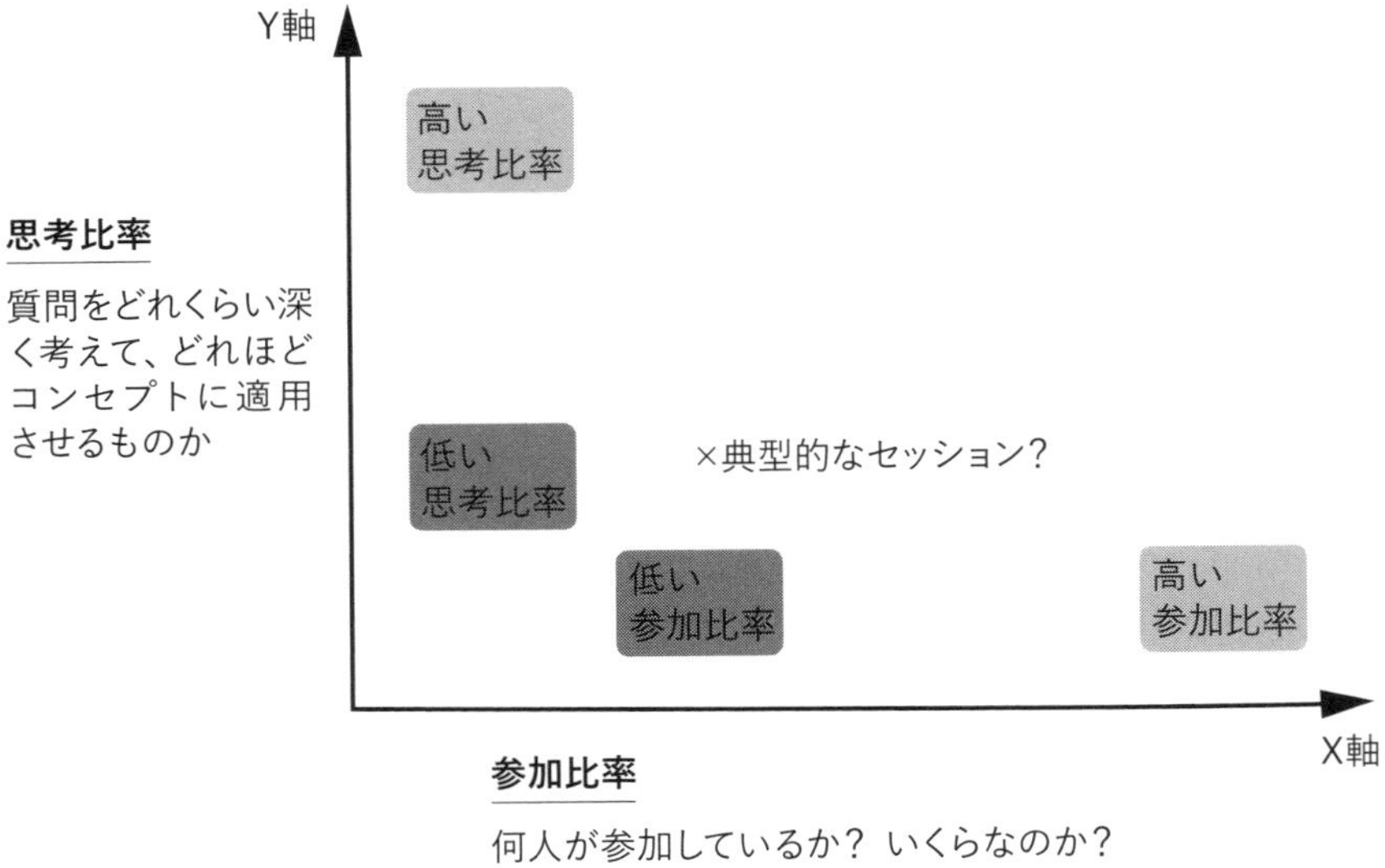

ず選手たちに、「前回の練習ではアップ・バック・スルーに焦点を当てた。今回はこれを試合でどのように使えるかを考えてほしい」と呼びかける。一般的なコーチであれば、「これを試合で使う方法を思いつく人はいるかい？」と問いかけるだけかもしれない。だがジェームズは、最初に思いついたアイデアが必ずしもベストとは限らないことを選手たちに理解してほしいと考えている。「2人組をつくって、順番に話をして。30秒後に答えを聞こう」と彼は言う。突然、選手たちのグループがざわざわと動き出す。ジェームズの「答えを聞こう」というフレーズは、選手に手を挙げさせるのではなく、彼が誰かを指名して答えを言わせるという意味が込められた合図となっている。全員が質問に答えようとするのは、それが理由でもある。準備はしておかなければならない。

話し合いが終わると、誰かが手を挙げる時間もないうちに、ジェームズはマテオを見て、何を話し合ったかを尋ねる。まず一人目の指名だ。口調は厳しいものではない。ジェームズは考える時間を与えた上で、選手の考えを尋ねると同時に、考える責任を負わせているのだ。思慮深いやり方だ。

マテオが答える。「ミッドフィルダーがストライカーに当てて、ミッドフィルダーに戻して、別のフォワードにスルーパスを通す」。特別に具体的でも戦術的でもないが、納得はできる答えだ。だがマテオは「なぜ」「いつ」という話はしていない。そこでジェームズは続ける。「ほかには？」。よく見てみると、別の選手が手を挙げていることがわかる。クインだ。ジェームズは彼に声をかける。クインは、フォワードの選手がこのパターンを使ってディフェンダーを手前に引きつけ、そこから素早く前方へ戻ってディフェンダーの空けたスペースに入り込む動きを説明する。クインが手を挙げたという事実は重要だ。手を挙げることは、教室では見慣れているが、練習場では珍しい。シグナルとして確立された手法であり、３つの重要なポイントがある。

1．クインが単に答えを言う場合とは異なり、選手が答えるスピードをジェームズが調節することができる。その結果、ジェームズは選手の思考をスローダウンさせ、チームをより思慮深くさせられる。選手の頭の中に最初に浮かぶ答えがベストな答えであることは少ないが、それが練習の中で最もよく出てくる答えであることは間違いない。選手の即答を控えさせることが、より深い思考を習慣化することにつながる。

2．チーム全体に機会や責任を分散させることができる。同じ選手が何度も何度も回答することはない。ジェームズは、手を挙げた選手の中から回答者を選ぶこともできるし、手を挙げていない選手を選んで抜き打ちで答えさせることもできる。ジェームズとしてはおそらく、この質問についてセントラルミッドフィルダーの選手から答えを聞きたいと考えるだろう。また、英語が母国語ではなく第二言語であり、言葉を組み立てるのに少し時間が必要な選手もいるかもしれない。衝動的な回答を抑えることで、そのような選手にもチャンスを与えられる。手を挙げずに答えさせることを習慣にすると、いつも同じ数人の選手が競い合うように答えることになる。チーム全体としては思考率も参加率も低くなってしまう。

3．時間の制約により実際に回答できる選手の人数は限られるが、おそらくそれ以上の選手たちが参加の意思を示し、質問に答えられるという合図を発するようにさせることができる。多くの選手が元気に手を挙げることは、ポジティブな文化を築くことにもつながるが、より重要なのは、手の本数自体が

1つのデータであることだ。1人か2人しか手を挙げなければ、選手たちがコンセプトをうまく理解できていないことを表す。

クインの回答は力強いものであったが、次のような問題があることも示唆している。進んで回答する選手は普通、答えようとしない選手たちより理解度が高く、だからこそ手を挙げているのだ。つまり、自分から答えようとする選手からしか話を聞かなければ、コーチは本来以上にポジティブな認識を得てしまう可能性がある。コーチはクインの回答を聞いて「素晴らしい、彼らはコンパクトなスペースからディフェンダーを引き出すためにこのアイデアを使う方法を理解しているな」、と考えるかもしれない。しかし実際には、「彼ら」全員が理解しているとは限らない。クインは理解しているとしても、みんなそうなのか、それとも彼だけが特殊なのだろうか。

ジェームズの次の一手が、その答えを明らかにする。彼は次の選手を指名した。「ギャレット、ほかには？」こうすることで、チームに関する質の良いデータを得ることができる。ギャレットに声をかけるのは、平均的な選手がいま何を考えているのかを知るための、一種のサンプル収集だ。進んで答えようとする選手に頼ると、選手の知識に関して不正確なサンプルをつかまされてしまう。

また、ギャレットへの質問はマテオへの質問とは少し異なり、フォローオン（追加質問）となっている。ギャレットは、前の2人の回答を注意深く聞いていたこと、同じ答えを繰り返さないことが求められている。フォローオンを使うことで、「話すこと」と同じくらい「聞くこと」も重要であると示されているのだ。これは考える文化の基礎となるものだ。さらにセッションを重ねて文化を構築していく中で、聞くことの重要性をさらに強調するため、ジェームズは次のようなフォローオンを使うかもしれない。「ギャレット、それを発展させて……」あるいは「ギャレット、クインの言うようにディフェンダーを引き出すためには技術的に何が必要なのか、もっと言ってくれ」。

ギャレットが話している最中にほかの選手たちにも注目してみよう。彼らは意識を集中させ、ギャレットを見ている。サッカーボールで遊んだり、テレビ番組の話をしたりはしていない。驚くべきことに、この映像に収められたセッションは、ジェームズがこのチームで初めて行ったセッションである。まだ開始から25分が経過したところだが、ジェームズのコーチングにどのような気持ちで参加するべきなのか、彼らはかなり早い段階からメッセージを受け取っている。

続いてジェームズは、アップ・バック・スルーの戦術的側面から、技術的側面に質問を移す。この練習での主な指導ポイントは、選手にパスの強さを変えさせることであり、ジェームズは選手たちがそれを理解しているかどうかを確かめたい。こう問いかける。「こうするためには、動きやパスのどういう部分を良くしなければならないだろうか？　カデン？」　またも選手を指名する。カデンは、最初の選手の足元へ強い縦パスを出すことと、より柔らかく2本目のパスを落とすことが必要だと説明する。これはセッション内でジェームズが話した内容と同じであり、良い兆候だ。だが注目すべきは、カデンがさらに「ディフェンダーに食いつかせるように」とつけ加えていることだ。彼は、自分が知っていることをクインの発言に当てはめているのだ。聞くことと考えることが、すでに大きな成果を生んでいる。

選手たちが何を理解しているのかをさらに知り、また精神的な取り組みの姿勢を強めるために、ジェームズはさらに質問を続ける。「キーガン、ほかには？」　これも選手を指名してのフォローオンだ。キーガンは、チームメイトの話を聞いていなければ答えられない。「ほかには？」というような質問には、それ以外に答えようがないからだ。キーガンが話し終える頃には、ジェームズは選手たちが何を理解しているか、どの部分にもっと詳細な情報を与える必要があるかを明確に把握し、次のステップに進む準備ができている。また、彼がエネルギーにあふれている様子も注目に値する。ジェームズの質問は迅速で、魅力的で、誰かが答えてくれるのを待つような気まずい雰囲気はなかった。選手たちは肉体的には休んでいても、精神的には休んでいない。エネルギーレベルは高いままだ。

比率図の右上に位置づけられるセッションとは、このようなものだ。ジェームズが質問をすると、声に出すのであれ頭の中で考えるのであれ、全員が質問に答える。話をする準備が必要だとわかっているからだ。選手たちは良い意味で責任を感じているのだ。彼らは思慮深く答える。慌てることはなく、最後まで耳を傾け、考え続けている。質問に対して沈黙が広がったり、数人の選手が答えをつぶやいたりするようなセッションと比較してみてほしい。選手のエネルギーや協力的姿勢が不十分であれば、コーチは質問を単純化することで対応することも多いが、やりすぎてしまうことも多い。「2本目のパスは強くべきか、柔らかくするべきか？」と質問するようでは、問題を深めてしまう。コーチが自ら質問に答えたり、選手が何かつぶやいて気まずさを解消したりするまで、質問は宙に浮いたままだ。すべての質問が、単なる言葉遊びになってしまう。答えが明らかな質問には、誰も答えたくないものなのだ。考えることを強調しながら教えたいコーチは、選手が最初の答えではなく最良の答えを共有できるように、待ち時間をうまく使えるようになるべきだろう。質問をしかるべき選手へと誘導するため、回答する選手を指名し、どの選手がいつ答えることもできるようにするといい。また、試合中と同じように、選手同士が話をする練習をさせられるようにしよう。これらを実行すれば、選手が走ることと同じくらい力強く考える知的文化が醸成される。だがそのためには、コーチは選手たちに何を望んでいるかを伝え、それをルーティン化しなければならない。選手たちの参加の形を偶然に委ねるだけでは、どうしても精神的関与のレベルは低く、また選手ごとにバラバラになってしまう。

ジェームズは、質問と議論に参加する手順を事前にチームに伝えることで、高いレベルの精神的関与を実現している。ほとんどのコーチは（そしてほとんどの教師も）、このようなことをしようとは思わない。選手や生徒に、どのように参加すべきかを説明することはない。参加の形、つまり誰がどのように質問に答えるのかは、不明確であったり、あいまいなままであったりする。だがジェームズは、セッションの冒頭で短い「ロールアウト・スピーチ」を行うことで、選手に何を期待するかを透明化している。その映像を見てみれば（＊23）、「何をすべきか」だけでなく「なぜそうすべきか」まで、彼がいかに明確に説明しているかがわかるだろう。

「今夜のセッションの要点は……、肉体的にも精神的にもインテンシティーが必要になる。理解度を確認するため、私は何度も質問をすることになる。答えを大声で叫んではならない。これはとても大事なことだ。自分の言おうとする答えについてよく考えてほしいからだ。答えがわかったときは、私がこうしたら（手を挙げる）、手を挙げて。答えがわからなくても大丈夫だ。一緒に取り組んで、一緒に問題を解決していこう。手を挙げていない人を指名して答えてもらうこともあるかもしれない。この練習では常にスイッチをオンにしておいてほしいからだ。集中力を維持できているかどうかを確認するため、指名することもある。よし、それじゃあ最初から最後まで集中していこう」。

この「ロールアウト」の所要時間は約45秒。ジェームズは選手たちが自分を見ていること、見えていることを確認する。これから何をするのか、なぜするのかを説明する（「この練習では常にスイッチをオンに」）。基準は高く設定するが、すぐにうまくいかなくても大丈夫だと言っておく（「一緒に取り組んで、一緒に問題

＊23
QRコードから
VIDEOS DISCUSSED の
「James Beeston stays
focused」で映像をご
覧ください

を解決していこう」)。これにより得られる選手の参加率のメリットを、1シーズンの間に何百回と行うやりとりの回数に掛ければ、コーチの使う時間のなかでも最も価値のある45秒間と言えるかもしれない。練習のメンタル面の文化を、フィジカル面と同じくらい念入りにつくり上げているのだ。そして、ジェームズは説明したことをすぐに実践に移すため、選手たちはすぐに習慣を身につけ始め、彼の言っていることが本気なのだと理解できる。彼のアプローチ自体が、選手たちがどのように練習を進めていくかの一部となる。言うまでもないかもしれないが、たとえ世界一の質問であっても、誰も答えてくれなければ生産的ではない。そして実際なところ、選手たちはジェームズのアプローチに満足している。退屈は楽しいものではない。練習はハードではあるが、そのほうが面白く魅力的だ。

このセクションを終える前に、最後にもう1つ。ブラック・ウォッチ・プレミアDOCのスティーブ・フリーマンが、先ほどのジェームズと同じような手法を用いているビデオを紹介しよう(＊24)。スティーブは、選手たちを機能別グループ(ディフェンスとオフェンス)に分け、練習について議論させていることに注目してほしい。選手たちが試合中に必要とするコミュニケーションを、試合中と同じコミュニケーション相手と一緒にシミュレートしているのだ。コーチが選手たちに、試合中にコミュニケーションをとって効果的に協力し合うことを望むのであれば、練習中からそれを実践するよう選手に求めるべきだ。試合中の激しい動きの中で初めてやってみるようでは、コミュニケーションが得意にはならないだろう。お互いに怒鳴ったり、言い争ったり、無視したりする可能性が高くなるだけだ。スティーブのアプローチにより、選手たちはトレーニングの中で課題を解決するための話し合いを練習できる。ほかのディスカッションと同様に、この手法はトレーニングのペースを乱して多くの時間を奪うことにもなりかねない。スティーブが非常に慎重に時間を管理し、ジェームズのような説明責任システムを盛んに組み込んでいることに注目することが重要だ。

＊24
QRコードからVIDEOS DISCUSSEDの「Steve Freeman questioning」で映像をご覧ください

学ぶためには考えることが必要

マーク・マンネラ氏

マーク・マンネラは第2章で、野球のマイナーリーグの監督が、リアクティブ（事後対応的）なミーティングとプロアクティブ（事前対応的）なミーティングの両方を教えることを目指した経験について述べていた。このシステムは、ミーティングをより活発で激しく、認知面の要求が高いものにすることで、ミーティング時間を短縮するという考えに基づいている。「選手が学ぶためには、考える時間も必要だ」と彼が述べていたことを覚えているだろうか。ここではマークは、選手がミーティングに参加する姿勢を強めるため、前述の監督が本セクションで紹介したような手法の多くを活用していることを説明してくれる。

監督自らが直接仕切るミーティングであれ、投手コーチや打撃コーチが仕切るミーティングであれ、チームのミーティングの効率を最大化するように準備している。彼らのミーティングは非常に双方向性が高く、メジャーリーグのクラブハウスというよりは、まるで進学校の教室のような印象を与える。

彼は、選手を指名するテクニックをさまざまな形で活用している。例えば「このビデオを見て、我々はうまくやれていると言えるだろうか？　ホセ、どう思う？」といったものや、「タイラー、次のプレーでは君に声をかけるから、準備しておいてくれ」といったものまで。また選手たちも、素早く順番に発言したり、少人数のグループで長いディスカッションを行ったり、積極的な形で参加している。あるときは、選手に順番に発言させる前に、静かに考える時間を20秒間設けたこともあった。

もう1つ彼が気に入っているのが、「ショウ・ミー」と呼ばれる手法である。これは、選手に対し、口頭で説明していることを身体で示すように求めるものだ。ある選手が「腕の振りを低めにしようと思っている」とか「スタンスが少し低くなったと思う」と言ったとする。監督が「どんな感じか見せてくれ」と言えば、その選手は立ち上がり、説明したことをやってみせる。そのとき監督は、誰か別の選手を指名して観察させるかもしれない。「カルロス、彼のスタンスはどうだ？」と。これにより学習が加速されることは間違いない。実は、彼は何度も「ショウ・ミー」と言うので、それがちょっとした話題となった。「ショウ・ミー」とプリントされたTシャツがつくられたほどだ。

彼のアプローチから生まれる結果のなかでもおそらく予想外に思えるのは、通常のミーティングでは、選手たちが話す量に比べると、彼とコーチ陣が話をする量は非常に少ないということだ。これは少々皮肉なことだ。彼らはほかのチームの場合と比べても説明責任がはるかに明確であり、また彼らの話したいことには選手たちがしっかり集中してくれる。しかし、だからこそ会話の主導権を選手たちに任せる場面を大幅に増やすことができる。そして、この手法を非常に効果的なものとしている理由は、彼がいつもそのやり方を使っていることにある。完全に予測可能なのだ。だから選手たちは、気持ちを引き締めて、しっかりと参加するつもりで部屋に入ってくる。腕組みをしてロッカーに寄りかかって座るような者は誰もいないとわかっている。選手たちは集中し、準備を整えてやってくるので、監督が最初の質問をする前から、すでに強い注意を払っている。

新加入の選手に対しては、初めてミーティングに参加させる前に、どういうやり方であるかを説明しておくことが非常に重要だと想像できるだろう。そのためシーズン開始時には、彼は全選手を集めて、彼のミーティングは何が違うのか、どのように行われ、どのように感じられるか、なぜそうなるのかを説明する。情報を透明化するというわけだ。また、マイナーリーグではシーズン中の選手の入れ替わりが激しいため、新しい選手には同じ内容の説明を個人用にアレンジしたものを提供するようにしている。もし、(認知面で)取り組む準備ができていない選手がミーティングに参加すれば、大きな驚きを味わうことになるだろう。

もう1つ、別の意味でも彼の仕事が驚異的だと感じられる理由は、メンバーのほぼ半分がスペイン語のネイティブスピーカーで構成されていることだ。彼自身は英語話者だが、自身の行う質問の大半を2カ国語でできるように、必死にスペイン語の習得に励んだ。そのこと自体が、彼は全選手の進歩を気にかけており、全員を参加させたいと思っているというメッセージだ。

意図的な質問

コーチに対するアドバイスとして、「もっと選手に質問しなさい」とよく言われるが、それ以上は何も助言されないケースが多い。どのような質問をすればいいのだろうか？　いつ？　もし、「ここで質問をする」と書いてある練習計画書があったとすれば、それはおそらく不完全なものだろう。何の目的で質問をするのか。もちろん、選手に考えてもらいたいからだ。確かに質問はそれを可能とする。では何を考えてほしいのか。質問は手段であり、目的ではないのだ。

質問する目的の1つは、選手を暗黙させ、精神的に引きつけて、積極的にトレーニングへ参加させる。しかし、実際にやってみれば誰でもわかるように、言うほど簡単ではない。ただ質問をするだけでは、ジェームズ・ビーストンほど選手への参加を促すことは望めない。誰も答えてくれないまま、質問が宙ぶらりんになったり、答えが明白すぎて選手を困らせたりすることもある。質問が不明瞭で漠然としていると、練習のペースが鈍ってしまう。たとえそれで有用な思考が生まれたとしても、時間がかかりすぎて流れが乱れ、トータルでは損失となる場合もある。

時間を無駄にせず、選手に有益な思考をさせる質問には、テクニックと計画が必要となる。

まず、「フレージング（言葉選び）の基礎」をいくつか紹介しよう。これは、選手の興味を引き、考えさせるような質問をするための一般原則だ。次に、「何について考えるのか」という問いに答えるための質問の種類について説明する。

≫ フレージングの基礎

明白な罠を避けること。選手が受ける質問は、コーチが実際には答えを求めていない「修辞的疑問」であったり、もっと酷いものとしては、あまりに明白すぎて修辞的疑問に「見える」ものであったりする場合が多い。答えが明白な質問は、知的文化を破壊してしまう。質問をしているように見せかけて、本当の質問ではないのだ。それが続けられれば、やがて、質問というもの自体の信頼性が広く損なわれてしまう。「なぜこんなことをしているんだ？」と、選手は暗に問いかける。そして、誰もが明らかに答えを知っているのに、それを声に出して言う者は、無知かお人好しだと思われてしまう。そのような状況下では、選手は答えたがらないし、答えた選手は信用を失う。そんなことを何度も要求されれば、質問者を疑ってかかるようになる。

「イエス」か「ノー」で答えられる質問は、特に明白な罠に陥りやすい。U15の選手たちを指導するコーチを考えてみよう。セントラルミッドフィルダーがボールを持った状態でコーチはプレーを止め、「このまま中央でプレーを続けるべきか?」と問いかける。イエスとノーのどちらが正解なのか、ここではプレーに関する十分な文脈を提供してはいないが、賢明な読者であれば、その場にいるすべての選手たちと同じように、すでに答えがわかっていることだろう。もし答えがイエスであるのなら、プレーを中断させて「中央でプレーすべきか」と問うだろうか?

たとえ答えがまだ十分に明白でなかったとしても、「続ける」という単語が決め手となる。答えがノーでなければ、「続ける」という言葉をつけ加えるだろうか。そして、答えがどちらであろうと、「イエスかノーか」の質問には一語だけの答えが返ってくる。そこから会話を発展させるのは難しい。そのため、「イエスかノーか」の形を避けることが第一歩となる。「この状況からどこでプレーしたいか」「どこでプレーするべきかを教えてくれるものは何か」あるいは「ここで何をすべきかを教えてくれるプレー原則は何か」などといった質問のほうが、おそらくより生産的だろう。

イエスかノーかの質問が良くないもう1つの理由は、質問をする側が正解をほのめかすような形で口調を変えると、「ティッピング（ヒントを与えること）」が非常に発生しやすくなることだ。例えば、「このまま中央でプレーを続けるべきか?」の「続ける」を少し強調すると、答えはさらに明白となる。またティッピングは、ほかの形の質問でも発生する場合がある。「ここから中央とサイドのどちらでプレーすべきか?」と問いかけるのは「中央でプレーを続けるべきか?」より少しはマシだが、「サイド」という単語を少し強調すれば、やはり答えは明らかになる。たとえ質問がボッチェ（訳注：イタリアのボーリング的な伝統競技）に関するものであっても、コーチの声の抑揚次第で正解はわかってしまうのだ。

　このようなことが起こる理由は、本当はコーチがアドバイスをしたいだけなのに、質問をしようとしていることだ。選手に何をすべきかを指示したいのに質問を装うのは時間の無駄でしかない。しかも、質問というものが魅力的で信頼できるものではなく、むしろ無味乾燥なものだと感じる文化を構築してしまう。このような経験から知的な協力姿勢を築くことは難しい。必要なときにだけ質問をするので、より良い質問をすることができる。また、フレージングが重要となるので、セッションを始める前に使えそうな質問をいくつか書き留めておくといい。そうするとフレージングがより力強くなる。たとえ言葉を変えたり調整したりするとしても、その場で考えようとするより、事前に考える時間を使ったほうがより明確になるはずだ。

≫質問の種類

　質問する目的が、選手を競技のメンタル面にもっと積極的に関与させることだとすれば、どのように関与させたいかを考えるのが有益だ。結局のところ、質問のタイプが異なれば、異なるタイプの思考を促し、異なるタイプの情報を生み出せる。

　コーチが質問をする上では、５つの目的があることを説明する。質問が良ければ、何か違うものが生まれることもあるのだろうか？　もちろんだ。すべての質問が必ずこれらのカテゴリーのいずれかにきれいに分類されるのだろうか？　おそらくそうではないが、良い質問のほとんどはこの中のいずれかだと思われる。さらに、ほとんどのコーチには（ほとんどの選手と同じように）自分なりの傾向がある。何を行う可能性が高いか、という傾向だ。おおむね有益なことではあるが、それが原因で、選手に別の考え方をさせる機会を逃してしまうこともある。コーチとしては、指導法のレパートリーを豊富に持っているほうが便利だ。レパートリーを分類すると、普段はあまり使わないタイプの手法を意識して、より理想的なバランスが実現できる。

発見のための質問

さらに目的の1つとして、問題に対する新しい解決法を相手に発見させせることだ。「相手のプレッシングにうまく対処するにはどうしたらいいか？」「カルロはボールを失わないようにするために、ボールを受けるときにほかに何をすればいいのか？」「発見のための質問」の背後にある考え方は、学習者にとっては自分で発見した解決法のほうがより強く記憶し、信じられるということだ。

また、発見のプロセスを通して、選手が常に新しい学習に意識を合わせつつプレーするようになることだ。これらは価値ある成果となる。しかし、コーチによっては質問をする目的が発見〝だけ〟であると考え、質問を行うプロセスを「発見学習」と呼ぶ場合さえある。選手が新しいコンセプトを発見できるように設計された質問は価値あるものだが、それには限界があること、また代替手段がありえることを考えるのも有益だ。1つの限界として、初心者は熟練者に比べて、経験を通じて物事を発見するのが苦手であることが挙げられる。発見能力は、選手がどれくらい予備知識を身につけているか（および新しい手法を考えるために利用できるワーキングメモリの量）に関連してくるからだ。

つまり、競技について十分な知識を持たない選手にとっては、質問は非効率的な教育ツールになりかねないのだ。発見のための質問をされても、初心者は稚拙な回答しか返せない可能性が高い。コーチはその対応に時間がかかってしまい、選手は集中力が途切れてしまうかもしれない。また、何度も間違った答えを出させると、選手がそれを記憶してしまう危険性もある。研究によれば、教室で「間違った」答えが出されると、学生は間違った答えも正しい答えと同じくらい覚えてしまい、両者を混同してしまうことが多いのだという。この傾向は、優れた学生よりも成績の良くない学生のほうが強い。初心者に発見を促すことが有効でないと言い切れるわけではないが、十分な背景知識がなく、重要な手がかりを正確に知覚する経験も乏しい初心者の場合は、この方法が非効率的な学習につながってしまう可能性もある。

発見学習のもう1つの限界は、選手が導き出す解決策の範囲が広くなりすぎ、生産的ではなくなってしまう可能性があることだ。イノベーションは常にポジティブなものだと考えがちだが、そう単純なものではない。相手のプレッシングに対してどう対応するかについて、全員がそれぞれ独自の答えに到達するためには、全員が協調してプレッシングに対応したい場合には理想的ではない。チームとして戦う上では、予測可能で確実な解決策（＝革新性が低い）が欲しい場合と、狭い範囲での革新性（例えば、相手8番の前のスペースにボールを入れるための予想外の方法）が欲しい場合がある。そのため、新たな解決策を発見することに加えて、別の形の問題解決法を用いることを選手に促せるようにしておくことも考える価値があると思う。

応用質問

選手に対し、すでに知っている解決策をどのように実行するかを問う質問（応用質問）も、意外なほどに批判的思考力や問題解決力を必要とするものだ。解決策がわかっても、その解決策を実行するためにどのような問題解決法が必要であるかは見落としがちだ。例えば、やりたいのは「相手の低いブロックを崩すこと」だとわかっているとしても、特に質の高い相手と対戦する場合は容易ではない。実際のところ、答えがどうあるべきかを考える以上に、どうすればその答えを実現できるかを考えるほうがはるかに難しいのが普通だ。解決策がどうあるべきかではなく、解決策をどのように実現するかを選手に問う質問は、プレーを向上させる上で非常に効果的となる。選手たちに、チームとしてのプレー原則やゲームモデルを協調して実行してほしいと望んでいる場合にはなおさらだ。

例えば、次のような質問ができるだろう。「ここでサイドを使ってプレーしたいことはわかっている。そのためにはどうすればいい?」あるいは「ここでパスレーンに侵入しなければならないことはわかっているので、そのためにオフ・ザ・ボールの動きについて知っていることをいくつか使ってみよう」。応用質問には、発見のための質問と同じ難しさもある(実際のところ発見のための問題と同じものであり、単により狭い枠組であるだけだと思う)が、ゲームモデルの中でうまく機能するという利点もある。例えばプロのアカデミーに所属するU18の選手たちであれば、すでに確立された原則を、厳しい条件下で実行に移す方法を見つけ出すことを期待されているだろう。「何をするべきか」は、監督の哲学によって決まる。それをどう実現するかが選手の課題となる部分だ。

知覚に基づく質問

すでに述べたように、知覚と行動の間には切っても切り離せないつながりがある。意識的な思考が省略されるため、選手が正しい判断を下すためにはどこを見るべきかを本能的に知っていなければならない場合も多い。より良い判断を求めるためには、選手の視線を誘導する「知覚に基づく質問」をすることが重要だ。「目はどこに向けるべきだ?」「何が見える?」「何を探すべきだ?」と。こういった質問は「何をするべきか」「なぜやるべきか」と同じくらい重要であり、それらの質問と同じ意味であることが多い。このことはすでに本書で前述しているため、ここでは、この質問が重要なカテゴリーであることを改めて強調しておくにとどめる。

理解度を確認するための質問

コーチが選手に教えたことと、選手が実際に学んだことの間には、どうしても大きなギャップが存在するのは避けられない。これは第４章のテーマとしているが、ここでは「理解度をチェックする質問」によって、誤解を素早く発見して対処できると指摘しておこう。つまり、選手がどのコンセプトを知っているか、どこに理解のギャップがあるのかを判断するための質問だ。「ここでチームとしては何をしたい？」「この状況でチームの目標は何だろうか？」「この状況でボールを持ったとき、相手は何をしそうだろう？」と問いかける。すでに明確になっているものがあれば、選手の回答に対して、ギャップに気づくことができるかもしれない。

知識習得のための質問

批判的思考力を持つため、また学習を持続させるためには、背景知識が重要だと考えると、リトリーバル練習を通じて重要な知識を長期記憶に定着させる目的で質問をすることには価値がある。「このことを何と呼ぶんだったっけ？」「自陣でディフェンスするときのプレー原則は何だろうか？」「オープンプレーではどのようにボールを受けたいか？　その理由は？」。

こういった質問は、選手が記憶の中にあるコンセプトにアクセスする速度を速め、批判的思考の基礎として活用するために役立つ。これらの質問はシンプルであるため、コンセプトや用語を思い出すよう選手に求めるのは何気ないことに思えるかもしれない。だが、重要であり、幸いこういった質問はさまざまな場所や場面（例えば、試合前、帰りのバスの中、ピッチサイドなど）で簡単に行うことができる。

ここでもう一度、5つのタイプの質問の簡単な例を挙げてみよう。カテゴリー分けは厳密なものではない。リトリーバル練習は記憶を定着させるためのものだが、理解度を確認することもできる。発見のための質問と応用質問の境界線もあいまいであることが多い。1つの質問に両方が含まれていて、連続して組み合わさることもよくある。

（1）「いま何をしようとしているのか?」［理解度の確認］

（2）「そうだ、ではどうすればできる?」［応用］

では、なぜ分類するのかと聞きたいかもしれない。分類を行うのは、質問を意図的に行うため、なぜその質問をするのかを問うため、そしてタスクを達成するのを助ける質問を設計するために有用となる。

コーチや教師なら、うまく機能しない質問をして時間を無駄にした経験が誰にでもあることだろう。その理由としてよくあるものは、「なぜ質問するのか」が明確でないことだ。単に「質問を使う」のが目的であれば、ハードルはさほど高くないが、それほど良い質問をすることもできないだろう。何を達成しようとしているのかがわかっていれば、質問をより厳密に評価できる。質問を通じてさまざまな目的を追求すれば、うまくいった場合には、選手の考えをさまざまな方法で助けられる。重要なのは、どれか1つ「最高」のものを使うのではなく、5つすべてが有用であると考え、すべてを使用するタイミングを見つけることだ。

・発見　「どのような解決策がある？」「どうすれば解決できる？」
・応用　「どうすれば、やろうとしていることを実現できる？」
　　　　「どの選択肢がベストだろうか？」
・知覚　「ここで何を探すべきか？」「何が見える？」
・理解度　「ここで何をすべきか？」「いま我々が目指しているものは何なのか？」
・知識構築　「効果的なプレスを行うためのカギは？」
　　　　「ボールを失ったらまず何をする？」

データに基づく質問

ニューヨーク・レッドブルズのコーチ兼コーチ・エデュケーターであるキカ・トゥールーズは、最近のトレーニングセッションで、数人の選手たちにフィードバックを行った。彼女が指導していたポイントは、ウィークサイドラン（手薄なサイドに走り込むプレー）で相手のバランスを崩すこと。数分間はプレーを止めずに続けるよう選手に指示した上で、彼女はその間にメモを取っていった。

「ウィークサイドランについて記録を取ります。まずはそもそもやっているかどうか、それから、そのプレーを活かせているか、得点につなげられているか」と彼女は選手たちに伝えた。得点チャンスをつくった回数と、実際に得点できた回数を記録していく。プレーのデータが取れたところで、一旦プレーを止めた。

「どっちが勝ったと思う？　黒チームが５－３で勝ちましたが、勝っただけでなく、黒チームのほうがウィークサイドランの効率も良かった。６回チャンスがあって、そのうち5回で点を取れていた」とキカ。

次は敗者の側だ。「オレンジチームは7回のチャンスがあった。チャンスをつくった数は多かったけれど、そのうち3回しか活かせなかった。なぜもっとチャンスを活かせなかったと思いますか?」続いてディスカッションが行われ、選手たちはデータの理由を理解しようと試みた。「チャンスはあった」「決められなかった」「頭を下げてプレーしていた」「いつもプレッシャーをかわせなかった」と。

選手たちに、実際のプレー中に収集したデータセットを提示することは非常に効果的だ。客観的な情報が得られるため、分析がしやすくなる。「頭を下げてプレーしているから、逆サイドに走り込む味方が見えていない」というコーチの意見だけに頼るよりも、選手は客観的なフィードバックを得られる。問題がしっかりと存在するようになるため、コーチが判断を下す必要はなくなり、それよりもデータが解決策を提供してくれて、選手を導く役割となっている。

選手が指導を実行に移したかどうかをデータで把握するという手法については第4章でも触れるが、キカの例が示すように、これは選手との対話をより客観的にするための強力な方法となりうる。「測定されたものは管理される」という言葉がある。新しい形のデータを収集して、選手たちが単なるゴール数以上のものをもっと考慮に入れることを可能にしたのだ。そして、こういったデータが得られれば、「どんな解決策があるのか」「どうすればウィークサイドに走り込む味方にうまく気づけるか」といった質問もしやすくなる。データはいつも、より良い質問をサポートするものなのだ。

第4章

理解度のチェック

VIDEOS DISCUSSED

[QR コード]

＊各注釈の映像はこちらからアクセスできます

イントロダクション

ティーチング

ジョン・ウッデンは、20世紀の最も偉大なコーチの一人だった。多くの勝利を手にしたコーチであることはもちろんとして、多くの人に愛されたコーチでもあったし、彼の言葉は何度も引用されてきた。ウッデンの物語、格言、原則はもはや神格化され、まるで福音書に収められた寓話であるかのように語られる。

・ＵＣＬＡのシーズン開始時に、選手に靴下の履き方を指導したという話は、何事も最初から始めるべきであることを物語っている。そしてその「最初」とは、我々の思う以上に前の段階なのかもしれない。

・ビル・ウォルトンがチームのルールに反発し、髪を切りたくないと宣言したとき、ウッデンはウォルトンが自分の信念を貫いたことを称賛した上で、「君がいなくなるのは寂しいね、ビル」とつけ加える対応を取った。チームの理念が試されるのは、それを最高の選手にも適用するかどうか、そしてそれが試合に負けるという結果につながるかどうかという部分にあることを教えてくれる。

コーチになる前に教師をしていたこともあってか、教える側の技術に関する彼の知恵は実践的かつ知的であり、いまのところほとんど古さを感じさせることはない。彼の格言の中でも、私が最も有用だと感じるの

「教師がうまくいっていないことを発見しようとしている一方で、生徒は何とかして発見を逃れようとしており、自分が実際より優れて見えるために弱点を偽装している」ジェレミー・デンク（＊1）

＊1 ジェレミー・デンクのコラム「すべての良い男の子はうまくいく」Www.bit.ly/33zQjQX

は、ティーチング（およびコーチング）についての定義だ。ティーチングとは、「私が教えた」と「彼らが学んだ」の違いを知ることだ、と彼は言っている。どのような環境であろうとも、この2つの考え方の差異を埋めることこそが教育者の仕事の核心であり、同時に仕事のなかで最も難しい部分となる。もちろんスポーツのコーチングでも同じだ。

教師は誰でも、できるだけ多くの生徒ができるだけ深く理解できるように、教えるコンセプトを可能な限り明確に、記憶しやすい形で示そうと努める。だが最初の指導がどれほど優れていても、学習はどこかで中断される。ギャップが生じてしまう。そこでの対応として、多くの場合、私たちはまず責任が誰にあるのかを明らかにしようとする。だがこれは基本的に、人々が物事を教えたり学んだりしようとするとき、特に、困難で複雑な物事を教えたり学んだりしようとするときには必ず起こることなのだ。ウッデンの格言から得られる最大の洞察は、「ギャップは避けられない」という冷静な前提にあると言えるだろう。ギャップがあるかどうかが問題なのではなく、それにどう対処するかが問題なのだ。

教えるということは、ギャップをなくすのではなく、それを理解するものだと彼は提唱している。コーチの仕事は、最初に完璧な説明をするよりも、選手が学んでいく上で直面する苦労を探し出し、予測することにある。優れたコーチになるためには、例えばゾーンプレスに関する深い知識を持ち、それを選手に伝えられるだけでなく、選手がそれを学ぼうとするときに何が問題になるかを見極めることが必要だ。このプロセスは「理解度チェック」と呼ばれ、重要であると同時に習得するのが難しいものでもある。とりわけコーチは、教えるための準備方法や、トレーニング中の選手を観察する方法までも変える必要がある。

見ることの試練

不注意による見落とし

第1章では、選手の意思決定において知覚が果たす重要な役割について述べた。良い知覚をすることは、良い意思決定をするためにのみ必要なわけではない。知覚と意思決定の境界線は明確ではない場合が多い。選手は、相手がどのような動きをするのかを示す最初の手がかりを察知した時点で、すでにリアルタイムで行動に移している。いわゆる「先読み」だ。まるで相手の動きを知っているかのようであり、実際にそうなる。だが逆に、例えば「相手がプレスをかけてくる」という決定的な情報が生じたときに目がほかの場所を向いていれば、反応することはできない。認識と意思決定は切り離すことができないのだ。1度や2度であれば幸運に恵まれることもあるが、長い目で見れば、選手の決断能力が、周囲で起こっていることを見て理解する能力を上回ることはない。

同じことはコーチにも言える。コーチが選手を指導・育成する能力は、トレーニング中に選手が何をしているかを認識する能力を越えることはない。だが、このタスクは決して簡単なものではない。見ることとは機械的な作業であり、事象に目を向ければ何が起こっているのかを認識できる、と考えがちだが、これは真実とはかけ離れている。見ることとは技術的であり、主観的であり、困難を伴うものだ。1つのスキルであるとさえ言えるかもしれない。生理的プロセスである以上に、認知的プロセスであることは間違いない。認識されることは少ないが、正確に見る能力はコーチの最重要スキルだ。

これがどういうことなのか、ちょっとした例を紹介しよう。若く優秀なコーチが指導するトレーニングのなかで、プレーを止めたときのことだ。彼はパスパターンを使って、選手たちをビルドアップ時の一般的な動きに慣れさせようとしていたが、パスを受ける選手が足を止めて待っていることが多いと気づいた。少しプレーを止め、セントラルミッドフィルダーの選手の隣に立って彼はこう言う。「みんな、サイドバックがボールを受けるのを見たら、自分へのパスが優先的な選択肢の1つになるとわかるはずだ。だから、単にボールを受ける準備をするだけでなく、チャンスをつくれるように相手から離れる必要がある。つまりこういう動き［チェックの動きを実演］でディフェンダーを引き離してから、ボールを受けに戻ってくるんだ。このパターンの練習を続けるので、この動きを見せてほしい。毎回だ。チェックの動きを入れて、ボールに戻ってくる。やろう！」。

フィードバックの基本的なルール（第3章参照）に照らし合わせると、彼のフィードバックは力強いものだった。1つのアイデアを説明し、その解決策を明確かつ迅速に提示して実演し、選手にすぐに試す機会を与えた。だが彼は、シンプルすぎてほとんどのコーチが気づきもしないことを1つ怠っていた。観察を怠ったのだ。プレー再開後には選手の対応を見るために適切な位置取りをし、選手がパターン通りにパスを回すのを見ていた。だが、彼が「やろう！」と言ったあと、次にボールを受けた選手10人のうち8人がコーチに説明されたような動きをしなかったのに、なぜか彼は気づかなかったのだ。選手たちがやっていると思い込んで、しっかり見ていなかったのかもしれない。あるいは次の指導ポイントを考えていたのかもしれない。理由が何であれ、彼は見ているようで見ていなかった。選手はうまくやれないプレーを修正されることもないまま続け、次にプレーを止めた際には彼はまた別のポイントを指摘することになった。

コーチは教えたが、選手は学んでいなかった。そう遠くない未来、土曜日の試合のハーフタイムに、彼が切迫した、そしておそらくは不満を込めた声で言うことを想像するのは難しくないだろう。「みんな、動きがなさすぎる。ボールを受けるスペースをつくる動きは説明したじゃないか。スペースをつくらないと！」そこで彼は、ジョン・ウッデンの言うギャップについて選手たちに説くことになる。「スペースのつくり方を教えたのに、君たちはそれを学んでいない」と。

選手が練習でやったことを試合で実行できない理由はさまざまだが、その多くについては本書のほかの部分で説明を試みている。リトリーバル練習のバリエーションや間隔が不十分で、選手たちが練習でやったことを試合当日には忘れてしまっていたのかもしれない。トレーニングの複雑さを十分に高めておらず、選手は実戦の条件下でパフォーマンスを発揮できるほどの準備ができていなかったのかもしれない。選手たちはスキルの実行方法を知ってはいるが、実行する適切なタイミングを教えてくれる知覚的な合図を読み取れなかったのかもしれない。だがここで挙げている例を通して説明しているのは、もっと単純に、観察の危険性というものだ。コーチが選手に何かを要求し、それを選手がその場で実行できなかったのに、コーチは見ていなかった。

この学習のギャップに対応するために、コーチは「みんな、さっき話したような動きは見られなかった。もう一度やってみよう」とでも言えれば良かったかもしれない。あるいは、「これから10人を見て、一旦離れてから戻る動きができたかどうかで『イエス』または『ノー』と叫ぶ」とつけ加えられたかもしれない。「みんな、動きができていないのは、やり始めるのが遅すぎるからじゃないかな。もう少し早く動き始めて、どうなるか見てみよう」と言えたかもしれない。ほかにも考えられるだろう。だがコーチは、自分が見ることができたミスにしか対応できない。まずミスを認識しなければならないが、意外にもその段階でプロセスが破綻してしまうことは、想像できる以上にはるかに多い。

本章を通して、皆さんがより良い指導をできるようになる助けとして私から言えることがあるとすれば、それは、このコーチを裁きたいという誘惑に負けないでほしいということだ。この例と同じような話は、皆さんの最近のトレーニングセッションの中でも間違いなく起こっていたはずだ。７歳の子供を指導していようが、プロのアスリートを指導していようが、新人コーチであろうが、尊敬されているベテランコーチであろうが、同じように。信じられない方もいるかもしれないが、私は１００％そうだと確信している。それこそが、この話の驚くべき部分だ。指導を受けた選手が言われたことを実行できず、そしてコーチがそれに気づかないというのは、ある程度は定期的に起こっていることなのだ。あとから練習のビデオを見せてもらえれば簡単に気づくことができるだろう。例えばコンビネーションから最後にグラウンダークロスを入れる練習をさせたとして、グラウンダークロスの本数を数えてみよう。あるいは両足を使う練習を指示したとして、選手たちが何回左足を使ったかカウントしてみよう。実際に指導している瞬間には隠れていたものが、ビデオでは明らかになる。選手たちはグラウンダーのクロスを入れていなかった。ほとんど誰も左足を使っていなかった。コーチはすぐ目の前にあったものが見えておらず、選手たちのことも、選手たちがうまく学べていないことも理解できていなかった。これは誰にでもある。我々全員がある程度は、ここで紹介したコーチと同じなのだ。そのことを受け入れる謙虚さを持てるかどうかだけが唯一の問題だ。それができて初めて、変わるための一歩を踏み出せる。

科学的には、我々は目の前にあるもののほんの一部しか見ていないと言われている。その理由はさまざまだが、１つは注意力だ。見ることに集中していないため、見逃してしまう。受動的に見ているからだ。複雑な練習のなかで16人の選手が実際に何をしているかを注意深く観察するのは大変な作業だが、人間の脳は、必要なときだけ、無理やり働かせようとしたときだけ必死に働くようにできているのだ。そして、「観察」はコーチングそのものではないように感じられてしまうことも問題だ。重要な作業であると思わなければ、必要であるはずの努力をしようと取り組む可能性は低いかもしれない。集中して観察するべきときに、コーチは「何か言わなければならない」とか「せめてコーンを置こうか」といったことを考えてしまう。本気で見るのではなく、次に何を言おうか、何をしようか、土曜日に誰を先発させようかなどと考えている。しかし、よく見るためには一心不乱に集中する必要がある。見ることを課題として捉え、積極的に見るよう意識を集中させなければならない。

また、克服するべき技術的な問題もある。例えば、目の奥の視神経は、視界の中心から15度ほど横にある場所につながっており、そこには感覚細胞がない。大脳皮質は、周囲の世界を不完全な形で受け取る。それを補うため、大脳皮質は本来であれば見えたと想定されるもので死角を埋めようとする。ほかの情報源として利用するのは、もう片方の目が見たものや、見えなくなっている空間で数秒前に見たものなどだ。脳はこのようなことを非常にスムーズに行うので、ほとんどの人は死角の存在に気がつかないが、実際には死角は驚くほど大きい。我々は「想像で世界を見ている」とよく言われるが、これは比喩表現であると同時に、文字通りの意味であることも多い。

知覚は主観的で誤りやすいものだ。ただ我々は、それが真実だと思いたくないだけなのだ。チャブリスとシモンズが述べているように、「我々は常に視覚世界のごく一部しか認識していない」のだが、「見ていても見えていないという考えは、我々が自分たちの心を理解する方法とはまったく相容れない」のだ。何かを修正したければ、その前提部分を修正しなければならない。選手の育成を改善するには、彼らが学んでいる姿を見るという作業を、より真剣に行わなければならない。

ここで、コーチに指示されたチェックアウェイの動作を選手たちが実行できなかったセッションに話を戻そう。目の前にあるものが見えないことを専門用語で「非注意性盲目」と言うが、コーチに見えていなかったものを私が見ることができた理由の1つは、ちょうど前日にコーチたちのグループと観察の難しさについて話し合っていたからだ。ドアを開けた時点で、何が起こるかを予期していた。私の知覚が特別に鋭いから見えたのではない。目の前にあるものを見逃す可能性は私であれ、ほかの誰であれ変わらない。ただ、準備ができていただけだ。そして、チャブリスとシモンズによれば、まさにそれこそが「もっとうまく見る」ためのカギなのだ。不注意による見落としをなくすため、効果の実証された方法が1つある。「予想外の物や出来事を、予想外ではなくすることだ」と彼らは書いている。

教室でより良く見る

私がコーチたちの「見る力」を伸ばす手伝いをするとき、まずデナリウス・フレイジャーが数学を教えているビデオを見せることから始める場合が多い（＊2）。ビデオの中でデナリウスは、ほぼすべてのコーチがトレーニングで経験するのと同じような問題に直面している。彼の教室には30人の生徒がいて、彼らはそれぞれ2つの数学の問題を解いている。各問題には複数のステップがある。これだけの人数が複雑な課題に取り組む進捗状況を把握するのは至難の業だ。だが、達人的なデナリウスがどのようにこの難題に向き合っているかは見てみる価値がある。

デナリウスが「見る」という作業にどのように取り組んでいるかについて、観察すべき重要な点の1つは、彼が自分の観察をデータとして扱い、一定の規則に基づいて記録していることだ。例えば、彼はクリップ

＊2　QRコードからVIDEOS DISCUSSEDの「Frazier teaches every student」で映像をご覧ください

ボードを手にしてメモを取っている。このようなことをする教師は少ない。彼らは「心のメモ」を取るだけだ。だが、30人の学生がそれぞれ4～5ステップで構成された2つの異なる問題に取り組んでいるのを観察し、重要なことをすべて、あるいは大半を記憶できると考えるのは、教師にとって現実的な話ではない。これほど複雑なデータセットの中から何を記憶できるかは完全に不規則であり、最初の頃に見た重要なことを覚えておこうとすると、それ以降のものを見る能力が損なわれてしまう。観察にも記憶にもワーキングメモリが必要であり、その容量の限度はかなり小さい。観察したことを記録しておかなければ、どちらかの作業は不可能になるだろう。

これはコーチにとっても同じことだ。数分間の複雑な活動を観察した上で、そこから一般的な傾向、個人の長所と短所、重要な詳細を記憶するというのは、誰にとってもワーキングメモリの容量オーバーとなる。自分自身で気づこうが気づくまいが、それを補うための習慣を身につけざるを得ないが、そのことが理解を歪めてしまう。最初に見たものに固執したり、逆に新しく見たものが前のものを記憶から追い出してしまったり。サポートに入った選手のポジショニングについて、肝心なことではなくぼんやりとした情報しか覚えていなかったり、単に正しくはなかったということだけしか覚えていなかったりする。人間の脳は、7桁の電話番号すら簡単には覚えられない。何人かの選手が外へ開いてスペースをつくる動きを素早くできていないこと、セントラルミッドフィルダーの選手が深い位置へ走り込みすぎること、別のある選手はプレッシャーを受けるとバックパスを出しがちであること、4～5人の選手（どの選手？）は攻撃ポイントを切り替えるためにファーストタッチの質を上げる必要があることなど、詳しく覚えておくのは不可能だ。これだけのデータを頭の中に残しておき、それを分析して予想外の傾向を見つけたり、いま取り上げるべき最も重要なトピックはどれであるかを判断したり、問題を提示して解決するための最善の方法を考えたりしようとするのは、さらにあり得ないことだろう。それほど多くの情報を何らかの形で整理して保存することなく処理できると考えるなら、脳の仕組みを理解しているとは言いがたい。コーチがトレーニングを見る際に、「心のメモ」を取ることを主なアプローチとしているなら、観察結果をデータとしては扱っておらず、選手をより早く上達させるための重要なツールを失っていることになる。

観察データを記録する上で、単なる白紙を使って見たものを書き留める、というシンプルなメモも１つの手段だ。ワーキングメモリの問題を解決する方法として価値がある。しかし、デナリウスは文章やフレーズを書いているようには見えず、単純なメモを取っているわけではなさそうだ。実は彼は、事前に思考を整理し、より良い観察ができるように準備していたのだ。注意深く見てみると、彼の生徒たちの中で最も多い間違いは、余りを求める部分で起こっているとわかる。デナリウスはそれをすぐに発見し、授業を止めて「ここに変えるべき部分がある」と言うと、問題点の修正に取り組む。これは単純なようでいて、非常に重要なことだ。フィードバックを行うにあたり、１人や２人の生徒だけが苦戦している部分ではなく、教室の中で最も頻繁に起こる、あるいは最も重要な間違いを一貫して取り上げていれば、進歩のペースは大きく上がる。しかし、もう一度よく見てほしい。例えば、ビデオの42秒の時点で式の余りが間違っている生徒を見つけたとき、彼は「おっと、その余りをチェックして」と言いながら、クリップボードにチェックをつけただけだった。これは、どこが問題点になるかを彼があらかじめ予測し、余りに関する間違いを記録する場所を用意していたことを示している。事前に問題点をよく考え、生徒が犯しそうなミスをリストアップしていたということだ。彼はこのリストを使って、観察したものを整理している。リストがあることで、どのような間違いを探すべきか思い出すのにも役立つし、データを素早く視覚化することができる。「余り」という言葉の横にいくつもチェックマークがつくことになれば、どこに力を注ぐべきかがわかる。

しかし、よく観察してみると、デナリウスのクリップボードにはほかにも何か書かれている。1分12秒からの彼の行動を確認してみよう。1人の生徒になぜ間違っているのかを説明するとき、彼は素早く自分のノートに目をやる。これは、彼が理想的な答え、つまり模範解答を書き留めていたからであり、生徒が何を間違えたのか迅速・正確に診断するのに役立つからだ。「余りが少なくなっているのは、ここの値が間違っているからだね」と彼は言う。模範解答をいつでも参照できるからこそ、彼は自分の目で見た結果と理想的な結果との違いを目に留めることができる。すべての情報を無理にワーキングメモリに入れようとする必要はない。

視線を下に向ければ、ほんの1秒ほどで思い出すことができる。このようなサポートがあれば、彼は一人あたり数秒で各生徒を評価し、問題を解かせる時間が終わる前に教室を一周できる。もし一人あたり10秒かかっていたら間に合わなくなるだろう。「効率」という言葉はあまり魅力的には聞こえないし、『TED』の講演者や教育哲学者がこの言葉を熱弁することもほとんどない。だが重要なものだ。効率性がなければ、ほんの数人の生徒だけが個別のフィードバックを受けることになり、デナリウスはクラスのデータの一部しか収集することができない。これは多くの教師に起こることだ。全員に目が届かず、生徒も全員が見られているとは感じられない。クラスの半分の人数が何を体験しているか、教師は推測で済ませてしまう。ここでデナリウスが効率的なのは、目にする答えを常に模範解答と比較できるからだ。だから違いがすぐにわかる。理想的な解答を一目見れば、何が足りないのか気づくことができる。

準備段階では、こういったことは見落としてしまいがちだ。模範例を書いておくことは、特に自分がその分野の専門家であれば、時間の無駄に思えるかもしれない。模範例なら「頭の中にある」と考えるだろう。「効果的に機能する中盤というのがどういうものかはわかっている。書いておく必要などない」と。だが当然ながらデナリウスも、多項式の除法がどのようなものであるかは知っているはずだ。それでも、生徒が基準を満たすためには何が必要であるかというリストを見ることで、彼は潜在的なギャップをすべて把握し、より迅速かつ正確に情報を処理できるのだ。サイエンスライターのアトゥール・ガワンデは、この「チェックリスト」の考え方について丸々1冊の本を書き上げた。その著書『The Checklist Manifesto』の中で、「複雑な状況下ではチェックリストは助けになるだけでなく、成功のために必須となる」と彼は書いている。さらに続けて、外科医やエンジニアなど、訓練を受けた専門家が、適切に設計されたチェックリストを使って意思決定を管理し、大きな効果を上げている分野について説明している。彼によれば効果的なチェックリストとは、「正確で（中略）効率的で、要点がまとまっていて、使いやすいもの。最も決定的で重要なステップを思い出させてくれるもの」だとされている。優れたチェックリストは、つまり模範解答の一種なのだ。単なるリストではなく、より多くの記述を含む形の模範解答もあり得るが、いずれにしても目的は同じだ。成功するために必要な特性を明確に記述し、それらの観察を整然と効率的に行うことである。

興味深いことに、ガワンデはこのようなツールが最も価値を発揮する状況が2つあると論じている。1つ目は、特に複雑で高度な作業の際に使用する場合だ。外科医や巨大高層ビルを建てるエンジニアが、何年かはチェックリストの使用を拒否していても結局使うことになるのは、特に専門家であるほど、観察しながらワーキングメモリにとどめておくことができる情報をはるかに上回る知識を有しているからだ。知識があればあるほど、見ているものを整理することが必要になってくる。チェックリストやその他の形の模範例が特に価値を持つ2つ目の状況は、自律性の高い大規模な組織全体で確かな結果を得たい場合。例えば、まさにサッカークラブがそうだ。「正しい」とはどのようなものかについて全員が合意できていれば、自律性を維持しつつ、実行のばらつきを抑えられる。

スポーツの状況に置き換えてみよう。例えば後方からのビルドアップに取り組んでいるとする。セッションノートには、コーチがふとした瞬間に考えた内容が書かれている。これにより、何を見ればいいのかがわかる。

パスについては
・グラウンダーのパスで
・強く出す
・受け手の選手の1歩前に
・体をオープンにして、目線を上げてボールを受ける
・まず相手のラインを崩すこと。それができなければ攻撃の角度を素早く変える。緩い横パスはダメ

事前に考えておけば、実際にプレーが実行されるのを確認できる可能性は高くなる。もし気が散ってしまっても、簡単なツールを使ってもう一度それらを意識のトップまで戻せる。書き留めておけば、練習を見ながらそこにメモを加えたり、データを集めたりすることもできる。例えば、「パス：グラウンダー」の横にチェックを入れる。「いつもできているけど、まあ、マティアスは例外だな」と。彼の名前を「パス：グラウンダー」の横に書いておけば、あとからコーチ自身やアシスタントがマティアスと一緒に取り組むことができる。一人の選手の技術的な問題のために練習を止める必要はない。あるいは、キケはパスを受ける前に周囲を確認するのが得意であることに気がついたとする。誰かにそれを実演してもらう必要がある場面が出てくれば、彼が適任だろう。そこで、「体をオープンにして、目線を上げてボールを受ける」の横に「キケ＋

PACE OF PASS
BALL STRUCK ON GROUND
RECEIVE ACROSS BODY
EYES UP
Pace of pass
Ball struck
ground
COACH
1 パススピード
2 ボールが地面に落ちる
3 体を開いてレシーブ
4 目線を上げる

＋」と書いておく。次に、パススピードを念入りに観察することにした。「パス：強く出す」の横に、良いパスがあればチェックを、悪いパスがあれば×をつけていく。比率はおおよそ6対4であることがわかり、プレーを止めて指摘したいと考える。「みんな、パススピードに集中してほしい。パスは速く出さなければいけない。これからパスを1本1本採点していく。やってみよう！」。本当にそれほど細かく見ているのか、選手たちは疑うかもしれない。だが、パスを出すたびにコーチが小さな印を書き込んでいるのを見て、集中力を高めていく。数字も急上昇していく。目の前に数字があるからこそ、進歩しているのがわかる。「フリーズ」で再びプレーを止める。「みんな、今回は何も新しいことを教えたわけじゃない。パススピードが重要だということを思い出させただけだ。そうしたら、40％もあった遅すぎて効果のないパスが、ほとんどなくなったんだ。どういうことだと思う？」 こう問いかけることで、集中力さえ維持できれば彼らには力があるということを自ら気づくように仕向けられる。

続いて、このアイデアを現場で活用しているコーチの魅力的なビデオを紹介したいと思う。それからデナリウスのビデオの後半部分に戻って、集めたデータを彼がどのように扱っているかを一緒に見てみたい。だがその前に、一旦話は逸れるが、コーチがトレーニング中のパフォーマンスからもっと良いデータを収集するためのポイントをいくつか説明しよう。これはデナリウスの教室を研究したことで見えてきたものだ。

最初の重要な考え方は、観察したものはデータの1つの形態であり、〝心のメモ〟だけではデータを取り扱うには不十分だということだ。観察を行う際には、何らかのトラッカー、つまりリアルタイムでメモを取る場所を用意する必要がある。『Teach Like a Champion』の中で、私はこのことを「観るのではなく、追跡する」と呼んでいる。観察とは受動的な活動ではなく、能動的な活動であることを教師たちに（そしてここでは、コーチである皆さんにも）思い出してもらうためだ。「見ているだけ」ではコーチングにならないと思いがちだが、実はそれこそがコーチングの仕事の中でも最も重要な部分、そして最も軽視されている部分である。単に観察したものをメモに取るだけでも、どのように見るかをより強く意識し、より意図を持って見ることができる。どれくらい注意深く見るか。何を見るのか。人間とは気が散りやすいものであることが、科学でも明らかとなっている。すぐ目の前で起きている出来事が見えないことは多い。人間の目は、明るいものや速い動きをするものを本能的に追いかけている。例えばサッカーボールもそうだ。そして、守備面のプレーやオフ・ザ・ボールの動きなどのような、より重要ではあるが目立たないものからは簡単に注意が逸れてしまう。ある選手たちを、ほかの選手たち以上によく見ているといったことも間違いなくある。コーチは何に注意を払うかをもっと意図的に決めることができるし、そうするべきだ。適切なトラッカーの設定がその助けとなる。

２つ目のポイントは、「エラーを予測する」ことで、チームや選手の成功を妨げる学習ギャップをより効率的に発見できる。つまり、トレーニングの計画を立てる際に数分かけて、「選手たちがこの練習をするときに最も失敗しやすいことは何か」と具体的に自問する。そして、それを書き留めておくのだ。これを実行すれば、いくつかの利点が得られる。まず、自分自身が、そのようなエラーが起こったときに気がつく可能性が高くなること。チャブリスとシモンズが述べているように、想定外を想定外ではなくするということだ。次に、予想していたミスが実際に発生した場合に、どうするかを考えやすくなる。そしてもちろん、観察しながら効率的にデータを集めるためのツールの設定も容易になる。

最近、あるコーチが上級ライセンスコースの一環として指導の様子を撮影された映像を見た。彼には撮影されている間に独り言を言う癖があった。そこから彼の思考が垣間見える。選手がパスワークの動きをしているとき、彼は「きれいにやれていない」とつぶやいていた。その後、アシスタントにも同じことを告げる。

「選手たちは十分にきれいにできていない。次のステップに進むべきではないと思う」。彼の観察によれば、選手たちの技術力は、彼の求める戦術的内容を実行するのに十分ではなかったのだ。しかし、そのわずか数秒後、彼はホイッスルを吹いて練習を次の段階へと進めてしまった。これは彼だけに起こることではないと思う。問題を発見しても行動を起こさないということは、驚くほどよくある。「データの隠蔽」と呼んでもいいかもしれない。「やはり身についていなかったか……」と後になってから気がつくことも多い。ここで疑問が生じる。知っていたのなら、なぜ何もしなかったのだろうか？　これは単なる後悔や非難の言葉ではなく、実質的な問題だ。学習のギャップを発見しても、それに対応するため練習内容を変更することは、自動的に行われるものでは決してない。「その場ではどうしたらいいのかわからなかったからだ」というのが、先ほどの疑問へのよくある答えだ。あるいは「チームの練習内容をその場で変えようとはしたくなかった。何をしているかわからなくなるリスクがあるので」。それとも「後半のセッションを入念に計画していて、それを教えるのが楽しみだったから」。もちろん、選手たちに苦労を体験させたいとか、ほかのことを教えるのに集中したいといった理由で、すぐには対処しないことを意図的に選択する場合もあるかもしれない。

だが行動すべきときもある。選手がより高度な練習に進むのではなく、一歩戻って技術を整える必要があるとわかっているにもかかわらず、そうしないのは問題だ。躊躇する理由の1つは、その場の勢いで行う変更は不確実であり、またコーンの置き直しやグループの再編成などでプレーが止まる時間を伴う可能性があることだろう。目に見えた問題を解決するのには役立つ〝かもしれない〟が、計画に沿って進めている練習を確実に途切れさせることになるため、必ずしも割の良い取引ではない。計画性を不確実性と交換し、「やりたいこと」を「仕方なくやるべきこと」との交換になる。「みんな、もっときれいに。もっときれいにしないと！」と叫んでみるほうが簡単だ。これで少しは何かをやったような気になって、当初の予定通りに進めることができる。しかし、エラーをあらかじめ想定していれば、エラーへの対応も想定できる。そうすれば、「戻る」と決めたあとの行動も、それほど突発的なものだとは感じられない。どうするのかがわかっていれば、行動に移せる可能性が高くなる。そして、行動がうまくいく可能性も高くなる。

エラーを予測することには、もっと無形のメリットもある。１つは、選手が苦戦する部分を予想した上で練習できること。たとえ選手のミスについて予想が間違っていたとしても、予想を上達させることにつながる。また、選手の目線でトレーニングを見る練習にもなるので、選手がうまくやれない理由を理解できるようにもなってくる。さらに言うと、エラーや困難があることを計画段階から想定していれば、実際にそうなったときに腹を立てることも少なくなるだろう。選手が苦戦しているのを見て、チームのやる気のなさや欠点の表れであると考える可能性ははるかに低くなり、むしろ学習とは困難なものであるとあらためて思い出せる。問題解決のためのチャレンジだと考えられる。責任をなすりつけたり、実際には努力している選手を努力していないと不当に責めたりすることを避けられれば、選手たちからの信頼と信用を維持できるだろう。

３つ目のポイントは「模範解答の作成」だ。これは「エラーの予測」に似ているものでもあるが、理想的な答えがどのようなものであるか、時間をかけて準備しておくことである。理想を綿密に想定し、それを常に頭の中の一番上に置いておけば、望んでいるものと実際に見えているものとのギャップがはるかに明確に見えるようになる。実行時のギャップが一気にはっきりとしてくる。模範解答をつくるためには、例えば自分にこう問いかける。「世界最高レベルのＵ14チームがこの練習をすれば、あるいは自分の指導するＵ14チームが最高の状態になったときにこの練習をすれば、コンセプトをどう実行しているように見えるだろうか？」そして、それを書き留めておく。こうすることで、中途半端にしか意識していなかった細部まで意識し、考えることができるようになるだろう。また、選手がどのような点で優れているのか、さらに高めるために何を強化して何を褒めればよいのかが明確になる。良かったと思える点を、より明確な言葉で説明できるようになり、選手はどのプレーを再現するべきなのかを知ることができる。逆に何が足りないのかを確認するためにも役立つ。また、ほかのコーチたちと協力するのも効果的だ。アタッキングサードでのダイヤモンド型中盤のコンビネーションプレーでも、ロンドのようなエクササイズでも、何かトピックを選んで、自分の作成した模範例とほかのコーチのバージョンを比較してみよう。同僚の模範例には、自分の思いもつかなかった要素が何か含まれていることはほぼ間違いないだろうし、その逆も言える。競技に対する理解を常に深め続けていくための、素晴らしいツールとなる。

ニューヨーク・レッドブルズのユースコーチであるキカ・トゥールーズは、デナリウスの使っている手法を見た上で、いくつかを効果的な形で採り入れている（＊3）。彼女のビデオは見ていて楽しいものだ。キカが指導のテーマとしているのは、相手の手薄なサイドを攻めるウィークサイドラン。選手にはチャンスを見つけて走り込んでほしいと思っており、チームメイトたちもチャンスを認識して走り込む選手にボールを出してほしい。そこで彼女は、自分が注意深く観察するためのトラッカーを用意した。観察結果をデータとして扱い、チームごとにランを行った回数と、それをどれだけ得点につなげることに成功したかを記録していく。この練習の場合であれば、ゴールラインの少し奥にいる青いビブスの中立選手にボールを渡し、リターンを返してもらった時点で得点となる。キカはさらに、ここで興味深いことをする。記録したばかりのデータを選手たちと共有し、魅力的なデータであることを指摘した上で、選手たち自身に分析してもらうのだ。オレンジチームのほうがウィークサイドからチャンスをつくった回数は多かったのに、「得点チャンスに結びつけられた回数はなぜ少なかったのでしょうか」と彼女は問いかける。ここで得られるメッセージ

＊3
QRコードから
VIDEOS DISCUSSED の
「Kika Toulouse data tracking」
で映像をご覧ください

は、データの伝える内容を分析するのは必ずしもコーチだけの仕事ではない。選手たちはデータと格闘し、点と点をつなげようとする。最初に口を開いたのは、今回の練習中にはおそらく頭を下げてプレーしており、チャンスを見つけられていなかったセントラルミッドフィルダーの選手だった。彼の解釈は、チームのほかの選手たちが最後の局面でボールを失ってしまっていたというものだ。チームメイトたちからは、ほとんど何の反応もない。キカも2人目の選手へと移り、その選手のほうがより有益な分析を提供してくれた。だがここで重要なことは、選手にとってもデータは強力だということだ。

データに基づいて行動する

デナリウスの教室に話を戻そう。彼は注意深く観察し、観察データを追跡することで、クラスの多くの生徒が犯している重大な誤りを特定できていた。それは言い換えれば、生徒と話し合うべき最も重要なことがらでもある。彼の次のプランは、その誤りを再現することだ。間違っている解答の欠点部分をできる限り明確に可視化し、生徒たちがそれを検討できるようにするのだ。生徒たちが自分のミスを率直に、好奇心と興味を持って検討できるようになり、言い訳や反抗をせずに、自分の苦手な部分や失敗を振り返る。それらを習慣にすることができれば、デナリウスはそう簡単に崩れない学習文化をつくり上げられたと言えるだろう。そして、その後の指導はやりやすくなっていくはずだ。1つひとつの間違いへの対応は、「一度止めて何が悪かったのか見てみよう」と言えばいいというほど単純ではない。例えば、トピックに慣れていない生徒であれば、間違いをなかなか判定できないことも多い。だが教師次第では、複雑な対応を準備せずとも、単純に一旦授業を止めて検討を行うだけで、かなりの割合の間違いを修正できる可能性が生まれてくる。実際のところ、生徒たちが間違いの分析に慣れて、興味を持つことによって、常に反省する姿勢を持てれば理想的だ。それがうまくいくためには、適切な文化が築かれ、間違うこととは正しくやるための過程の中の重要なステップである場合が多いという考えを生徒たちが受け入れ、自分自身の間違いについて率直に、好奇心を持って、言い訳や反抗せず検討することが必要となる。私はこれを「間違いの文化がある」と表現しているが、チーム、クラブ、教室、学校にそのような文化があるようなら、コーチにとって極めて大きな意味がある。

「私が教えたこと」と「彼らが学んだこと」の間にあるギャップを見つけて理解するのは、選手が自分のミスを隠そうとしないのなら、さらに言えば進んで共有してくれるのならば、はるかに容易となる。だがこのような文化は、普通は自然につくられるものではないし、コーチが選手に「成功したいならミスを受け入れる必要がある」と説明するチームトークのようなものだけでは構築されない。それは、コーチがミスを表現する言葉や、千差万別な小さな瞬間にミスを受け入れる表情、ボディランゲージなど、さりげなく表現されているからだ。いわば「ソースの中」にこそ最も多く含まれているのだ。

例えば、ボブ・ジマーリの数学の授業の中では、同類項を組み合わせるのに苦戦している生徒たちを見て、ボブが生徒を止めてこう言った場面があった。「ミスが見つかって良かったよ。私が君を助けられるチャンスだからね」。彼はミスをミスと呼ぶことを恐れず、ただミスの話をポジティブなものにしてくれる。

デナリウスのビデオの後半、1分20秒付近から先はこういった視点で見てみる価値がある（＊2）。まず、何が起こっているのかを説明しよう。動画の1分24秒付近で、デナリウスはフェイガンという生徒のテスト用紙を手に取る。彼女は余りの求め方の部分で、クラスの多くの生徒がやってしまうのと同じようなミスをしているので、デナリウスは彼女のテストをプロジェクターに映し出してクラス全体で検討するのだ。ミス

＊2 QRコードからVIDEOS DISCUSSEDの「Frazier teaches every student」で映像をご覧ください

を理解するためには、見ることが重要だと思い出してほしい。だがもちろん、このやり方はまったくうまくいかない可能性もある。フェイガンは自分のミスをクラス全員に見せられて恥ずかしく思い、槍玉に挙げられたと感じるかもしれない。その夜、デナリウスに保護者から電話がかかってくることは想像に難くない。だが彼は最初から、自分の構築している文化に細心の注意を払っているのだ。

フェイガンのミスを検討する準備をするにあたって、彼の最初の一手は、これからやろうとしていることが重要であり、最大限の注意と集中を払う価値があるとクラスに伝えることだ。「鉛筆を置いて、3、2、1で私を追って」と彼は言う。「私を追って」とは、授業の重要な部分で、生徒たちが教師に注目を向けてほしいという意味だ。これは、生徒が自分自身の注意力を維持するのに役立つだけでなく、この授業を真剣に受けているのをほかの生徒たちに伝える合図にもなる。デナリウスは、全員が注意を払っているかどうかを確認するために、気づかれないほど慎重に教室全体をスキャンした。生徒に自分を「追わせて」いるので、注意を払っているかどうかを観察するのは簡単なことだ。そして、このスキャンは単なる形式的なものではない。まだ準備ができていない生徒を見つけると、彼は「一人待っています」と言って、注意が必要であることを伝える。だがほかの生徒たちの注意が逸れないように、名前を挙げることはない。

クラスの全員が注意を払っていることを確認してから、「何人かのテストで、私たちは間違った余りを出していることに気がつきました」と彼は話し始める。ここでの言い方が重要だ。まずは、クラス全体の問題であるということ。「何人かの」、「私たちは」という言葉により、この時間がフェイガンのためのものではないと認識させている。これは全員の問題であり、全員にミスを検討する責任があるということだ。また、ミスを検討する準備をする際の彼の口調にも注目してほしい。彼は冷静で中立的であり、私が「感情の安定性」と呼ぶものを維持している。ミスに腹を立てるのではなく、落ち着いて、問題解決に必要なステップに集中している。多くの教師は、口調に関して次の2つのアプローチのどちらかを取るのではないだろうか。

まず一方は、焦りや苛立ちを表に出す口調だ。「みんな、今週はずっとこの問題をやっていたんだよ。そろそろ余りについて覚えて、使えるようにならないと」。これに対し、「間違えてしまったけど、大丈夫だよ。気にしなくていい。あまり心配しないで」と、淡々と話す教師もいる。後者の場合は、誰かがミスに甘いシロップをまぶして「最終的には大丈夫だよ」と言ってくれない限り、生徒はミスについて本当に話すことができないと言っているかのようだ。生徒をかばいすぎたり甘やかしたりしているようでは、失敗から学ぶことはできない。失敗から学ぶことが、ごく標準的な学習手順に含まれていないと思わせる必要があるだろうか？

一方で前者の反応は、生徒たちに対して不満を漏らしており、彼らを責めようとしているかのようだ。生徒たちの頭の中に余計な疑問を持ち込むことで、ミスの検討に集中できなくさせてしまうかもしれない。「なぜ先生は私たちに怒っているんだろう？　フェイガンが余りを間違うのは私のせいじゃないのに」と。だがミスが悪いということ、ミスを示しながら教師が苛立っているということは、確実に彼らに伝わっている。黙っておいたほうがよさそうだ。この話し方については、さらに検討する価値がある。後ほどあらためて触れよう。

問題を見直しながら、デナリウスは言う。「まずは、フェイガンが長除法を使ったことに拍手を」。デナリウスの目標は、学習はチームで行うものだという文化を築くことであり、そのために仲間からの評価やサポートを目に見える形にしようとしている。だがここでは、デナリウスの言葉や動作には、さらに巧みな形で重要な意味が込められている。まず彼はフェイガンに、彼女のミスは部分的なものでしかないことを伝える。彼女は問題を間違えたことで、本能的に「私はこれが苦手なんだ」とお手上げ状態になろうとしているかもしれない。だが実際には、問題全体を間違えたわけではない。重要なステップを1つ間違えただけなのだ。だからこそ、「フェイガンに拍手を」ではなく「フェイガンが長除法を使ったことに拍手を」となる。彼女のおおまかな考え自体は正しかった。慌てる必要はない。少し集中すれば、すぐに修正できるだろう。また、正しくやれたことと失敗したミスを切り分けることにはもう1つ重要な意味がある。デナリウスは彼女が正しい部分を続けることを望んでいるのだ。何が正しかったのかを明確に説明して、彼女はそれを継続するべきだと理解することができる。

ここで、コーチや教師が「間違いの文化」を築く際に行うことについて、よくある誤解を解消しておきたい。間違いの文化を築くのは、ミスは普通であり、検討する価値があるものだと示すのだ。そうすると、選手が他人に責任を転嫁したり、ミスを正当化したり、コーチからだけでなく自分自身からもミスを隠そうとしなくなる。難しいことを学ぼうとすればミスは避けられない、というのが重要なポイントだ。だからこそミスをしたときにはそれを認め、ミスにより生まれる、競技をより深く理解するためのチャンスをつかみたいのだ。これは、コーチが間違った答えや判断の誤りを「ミス」と呼ぶことを恐れる文化とは異なっており、多くの意味で正反対だ。しかし、コーチたちと仕事をしていると、彼らはこれをうまく区別できていない場合がある。例えば、ミスを見つけたとき、「間違いの文化」を築くことにつながるような言葉の例を彼らに紹介するとしよう。

- 「あのミスを見つけられて良かった。土曜日までに修正しなければならないと教えてくれたからね」
- 「まず咄嗟にスペースを探して外へ開こうとしてくれたのは良かったけど、この状況ではスペースが必要なわけじゃない。数的優位をつくれているから、まっすぐゴールに向かいたいんだ」

・「難しいことを要求しているのは確かだ。プロの選手でも簡単にはできない。でも君たちはできるはずだ。だから何が良くなかったのか見てみよう」

この3種類の言葉は、いくつかの点で異なっている。1つ目は、選手の予想の裏側をとる。コーチは、いまミスを見つけたことを喜び、試合でのミスの防止につながると期待している。2つ目は、プレーをよく理解している選手を評価しながらも、選手の導き出した答えは別の異なる状況での正解であることを明確にしている。3つ目は、一度挑戦しただけでうまくいくような課題ではないことを認め、苦戦するのは当然だと伝えている。この3つに共通しているのは、「ミスをした」という事実を明示している。しかし、コーチたちに別の例を挙げてもらうと、正反対の答えが返ってきてしまうこともある。例えば「それはここでのボールの動かし方の1つではあるが、ほかにも試してみることができるやり方は……」といったように。これは、選手の判断が間違っていたと伝えることを避けた言い方だ。ミスを明確にしてそこから学べるようにするのではなく、正しいことと間違ったことの境界線をあいまいにしている。それが有益な場合も時にはあるが、「それも1つの選択肢、これがもう1つ」と対応してもいいのは、2つの選択肢が本当にまったく同等である場合だけだ。だが正解と不正解の境界線をあいまいにするのは、選手が失敗からも気持ちよく学べるようにすることとは異なる。話を大きくせず、単純に「それは間違いだった」と選手に伝え、何事もなかったように進んでいくのは、意外なほどに難しい。しかし、それこそが我々の求めるものだ。間違った答えと優先度の低い代替案とを区別することを恐れる文化ではなく、その区別や、区別が存在する理由について話しやすい文化を求めている。

前進を阻む巨大な壁

ジェフ・アルバート氏

ジェフ・アルバートは、メジャーリーグで打撃コーチを務めていた。読書家であり認知科学と生理学の研究者でもある彼は、注意深く観察することと、安心して困難に挑める環境を整えることを自身の仕事の中心に据えている。

私にとって、コーチングで最も重要なことは、積極的な観察だ。バッティングケージの中で選手の動きを研究しているときや、家でビデオを見て選手を理解し、次の日にやりたいことを準備しているときにこそ、自分が本当の意味でのコーチングをしていると感じられる。

だがこれは、選手にとっては目に見えないものだ。彼らはこういったことに慣れておらず、「どうして何も言ってくれないんだ？」と言われる。

私としては、すべての証拠を集めてから進むべきルートを決めたいと思っている。間違ったことをしたくはないのだ。相手が新人選手の場合は特にそうだ。彼らはプロでの生活や、新しい街、新しい生活へ移行しているところなのだから。その間、私は選手を１人の人間として知っていくことになる。選手が練習や試合で何をしているかを観察する。選手の経歴やスタッツや、スカウティングレポートも手元にある。パズルのピースを組み合わせていくようなものだ。

ある選手が、ドラフトされたばかりの選手に説明しているのを耳にした。「ジェフが君に何も言わなくても心配はない。彼は君を無視しているわけじゃない。ジェフは君のことも、君のスイングのこともすべて知っているはずだ。彼はただ待っているだけなんだ」と。

実際に、選手がやる気や欲求を示すまで待ったほうが効果的であることは多い。そのうち質問をしてきたり、「あの選手がやっていることを自分もやってみたい」と言ってきたりするかもしれない。コーチが準備してきた情報を選手が求めてくるのだ。

もう1つ効果的なのは、少人数のグループで同じことに取り組ませるのだ。ある選手がヒットを打つのを全員で見て、コーチが別の選手に「いまのはどうだった？」と尋ねる。打った選手が答えを見つけて、「こういう感じでやっているんだ」とほかの選手に伝えてくれる。一緒に知識を積み上げていくのだ。

野球は「失敗のゲーム」であり、だからこそ失敗に注目が集まる。あまり失敗を重ねたがらない選手や、バッティングケージに入って悪目立ちすることを嫌う選手も多い。前進を阻む大きな壁があるのだ。だが選手たちがそれを認め、成長について話し合いができれば、うまくいかなくても隠す必要はなくなる。問題を解決するために実際に協力し合い、ときには意識的に実験までできるようになる。そうなれば、学習の観点から見ても、バッティングケージの中はずっと安全な場所となる。

最初にそれを見たのはドミニカ共和国だった。この国の若い選手たちは、いつもそうしている。ケージの中で、2人や3人や4人集まって技術的な話をしている。それが文化の大きな部分を占めているのだ。同時にこういうことが、間違いの文化を構築する効果もある。

野球は試合数が多く、休みが少ないため、準備と育成を同じ日に行うことがほとんどだ。ケージに入って試合の準備をする時間と、育成に取り組む時間を具体的に指定したほうがいいだろう。目的を明確にするのだ。3時にはこれをやる、4時半には別の作業をする。試合直前には準備を整える。そうすることで、選手は自分の準備の区分ができ、注意力や集中力が高められる。また、もし感覚が悪くなれば、その日の夜の試合で打てなくなるのではないかという心配もなくなり、安心して困難に取り組むことができる。

デナリウスの次の行動は、質問フェーズに入ることだ。「この余りが正しいかどうかを手早くチェックするにはどうしたらいい？」と彼は問いかける。実際の作業の大部分を生徒たち自身にやらせるのは、自分のミスを分析する練習をさせたいからだ。考え方の間違いを発見することは、当然ながら、ミスの修正方法を知ることと同じくらい重要となる。とはいえ、ここで質問が有効なのは、生徒たちがこの問題を解決できるだけの知識を持っているからだ。背景知識や共有語彙がなければ、これははるかに難しくなる（第１章参照）。生徒たちはこのトピックに以前から取り組んでいたが、そうでなかった場合には、デナリウスは彼らをもっと計算の過程に沿って誘導したり、どの方法やアイデアを使うべきかヒントを与えたりしなければならないだろう。認知心理学によれば、初心者は熟練者に比べて、観察したり認識したりする際の気づきが少ないという。不正確な観察をしてしまったり、問題の本質に気づきにくかったりする可能性も高い。したがって、選手に「問題を見せた」ときに、彼らが完全に理解できなかった場合にどうするかを考えることも、準備の一環として必要だろう。その場合は、もっと直接的に教えなければならない可能性が高い。

最後にデナリウスは、生徒たちを「練習に戻す」。つまり、先ほど復習したやり方を使う問題をもっと解かせる。フィードバックの章を読んでもらえれば、ここでのデナリウスのフィードバックが迅速かつ焦点を絞っていることに気がつくと思う。1つのトピックだけを取り扱っている。生徒たちにもそのことがわかるし、フィードバックをすぐに使ってみるチャンスも与えられている。

ここで、デナリウスの「感情の安定性」について私が観察したことに話を戻したいと思う。これは、彼がフィードバックを行う際の落ち着いた口調と、平常心でのコミュニケーションからもたらされるメリットである。彼は、生徒がミスをしたからといって騒ぎ立てることもなければ、生徒が批判を消化するために必要であるかのように砂糖を振りかけることもない。冷静で平然としており、落ち着いて、中立性を持ってフィードバックを伝える。これは学校の教師にとっても大事なことではあるが、コーチにとっては二重の意味で重要だ。コーチはおそらく、フィードバックに強い感情を込める傾向が教師よりはるかに強いだろう。おそらくはそれを美化することさえある。声を張り上げてフィードバックをするほうが、自分はもっと良いコーチになれると信じてしまうのだ。そうすることが、選手への要求や期待の高さを表すと思うのではないだろうか。

私が知る限り、この点に関する研究はほとんどない。そこで、科学に裏づけられたものではないことを前置きした上で、教えることと学ぶことについて私の経験則に基づき、2つの議論を行うとしよう。1つ目は、非常に感情的なフィードバックは、場合によっては生産性を低下させたり、逆効果になったりする可能性があるということだ。フィードバックに、選手への評価や強い感情や不満などが含まれていると、選手はフィードバックの内容よりもそれらの部分に気を取られてしまうかもしれない。コーチが「ケビン、もっと外へ開いて」と言いたいのに、声の調子が「ケビン、頼むから開いて！」とか「なんで何度も何度も開けって言わないとわからないんだ、ケビン？」といったものだったとすれば、ケビンはもっとサイドに開く必要があるという事実ではなく、コーチが彼に苛立っているという事実のほうが気になってしまう。「僕だけ？

コーチはドルーにも同じくらい怒ってるのかな？　叫びすぎて顔が真っ赤になってるな」と、彼は頭の一部で考えているかもしれない。本来ならば、ケビンには自分のポジショニングについて考えてほしいのだが、コーチが怒鳴ることで気が散り、自分の取るべき対応に集中できなくなってしまう。

コーチングにはある程度の厳しさが必要なのも事実だ。場合によっては、選手に厳しい姿勢が欠けているのが問題になることもある。状況が差し迫っているのを認識していなかったり、本気で集中できていなかったりする場合もある。ここで私が言いたいのは、コーチは決して声を荒げたり、厳しい口調でフィードバックをしたりしてはいけないということではない。それが最も適切であるケースも間違いなくあるだろう。だが問題は、そのような口調を使いすぎるコーチが多いことだ。これは「狼少年」のような反応を引き起こしてしまう。緊迫感に疲れてしまうとも言えるかもしれない。いつも声を張り上げて、あらゆることについて選手が本気であるかを試すようでは、選手はコーチに耳を貸さなくなっていくだろう。厳しさとは、それが普段とは違うものであってこそ効果的なのだ。一般的に言って、フィードバックが技術的・戦術的な内容であれば、つまり何かを学ぶものに焦点を当てているのであれば、感情が一定に保たれているのが望ましいと考えられる。第5章で詳述するが、私の同僚であるクリス・アップル（サッカー指導者）は、次のような素晴らしいアドバイスをしてくれている。

練習や試合の計画を立てるときは、トレーニングメニュー、指導ポイント、起こりうるミス、そして私自身の態度も計画する。基本的な技術練習であれば、私は信じられないほど厳格で毅然とした態度で臨む。正確さや集中力を欠いたプレーなど、ごくわずかなミスも見逃すことはない。私の声とストップウォッチが、選手に必要なストレスやプレッシャーを生み出すのだ。だが複雑な練習メニューや難易度の高い技術（クロスなど）の場合は、成功率が低く、選手たちが自分自身に不満を抱くことがわかっているので、自信を持たせて粘り強く続けさせる必要がある。「大丈夫だ。組織的に守る相手に対して後方からビルドアップするのは難しいからね。続けてみて」と。その練習メニューで想定される失敗率について話すこともある。もし90％成功したら、それは単に守備側の厳しさが不十分だと言える。攻撃対守備の戦術練習をするときは、できるだけ試合に近づけるため、成功率が50％前後になるように意図的に調整する。このように、計画段階で知っておけば、自分自身や選手の反応を予測できる。

つまり、コーチの態度も学習環境の重要な一部分だ。意図を込め、意識的に態度を決めなければならない。常に厳しさやプレッシャーを与えて学習を加速させることから脱却する必要があるというのは、意外に思う方もいるかもしれない。選手に技術的な指導を与えるのが難しいときに、そのギャップを埋めるために叫び声に頼るようなコーチになろうとはしていないだろうか。私としてはまず、練習中も、それ以上に試合中も、感情を一定に保つよう挑戦するようにおすすめしたい。相手チームに中盤を支配されているとき、「インテンシティー」や「意欲」や「頑張れ」といった言葉の連呼に頼るのではなく、もっと別の手札を持っていることを見せてほしい。

このようなアドバイスに抵抗を感じるコーチもいるだろう。声を張り上げてはいけないなら、「どうやって選手にもっと努力と激しさを要求すればいいのだろうか」と。まず言っておくと、コーチが選手に激しさを求めるのは、選手に何かを与える行為だということだ。激しさを要求するのと、大声を出したり、過剰な感情を込めたりするのを区別するのも重要だ。ある意味では、もっと激しいプレーを要求する場合であっても、ある程度抑えた言い方のほうが聞いてもらいやすくなるかもしれない。重要な勝負をしていて、徐々に分が悪くなってきた状況では、あえて感情の安定を揺るがしてみるのもありだろう。だが、それはあくまで意図的なものとするべきだ。叫び声や激しい感情を、選手への期待の高さの表れだとして正当化することはないよう注意しなければならない。それらはまた別のものだ。練習の場では、叫ぶ行為が通常のコミュニケーション手段や激しさを示す方法として過度に使われ、また過大評価されてしまっている。

質問は理解度のチェックの手段

ここまでは、「理解度チェック」を主に「観察的現象」として説明してきた。何を見るべきであり何を見る可能性があるかという計画作成や、システマティックに観察することや、すぐに効果的な対応を取るためデータを活用することなどがそこに含まれる。このような習慣をわずかに調整して、大きな効果を生む。だが、コーチが選手の理解度を測るために使う手段はもう1つある。それが「質問」だ。この「質問」についても検討する価値がある。

デナリウスの教室に話を戻そう。ビデオの中では、間違いを生徒たちに見せたあと、彼らがその間違いについてどう考えているかを確認するためデナリウスは質問を始める。「この余りが正しいかどうか、すぐに調べられる方法はあるだろうか？」と。スポーツ（サッカー）の世界に置き換えれば、狭いスペースでボールを持って数的不利になっている選手が、どのように課題を解決するかと問うようなものだ。キニエッタがこれに答え、多項式の長除法で余りを調べる一番良い方法（除数の最終項で値を求めると、結果は長除法の結果の余りと同じになる）を説明する。これは朗報だ。生徒たちは、というより少なくともキニエッタは、すべての多項式長除法の問題の答えの正確さを確認する方法を理解しているのが明らかになった。デナリウスが次に質問したのは、キニエッタが使った手法の名前を生徒たちが知っているかどうかを聞くことだ。第1章で述べたように、語彙の共有は、共同して問題解決を行う上で絶大な効果を発揮する。共有語彙があれば、グループ内の人々は、信頼性の高い効率的な方法で解決策や対応法を素早く議論できるようになる。ここでアイザイアは多項式剰余定理という名前を答えることができた。

次にデナリウスは、提案されたやり方を生徒たちに試してもらう。「ここで3（除数の項）を関数に代入すると、どうなるかな？　答えは248となり、フェイガンの紙に書かれた余りとは一致しない」。彼らはやり方を知っている。ここでのデナリウスの目標は、生徒たちがこの特定の状況でやり方を適用する方法がわかっているかどうかを確認することだ。幸い彼らはわかっている。少なくとも、何人かはわかっている。この問題についてはのちほど説明するが、数学とスポーツの間には少し違いもあるので、ここではひとまずデナリウスが一流のサッカーコーチで、彼のクラスが彼のチームだと想像してみよう。彼の質問を、もう少しコーチングに適した文脈に翻訳してみると、次のようになる。

デナリウス：一端ボールを止めて、目線を私に向けて。あと1人待っているよ。［フリーズ］よし。攻撃を見ていてわかったのは、プレッシャーのある密集の中に無理にパスを出してしまう場合がある。ボールを受けるとすぐに自分たちを数的不利の状況に追い込んでしまい、うまくいく確率を低くしている。例えば、フェイガンがここにパスを出したら、デイビッドはすぐに3人のディフェンダーと対峙した。だが、こういうパスを出して、状況が良くないと気づいたら、すぐにそこを逃れて有利な状況に変えられる方法もある。使える戦略はいくつかあるから、まずは積極的に前にパスを出してディフェンスのバランスを崩そうとしたフェイガンには拍手を送りたいと思う。しかし、積極的に前に出したことで詰まってしまった場合、その状況を打開して、ボールを素早く有利な状況へ持っていく方法は何かあるかな？

キニエッタ：味方に短いバックパスを出して、その味方が一番遠くにいるフリーの選手にダイレクトでロングパスを出すことができます。

デナリウス：いいぞ。我々のゲームモデルではそれを何と呼んでいたっけ？

アイザイア：「プレイバック・プレイアウト」

デナリウス：そうだ。ここでそれをやるとしたら……、フェイガンがケビンにボールを返して（ここでデナリウスがケビンにゆっくりとバックパスを出していると想像してほしい）、ケビンが遠い方へ出そうとしたら、彼には何が見えるだろう？

数人の選手：カルラが右サイドでフリーになっています。

デナリウス：その通り。ボールをフェイガンに返して、ここからプレーしてみよう！

実際の教室（ビデオ）でも、上記の架空のトレーニングでも、デナリウスは質問によって元々の問題を再検討し、改めて学べるようにしている。これにより選手はより良い解決策を見つけられるだけでなく、自分自身のミスを理解して認識するという、より深いレベルでのもう1つの気づきを得ることができる。そして彼は、得られたデータをもとに迅速な行動を起こすことで、「私が教えたこと」と「彼らが学んだこと」のギャップを埋めようとしている。ここに、理解度チェックの重要な後半部分がある。データを集めてギャップを理解するだけでなく、そのギャップを埋めるために素早く行動を起こすことだ。スピードが重要である理由は、「雪だるま式」という言葉を通して理解できる。

「雪だるま」とは、続ければ続けるほど大きくなり、重みを増していくものを表している。地面を転がる雪玉のように、最初は小さかったものが、すぐに持ち上げられないほど重くなっていく。誤解にも同じことが言える。誤解は、時間が経つほど悪化していく。選手が何度も間違っていると、それは壊すべき習慣となってしまい、学ぶべきこと、取り消すべきことが出てくる。また、人間の心の特性として、確証バイアスがあるのも否定できない。自分の持っている考えが正しいという証拠を集めてしまう。誤った考えを長く持てば持つほど、その考えの周りに証拠が集まり、より確信を持つようになる。第1章で説明したように、これまでポジショニングや状況に関係なくいつもボールを持ってプレーしていた選手に、ある日突然スイッチを切り替えて、急にスペースにいるチームメイトを見つけることを教えられるわけではない。「自分たち」ではなく「自分」というレンズを通してサッカーを見てきた長年の経験が、彼の意識の中に蓄積されているのだ。それは雪だるまのようなもので、早いうちに見つけたほうがいい。雪だるまは、たとえ1週間や2週間転がっただけでも高くつく。ここでは時間がかかるという意味だ。3、4回のセッションを費やしてプレッシングを教えたあと、土曜日の試合では選手たちが協調して一貫したプレッシングができていないことがわかり、ハーフタイムに怒鳴りたくなったとしたらどうだろう。最善の対応はもちろん、メモを取っておき、次の練習でそのテーマを教え直すだろう。教えたことを明らかに学べていないと指摘するために選手を怒鳴るよりも、はるかに良い対応だと思う。しかし、同時にこれはコストのかかるやり方でもある。何度も練習を費やした上で、得られる結果はそれなりでしかない。生徒が重要なポイントを学べていないのをテストで初めて知るようでは、教師はその年度に必要な教育課程をカバーしきれないだろう。つまり、「理解度チェック」が効果的である理由は、トレーニングセッション中にチームを動かしながらもリアルタイムで調整を行える点にあるのだ。トレーニングセッションを無駄にしてしまうのは、選手やチームの育成という観点から見ても大きな損失となる。あとから気づいても、取り戻すことはできない。

雪だるまは高くつく。迅速な行動が非常に重要だ。だがデナリウスは同時に、データを収集するためにも質問をしている。生徒たちは問題の解き方をわかっているか？　使うべき法則をわかっているか？　質の高い２本目のパスに気づけたか？　質問を通して、生徒たちの理解に関するデータの流れが明らかになる。コーチが学習に関するリアルタイムのデータについて考え、利用できれば、成功する可能性はより高いものとなる。

アファーマティブ（肯定的）・チェック

コーチがより意図的に技術習得のための観察を行う方法の例として、最後にもう１つビデオを紹介したいと思う（＊４）。今度は非常に若い選手たちを対象としたものだ。この映像では、スティーブ・コヴィーノがＵ８のグループにシザーズ・ムーブのやり方を教えている。子供たちはフィールドをゆっくりとドリブルし、スティーブが笛を吹くと、加速して方向転換を伴うシザーズにトライすることになっている。スティーブは、このような幼い選手たちを対象とした能力開発の練習を実にうまくデザインしている。全員がずっと動いていて、シザーズをしていないときでもボールに触れ続けている。だが、ここで教えているシザーズの動きは、特定の確実なタイミングで行われるようになっているのだ。これによりスティーブには、最も集中して観察すべきタイミングがわかる。選手たちは何度も同じ動きをするが、彼が笛を吹いて加速させることで、そのタイミングでは少し集中力と実行力を高めて動きを実行してくれる。また彼は、最初の段階から個別の動きを全体の文脈とつなげている。試合の中でこの技を使う理由は、相手を欺きつつ方向転換するためだ。そのことがスティーブの教え方にも影響している。また、彼が模範例を準備していたことも見て取れる。効果的にこの動作を使うためには、選手は加速して急激に方向を変える必要がある。また、ボールをまたぐダミーの足と同じくらい、利き足のどの面でボールを蹴り出すかも重要だ。アウトサイドでなければならない。ス

＊４
ＱＲコードから
VIDEOS DISCUSSED の
「Steve Covino start and stop」
で映像をご覧ください

ティーブは、一見シンプルに見えるこの練習に対しても、優れた動きがどのようなものであるかを考えておくという宿題をこなしていた。その結果として、何を見るべきかわかっている。

慎重に観察していると、彼は何人かの子供たちが十分に方向転換していないことに気づき、一旦動きを止めさせて実演してみせる。デナリウスと同じく、彼も教え子たちが十分に注意を向けることが習慣になるよう気を配っている。選手たちはボールの動きで気が散らないよう、ボールの上に足を置いた上で、スティーブに目を向けて集中することを身につけている。彼の練習の止め方は迅速で、焦点を絞っている。間違ったバージョンと正しいバージョンの動きを2つ続けて素早く実演し、選手がその違いを確認できるようにする。それから彼らは、実際にそれを試してみる。

このあと、子供たちの多くは非常にうまくやれていた。だがスティーブが知りたいのは、全員がやれているかどうかだ。彼は特に、うまくできない子を探している。いまここで基本を身につけておかないと、間違った練習を続けてしまい、もしかすると一生身につかないかもしれない。グループを眺めて、「みんなできているな」という全体的な感覚を得るのは簡単だ。だがスティーブは全員がやれていることを確認したいのでさらに念入りな方法を試して、フィールドの半分に選手たちを集めて観察するのだ。正確に動作できているのを確認できた選手はフィールドの反対側へ移して、さらに楽しく練習を続けさせる。これにより彼は、より少ない人数に集中できるようになる。そして一人ひとりの選手を注意深く観察し、全員がやれているかを確認した。グループを選別しながら個々の選手を修正していくやり方によって、誰かを見逃す可能性は非常に低くなった。各選手がやれていることを実際に見ながらチェックしているのだ。

モデルの力と課題

モデルをもっと活用することができる

コーチが間違いを発見したあと、再度の指導を行う際に使う重要なツールが、デモンストレーション（実演）やモデル（見本）だ。だが、うまく利用するのは非常に難しいものでもあるので、ここで少し説明をしておきたいと思う。難しいというのは、意外に思われるかもしれない。選手にどうやればいいかを見せて、また練習に戻らせる。これほど簡単なことがあるだろうか？　だが、ちょっとした計画と意図を加えれば、コーチはモデルをもっと活用できると私は強く信じている。

これは、技術やスキルをしっかりと身につけて指導に活かしているコーチにとって特に重要だ。彼らは、言葉では表現しきれないことを、どのように行うべきかを選手たちに見せられる。だがそのためには、選手たちに本当に集中して見てもらうことが必要だ。

成功するモデルは、２つの部分に分かれている。コーチがそれを行うことと、選手たちがそれを見ることだ。そして、前者が必ずしも後者を伴うとは限らない。モデルに関してよくある問題は、見る側が正しい場所を見ていなかったり、正しいところに集中できていなかったりする場合だ。「こうやるんだよ」と言って正しい動きを見せたとしても、チームの半分はコーチの足元を見ていない。あるいは、見てはいるかもしれないが、本当のキーポイントは軸足の前部に体重を乗せるところなのに、彼らの目はボールを扱う側の足に引きつけられている。重要な動作はそちらで行われると考えてしまっているのだ。

コーチは完璧な実演を見せたが、選手たちは理解して使えるほど明確な情報を得られなかった。見本を見せたあと「見たかい？」と聞くことが多い。もちろん全員が「はい！」と答えるが、「何を」見るべきであるかを実演の前に注意深く定義していなければ、その返事に真実味があるとはとうてい思えない。あるいは、「いまやってみせて、何か気づいたことはあるかな？」と聞くこともある。これは回答に騙されてしまう典型的なケースだ。さまざまな答えや推測が返ってくるなかで、そのうち「軸足！」という声も聞こえてくるだろう。

「そうだ。いいぞ。軸足について気づいたことは何かな？」と、コーチは続ける。だが選手たちの多くは、軸足を見てはいなかったと言ったばかりなのだ。したがって、「気づいたことは？」に対する本当の答えは「ほとんど何もなかった」となる。そしてもちろん、重要なポイントが軸足であるのにいまさら気づいても、選手たちはどうしようもない。コーチや、軸足を見ていた別の選手から説明してもらっても、何の役にも立たない。過去に戻って見ることもできない。

したがって、モデルを有効活用するための最もシンプルな方法は、あらかじめ注目ポイントを教えておく。私はこれを「Calling your shot（射撃予告）」と呼んでいる。「シザーズの見本をやるので、左足を見ておいて」とコーチは言う。これで、全員の視線を誘導することができる。ボールや右足やどこか適当なところを見ていたはずの選手も、見てほしいものを見るようになる。モデルを分析してもらうため「ここで何をしたかな？」と質問したいのであれば、事前に告げておくのはとても重要だ。

熟練者は初心者よりも多くのことを認識できるからこそ、このステップの重要性を見落としがちだ（＊5）。結局のところ、熟練者というのは、どこを見るべきかを知っているのだ。前述の通りカーシュナーとヘンド

＊5
ちなみに、ビデオをモデルに使ったり、ほかのコーチをモデルとして使う場合も同様である

リックは、初心者は表面的な細部を見ており、熟練者は根本的な原理を見るものだと指摘している。もしあなたが熟練者だとしたら、実演を見ている初心者が、まるでポイントに気がついていないことはわからないだろう。リーガ・エスパニョーラのコンビネーションプレーの短い映像を選手と一緒に見るとすれば、コーチはオフ・ザ・ボールのダンスのような動きに崇高な芸術性を感じるかもしれない。一方で選手たちは、ペナルティーエリア付近からのシュートにつながる数本のパスワークに目を留める（＊6）。ゴールというものは素晴らしいシュートによって生まれるものであり、コーチが見ていたビルドアッププレーの微妙な間合いやポジショニングによるものであるとは考えない。また、観察者は、見るべきものが多ければ多いほど、見たいものを見られる可能性は低くなる。トップレベルの選手であっても、リーガの試合で12人の選手が中盤でやりとりする12秒間の映像を見たとすれば、何が目に入るかは選手によってさまざまかもしれない。

初心者が相手である場合、あるいは複雑なデモンストレーションやビデオを見せる場合には（＊4）、必要と思われる以上に文脈に沿った説明を加えたほうがいい。例えば「左足を見て。ボールを前に運ぶのに足のどの面を使っているか言ってみてほしい」、あるいは「ボールを見るのではなく、ボールを出したあとの左サイドバックの動きを見てほしい」といったように。

スティーブ・コヴィーノがビデオの中で見せている見本は、有用なケーススタディとなる。興味深いことに、スティーブは私が説明していることとは少し異なるパターンを使用している。まず、選手に「何に注目すべきか」と聞くことで、「注目ポイント」を特定させている。「どこでボールをタッチするべきだったっけ？」「足のどの部分で？」と。これは、一種のリトリーバル練習（第２章）でもあり、ここで扱う動きの大事なポイントを選手が長期記憶に保存する助けとなる。また、これにより見本を見せることへの興味を少し高めてもらえるのではないだろうか。もちろん、答えを聞いても、何を見るべきなのか誰も知らないことがわ

＊6　（ユニフォームの）色が統一されていたり、プレーが「とても速い」とか……

＊4　VIDEOS DISCUSSED の「Steve Covino start and stop」で映像をご覧ください

かるだけだという可能性もある。そのため、このような質問をした場合は注意深く聞いて、誤解に対処しなければならない。「○○と言っている人もいたけど、これから見せるのはもっと大事なことだ。私が方向を変えるかどうか、足のどの部分を使うかを見て……」。だがスティーブの教え子たちは、正しく理解している。見るべきことは、コーチが方向を変えてスペースに入り込むかどうか、足のアウトサイドを使っているかどうかもだ。

スティーブのモデリングの2つ目の特徴は、彼が意図的にミスを組み込んでいることだ。練習を止める前に注意深く観察していた彼は、何人かの子供たちが正しくやれていない部分に気がついた。彼らがその間違いを自分たちで見つけて修正する機会を与えたい。これは非常に強力な手法だ。選手にとって、自分のプレーの間違いを自分自身で認識できることには重要な意味がある。何かを修正すべきかどうかを知ることは、修正方法を知ることと同じくらい重要なのだ。しかし、これにはリスクもある。選手が「おお、こうやって体重を移動するのか」と正しい見本を記憶する以上に、見本のなかでやってみたミスを「わはは、面白いね！スティーブコーチがミスをしたよ」と強く記憶してしまうリスクだ。あるいは、コーチのミスに気がついたことを成功体験のように感じ、正しいやり方には気が回らなくなってしまうかもしれない。

このリスクにはジョン・ウッデンもコーチとして悩まされ続けていたが、最終的に彼は、修正のための見本を示す順序こそが最も重要であると考えるようになった。何かミスを見つけた際には、選手を止めて、その動きを正しく実行するモデル（M1）を見せる。それから選手がどのように間違えていたか（M2）を見せ、最後にもう一度正しい動きのモデル（M1）を見せる。ウッデンはそうアドバイスしてくれた。心理学における「再帰性効果」というものがあり、聞き手は最も直前に提示された情報を最もよく記憶する傾向がある。このことはウッデンの手法が効果的なものであること、少なくともコーチがミスをモデル化する際には正しいモデルで終わるべきであることを示唆している。

「比較モデル」は、ウッデンの手法であれスティーブのアプローチであれ、それ以外であれ、より熟練した学習者にも適用することができる。比較判断の分野における最近の研究によれば、人は似ているようでわずかに異なる2つのモデルを提示されたとき、優れているかどうかの微妙な違いを見分けられるそうだ。つまり、コーチが明らかに間違ったモデルと明らかに正しいモデルを提示するのではなく、「ほぼ正しい」「多くの点で正しいが重要な点が1つ欠けている」「より良いモデル」を、あるいは「良いモデル」と「素晴らしいモデル」とを提示し、その微妙な違いを選手に観察させると、選手はより多くを学ぶことができると考えられる。このように、モデルの明らかな違いではなく微妙な違いを分析するアプローチは、特に熟練した学習者に対して有効となる。「教えるトピックが学習者にとって新しい内容であるほど、比較する際にはより強いコントラストが必要になる。学習者がトピックに慣れてきたら類似性を高め、より細かい点を見ていくことができる」とマーク・マンネラはアドバイスしている。

バリエーションのつけ方としてはさまざまな方法があるが、経験則として、複数の異なる見本を実演して見せる際には、選手が最後に見るものは模範的なモデルであるべきだと思う。これはスティーブの例でも見ることができる。間違った見本のあと、すぐに正しいバージョンを提示し、選手がそれをワーキングメモリに残したまま練習できるようにしている。

》複雑なモデルとプランニングの力

実演を行う状況によっては、複数人で見本を見せることが必要となる場合もある。例えば、ファーストタッチやその後のパスの方向を示すため、誰かがコーチへボールをパスし、ある一定の動きを取るといったように。さらに人数が必要なケースもあるだろう。チームの選手のなかからランダムに誰かを指名して、必要な役割を演じさせることもあるだろうし、アシスタントがいれば手伝ってもらえるかもしれない。しかし、その実演する人が、何を意図しているのかを十分に理解していないと、あたりまえだがうまくいかない。もしくは、あなたが彼らにしてほしい役割を十分に理解していないかもしれない。

パス&ムーブの動きを実演するためにサポート役が必要だと考え、「コーチ、ボールを渡してくれ」「ホセ、あそこに立っていてくれ」と言うとする。しかし、ホセは具体的にどこに、どのように立てばいいのだろうか？　そして、何をすればいいのか？　コーチはどのようにボールを渡せばいいのだろうか？　彼らに準備の時間も役割の指示も与えていなければ、見本が失敗に終わる可能性は高い。即興で演じるには、正しく実行するべき事柄が多すぎるのだ。ある程度の計画や準備を行っていなければ、実演を通して観る者に質の高い情報を提供できない場合がある。確信がない限りは、実演の計画は立てたほうがいいだろう。練習の前に概要を書き出し、セッションプランに含めておくことができれば理想的だ。誰が何を実演するのか。何を話し、何をするのか。図表にしておくと便利な場合もあるかもしれない。そこまではいかずとも、少なくともアシスタントや実演担当者と事前に話はしておこう。「こういうことをやってほしい」と。アシスタントがいるのなら、選手が練習している間に、ミニリハーサルのような形で手早くやっておくこともできる。「もう少し強くパスして」「グラウンダーで」「反対の足に出して」など、明らかなミスやあいまいさをなくしておくだけでも、実際に選手たちに見せる実演の質と効率性を飛躍的に向上させることができる。このアドバイスは、私の経験則に基づいたものだ。私は教師向けの練習集中型ワークショップを頻繁に開催しているが、主に共同プレゼンターを務める方々のアイデアのおかげで、モデルの計画とリハーサルを行うことで何倍もの効果が得られることがわかった。モデルが複雑で、特定の実行ポイントを盛り込んだり、よくあるミスを示して修正を試みたりする場合にはなおさらだ。

実際に、最近のワークショップでダリル・ウィリアムスと私が使用した「モデリング・ドキュメント」を紹介しよう。1行目では、私たちの活動に名前をつけている。2行目では私たちの役割を定義している。ここでは、私がやろうとしていることをダリルが説明し、私が教師の役を演じる。ダリルは私がやっていることにコメントしたり、参加者たちの注意を誘導したりする。最後に書かれているのは、私が何を言って何をするかのおおまかな台本だ。モデルを見せるすべての活動について、この作業を行う。もちろん、これらのモデルは指導メニューを開始するための最初の見本であり、練習中のミスに対応するためのフィードバックの見本とは異なるものだが、よくある間違いに対してどのような見本を見せて対応するかリストアップする場合も多い。予測できるエラーに、どう対応するかということだ。このことについては本章の最終セクションで説明する。

マーク・マンネラは、彼が関わったあるチームが準備のために似たようなことを行っていると説明してくれた。コーチングスタッフが新しい練習メニューを考えたあと、多くの場合は会議室のフロア上で、そのやり方をお互いに細かく確認し合う。練習プラン作成には関与していなくとも、実行には関与することになるスタッフも全員が参加し、その練習を行ったり見本を見せたりする際に誰がどのような役割を果たすのかを

モデリングドキュメント

			教室で大切なのはエンゲージメント。そのあとに話し合う
ショーコール テイク&リベイル 練習 グループ人数：2 時間：2分	ダリル：司会 ダグ：先生	フィードバックなし	**ダグ** テイク（教室の中を回る） 「ダリル、ここでの説明はいいね。そこから学んで、さらに良くしていったその苦労を共有して、改善してくれますか？」 リベイル（作品をカメラの下に置く）。 「ダリルが自分の作品を披露する。いつものように、彼がうまくやっていたことと改善できることを1つずつ考えてみよう。ダリルに直接『ダリルの特によかったのが……』と伝えて、フィードバックを始めてください」 **ラウンド2** ここでは、特にダリルの言葉使いで改善できる点にフォーカスして、フィードバックを行う。また強い技術的な表現を使ったところはどこですか？

決める。そうすると、実演や説明がより効率的になる。実際に選手がグラウンドに出たときには、コーチやスタッフは練習のお手本を見せるためにどこへ行けばいいのか、何をすればいいのかを正確に把握しているのだ。

本章の最後に、トレーニングセッションをエラーに対応しやすいものに、するための準備に使える有用な練習メニューを紹介するが、その前に、理解度チェックが有効となるもう1つの場面について説明したいと思う。

自己報告を避ける

ここでは、スポーツの種類にかかわらず、練習中にコーチが特によく選手に行う質問の例をいくつか紹介する。聞き覚えのある質問もあると思うので、どう答えるか考えてみてほしい。

- 「ウイングバックは確実にチャンスを見つけて押し上げる必要がある。わかるかな？」
- 「ファーストタッチでどちらに向かうのか、相手ディフェンダーにわかりにくくして、プレッシャーから逃る。みんな、わかったかな？」
- 「シャノンが前に出るなら、ケルシーかカーリーが下がるべきだ。理解できた？」
- 「8人のグループに分れて。各エリアに1人ずつ。フリーマンが2人と、ディフェンダーが2人。いいかい？」

最初に答えから言おう。

・「これでわかる?」
・「みんな、わかったかな?」
・「理解できた?」
・「いいかい?」

このような言葉で終わる質問に対する選手の返事は、単にうなずいたり、「はい」とでも言ったりするかもしれないが、ほとんどの場合は無言でなんとなく同意を示すだけだ。選手にとってははっきりわかっていない、あるいは全員が理解していない可能性は高いが、そうだとしてもコーチへの反応でそのことを伝えてくれる可能性は極めて低い。だから例えば、「ファーストタッチでどちらに向かうのか、相手ディフェンダーにわかりにくくして、プレッシャーから逃れる。みんな、わかったかな?」と言えば、そこから選手たちは不正確なファーストタッチの練習をしてしまう可能性が高い。「8人のグループに分れて、各エリアに1人ずつ。フリーマンが2人と、ディフェンダーが2人。いいかい?」と言えば、10分間のうち6分間は、この練習のやり方を理解するために費やすことになるだろう。ケルシーとカーリーは、シャノンが前に出たときに下がれなかったり、合図があったときに見逃すのではないかと心配して試合中ずっと下がったままだったりするだろう。

ここで例に挙げている質問は「自己報告」を求めるものだ。どのコーチであってもときどきはこういう質問が避けられないし、使わないのは無理があるだろう。ほぼ誰もが口癖のようにしているものだ。だが重要なのは、我々がこのように問いかけるのは、それが理解度チェックをする絶好のタイミングだと気づき、認識したからである。例えば、あるコンセプトを説明し終えて、その練習に移ろうとするとき、あるいは新しい練習メニューを説明して、それをやってみるため選手たちにグループに分かれてほしいとき。そこで「わかったかな？」と尋ねるのだ。だが少し考えてみると、これは頼りにならない手段であることがわかる。心理学の世界では、自己報告データの信頼性の低さに関する研究が数多く行われている。

例えば、過去24時間にスマートフォンを何時間使ったかという単純な質問を誰かにしてみたとしても、そのデータはほぼ間違いなく不正確なものになるだろう。回答者は、自分が実際に何時間スマートフォンを使ったのかわかっていないだろうし（世界中のすべての10代）、もし知っていたとしても言わないほうがいいと考えるだろう（きみたちだ）。何かを理解しているかどうか、といったような、それほど単純ではない質問をした場合も、不正確な答えが返ってくることは予想できる。

我々は、自分が何かを理解しているかどうかを、理解していない可能性が高い。実際、それを理解していない人ほど、自分の知識のギャップが理解できていないものだ。したがって、「みんな、わかったかな？」と聞いているときは、多くの場合、理解度のチェックを行うのに適したタイミングであることに気づいていながら、それを怠っているのだということを思い出してほしい。もしそのような状況で、全員が理解しているかどうかを本当に知りたいのであれば、代わりにどうすればいいか考えてみよう。

1つ目の方法は、何も聞かずに、練習を注意深く見守るよう心がける。選手が集中できるように、その言葉を別の形で伝えてみる。「さあ、みんなわかったかどうか、やってみよう」と。あるいは「どんな質問があるかな？」と、より反応が得られやすいような聞き方をするのもいいだろう。これは「何か質問はあるかな？」よりもはるかに良い聞き方だ。後者の質問に対する答えが「いえコーチ、ありません」であることは誰にでもわかる。一方で、前者の聞き方は質問があることを前提としているので、よく理解できていない選手に発言を促すことができる可能性が高くなる。

あるいは、理解度を測るために、的を絞った質問を早く、立て続けに聞いてもいいかもしれない。次のように。

「いいね！ それじゃあ、1グループに選手は何人いるかな、ケビン？ 1つのグリッドに何人かな、アントニオ？ 最初にボールを持つのは誰だ、デマーカス？ よし、始めるぞ」

または

「足のどの面を使うのかな、マルコス？ よし。それから、次にどうしたらいいかな、ロドリゴ？」

または

「いいね。じゃあ、シャノンが上がったら、何を見て下がるべきだと判断すればいいかな、ケルシー？ カーリー、君も同じ？ 違う？ よし。やってみよう」

このとき重要になるのは、選手を名指しすることだ。そうすると、より迅速に作業を進められる。また、自ら進んで答えようとする選手（そういう選手はほかの選手たちよりも正解する可能性が高い）の発言だけを聞くことを避けられるようにもなる。

もう1つの方法は、「ショウ・ミー」を使うことだ。つまり、練習の中でやってほしいことを本格的に実践する前に、それを簡略化したバージョンを、選手がいまいる場所で実演してもらうというわけだ。「ショウ・ミー」はいつも使えるとは限らないが、可能な場合は効果的な方法だ。

■「シャノンが前に出るなら、ケルシーかカーリーが下がらなければならない。わかるかな？」

と言うのではなく

■「いいね。じゃあケルシーとカーリー、シャノンが前に出たら、2人はどこへ行くかやってみてくれ」

と言えるようになる。あるいは

■「OK、カーリーとケルシー、シャノンが前に出たらどこへ行くかを指差して。よし、プレー再開始だ」

と言い換えられる。また、

■「ディフェンスのとき、体勢について、みんな理解しているかな？」

ではなく

■「素晴らしい。じゃあここで、ディフェンスのときの基本的な姿勢をちょっと見せてくれ」

と言える。

さらに、確認やリマインドのために素早く選手たちの様子をスキャンすることもできる。

「いいね、カーリー。よし、サラ。もう少し低く、ジェシカ。それでいい、ケリー。足を前に出して、カリン」

それから実際に練習する前に、次のように置き換えられる。

■「みんな、自分がどのグループで、どこに行けばいいかわかってる？」

と言う代わりに、次のように言うこともできる。

■「グループに分かれる前に、自分がどこに行くか指差して。そうだ。行こう」

勝つための準備

「カギを握るのは勝利への意志ではない。それは誰もが持っているものだ」と、バスケットボール界を代表するコーチ、ボビー・ナイトは言ったとされている。さらに「勝つための準備をする意志、それこそが重要だ」とも。試合の中で何が起こるかは、それまでの数日や数週間の練習の中で行われた無数のなにげない判断によって決定されるとナイトは主張していた。この言葉はコーチにとって説得力があるものだ。上記の引用文を読んだコーチは、おそらく選手たちにこの言葉を伝えたくなるだろう。やるべきことをやれば、結果はついてくるという。単に望んだだけでは、いざというときに素晴らしいことが起こると期待できるわけではない。

選手にとって価値あるアドバイスと同時に、この言葉の持つ意味についてよく考えてみることはコーチにとっても有益だろう。選手を成長させるような素晴らしいセッションを行いたい、チームを変えるような素晴らしいセッションを何度も何度も行いたいと望むのであれば、その答えは準備の部分にある。そして、理解度チェックというトピックに関して言えば、コーチがトレーニング（ひいては試合）で勝利するための準備をする上で、特に有用なツールが存在している。

これは4つのステップで構成されるプロセスであり、コーチ個人はもちろんのこと、クラブやコーチのグループにもプロフェッショナルな能力開発として最適だ。以下のような方法となる。

ステップ1：セッションのトレーニング目標を書き出す。第3章で述べたように、ここで重要なのは具体性だ。「正確な目標は進歩を速める」とアンダース・エリクソンは述べている。漠然とした目標では集中力が低下し、上達が遅くなってしまう。例えば「後方からのビルドアップ」というのは一般的なトピックであり、いまチームが取り組んでいることを表すものでしかない。後方からのビルドアップの能力に関して、今日の練習では何を達成したいのだろうか。セッションの目標は、具体的で管理可能なものでなければならない。時間内で実際に達成可能な目標を設定するべきだ。「後方からビルドアップする際のプレースピードを上げるのが目標」といった具合に。

ステップ２：良い例を書き出そう。後方からビルドアップする際のプレースピードが優れているというのはどのようなことか。「良いもの（good）」と「素晴らしいもの（great）」の具体的な違いとは何か。自分たちのアプローチがほかのアプローチと違う部分はどこか。本章で説明したように、書き出すことで、それが実現できるかどうかがより明確になる。それをフィードバックの指針として、焦点を絞ることができるようになる。

ステップ３：少なくとも２つのエラーを想定する。「選手たちが間違えそうなことは何だろうか？」「誤解したり、うまく実行できなかったりすることは？」。チャブリスとシモンズの研究が示すように、ミスを予測しておけば、より簡単に見つけられるようになる。最初は、予測が正しくても間違っていても、時間が経てばそれは上達していく。そして、予測が正しいかどうかにかかわらず、心理的には選手のミスに対して平然と対応できるようになる。

ステップ４：対応を計画しておく。予測したエラーが発生した場合、どう対応するべきか。選手にしてほしいプレーの見本を示すべきか？　選手がやったことと、やれるはずであることの微妙な違いを示す比較モデルがいいかもしれない。もしそうなら、事前に実演の計画を立てておくのが効果的だろう。誰が手伝ってくれるのか、誰がどこに立つのか、といったように。だが、選手がうまくやれない場合には、要求するプレーを単純化したり、スピードを落としたり、スペースを広げたりする必要があるかもしれない。こういったことを事前に考えておけば、より良い決断ができるだけでなく、コーチの教えていることと、選手の学んでいることの間にギャップが生じても、より行動が起こしやすくなる。

計画作成の最後のポイントとして、「影響力の計画」を考えてみてはどうだろうか。感情や価値観の強調を戦略的に行っていくことは、次章で取り上げる文化の構築に不可欠な要素となる。

第5章

文化を創造する

VIDEOS DISCUSSED

[QR コード]

＊各注釈の映像はこちらからアクセスできます

イントロダクション

スポットライトを浴びない場面

数年前、ニューヨーク州ロチェスターにあるエンパイア・ユナイテッド（サッカークラブ）の育成アカデミーで、クリス・アップルが少年たちにトレーニングしているところを見学させてもらった。クリスはロチェスター大学男子サッカー部のコーチでもあり、私は長年にわたってさまざまな場面で彼から多くを学んできたが、このときのセッションは特に印象深い。彼は私が見てきたどのコーチよりも、競技の隠れた側面を見抜き、教えていた。例えば、彼がアドバイスを与えたり、フリーズさせたりするのは、ほとんどの場合ボールのない場所でのプレーが対象だった。なぜセッションの大半をプレッシングの練習に費やしたのかと尋ねると、「ほとんどのコーチが練習時間の大半をボールを持って攻める側に使っているからだ」と答えてくれた。私はこの言葉について、以後もたびたび考え続けている。彼のコーチングは、選手がスポットライトを浴びていない場面でのプレーに焦点を当てていた。それに比べれば、ボールを持って行うプレーなど簡単なものだ。

そしてまさに、このときのセッションでおそらく最大の収穫となったのも、スポットライトが当たっていない場所での出来事だった。当時の私は、そのことを補足としてノートに書き留めていただけだった。

それから数年後、USサッカーアカデミーのディレクター向け講座のワークショップで、私は思いがけない質問を受けた。あるコーチが「どうすれば選手がもっと効果的に忘れる手助けができるか、失敗を忘れさせて、次のプレーに集中させられるかを知りたい」と言う。その質問を受けて、私はクリスのトレーニングのことを思い出し、数日後にその質問をクリスに尋ねてみた。彼の答えは、クラブの文化について多くを教えてくれるものだった。クラブの文化というものはおそらく、ピッチ上での成功や、クラブが選手たちの人生に好影響を及ぼす最重要な要素である。

その練習で見たやり取りを紹介しよう。技術面の取り組みやプレスの練習を終えたあと、クリスのセッションは、最後にそれほど中断を入れることなく、ピッチ全面でプレーする機会が少年たちに与えられる。そこでのプレーには激しさと競い合う姿勢があり、クリスのチームの文化を反映している。残り時間わずかになると試合は膠着状態となり、緊張感が伝わってくる。

そこで突然、ストライカーの選手に決定的チャンスが訪れた。ペナルティーエリア内に少しスペースが空き、ボールは彼の足元へ。相手はもうゴールキーパーしかいない。決めるだけだ。ファーストタッチは完璧だった。２人のディフェンダーが必死に迫ってきたが、どうすることもできない。ストライカーは体を傾けシュートを放ったが……、クロスバーの４フィート（約１・２メートル）上を越えていった。酷いミスであり、ほとんどのコーチは腹を立ててしまうだろう。

しかし、タッチライン際のクリスは何も叫ばず、何も言わない。ボールがゴール裏の壁を叩く音が練習施設内に響く。選手が頭を下げつつゆっくりと後ろへ戻ってくると、チームメイトが近寄ってきた。「次のプレーだ、取り返せよ！」と言う。

振り返ってみると、なぜ私はそのことをわざわざノートに書いたのかよくわからない。おそらくは、同じような状況でほかの多くのコーチたちが非生産的な言葉を叫ぶのを聞いていたため、クリスの反応が対照的であることが気になったのではないかと思う。
・「ケイレブ、それは決めろよ！」「もちろんケイレブ自身がそれをわかっているはずだ」
・「ボールに体をかぶせて打たないと、ケイレブ！」「正しくはあるが、残念ながらいまさらあまり役には立たない」
・憤慨した様子でベンチの選手に向けて「あいつは何をしているんだ？」

コーチのマインドフルネスや自己管理能力を高めるためのコンサルタントをしているステュー・シンガーが教えてくれたところによれば、コーチが選手のミスに対してこのような発言をするのは、自分自身のエゴを守るためでもあるのだそうだ。「こういう言葉を通して、『私はもっとうまくやれるように教えたはずだ』と周囲に伝えている。選手に対応するためではなく、自分を守るためのものだ」。

私が話をしたとき、クリスはこのプレー自体を覚えてはいなかったが、似たような場面はほかに何十回とあった。だからクリスには、このような場面で何を伝えればよいのかという持論がある。

「選手は自分がミスしたことを知っている。私がそれを指摘すると、さらに傷を深めることになる」と彼は言う。「絶対に勝ちたい場面でのラストプレーだった。選手は動揺し、腹を立て、チームを失望させてしまったと感じ、試合でスタメンに入るチャンスを台無しにしてしまったとも感じているかもしれない。帰りの車の中でもずっとそのプレーのことを考えているだろう。私から何かを言うとすれば、忘れるように言ったり、その前に決めた3ゴールのことを思い出すように言ったりしても良かったかもしれない」。

私の理解では、「マインドフルネス」とは、特にプレッシャーのかかる場面や重要な場面において、何に注意を払うべきかを意図的に決めることだと考えている。このクリスの反応は、特にマインドフルネスを感じられて、心を打たれた。彼は自分の感情的な部分にこだわらず、選手に、長期的な目標に、そして（何よりも）チームの文化に考えを集中させることができたのだ。選手にいま何が必要なのか？　どうすれば彼はもっと良くなれるのか？　チームのほかのメンバーには彼のミスについてどう考えてほしいのか？　また同じようなミスが起きたら？　シンガーは、「反応するのではなく、対応しなければならない」と主張している。「感情的になるのは構わない。だがコーチに問うべきことはいつも同じだ。『あなたがそれを選んだのか、それがあなたを選んだのか？』」

文化とは無数の小さな瞬間が集まって構築されるものであり、その時点では文化を構築していることを誰も完全には意識していない。試合の前後やシーズン開始前に、チームとしてどのようなコミュニケーションを取りたいのか、どのような考え方をすべきかについて話し合うときなどは、文化を創造しようと意識しているかもしれない。だが無意識の小さな瞬間から発せられるメッセージを合わせたものにも、そういった場面と同じくらい強い影響力がある。その両者は決して無関係なものではないが、本当の文化とは、誰も気づかないようなコンマ数秒の無数のやり取りの中で、相手への反応を通して考え方や関係性が伝わる場面にこそあるのだ。クリスの場合であれば、「君がミスをしたら責任を追求する。だから自分勝手なプレーをするなら他人に責任転嫁しろ」ではなく、「君がミスをしても私は味方だ。だから恐れずにプレーしろ」というメッセージを伝えている。

「反応」と「対応」の違いについて、少し考えてみる価値はあるだろう。第1章で述べたように、スポーツのパフォーマンスの多くは、選手の意識の中にある「速い」システムに磨きをかけ、意識的に考える前の数分の1秒で反応できるようにすることが重要となる。逆にコーチングでは、意図的に対応するための時間（多くの場合、ほんの一瞬）を確保するために、スピードを落とすほうが重要になる場合が多い。反応は瞬間的なものだ。対応はより遅く、多くの場合はほんのコンマ数秒だが、ときには1時間や1日ということもある。そしてそこでは、脳の中の高度な計画と論理の中枢（前頭前野）が、本能的な中枢（扁桃体）よりも優先される。1秒でも遅らせることができれば、コーチは選手がプレーする上でのより広い背景、つまり文化について考えられる。

クリスの対応が記憶に残ったのは、彼が何も言わないことを選んだからだ。それまでの時間の中で、クリスは「言うべきではないこと」の重要性を考えるようになっていた。これも文化を伝達する形の1つだ。あまり多くを言わないで、選手には余裕が生まれ、自律性や責任感も育まれる。もし彼が、選手のあらゆる行動に対してコメントしたとすれば、選手たちは自分で判断することを学べないだろう。実際のところ、話すタイミングを慎重に選んで、いざという場面ではより注意深く話を聞いてもらえるようにもなるはずだ。選手のすべての行動に評価を下さなければ、彼らからの信頼と評価を得られるだろう。

昔からそうだったわけではない。「キャリアの最初の頃はこういうことが大の苦手だったよ」とクリスは述べている。「自覚があったかどうかもわからない。私はあらゆる指導をしてきた。仕事をしていると上司が肩越しに覗き込んで、すべてのミスを訂正してくると想像してみてほしい。面白くもないし、どれだけ学べるかもわからない。私なら憤慨してしまうだろう」。クリスにとってコーチングを学ぶとは、黙って話を進めるタイミングや、熱くなってしまいがちな場面でも長期的な関係性を重視するタイミングなどを、意図的に選べるようにするものだった。やがてクリスは、この考えに「コーチングしないコーチング」という名前をつけた。

文化こそが究極の強さの源

本章のテーマである「文化」については、さまざまな形で語り尽くされてきた。理由の1つは、文化が非常に強力であるからだ。「文化は戦略を朝食として食べてしまう」とは、マネージメントの第一人者であるピーター・ドラッカーの言葉だ。ハーバード・ビジネス・スクールのフランシス・フライ教授は、「組織の運営を成功させたいのであれば、自分のすべての行動に『文化を掛け合わせる』べきだ」と述べている。「グループ文化は地球上で最も強力な力の1つである」と、ダニエル・コイル（ビジネスインサイダー）は『The Culture Code』の中で書いている。彼の著書の序文は「2＋2が10になるとき」と呼ばれているが、これは、メンバーに対して全力を尽くすように鼓舞し、協力させ、彼らのベストを引き出すようなチームは、結束力や団結力に欠けるチームに対して、たとえゲームプランや才能で劣っていたとしても勝利できることが多いという考えを示している。文化さえ間違っていなければ、ほかの多くのことが間違っていても何とかなるのだ。

文化こそが究極の強さの源であり、結束力や団結力は才能を凌駕するという考えに、我々が非常に強く惹かれるのは興味深い。そうであってほしいと、本能的に心の底から願っているのだ。劣勢に立たされた人々が団結し、仲間意識や協調性、自己犠牲の精神によって勝利を収めるというストーリーの映画はいくらでも思い浮かぶだろう。このような物語で敵対する相手が、文化を共有して一定の成功を収めてきた、同じようなタイプの集団であることはあり得ない。圧倒的に体が大きく、より美しく着飾り、気取った態度をとるような、恵まれた人生を送り続けてきた集団だ。

一方で、劣勢な側のグループがしっかりと準備を整え、懸命に勉強し、勝負の機微を理解できるようになることで勝利を収めるという映画をいくつ挙げられるだろうか。その映画の予告編は、ビル・ベリチック（アメフト指導者）の言葉の引用で始まるかもしれない。「必死になってアグレッシブにプレーし、120％の力を発揮できたとしよう。だが、もし一人でもポジションを外してしまえば、相手の誰かがスクリメージラインを走り抜け、何ヤードも獲得されてしまう」。いずれにしても、予告編が何を言っているのかは問題ではない。「知識と準備と理解で勝つ」という映画を、誰もわざわざ見に行くことはないだろう。何度でも見たいと思えるのは、文化によって勝利するストーリーだ。

何らかの「化学反応」や「共有文化の原則」に基づいて、より才能に恵まれた相手に勝利することで、何らかの深い真実が示されるかのようだ。それも不思議ではない。人類が種として勝利を収めてきたこと自体が、ハリウッド的に表現すれば、不利な集団がお互いの違いを乗り越えて、協力する術を学ばなければならなかったという物語なのだ。個人と同じくらい集団の大切さを学んだおかげで、牙や爪や、進化によって獲得されたそのほかの優れた才能に打ち勝てた。物語の中で敵対してきた相手は、より優れた身体的属性を持つグループや種であることが多かったが、人類は共同作業の持つ意味を理解できたからこそ競争を制してきた。文化による勝利は、我々の種としての物語だ。だが、そう単純な話でもない。

進化論の専門家はこれをどう説明しているのだろうか。社会生物学者のエドワード・ウィルソンは、人類の成功は2つの並行した自然淘汰の結果であると述べている。1つは個人の強さと知性による価値、もう1つは集団の協調性と協力による価値だ。

「利他主義、協力、競争、支配、互恵主義、離反、欺瞞を密接に調整して複雑に組み合わせたものが生存戦略となった。（中略）このようにして、あるときは利己的であり、またあるときは利他的であり、その2つの衝動がしばしば衝突するという人間の状態が生まれたのである」

つまり、強い集団の中の弱い個人のほうが、弱い集団の中の強い個人よりも、先史時代の長い時間を生き延びられる可能性が高かったかもしれない。最も有利なのは強い集団の中の最も強い個人であることだが、もちろん、その立場を求めることで生じる対立が集団を破壊する可能性もある。集団および集団構成員としての我々を形づくってきた進化の圧力は、個人としての我々を形づくってきた圧力より強かったとは言わないまでも同程度に強いものではあった。両者は一致することもあれば、ときには衝突することもある。我々は皆、所属する集団での成功を目指しながらも、集団内の地位を求めて争ったり手を組んだりしている。個人が集まることで、その総和以上の力を持つ集団を形成できるのは事実であり、そうなるように進化してきたのだが、これは簡単なものではない。自然な状態とは、心の奥底にある本能の葛藤が生み出す緊張状態であるとウィルソンは説いている。文化の構築とは、物事を成し遂げるために、その緊張感をどのように調整していくかという物語なのだ。

「我々は皆、強い文化を求めている。それが機能することも知っている。ただ、それがどのように機能するのかはよくわかっていないのだ」とダニエル・コイルは書いている。例えば、多くの人は結束力や逆境への対応についてミーティングのように、公の場での派手な行動を通して文化を築こうとする。だが本章のテーマの1つは、そのような公の場での出来事以上に、結局は日々の行動のほうが影響力を持っている。例えるなら、自覚はしていなくとも逆境を何度も乗り越えたり、チームメイトや自分自身がそうしている姿を目にしたりといった場面だ。文化とは何よりも、習慣の連続だ。何を言うかではなく、何をするかなのだ。選手に向けて必死に戦えとハーフタイムに怒鳴ったところで、練習のなかで限界まで戦うことを習慣としていなければ、十分な結果は期待できない。チームのために謙虚で利他的になれと言っても、そのような姿勢を着実に強化し続ける文化の中で過ごしていなければ、あまり意味はない。

文化は間接的に構築され、維持され、組織全体に伝達する。伝達はさまざまな小さな瞬間に起こるが、ほとんどの場合、その瞬間には本人はほかのことに気を取られている。文化の構築において特に重要なのは、何かほかの事柄が差し迫っていると感じられるときに、重要なことに集中し続ける力があるかどうかだ。

世界的に有名なオーストラリアのクリケットチームの不正事件後の取り組みを追った、エイドリアン・ブラウン監督のドキュメンタリーシリーズ『The Test』の中に、シンプルだが印象的なシーンがある。新任のジャスティン・ランガー監督が着任した直後のシーンだ。イングランドでの重要なテストマッチに向けて遠征中の選手たちは、ランガーの指揮するまだ何度目かの練習に参加するため、ローズ・クリケット・グラウンドのフィールドに足を踏み入れる。だがランガーの意識は眼の前の試合ではなく、より長期的な未来を見据えている。文化こそが最優先であり、それを再構築する必要がある。「みんな、始める前に、本当に固い絆で結ばれたグループになってほしい。一緒にゆっくりと1周ジョギングするだけでいい。『これこそがチームだ。来年の7月14日に向けてチームをつくっているんだ』と考え始めてほしい。近くに集まって、一緒にゆっくりジョギングをするんだ」。文化とは、その集団が慣れ親しんだ、ありふれた、日常的なことをどのように行うかによって築かれることをランガーは知っている。それは、自分たちが何者であるか、何者になりたいかという意識と意図を込めて、チームとして最も単純なタスクをこなすところから始まるのだ。

このような文化の構築には、パラドックスも潜んでいる。チームがどのようにプレーし、どのようにコミュニケーションを取るかは、それらに対する明確なビジョンを持つコーチによって形づくられ、磨かれなければならない。マルセロ・ビエルサ（サッカー指導者）は、ドキュメンタリー『Take Us Home: Leeds United』の中で、「自分たちが信じていないことを（選手に）説得してやらせることはできない」と述べている。だが、本当に力強い文化の中では、ほとんどの場合、ビジョンが共有されているという感覚があるもだ（そして実際に共有されている）。メンバーにとって、その文化はチームに属する何かであると感じられる。「誰かのもの」ではなく、「自分たちのもの」であると。つまり、チームの文化形成の大部分は、選手間の反応の中で育まれ、植えつけられていくものなのだ。

監督による方向づけと選手の自律性という2つの要素があることは、クリスの指導する選手が、決定的場面で絶好のチャンスを失敗したときから垣間見られる。一連の出来事の最後に、チームメイトが小走りでストライカーに駆け寄って「次のプレーだ」と励ましたことを覚えているだろうか。これは小さなことではあるが、深い意味を持つ。苦しい場面での仲間意識の表れだ。このようなシグナルが示され、信頼と忠誠心が生まれ、帰属意識が高められる。この対応を行ったことは選手個人の選択だが、彼の使った言葉はチームの文化から生まれたものだ。

クリスと彼のスタッフは、「次のプレー」という言葉を意図的に何度も使い、選手の意識がどこに向けられるべきかを表現している。「私たちがよく使うので、選手たちも使うようになった言葉が2つある。『次のプレー』と『積極的ミス』というものだ。1つ目の言葉は、選手やチームがミスをして頭を抱えていたり、何か起こったことに苛立っていたりする様子を見たときに使う。起きたことは変えられないので、次のプレーに集中しよう、と。2つ目は、練習や紅白戦や試合の前に使う。選手に『頑張れ』『リスクを取れ』『インパクトのあるプレーをしろ』と言い聞かせるためのものだ。ミスをしないということは、無難にプレーしており、インパクトのあるプレーをしていないという解釈にもなる。結果的に、自分自身を向上させようと頑張っていないと成りかねない」。文化は、言葉の中に刻まれることで簡単に広まっていく。このチームメイトはクリスの言葉を使ったが、そこに手を加えていた。自分の言葉で「取り返せよ！」と加えていたのだ。

彼の言葉や口調には、つらい思いをしている仲間に対し、若い選手が気軽なサポートを示す完璧な方法を知っていることが反映されていた。チームメイトを傷つけるのではなく、励ますことが正しいと彼が感じたのは、クリスのクラブでは過去にもみんなそうしてきたからだ。彼はそういう場面だと認識し、完璧に実行できた。

このやり取りは、文化に関するもう1つの事実を明らかにしている。クラブ内で選手の経験を形成するコミュニケーションのほとんどは、コーチの知らないところで行われているが、少なくともコーチやスタッフが行ったり見たりするのと同じくらい強い影響を文化の構築に与えている。したがって、選手たちがポジティブなのは重要であり、理想を言えばより大きなビジョンに沿った行動を取るのが望ましい。強力な「ピア・ツー・ピア（仲間同士が通じ合う）」の文化は、偶然生まれるものではない。

メリアム・ウェブスター社の辞典では、文化とは「ある団体や組織を特徴づける、共有された態度、価値観、目標、習慣のセット」と定義されている。この定義は非常に有用なものだ。文化が全員に共有されていること、考え方（姿勢）や、日常的な行動規範や慣習（習慣）が集まったものだと思い出させてくれる。しかしここでは、人類学者がしばしば指摘する1つの重要なものが文化の定義に含まれていない。

それは言語である。文化は言語によってほかの文化と区分される。公用語を共有していなくとも、文化には独自の慣用語や専門用語がある。話し方から所属が読み取れる場合も多い。例えば、若い世代のグループの話し方が理解できなくなれば、自分が年を取ったと実感する。集団の構成員が用いる言葉を形成することで、帰属意識が高められる。重要なのは、チームメイトがケイレブを励ますために使った言葉は、クリスが下地をつくっていたからこそ文化を完璧に表現できたのだ。

本章ではここまで、文化に関する重要な考え方をいくつか説明してきた。一旦立ち止まって、それらに名前をつけ、もう少し明確に定義してみたいと思う。以下の２つのリストを紹介しよう。

1．文化を構築するための原則集だ。活気のある文化をどのように構築し、維持するかについて述べている。例えば、クリスは習慣を使い、言葉で補強し、選手たちにも十分に受け入れられたことで、その文化が選手たち同士のコミュニケーションに反映されるようになった。原則集にはそのような手法を載せている。

2．特徴について。特に生産性の高い文化が伝える価値観や信念のタイプについて記述している。ストライカーのエラーに対して沈黙して、クリスは心理的な安心感を表現しようとしていた。「君がミスをしても、私は味方だ。だから恐れずにプレーし、責任を果たしてほしい」と。文化が機能したとき、伝えられると考えられるメッセージについて論じている。

原則：文化はどのように構築され、維持されるか

5つの原則

・文化は、デザインされる
・そして、共有されなければならない
・区別されなければならない
・文化は習慣で表現される
・言語は最も重要な習慣である

最初の2つの原則は一緒であり、陰と陽である。どちらも真実であり、それぞれがもう片方に依存している。ある種のパラドックスでもある。

1つ目は、「文化はデザインされる」ということ。つまり、コーチがチームに対する自身のビジョンに沿って意図的に計画し、構築される。それこそがチームを率いるという意味であり、ビジョンを現実に変える。しかし、2つ目の原則である「共有」も必要だ。いくら明確で詳細なビジョンであっても、メンバーに受け入れられ賛同を得られなければ意味がない。そして、文化は変化していく。例えば、完璧な庭をつくりた

いとしよう。どこに何を植えたいかを決めて、計画していく。種は丁寧に植えなければならない。できる限り慎重に、注意深く植えたほうがいいだろう。しかし、もし「正しい」文化、つまり選手たちが最も成長し、成功する可能性の高い文化というものが生まれるとしたら、それは独自の生命を歩んでいく。予想以上に豊かな土壌が必要になるかもしれない。あるいは杭を打ったり、枝を切ったり。観察し、対応していかなければならない。

３つ目の原則は、「文化はそれぞれのグループに固有のものでなければならない」。また周囲にはちょっとした壁が必要だ。他者を排除するためではなく、文化の内部にいる者たちに、自分たちが何か特別で独特なものの一部であると感じさせるためだ。

４つ目の原則は、「文化は日々の行動の中に生きている」という考え方だ。子供たちに「寛大さを大切にしなさい」と言っても、自分自身が実践している姿を毎日見せなければ、子供たちが寛大さを身につけることはできないだろう。皮肉なことに、習慣を意識していないときほど、その習慣の影響が大きくなるものだ。自分がジャスティン・ランガー率いるオーストラリア代表でクリケットをプレーするとして、選手たちが「チームとして」ジョギングで練習場を1周することを毎日やり始めたと想像してみよう。

そのうち選手たちは、細かいことはともかくとして、自動的にそのジョギングを実行するようになっていく。それが当たり前になる。彼らにとっては、ジョギングはそういう形でやるものだという習慣になる。意識しなくなった分、影響力はより大きくなると期待できる。その行動も、行動が表現する考え方も、選手たちの一部となっていく。

５つ目の原則は、すべての習慣の中でも最も強力で、最も信念を形成するものは、言語、つまり「言葉の選択であることを強調する」ものだ。我々が知っている概念のほとんどは、その概念を表す言葉があるからこそ考えられる。例えば「感謝」という言葉があるからこそ、感謝という概念が確かなものになり、言及する価値のある言葉だと示される。言葉にすることで、心の中に存在する。その概念について話ができるようになり、自分の、あるいは子供たちの注意をそこへ向けられるのだ。その概念に価値を置くだけでなく、名前をつけて、より意識できるようになる。ショーン・エイカーが「The Happiness Advantage」で指摘しているように、感謝するべき対象を指す言葉を使えば使うほど、世界には感謝に値するものがあると認識するようになる。言葉を持つと、世界の中でその言葉が表すものを見られるようになるだけでなく、世界に対する観念そのものが変わるのだ。イヌイットには、雪を表す50の言葉があると言われている。それだけの言葉を持たない私には、軽くてふわふわしたタイプの雪と、風に吹かれて粒状になったタイプの雪とを、彼らのように区別することができない。私にとって「雪」とは、基本的に1つのものだ。イヌイットの人々は、私が見落としてしまう区別やグラデーションを見ることができ、そこに価値を見出している。「言語は思考の助手ではなく、母である」と、W・H・オーデンは書いている。名前をつけることは、それを存在させるのだ。言葉やフレーズを割り当てて、それをほかの人たちにも見やすくしたり、それについて考えられるようにしたりできる。

ここでクリス・アップルのチームと、「次のプレー」や「積極的ミス」というフレーズについて考えてみよう。クリスは、選手が使うためのフレーズを考案し、それを選手に認識させ、注目させ、評価させたのだ。イヌイットにとっての雪の種類のように、これらはほかの文化では明確には見えず、価値を与えられないものなのだ。「積極的ミス」は、選手たちの意識の中に存在する。クリスがその言葉を生み出し、使うことでチーム内で習慣化され、選手たちはそれが学習に必要なステップであると信じるようになった。

≫「一緒にやる」とはどういうことか

自分がジャスティン・ランガー（クリケット指導者）だとして、就任早々、チームの練習に来たと想像してみよう。あなたは彼らにこう言った。「始める前に、本当に固い絆で結ばれたグループになってほしい。一緒にゆっくりと1周ジョギングするだけでいい。『これこそがチームだ。来年に向けてチームをつくっているんだ』と考え始めてほしい」。彼らがそれを完璧に実行したとしよう。どうなるだろうか？「チームでゆっくりと1周ジョギングする」とは、どういうことだろうか。海兵隊のようにステップを踏んで声を出すなど厳密に統率された形なのか、それとも緩くカジュアルなものなのか。ちょっとした雑談や冗談はしていいのか？　静かなのか、騒がしいのか。全員が同じように雑談するのか、それともキャプテンが目標や練習方法について何か言うのか。おそらく答えは人によってさまざまだろう。文化の伝達や習慣を通して、意図的にさまざまなものが伝えられていると認識することが重要だ。

次のステップとして、選手への期待を言葉で表現するといいかもしれない。キャプテンと一緒に考えるとしよう。「一緒に」走りたいと言うとき、それはどういう意味なのか。チーム内で用語を定義していれば表現できる。

「一緒に」走るというのは、お互いを励まし合い、ビジョンを確認し合い、チームメイトとしての感謝の気持ちを示すということだ。最初はリラックスして走り始める。ちょっとした会話をしてもいい。誰が話してもいい。なぜ一緒に競技をするのかを確認し合ったり、チームメイトがしてくれたことに感謝の気持ちを示すために声をかけたりする。軽い気持ちで、微笑みながらやればいい。そして、フィールドの反対側でターンしたとき、キャプテンが先頭に立つ。グループとして何に集中すべきかを思い出させ、トレーニングのため意識の準備を整える。

いくつかの言葉を定義すると、すぐに自分たちの文化を定義できる。このチームでは、「一緒に」という言葉には具体的な意味がある。仲間意識と集中力を意味する言葉だ。また「ターンする」とは、お互いへの感謝の気持ちから、目の前の自分の役割へと切り替える。それこそがキャプテンの役割を強化させる。

ダニエル・コイルは、文化とは「微細な瞬間にダイヤルを合わせ、重要なポイントで狙い通りのシグナルを伝えること」であると述べている。その狙ったシグナルを送り続けるため、言語が助けとなる。

言語こそが最も重要な習慣

これらの原則が実際にどのように機能しているのかを、いくつかのエピソードを通して紹介したいと思う。ジェシー・マーシュ（サッカー指導者）は、私に次のように話してくれた。「ニューヨークに来て、私にとってはポジティブなエネルギーがとても重要なんだと気がついた。働きたいという気持ち。我々全員で努力を惜しまない気持ち。私は毎日、そのようにありたいと思っていた。そのためには、物理的に環境を整え、それを体現することが大事だった。皆が私を見るとき、チームを愛し、一生懸命働いているのをわかっても

“ グループになって……。一緒にゆっくりと1周ジョギングする……
『これこそがチーム……。来年に向けてチームをつくっているんだ』

らいたかった。私が笑顔で幸せにしている姿を見てもらいたかった。彼らのしてくれる仕事に対する感謝の言葉を聞いてほしかった」。

これは聞くまでもない。その前にレッドブルの練習場にマーシュを訪ねたときから、私はすでにそのことを感じ取れていた。ある日の早朝、人の少ない時間帯の訪問だった。受付でもあるのかと思ってオフィスの最初のドアを開けると、そこには笑顔で選手に挨拶をしているマーシュ本人がいた。彼はすぐに私と一緒に来ていた同僚を中に招き入れてくれた。私たちは早くも家族のように談笑していた。そこにもう一人選手がやってきて、一緒になった。まるで家族の結婚式のような雰囲気になってきた。エネルギーと包容力がはっきりと感じ取れた。私がこのことを体験できたのは、マーシュがそう計画していたからだ。彼は自分のオフィスを、到着した全員を出迎えることができるように人の往来やグループの交流がある場所に移し、毎日最初の瞬間から自分の望む文化を形成できるようにしていた。彼のオフィスのドアは「いつも開いている」だけではなく、常に選手やスタッフの出入りで賑わっていた。彼は全員の名前を知っていた。家族のことも聞かれた。「君はこのクラブにとって重要だ。私たちは家族だ」と言うまでもなく、全員がそう感じていた。

しかし、マーシュは文化の構築をさらに一歩先へ進めていた。

「当時スポーツ・ディレクターを務めていたアリ・カーティスは、測定可能なものを重視する人だった。私たちがどのようなプレーをしたいのかをまとめ始めたとき、彼はKPIs（重要業績評価指標）について何度も尋ねてきた。『自分たちのやりたいプレーができているかどうか、どうすれば知ることができるんだ』と。

そこで私は、何を測定しようとするか、自分が望んでいることを表す言葉を考え出した。私は選手たちに、毎日全力で取り組んでほしいと思っていた。全員がタンクを空にして、フィールドに何も残さないようにしてほしかった。こういった考えが、『タンクを空にする』という我々の用語を生み出した」

マーシュの話からは、高いレベルの意図が込もっているのが伝わった。彼は、フィールド上でもフィールド外でも、チームがどのような存在になってほしいかを深く考えた。自分の文化をどのように表現するか、どのように測定するかを計画した。しかし、彼はそれだけにはとどまらなかった。

選手たちに、その言葉を定義してほしいと要求した。「君たちにとって『タンクを空にする』とはどういうことだろうか？　と尋ねた。彼らは集まって、『毎日、自分の持っているすべてのものをグループのために捧げること。特に自分にとって困難なときにこそ捧げる』と定義してくれた。そして、それを私たちの定義として使うようになった。私だけのものではダメだったからだ。関わり合う全員が考え抜いたものでなければならなかった」。意図的に文化のビジョンを描く「陰」だけでなく、そのプロセスを選手と共有する「陽」も見え始めてきた。彼の概念と彼らの定義。文化の共有だ。

「私たちはほかにもフレーズを生み出した。例えば、『ロジャー・バニスター』というものだ」とマーシュは続けた。ロジャー・バニスター（陸上選手）は、１マイル４分台を切ることは不可能だと言われていた時代に、その壁を破ろうと挑戦した有名な中距離ランナーである。「彼が何年もかけてようやくそれを達成すると、そこから10年のうちに23人もの選手が４分を切ったんだ。このことは、疲労とは精神的なものであると教えてくれた。『その壁を破れ！』というのがこの言葉の意味だ。選手たちに彼の記事を読ませた上で、そのことについて話をした。そして、その話の中にある考え方を捉えるために、『ロジャー・バニスター』という言葉を使い始めたのだ」

進化していく文化の目標点を表すために彼らが使っていた「モハメド・アリ（ボクシング選手）」という言葉もあったと、マーシュは紹介してくれた。

「ニューヨークは一度も（ＭＬＳカップで）優勝したことがなかった。彼らは何としてでもクラブ初の優勝を成し遂げたいと望んでいた。だがその結果、プレーオフを戦うときには強い恐怖心が生まれてしまっていた。失敗を恐れていたのだ。「モハメド・アリ」という言葉もそこから来ている。私が読んだ記事によると、彼はこう言ったのだ。『外から色々と言われることはどうでもいい。私は自分がチャンピオンであること、チャンピオンになれることを自分自身に信じ込ませようとした。そして、実際にチャンピオンになれたのだ』。私は選手たちにその話をして、このフレーズを使い始めた。『モハメド・アリで、この状態から抜け出そう』と。『勇気を持って、少し威張り気味なくらいに、チャンスに向かってまっすぐ歩いていく。そこが自分の場所だと言えば、本当に自分でそう信じられるようになる』といったような意味だ。こういう言葉はほかにも、何十とあった。そういうものがチームの言語になった。チームの理想と文化を表現するものだ」

この話の中に、文化を構築するための原則の多くが含まれていたのに気がついたかもしれない。例えば、言語こそが最も重要な習慣であること。「タンクを空にする」「ロジャー・バニスター」「モハメド・アリ」といったように、選手やコーチが自分たちの価値観や文化を表現するために使う新しい言語を、マーシュは文字通り創造していた。彼はそれらの言葉をチームのロッカーや壁に書いていた。ロッカールームだけでなく、1つひとつのロッカーにまで。マーシュは視覚的なシグナルを重視していたのだ。「最初に私が行ったとき、施設の壁はただの灰色だった。フレーズもロゴも、何の雰囲気もないく、冷え切っていた。もっと家のように感じられる場所にする必要があった。選手たちが入ったとき、エネルギーを感じられる場所にしたかったんだ」。インスピレーションを与える写真やスローガンを掲示したが、語彙の選択も重要だった。

》「環境デザイン」

「環境デザイン」とは、文化を形成するために環境を設計するという考え方であり、ジェームズ・クリアは「ポジティブな手がかりに触れる機会を増やすため、生活や仕事の場である空間を変化させる」ことだと述べている。その効果は絶大だ。「長い目で見れば、我々自身が過ごしている環境の産物となる。率直に言って、ネガティブな環境でポジティブな習慣を貫く人を私は見たことがない」とクリア。だが彼は「環境デザインが強力であるのは、それが世界との関わり方に影響を及ぼすからだけでなく、我々が滅多にやらないからでもある」ともつけ加えている。ジェシー・マーシュが最初にしたことは、まさにそれだった。

言語についてさらに論じる前に、もし大きな施設や予算がなく、自分のビジョンを具現化するためのイメージやフレーズを貼りつけたりはできない場合、どのような形で文化をデザインすることができるかを考えてみるのも有益だろう。最初の一歩は、現在の環境に存在する手がかりを確認してみることだ。まずはフィールド。選手たちが到着したとき、どのように見えているのか。例えば、グリッドやマーカーがすでに入念に準備され、コーンが並べられているフィールドは、明確なメッセージを発していると言える。「今日やることの準備はできている。考え抜いて準備するほど重要だ」というメッセージだ。到着した選手たちの行動も、フィールドによって形成される。マット・ローリー監督の下でプレーすると、トレーニングに早く到着し、シューズを履き、エネルギーにあふれる楽しいロンドに参加するのが習慣だった。これはマットに言われたからではなく、文化がそうさせるのだ。だがマットは、選手が到着する前にグリッドを設定することで、さりげなくそうするように促している。合図は環境の中にある。「ロンドのグリッドが見えるかい？

君のために用意はできているよ！」と。ここにも、綿密な設計と文化の共有という要素が存在している。トレーニングが始まる時間になると、マットはフィールドに足を踏み入れ、ロンドを始めるよう指示を出す。例えば、「2タッチ。20回パスが通ったら腕立て。スタート！」と。だがその前から、ロンドはもう選手たちのものだ。6人の選手が集まった時点で、すぐにグループを組む。競い合うようにシューズを履く。楽しげに雑談を交えつつ、マットが指導する時間とは異なり、巧みな足技を連発してリスク度外視のプレーを繰り広げる。そしてマットは、その場にいたとしても、おしゃべりをしたり冗談を言ったりして、選手たちと交流しながら歩いているだけだ。マットがホイッスルを吹いたら、そこからは「彼の練習」となる。だがそれまでは、選手たちのものだ。それが共有された文化だが、もちろんそれはマットがそのようにデザインしたからにほかならない。

アトランタ・ユナイテッドのアカデミーを訪れてもう1つ気づいたのは、選手間のコミュニケーションをめぐる環境デザインだ。今日は新しい選手がいる。ゲストなのか、練習生なのか。いずれにしても、選手たちは温かく挨拶を交わし始める。ようこそ。握手しよう。名前を言い合う。これは大人でも同じことだ。「私たちのクラブへようこそ」と礼儀正しく歓迎するのは、価値観や性格を形成すると同時に、チームが自分のものであるという感覚も植えつける。新しい選手を歓迎できるのは、そこが自分のチームである場合だけだ。

ゲスト選手が練習に参加するようなクラブではなかったとしても、トレーニングを終えてフィールドを入れ替えるとき、先輩選手と後輩選手の交流はどうだろう。年長の選手たちは、若い選手たちをクラブの大事な一員であると感じさせているだろうか？　すれ違うときに挨拶したり、ハイタッチしたりするだろうか？　姉や兄であるかのように接している？　それとも、ヘッドフォンをつけたまま無言で通り過ぎてしまうのか？　また、練習を終えたあとという話なら、選手たちはゴミやテープを拾って、自分たちのフィールドを自慢に思っているだろうか。それもまた文化の1つだ。

もちろん、現代の若者たちにとって、環境とは物理的なものだけでなくバーチャルなものでもある。練習への準備や練習を楽しみにする思いを環境デザインによって示すことは、選手たちが到着する前にもできる。「みんな、今日はプレッシングの練習をするよ。これはバイエルン・ミュンヘンの30秒間のプレッシング動画だ。今日はこういうプレーをするから、準備しておいて！」「午後には素晴らしいトレーニングが待っている。水分補給を忘れずに、ベストな状態で臨んでくれ」「プレミアリーグの素晴らしいタックル集動画を見て、気合いを入れておいて」といったように。

これまで説明してきた多くは、ほかとは「違う」ポイントだ。ほとんどのクラブでは、先輩選手が後輩選手に家族のような挨拶をすることはない。年上の選手たちが親切で礼儀正しく、後輩選手も大きなグループの一部であるように感じさせてくれることを、喜ばない親たちも想像できる。だが、もしそうしたことをやったとすれば、選手自身が特別な存在になれるだけでなく、クラブ自体もメンバーにとって特別なクラブとなる。ほかの文化とは異なる特徴があるのをメンバーが知っていれば、どんな特徴であってもこの効果をもたらす。つまり「これが私たちのやり方だ」、あるいは「私たちは違うやり方をする」。ここで代名詞に注目してほしい「私たち」である。文化の中に明確な違いをつくり出すことで、それが部外者には珍しいと感じられたり、理解できなかったりしても、内部のメンバーには自分たちが独特な何かの一部だと明確になる。これが3つ目の原則である「独自性」だ。レッドブルの練習施設の壁に書かれていた言葉には、「独自性」を強化する効果があった。チームに固有の言葉であるだけでなく、ある種の暗号のようなものでもあったからだ。「モハメド・アリ」と言っても、それが何を意味するかわかる者は限られていた。ある言語を話すのは、

「輪の内側」にいることを意味する。

「輪の内側」という考えをより明確に示すと言える例がある。あるプロチームの監督が、選手とのミーティングのために部屋に入るのを見たときの話だ。私も数秒遅れで入室すると、部屋の中は意味不明な盛り上がりを見せていた。

「201、201！」と何人かの選手は叫んでいた。

「ルーレットを！」と叫ぶ者もいた。それまでは静かだったが、いまは大騒ぎになっている。選手の笑い声、監督の笑い声。

「お前たち、私が回すのはわかってるだろう」と監督が言う。

「回したほうがいいよ」とある選手は叫ぶ。

「クッキーはある？」と叫ぶ者も。

監督はアンダーセンターにいるトム・ブレイディのようなジェスチャーで観客を静めると、突然、真剣な表情をしてみせる。本当に真剣だったのかもしれない。この時点ではどちらとも言えなかった。

「私がクッキーを恐れるとでも？」と言いつつ、彼は動きを止めて部屋中を見渡し、重苦しく沈んだ表情。

「私はこのチームの監督なんだ」と、ウィンストン・チャーチルが国会で演説するように、ゆっくりと言う。

「私はクッキーを恐れない。クッキーになるならなればいい！」。彼の声はさらに上ずり、もう大騒ぎだ。

さて、ここからが種明かし。監督は「罰金ルーレット」を持っていた。チームの文化に反するさまざまなちょっとした違反行為をすると、ルーレットを回さなければならず、その結果で罰金や罰ゲームなどが決定される。その中にはごく簡単なものもあれば、愉快で恥ずかしいものもある。どのような罰を入れておくかはチーム全員で提案して決めた（ここで原則1の監督によるデザインと、原則2の選手たちによる共有が適用されている)。「クッキー」が何を指すかという秘密については、私がこの世を去る直前まで明かすことを認められていないので、これ以上は言えない。だが「クッキー」はルーレットの中のごく狭い一部分だと言っておけば十分だろう。絶対に止まってほしくない最悪の場所だ。「201」と唱えていた選手たちは、時間を表していた。2時1分ということだ。監督は遅刻したため、罰金ルーレットを回さなければならない。選手たちはクッキーを望んでいた（残念ながら、期待外れに終わったが)。

部外者である私は、監督が説明してくれるまでほとんど理解できなかったが、ある意味ではそれが重要なのだ。「部外者」には理解できない文化の要素が、「部内者」には自分がそこに所属していることを意識させる。内輪ネタやニックネームも同じようなものだ。『Teach Like a Champion』の第1版で取り上げた中でも私が好きな映像の1つは、デイビッド・マクブライドという歴史教師が、授業前に教室の入口で生徒たちに挨拶するシーンである。「モーニン、DJモーニン、レッド。ここからゴールデンタイムだよ！」と、教室にやってくる生徒たちに彼は言う。生徒たちには、1人ひとりニックネームがつけられている。つまり、親しい人たちが自分につけてくれた特別な名前だ。デイビッドが教室の入口で発しているメッセージは、「君たちは家族、僕たちはチーム」というものだ。だが、すべての選手にニックネームをつけるべきであるとか、ユースチームには罰金ルーレットが必要であるとか言いたいわけではない。そうではなく、うまくつくり上げられた文化は外界から微妙に隔離されているという話だ。

ダニエル・コイルは『The Culture Code』の中で、強い文化において最も重要な感情は「所属」であり、それは逆説的なものでもあると述べている。

「所属するということは、内側から起こるように感じられるが、実際には外側から起こる。人間の社会脳は、

『私たちは近くにいる』『私たちは安全だ』『私たちは未来を共有している』といったような、ほとんど目に見えない手がかりが着実に蓄積されたときに活性化する。強い文化は、選手たちに常に帰属を意識させる方法を持っている」

ベン・リンドバーグとサム・ミラーは、データと社会科学の原則に基づいたマイナーリーグベースボールのチーム運営に関して記した著書『The Only Rule Is It Has to Work』の中で、臨床心理学者のラッセル・カールトンに助言を求めている。どうすればチームの化学反応と帰属意識を醸成することができるか。

カールトンがすすめたのは「何かまったく脈絡のないアイテムを用意して、それをプレゼントする」という手法だ。誰に贈るかはチーム内の投票で決めることを提案しているが、目に見えない文化的価値のある貢献（例えば疲労をものともしないディフェンス、チームメイトの育成など）をした選手をコーチに指名してもらってもいい。「クレイジートイレットを試してみるのもいいかもしれない。（詰まり取りの）ラバーカップをプレゼントする（スプレーで鮮やかにペイントしてもいいだろう）。もらった選手はそれをロッカーに入れておく。ただし、トイレが詰まったら、その選手が行って掃除しなければならない」。賞品となるものは、チームの文化次第で、ごく単純に誇らしいものであったり、ちょっとした馬鹿馬鹿しさや謙虚さを伝えるようなものであったりしてもいいだろう。後者の利点は、面白ければ面白いほどより多くの選手が企画に参加したくなり、「儀式」が発展していくことだ（「罰金ルーレット」を参照）。だがもちろん、この企画は、チームの文化に属していない者には理解できない。それでこそ力を発揮され、帰属意識が確立されるのだ。

罰金ルーレットはこの点でも優れており、慎重にデザインされ共有されているものだった。時間厳守など、チーム文化を構成する重要な要素を強化すると同時に、選手たちの支持も得られている。監督のアイデアではあったが、選手たちもその構築に協力し、監督がチームの成功のために設定した基準を強化することにつながる結果を選択したのだ。「(文化は) 単にトップダウンであってはならない。選手たちがお互いに責任を持ち合えば、文化はより重みを持つ」とジェシー・マーシュは話してくれた。

マーシュはレッドブル・ライプツィヒでも短期間コーチを務めた。ニューヨークでの仕事からレッドブル・ザルツブルクでの仕事へと移る前に、ヨーロッパサッカーへの移行期間として、一種の見習いのようなものだった。「ライプツィヒでは自分のオフィスを表に出すことはできず、その状況に合わせなければならなかった。いま、このチーム (ザルツブルク) はいつも試合に勝っている。ニューヨークでは勝ち方を教えなければならなかったが、このチームでは負け方を教えなければならない。負けるのは当たり前、失敗するのは自然なこと。それが向上につながる唯一の方法なんだ」。ザルツブルクのロッカールームの壁にはそのための言葉が書いてあるのだと思うが、どのような言葉なのか聞きはしなかった。ここに表れているのは2番目の原則だ。同じコーチ、同じプラン。だがチームは違うので、文化を適応させ、変化させなければならない。

文化を構築するためのマーシュの努力について述べてきたが、最も重要だと思われる部分にはまだたどりついていない。文化の鍵は「習慣の構築」だという部分だ。文化がどのようなものであるかを伝えるために、コイルが言うところの「安定したシグナル」が必要となる。毎日の生活の中で、ほとんど気づかないうちに行っていることこそが、自分の考えを表現している。選手の肉体的、精神的な習慣を形成できなければ、マーシュが何かを話したり、壁を塗ったりしても意味がない。

マーシュの次のステップは、文化全般について考えるのと同様に、フィールド内での戦術的文化についても深く意図的に考えることだった。カーティスによるKPIsの考え方を参考にして、レッドブルにふさわしい選手の条件をリストアップしてみた。まずはディフェンス面だ。「相手ボールに対してどうするかというのは、いつも私にとって非常に重要だ」と彼は振り返る。作成したリストには、選手たちにとってお馴染みのボール奪取やインターセプトなどといったスタッツだけでなく、彼が考案した項目も含まれていた。特にチームがボールを持っていないときに彼が求める戦術の詳細や、試合における文化を表現するため、マーシュはここでも新たな言葉を定義した。「フォアチェック」「ハント・ザ・ボール」「ボール・シーフ」などといった言葉だ。また、選手個人やグループにポイントを与える制度を考案し、「態度ポイント」として表を作成した。試合後には担当者がビデオを見直し、インターセプトの数を記録する。「試合後に態度ポイントで総合1位になった選手には、ハイライトビデオのBGMにする曲を選んでもらう。その選手がポイントを獲得した場面をチーム全員に見せるためのビデオだ」。

お互いに支え合うようになる

レスル・ガリモア氏

レスル・ガリモアは、ガールズアカデミーリーグのコミッショナーに任命される前には、ワシントン大学のヘッドコーチを務めていた。ワシントン大学史上最多の勝利数を誇り、キャリア通算の勝利数は女子サッカーディビジョン1の歴代トップ25に入る。チームを15回ものNCAAトーナメントに導いたが、それでも彼女が最優先するものは文化であることが多かった。「1人ひとりの選手たちについて思い出になっているのは、すべて文化に関すること。人とのつながり。彼女たちがいまのような自分に

なれたのは、大学での選手生活で得た勝利ではなく、それ以外のすべてのもの」。ここでは、文化を構築するための彼女の手法を紹介する。

「今年のチーム文化はどうなるの？」と聞かれることがよくあるが、私は「まだここにはありませんよ」と答える。チームにキーフレーズや文化を押しつけることはできない。大学スポーツ界では、毎年新しいチームが生まれる。私たちがしてきたことの中には、時間を越えて私たちをつなぐ糸のようなものがたくさんあった。

それでも毎年秋になると、文化の中にいる人々のおかげで、新しいグループ、新しい次元、新しい感覚が生まれてくる。チームをどうマネジメントしていくかというのは、必ずしもトップダウンではないやり方で、その糸を紡ぐ方法を見つけ出すことだ。できればチーム内にリーダーシップを発揮できる人材が十分にいて、お互いに教え合えるようであれば望ましい。

私たちは、事前にしっかりと関係構築を行うようにした。ほぼ毎年、夏にはみんなで1冊の本を読む。何らかのテーマを与えてくれると感じられた本や、リーダーシップやチームビルディングの教訓となるような本を選んでいた。『Unbroken』『Legacy』『Boys in the Boat』などのように、現実世界の話を。スポーツに関するものが多かったが、必ずしもそうではなく、ワシントンに関連するものも多かった。若い女の子たちに、人々が何かを起こすためにどのような経験をしてきたかを理解してもらえれば、とても素晴らしいことだ。

ある年の私たちのキーフレーズは、ある曲から生まれた。U2がメアリー・J・ブライジと共演した「One」。歌詞の中に「We get to carry each other（私たちはお互いに支え合うようになる）」という一節がある。私は電気を消して、選手たちに歌詞を聴くように言った。「私たちはお互いに支え合うべきなのではない。お互いに支え合うようになる」。彼女たちは歌詞から抜き出したその言葉のとりこになった。

そして、素晴らしいシーズンを過ごした。年末頃にはピッチ上でもピッチ外の部分でも苦しんでいる選手が何人かいたが、それでもベスト8に進出することができた。必要なときにはお互いが支え合った。全員がお互いのことを大好きだった。とてもリアルだった。コーチとしてのまさに夢のような時間だ。

最初の頃は、できる限り少人数での時間を重ねるようにしていた。チーム内の色々な別の選手といつも一緒に過ごす時間を。ポジション、年齢、出身地などが異なるさまざまな選手たちが、いつも一緒にいる時間を持つように。大切なのは、みんながお互いを知ること。

フィールド上にもそういったことを反映していた。チーム始動初日には、毎年「Dawg Bowl」という4対4のトーナメントを行うのが恒例だった。この大会で優勝することは大きな意味がある。卒業生が訪ねてくるとみんな必ずその話をする。チームは必ず混合メンバーで、1年生を2人ずつ、5～6チームに分けてそれぞれに入れる。そうすると、すぐにいろいろな選手と競い合う機会が得られる。実戦的な観点からどのようにプレーするかの重要性をすぐに理解することができる。このような伝統が正しい文化を育み、全員が絆を深め、すぐに自分も仲間入りできたと感じられる。

1年間で30時間の授業時間

だが、試合だけではない。フィールド上で文化を構築したいのであれば、「習慣がすべて」という文化構築のルールがここでも適用される。フィールド上の文化の見えない部分の採点に関して、「練習でもやっていた。個人でもチームでも、勝ち負けを決めていた」とマーシュは語る。選手が試合で守備をするときにボールを狩ろうとするのは、練習で守備をするときにボールを狩っていたからだ。それが彼らの習慣だった。そして彼らが練習中からボールを狩るのは、マーシュとスタッフがそれを文化に組み込んだからだ。文化はあらゆる部分にあった。

ちなみに、マーシュの測定項目の多くは、小さなものであった。「ボールオリエンテッド」とは、プレッシングを行う際にコンパクトになり、ボールの前のスペースをコントロールすること。「フォアチェック」は、ボールを持った相手がターンして前を向くのを防ぐこと。監督によっては、「ハッスル（頑張る）」といったような項目を測定基準とするかもしれないが、これはマーシュにとってはあまりにも漠然としすぎている。文化とは、自分がなりたいと思う人間になるための小さなディテールを、正確な言葉で表現することだ。そうすることで初めて、習慣化する。「最初は小さく見える変化でも、ひたすら継続しようとすれば大きな成果につながる」とジェームズ・クリアは書いている。「長い目で見れば、我々の人生の質は、習慣の質で決まるのだ」。これはスポーツにも当てはまることだろう。

マーシュのポイント表は面白いアイデアだ。プロ選手のマネジメントツールとしては少々子供じみているようにも見えるが、ラッセル・カールトンも、『The Only Rule Is It Has to Work』の中でベン・リンドバーグとサム・ミラーへのアドバイスとして似たようなことを伝えている。「ステッカー・チャート（ポイントカード）を始めるといい。星が10個集まればブリトーがもらえる。強化したいところがあれば、何に対しても星を与えていい。児童心理学の手法は人生のすべてに当てはまるというのが一番の原則だ。選手たちは馬鹿にして笑いながらも、3日後には自分がいくつ星を集めたかチェックするようになっているだろう」。この文章をマーシュに読んでもらうと、彼は笑い出した。「以前の私は、『選手たちはプロなんだ』と思っていた。その頃の私なら『安っぽすぎる』と考えただろう。だが私は、何事も試すことを恐れない。だから、試してみたらうまくいった。いまでは、誰かがアイデアを持っていたら、それを試してみようと思う。もしルイス・ロブレス（元サッカー選手）がプレシーズンにオリンピックをやりたいと言ったら、私は『ああ、やってみよう』と言うだろうね」。

繰り返しになるが、必ずしもポイント表を導入すべきだと言いたいわけではない。価値があると考えるものを測定して、認識が重要であり、それによって信念が習慣に変わるということだ。経営に関する格言に「測定したら実行される」というものがある。結果として、マーシュが率いるレッドブルズはボールのない場所でチーム一体となって執拗なプレッシングディフェンスを行い、しかもそうするのが当然であるかのように楽しげに行っていた。それはチームのＤＮＡの一部のようだった。違うツールを用いてこれと同じことを実現するのはもちろん可能だ。予算の限られた小さなクラブであったとすれば、第1章のルース・ブレナン・モレイのアイデアを盗んで、選手たちに試合中のチームメイトの微妙な行動を観察させてグラフにし、そこに注目させてもいいだろう。練習の最後に、「自分たちがどんなチームか」を表現するような、見落としがちな小さな瞬間を見つけて褒めるのもいいだろう。それを選手にやらせてもいい。公の場で誰かや何かを認めることは、共通の習慣を築くための強力なツールになるのがポイントだ。

強い習慣を得るためのもう1つの方法は、それを教えることだ。これは、学校の授業での成功例から得られる最大の教訓である。教室には「規律」があふれているが、その表現法は必ずしも一般的に使われている言葉と同じではない。ここでの「規律」とは、「正しいやり方を教える」と定義したほうがいいだろう（＊1）。つまり、頻繁に行うことについては正しい方法を、言い換えれば「私たちのやり方」を教え、それが習慣になるまで強化したり、練習させたりするのだ。そうすれば規律が生まれる。

『Teach Like a Champion』の中で、ダグ・マッカリーという教師が生徒にプリントの配り方を教えているビデオを紹介した（＊2）。このようなことに注目するのは奇妙だと思えるかもしれないが、マッカリーは生徒が1年間に何百回もプリントを配ることを知っている。何かをする回数が多ければ多いほど、それをどのようにするべきかを考え、そのやり方をルーティンとして定着させる重要度は高くなる。動画を見てもらえればわかるだろう。マッカリーはプリントの配り方をクラス全員に丁寧に詳しく説明している。「デンゼルが1枚取って、残りの束をジェームズに渡す。ジェームズは1枚机に置いてから、ゆっくりブルースに渡す」。そして、教室内で実践させる。マッカリーは「12秒……、10秒で戻して。11秒……、10秒で戻して」とタイムを計っている。なぜ初日から授業内容を教え始めるのではなく、このようなことをするのだろうか。

最も重要な理由は、普通のクラスでは、プリントを配ったり集めたりするのに1～2分かかることがあるからだ。もしマッカリーがこの作業を10秒で行うようにさせ、生徒が何百回、何千回と行う作業を1分ずつ短縮できれば、南北戦争や分母の異なる分数の足し算などを学ぶ時間を追加で何時間も確保できることになる。それだけでなく、自分のクラスをより魅力的でエネルギッシュなものにできる。一般的なクラスであれば、生徒たちがプリントを配り終えるのを待っている間にアイデアは消えていき、エネルギーは衰えていく。サッカーの練習でも感じたことがあるろう。A地点からB地点への移動が遅い。伝えたいことがあってもす

＊1　この言葉を意図的に使うのを聞いたのは、ロナルド・モリシュが初めてだと思う。彼の著書『With All Due Respect』は素晴らしい

＊2　QRコードからVIDEOS DISCUSSEDの「Doug McCurry paper passing」で映像をご覧ください

ぐに集まってこない選手がいる。水分補給の時間が45秒ではなく3分。こういったことは、時間を無駄にするだけでなく、文化全体にも影響を及ぼす。選手は待っている間に集中力を失い、「ゾーン」から外れてしまう。プレーしたいのに、気がつけば待ち時間ばかりになっている。

あるワークショップで、教師たちに普通のクラスで生徒たちがプリントを配ったり集めたりするのにかかる時間はどのくらいかと尋ねてみた。1日10回、180日分の時間を短縮できれば、「1年間で30時間の授業時間を確保できる」と指摘したかったからだ。しかし、答えてくれた教師からは思いがけない答えが返ってきた。「どのくらい時間がかかりますか?」という質問に、答えは「0秒です」と彼女は言う。「あまりにも時間が無駄になるので、私の学校では資料を何度も配るのをやめてしまったんです」。同じような話はスポーツのコーチングにもある。コーチに対して「トレーニング中に話をしてはいけない」「ストップをかけてはいけない」とアドバイスする人が多いのはなぜか。練習のエネルギーと流れを台無しにし、選手がプレーしたくて待ちきれなくなるような、苦痛を伴うほど長い中断を取るコーチを見てきたからだ。しかし、プレーを一切中断するべきではないと言えば、重要な教育ツールを取り上げることになってしまう。より良い解決策は、中断時間を合理化することだ。30秒以内の短くて集中した中断時間で、コーチが1つのアイデアだけを手早く伝えるようにして、(第3章で述べたように)選手はそれをすぐに実践するようにする。このようなフリーズの仕方のほうが、教育ツールとしてははるかに優れており、実行可能でもある。だがこのようなやり方は、手順が迅速でルーティン化されている場合にのみ有効だ。フィードバックが速くても、全員が聞くのに30秒かかるようではうまくいかない。全員が集中して聞いていなければ、2回も3回も繰り返し、確実に全員に伝わるようにする可能性が高いだろう。あるいは選手を呼び止めて、聞くように念を押さなければならない。それよりも、ダグがやったように、聞くことを教えて、当たり前のようにルーティン化させたい。

「練習中に私はときどきプレーを中断して、みんなに説明したり、質問したりする。そのときの目標は、手早く話をして、すぐにプレーを再開することだ。みんながすぐにプレーしたいのはわかっている。だから、私が「ストップ！」と言ったら、その場で立ち止まって、私に目を向けること。すぐに止まってくれれば、何かを伝えたい場面を再現して、またすぐにプレーに戻れる。私の方を向いてくれれば聞きやすくなるし、私からもみんなが聞いているのがわかる。いまから試してみよう。ケビンのボールからスタートして、私が「ストップ！」と言うので聞いてほしい」

コーチは1分後に「ストップ！」と言い、マッカリーの言葉の1つを参考にしつつ、次のように言うかもしれない。「いまのはかなり良かったけど、もう少し良くなると思う。すぐに止まって、こっちを見て。そうすれば話をして、またプレーに戻れる。もう一度やってみよう」。選手たちはプレーを再開し、コーチはまた「ストップ！」と告げる。選手たちの反応は少し良くなったとしよう。次は「聞いて試す」というルーティンを身につけさせたいと考える。そこで、次のようにフィードバックを与える。「いいね。見てくれてありがとう。ボールを受けるときは、こういうふうに腰を開くようにしたい。受けるたびにやれるかどうか、やってみよう！」。ここでは意図的に非常に短く、非常に実用的なフィードバックを与えるといいだろう。ここで本当にやりたいのは、選手に違いを感じてもらうことだからだ。選手が10秒や15秒といったごく短い時間だけ立ち止まって、役立つアドバイスを受け、すぐに試してみる。その様子を確認するためだ。そして次は当然ながら、フィードバックを使う習慣をつけさせたい。そこで、選手がフィードバックを使うのを見ているのだということを語りかける。「はい、ジェイソン。そのとおりだ。いいね、ミゲル、君のボールの受け方も見たよ。大成功だ！」フィードバックを聞いた選手がそれを使う習慣を身につけさせたいし、さらに調整を加え、選手がポジティブな気分でやれるようにしたい。基本的にはジェシー・マーシュがポイント表を使ってやっていたようなことを、もっとシンプルな方法でやっているのだ。

ここで、ジェームズ・ビーストンが選手に習慣を身につけさせる第3章のビデオをもう一度見てみよう。彼がどのように声をかけ、選手たちがどのように反応すべきかの手順を説明しているかがわかるだろう。選手を指名したり、手を挙げさせたり。これで、選手たちはどうすればいいのか理解できた。だが注目してほしいのは、このビデオで彼は聞き方の説明から始めていることだ。「私が見えるようにここに来て」と、選手たちを近づけている。ここを見落としてしまうコーチは多い。誰かの話を聞くときの身体的行動は、自分や周囲の人々がどれほど話を聞き取れるかに影響を及ぼす。ボールをいじっていたり、遠くを見つめていたりするると、だんだんとそちらに意識を向けてしまい、また周囲の人たちの意識も引きつけてしまう。選手はコーチのフィードバックを聞くために何百回、何千回と集まってくるのだから、そのための正しい方法を教えたほうがいい。「いまのように私が練習の説明をしているときは、聞こえるように近くに寄って。ボールは置いたままでいい。自分だけで。目線は必ず私を見る。そうすれば、みんなが知りたいことをすぐに教えてあげられるし、早くプレーに戻れる」。優れた説明は、必ず理由を言っていることにも注目してほしい。

これは、若い選手には特に大事なことだ。気が散ってしまうことで、トレーニングのかなりの部分が失われてしまう可能性もある。スティーブ・コヴィーノのビデオの中では、彼は遊び心を交えながらも、中断と再開の手順を一貫性のある形で強化している（＊3）。加えて彼は、選手の注意の向け方を習慣化している。以下に説明するように、これは成功する文化の重要な特徴である。

トレーニングセッションの手順を設計・実施する際には、言葉の重要性を見落とさないようにしたい。使用する言葉も手順の一部であり、毎回同じ言葉を使うことで、行動がより習慣化される。第3章で見た

＊3
QRコードから
VIDEOS DISCUSSEDの
「Steve Freeman questioning」
で映像をご覧ください

ジェームズ・ビーストンのビデオについて考えてみよう。彼は毎回、選手を止めるときには「フリーズ」、選手を送り出すときには「プレー」と言っている。必ず同じ言葉を使っているのだ。彼は、選手たちに迅速で一貫した反応を求めている。「フリーズ」と言った2秒後に全員が注目していれば、彼は自分のやるべきことを手早く終わらせ、エネルギーの流れを維持できている。また「プレー」と言ったあと素早く練習が再開されれば、インテンシティーは高まる。言葉の選択も重要だ。ジェームズの選んだ「フリーズ」という言葉は、中断を最大限に活用するために重要なことが何であるかを選手たちに印象づける。いまいる場所で停止し、指導したい場面を再現できるようにすることだ。スマートなやり方だ。私自身は、「ポーズ」という言葉をよく使っている。中断は短いものであり、選手たちはまたすぐに動き出すという意味が込められているからだ。

スティーブのセッションとマッカリーの授業の共通点を、最後にもう1つ指摘しておこう。子供たちがみんな本当に楽しそうであることだ。これは、教師を含めた多くの人々にとって、直感には反する。構造的かつ明確に何かを行うということは、楽しみや活気を抑圧するような厳しさを意味するからだ。しかし実際には、どちらのケースでも子供たちは、教師やコーチが小さな改善をしようとしてくれていること、自分たちへの暗黙の信頼を示してくれていることを喜んでいるようだ。年齢の高い選手や大人の場合はまた違った見え方にはなるとしても、より無駄な時間が少なく集中して学習できる環境の中で、自分の費やす時間と成長を尊重してくれる教師やコーチに最終的には感謝するだろう。ジェームズ・ビーストンのU19セッションや、デナリウス・フレイジャー（数学教師）の教室でも、このことを実感できる。デナリウスが短く呼びかけると、生徒たちは彼が教えた通りの方法で即座に、そして喜んで彼に目を向け、そしてまた計算に戻っていく。

スポーツ文化の特徴

ポジティブな学習文化

では、成功するチームはどのような文化を持っているものだろうか。ここでいう「成功」とは、人々の成長と発展を最大化し、自分自身のためにも他者のためにも目標達成をサポートする行動が参加者たちの間で育まれることと定義する。第6章で述べるように、この成功の定義は、最も多くの試合に勝つこととは異なる。とはいえ、長い目で見れば、このような文化はしばしば（試合に）勝つ文化でもある場合が多い。

もちろん、正解があるわけではない。それぞれの文化は異なるものであり、それ自体が文化構築の原則の1つだ。だがここでは、私が見てきた経験から、力強い教室の文化やトップレベルのスポーツ環境に見られる5つの特徴について考えを述べたいと思う。これらの特徴は、それ自体が発展させる価値のあるものだと思うが、もちろん本書で紹介している教育のコンセプトと一致し、それを育むものでもある。言い換えれば、これらは文化が人の能力を最大限に引き出すための特徴なのだ。しかし、文化に対する考え方は人それぞれだ。当然ながら私は皆さん1人ひとりにとって特に何が重要であるかをあまり意識していないし、皆さんにとってはおそらく緊急性の低い何かに執着したりもしているだろう。うまく適応させたり、割り引いて考えたりしてみてほしい。

私にとって、ポジティブな学習文化には以下のような特徴がある。

1．間違いの文化、すなわち「心理的安全性」
2．包括性と帰属意識
3．注意力
4．卓越性
5．人柄と素直さ

心理的安全性

第4章では「間違いの文化」という言葉を紹介した。これは、学習者が自分の誤りを進んで教師や仲間たちに明らかにする教室、あるいはトレーニング環境のことだ。そうすることが学習のプラスになると自分自身で信じているからだ。これが実現すれば、「私が教えたこと」と「彼らが学んだこと」の間にあるギャップを見つけられて、修正がはるかに容易になる。第6章ではイアン・マンロー（サッカー指導者）のトレーニングの様子を紹介するが、彼は選手たちに、自分ができることだけをやって安心するのではなく、最初は失敗しても構わないので、できないことに挑戦する後押ししている。これは選手の学習にとって非常に重要だ。「心理的安全性」とは心理学者が用いる用語であり、適度なリスクを取ることが許容され、正直に率直に話すことができ、創造性が発揮される状態のことを指す。ジェシー・マーシュは、ニューヨーク・レッドブルズが失敗を恐れることを克服しようとしたとき、「**失敗を恐れること＝失敗**」という言葉を壁にペイントした。彼はザルツブルクのチームにも、異なる部分もあるが同じようなメッセージを伝えていた。彼らの場合は、負けてもいいと思えるようになる必要があった。負けから学び、成長につながると理解し、敗戦は学習の機会であると捉えることだ。ミスとは罰するべきものではなく、研究すべきものである。教師が生徒に対し、言い訳をしたり、不安を抱いたりすることなく間違いを認めて研究できるように徐々に習慣づけていけば、彼らはより速く学べるようになっていく。

これは、学習できる組織、パフォーマンスを発揮できる組織における信頼の鍵となるものだ。『Harvard Business Review』誌に最近掲載された記事はそう述べている。記事の冒頭では、「信頼なくしてチームなし」というグーグル社製造部門のトップの言葉が引用されている。

「困難ではあるが脅威ではないと感じられる職場では、脳内のオキシトシンレベルが上昇し、信頼感や信頼を生む行動が誘発される。これがチームの成功の大きな要因となる」と、ローラ・デリゾンナは書いている(＊4)。本書の中でもたびたび例をあげてきた。本章の冒頭では、明らかなミスを犯したケイレブに向けて叫ぼうとはしなかったクリス・アップル。第4章では、クラスの生徒に「ミスが見つかって良かったよ。私が君を助けられるチャンスだからね」と言った数学教師。生徒が間違いを犯しても感情的にならないデナリウス・フレイジャー。ここには、傷つくのを避けるためにミスを回避する文化は存在しない。間違いを議論し、それが間違っていたと言うことを恐れない文化なのだ。大したことではないのだから、怖がる必要はない。

それを実現するためにはどうすればいいのか。まず、選手に「苦労するのは当たり前」だと思わせることだ。ジェームズ・ビーストンは、相手の低い守備を崩す練習をしている選手たちが苦戦しているのを見て、こう言う。「これはとても難しい。最初からできるとは思っていない。こうしてみよう……」。必要に応じて、賢くリスクを取ることを褒めるといい。これについては、次章の「結果ではなく決断を指導する」という項目で詳しく説明するが、「いいね。やってみてくれてうれしいよ」「チャンスをつかむにはいいタイミング

＊4
「職場でチャレンジを課せられながらも脅威でない場合、脳内のオキシトシンレベルは上昇し、信頼と信頼醸成行動を引き出す。これはチームの成功に大きく影響する」
ローラ・デリゾンナ氏
彼女のコラムはこちら
www.bit.ly/2HcsBlo

だった。うまくいかなくて残念だったね」などといった言葉がその例だ。また第6章では、スティーブ・カーがステファン・カリー（ともにバスケットボール選手）に「ノイズ（その場で正しい行動をしても結果が出ないこと）」ではなく「シグナル（長期的に見て正しい判断）」に注目させようとする話も紹介している。カーは、スター選手であるカリーが数本のシュートミスを気に病むことなく大胆にプレーすることを望んでいる。あるいは、どのタイミングで、どのように大胆なプレーをするべきかを知っておいてほしいと。

どうやらこれは、ユルゲン・クロップ監督（サッカー指導者）の文化においても象徴的な要素の1つであるようだ。アレックス・オックスレイド＝チェンバレン（サッカー選手）は、インタビューでこう語っている（＊5）。「監督はこう言うんだ。『この1週間、お前が（練習中に）シュートを打つところをずっと見ていない。イニエスタのようにパスを通そうとしているからだ』。そして彼は『シュートオオオオッ！』と僕に向けて叫んでくる。入っても、外れても、彼の頭の中では『それが何だ』となっている。『モー（サラー）とサディオ（マネ）が詰めてくれるんだから』と」。

ちなみに、自分の苦悩やミスを喜んでさらけ出し、それが自分を成長させることになるという間違いの文化は、選手だけに関係するものではない。周囲の大人にとっても重要なことだ。クラブでは、大人たちも仕事上の困難をいちいち隠さないようにして、その文化を育まなければならない。もし、あるコーチに「明日の練習を見に行ってもいいですか」と聞いて、「来ないでくれよ。新しいことをやるんだから」と言われたとすれば、それは苦労している姿を見られるのを恐れているのだろう。自分自身が他者に期待するような反応を返すことができれば、良い反応と言えるかもしれない。「よし、いいだろう。じゃあ見に来てくれ。明日はすごく難しいことをするから、うまくいくかどうかはわからない。君からのフィードバックもぜひ聞かせてほしい」となるだろう。

＊5　ユルゲン・クロップ監督のインタビュー記事はこちら　https://www.bit.ly/35jiacLU

≫包括性と帰属意識

心理的安全性だけでは、包括的な文化となるわけではない。包括性によって、選手は自分が重要であり、幸福であり、支えられていると感じられなければならない。また、強い文化の中では、派閥から身を守ることも必要となる。派閥とは本来は下位文化ではあるが、より大きな文化よりも重要なものになりがちだ。集団の団結力を引き裂きかねない社会的分断や対立から身を守るため、特に有効な考え方として、「フォルトライン（断層）」というものがある。

この概念は、経営学の専門家カテリーナ・ベズルコバ教授の研究から生まれたものであり、ベン・リンドバーグとサム・ミラーが『The Only Rule Is It Has To Work』の中で取り上げている。

ベズルコバの研究が学校現場でどのように展開されるかについて、彼らは次のように書いている。「もし、5人の友人グループが全員チアリーディングを好きで、別の5人の友人グループが全員マーチングバンドを好きだとしたら、その10人はお互いに交流のない2つのグループに分けられる。しかし、両グループの女の子たちが、例えば学校の缶詰フードドライブ（食料寄付）活動にも参加しているとしたら、そこには重複する形で3つ目のグループが存在することになる。チアリーダーの1人とフルート奏者の1人の間に対立があっても、それを解決するためのネットワークがあるのだ」。

また、マーシュは次のように話してくれた。「私が初めてライプツィヒに行ったとき、みんなが食事をする長方形のテーブルがいくつもあった。テーブルは全部離れていた。1つのテーブルは、いつもアフリカ系の選手たちが使っていた。フランス人選手はまた別のテーブルを。ドイツ人選手たちも別のテーブルを。スタッフはこのテーブル。そこで私が最初に言ったのは、「食事のあり方を全面的に変えなければならない」ということだ。つまりテーブルをつなげて、分かれていない状態にするのだ。一緒に座らなければならない。そして、その理由を選手たちに伝えなければならない。私は、隣に誰かいる席に座るようにという、それとないプレッシャーを選手たちに与えようとした。安全な場所に座るのではない。そうするとやがて、遠征時にも選手たちはもっと混じり合う姿が見られるようになった。座る場所がいつも入れ替えるルーティンになったのだ」。

ラッセル・カールトンも、リンドバーグとミラーに食事のときに「断層」を越えて混ざり合う重要性を説いている。彼らのチームには、シーズン最初の数日間に「同じ人と2回食事をしてはいけない」というルールがあった。

もちろん食事の時間は、選手たちが断層を越えて混じり合うような多くの場面の一例に過ぎない。マット・ローリーの練習開始前のロンドも1つの好例だ。彼らは非常に社交的でもあったが、最初に準備ができた6人でグループをつくるというのがルールでもあった。そこにいてもプレーしていなければ、『おい、なぜ待っているんだ？　ロンドに入りなさい』ということになる。選手たちにとっては、さまざまな相手と一緒にプレーすることがとても重要であり、ランダムになるように設計された仕組みもあった。だが、そう簡単にはいかないこともあった。「同じ車に乗ってくる選手たちもいた」と、ローリーは話してくれた。「一緒に来るので、いつも一緒にプレーすることになる。そして時間が経つにつれ、彼らは仲の良いほかの選手たちと一緒にプレーできるように、微妙な工夫をするようになっていった。ポジションごとに分かれる場合もあったが、あるとき突然彼らは、黒人、白人、ヒスパニックといったように、文字通り人種ごとにグループをつくるようになった。これは早急に解決するべきことだった。そこで私は、スタート時の課題を使い始めた。『みんな、到着したら左足で100回リフティングをするように。それが終わったらロンドを始めてくれ』と。グループをシャッフルする新しい方法を、いつも見つけられるようにしておく必要があった」。

もちろん、教え方やそこに込められた習慣は、文化の最大の原動力だ。ダニエル・コイルは『カルチャーコード』の中で、人は自分の居場所があると感じれば行動が変わるものだと述べている。生産性が向上するだけでなく、創造性やリスク許容度が高まり、より利他的になる。だが帰属意識とは、「安全なつながりのシグナルによって燃料を供給され続ける必要のある炎」であるともコイルは書いている。

「人間の社会脳は、『私たちは近くにいる』『私たちは安全だ』『私たちは未来を共有している』といったような、ほとんど目に見えない手がかりが着実に蓄積されたときに活性化する」。これまでに紹介してきた、デナリウスのような教師やジェームズ・ビーストンのようなコーチが強化している習慣やルーティンの小さな反響が聞こえてくるかのようだ。例えば、アイコンタクトやボディランゲージ。話をしている人を見ること、目で追うことは重要だ。この行動は、「あなたの言っていることは私にとって重要だ」と示している。デナリウスが話すとき、彼は生徒たちに自分を目で追うように求めるが、同時に生徒たちがお互いを追うのも期待している。彼らにそう期待しているという説明もしている。アメリカの多くの教室では、生徒に対して自分の考えや意見を言うように求めても、教室中を埋めたほかの生徒たちは「聞いてなんかいないよ」と言わんばかりに背中を向けたり、目をそらしたりしている。そんな場所で誰が重要な考えを共有できるだろうか。ジェームズ・ビーストンの指導を受けている選手たちも、デナリウスの生徒と同じだ。ボディランゲージやアイコンタクトは（ジェームズが意図的に文化に組み込んだ）仲間同士のシグナルであり、「君は仲間だ」「君の考えは重要だ」ということを示しているのだ。

コイルは、チームパフォーマンスの行動要因を研究した社会科学者アレックス・ペントランドの研究を引用している。ペントランドの挙げた最初の３つの項目を、ジェームズが指導するグループの選手たちの行動と比較してみてほしい。

■全員がある程度同じくらいの割合で、話したり、聞いたりするようにして、発言を短くする
■メンバーは高いレベルでアイコンタクトを続けている。会話もジェスチャーもエネルギッシュに
■グループリーダーだけでなく、メンバー同士も直接コミュニケーションをとり合う

注意力

興味深いことに、チーム文化を促進する非言語的な習慣についての議論は、私の挙げた学習文化の３つ目の特徴である「気配り」へとつながってくる。他者への気配り、つまりアイコンタクトや、注意を集中させることだ。「私は聞いていますよ」「あなたの行動や発言は重要ですよ」という合図を常に出すことが、その相手の帰属意識やエンゲージメントを高める要因となる。さらに、気配りは相手の注意力を高めることにもつながる。これは基本的なことであると同時に、非常に見落とされがちでもある。ある同僚の言葉を借りれば、「注意力の深さが学習能力を生み出す」。そして、注意力とは「習慣であり、能力であり、練習によって成長・発展し、気を散らす状態が続けば損なわれるもの」と、カル・ニューポートは著書『Deep Work』（第３章で取り上げた）で指摘している。

激しい競争の中で成功するためには、「難しいことを習得する能力を磨くこと」が必要となる。ほかの者たちが不安定なときにも集中力を持続し、新しく難しい事柄を何度も習得しなければならない。重要なのは、

途切れない注意力と深い集中力のある状態を維持する能力だ。長く強く集中できる者は、他者とは一線を画す。

従って、練習中の選手たちには、肉体的にも精神的にも集中を維持してほしいところではあるが、これを実現するのは容易ではない。コーチを目で追わせるような注意喚起のツールは有効だ。質問をする際に選手を指名して参加を促すことでも、常に選手を巻き込み、決して注意をそらすべきではないという合図が送れる。プレー以外の部分で行動が遅かったり、移行時間にゆっくりと歩いたりすることでトレーニングセッションを中断せずに行なうのもいいだろう。

あるアイデアから別のアイデアへ素早く移行し、注意力のある状態を維持してつなげられる。これができれば大きい。

1つの隠れたポイントとして、選手が注意力を欠いたときにどうすれば良いかも考える価値がある。練習の中断時やハーフタイムに選手を集めて話をしていると、視線をフラフラさせている選手がいたり、ひそひそ話や笑い声が聞こえてきたりする。チームメイトの脚の裏側にボールを蹴りつけている選手もいるかもしれない。このような小さな混乱を、より大きな混乱を招くことなく解決する。つまり、全員の作業を中断させ、作業から外れたことに反応させないのは、指導者にとって最も難しいスキルの1つだ。詳しくは『Teach like a Champion』で述べているが、ここでは簡単な手順を紹介する。

まず、注意しておくべき事柄がある。そもそも正しいやり方を教えられていれば、それが一番だ。選手たちがハーフタイムに携帯電話を使ったりせず、集中し続けるようにしたいのなら、選手にどうしてほしいかを丁寧に説明しておく必要がある。例えば「3分間で水を飲み、チームメイトと話をする。それから集まるように言うので、聞こえるように近くに来るように。私のほうを見て、私からも見える場所にいてくれ。

ボールは使うな。一緒に問題を解決するため、私からの質問や考えに答えてもらうこともあるだろう」。そうする〝理由〟も言っておいたほうがいい。「こうすれば、試合の展開がどうなっていても、素早く集中して分析することができる。それがチームの成功につながるし、このルーティンによってハーフタイムを落ち着いて集中した時間にできる」。

ダグ・マッカリーは私にこう言った。「もし選手があなたのしてほしいようにしないとしたら、そうするように教えていないのが原因である可能性が高い。だから、まずは教えることから始めよう」。

本章で紹介したジェームズ・ビーストンのセッションの映像は、ハーフタイムのものではないが、選手に何を期待するかを教えたり、手順を説明したり、その理由を共有したりする方法の素晴らしい例となっている。私が特に気に入っているのは、「手を挙げていない人を指名して、答えてもらうこともあるかもしれない。この練習では常にスイッチをオンにしておいてほしいからだ」という言葉だ。どのように参加すればいいのか、「集中」とはどのようなものなのか、非常に明確にしている。

ハーフタイムにどうしてほしいかを教えても望む行動が得られない場合、まずやるべきは、「見られていると気づかせること」。つまり、誰が注意を払っているかコーチが気づいて気にかけていることを選手に示すのだ。ケイティ・クロエルという小学校教師の短いビデオを紹介したい（＊6）。画面手前に、気が散っている生徒がいるのが見える。リュックサックから何か取りたいのかもしれない。本当に必要なものかもしれないし、授業の邪魔になるようなものかもしれない。それはどちらでも構わない。重要なのは、その子はケイティが自分を見ていると気づき、自分の行動を変えようと決めたことだ。生徒が何をしているかを教師が見ていて、気にかけていると示せば、生徒の余計な行動はほとんど止めるだろう。逆に、自分のやっている行動を教師が見ていない、気にしていないと考えているなら、作業外の余計な行動をしてしまう可能性が高く

＊6
ＱＲコードから VIDEOS DISCUSSED の「Katie Kroell keeping attention」で映像をご覧ください

なる。教師は生徒を見ていることをもう少しわかりやすく示すため、ちょっとしたジェスチャーを使う。周囲を見渡すように首を動かすといったものだ。デナリウスの教室のビデオでも、1分33秒にこのようなジェスチャーが見られる（＊7）。彼はあごを少し上げ、ほんの少しだけつま先立ちをしている。「君たちを見ているのがわかるかい？　ちゃんとやっているかどうか、気づいているし気にしているよ」というメッセージを送っている。

次のステップは、期待される行動を非常に簡潔に説明し、理想的には生徒や選手がベストを尽くしていると想定した形（第3章参照）で、グループに向けて控えめに注意を促す。例えば「ドネルが話している間、みんなは必ず彼を目で追うように」というように。

次の手は、言葉を使わない修正だ。ちょっとしたジェスチャーで、「後ろを向いて」「目で追って」「ボールを後ろに置いて」などといった伝え方だ。言葉を使わない修正には、言葉で伝える場合や何も言わずにその行動を放置する場合と比べて、2つの利点がある。

1つ目の利点は、さりげなく行えば、言葉を使わないやり取りは相手とのプライベートなものにとどまること。これにより、人間関係を維持しながら、静かに期待を高めることができる。選手が理解してもらえていると感じられるように、無表情で、あるいは理解を示す微笑を浮かべながら行ってもいいだろう。文化も守られる。言葉を使わないもう1つの利点は、ほかのコーチ（またはチームに向けて話している選手）が話し続けられることだ。作業を続けながら注意と集中力を保てる。

これらがうまくいかない場合、次は個人的に矯正するのが賢明な方法となる。そうすれば少なくとも、その行動が二度と起こらないようにできる。次のような形だ。

「デイビッド、ウォームアップに行く前に、少しいいかな。［デイビッドがこちらに歩いてくる］デイビッド、

＊7
QRコードから
VIDEOS DISCUSSEDの
「Frazierteaches every student」
で映像をご覧ください

ドネルが話をしていたとき、君はたぶんケビンに何か言っているように見えた。ドネルを目で追っていなかったのは確かだ。チームの一員として、どうやってチームを改善していくかという会話に集中し、集中できているのを示すのは大事なんだ。次はそうしてくれると期待しているよ。ありがとう、ウォームアップへ行ってこい」

ここでは、「○○していたか？」「なぜ？」といった質問を交えていないことに気がつくだろう。ただ、どうすることを期待しているか、なぜそう期待するのかを注意深く話し、改善してほしいと伝えている。落ちついた声で言うのが理想的であり、怒っていないのを示すために、肩に優しく手を置くなどしてもいいだろう。

ハーフタイムトークを例として説明したが、もちろんどのような環境においても、この一連の流れは聞くことや注意を向けることに関する期待を高めるための説得力あるレシピとなる。

エクセレンス（卓越性）

エクセレンス（卓越性・優れた力）を追求すること、つまり、個人としても集団の一員としても自分自身の最高の姿を追求する姿勢を学ぶことは、スポーツ活動の大きな目的の1つだ。おそらくは、それこそが一番の目的かもしれない。スポーツの第1の目的は楽しむことだと主張する人もいるだろう。それもきっと正しい。多くのスポーツ選手にとっては、そこまでが目的となる。だがそれ以外の、特に基礎的なレベルを超えてスポーツを追求する選手たちにとっては、楽しさと卓越性は密接に結びついている。成長できることも1つの楽しみとなる。理解を深められたり、プレーが上達したり、何かを成し遂げたりすればより楽しいだろう。

クラブにおいて卓越性の文化を築くためには、いくつかの重要な考え方がある。1つに、卓越性とはその大部分が自分自身との対話であり、勤勉さとチームワークを通じてさまざまなコンセプトや課題を習得するプロセスであるという考え方だ。2つ目に、卓越性は「君の分が増えれば僕の分が減る」というゼロサムではなく、共同で達成されるものだ。チームメイトがより良く、より速く上達すれば、自分自身も同じように上達できる可能性が高い。

ベストを尽くすことで、お互いを押し上げ合える。3つ目の最後に、卓越性とはベストを尽くすというリスクを冒すことで、自分の本当の力を見極められる。つまり、全力で勝負する意思、毎日勝負する意思を意味する。そのためには、選手の心理面に困難が生じる場合もあり、コーチは備えておかなければならない。

アメリカで最も成功しているアカデミーと言われるFCダラスのコーチに、選手を育てるために最も重要なのは何かと尋ねた。「競争だ」と彼は答えてくれた。「あらゆる事柄で競争させるようにしている。選手たちは常に競争しているので、困難に怯えることはない。『鉄は鉄を磨く』と伝えている」。「鉄は鉄を磨く」という言葉は、自分自身のためにもチームメイトのためにも、毎回ベストを尽くすという考えを表す。練習の中でチームメイトと激しく戦うのは、自分たちをより向上させ、大会に向けて準備するためだ。一方で、我々コーチは『ハンガー・ゲーム』のような殺し合いを求めているわけではない。我々の仕事は青少年の育成と教育なのだ。フィールドに立ったときには健全な競争をしてほしいと考えており、選手をサポートすることや、選手が帰属意識を感じられる文化とのバランスが必要だ。人道的で選手中心でなければ、また選手のために適切な枠組みで課題が設定されていなければ、競技は間違った方向へ行ってしまいかねない。例えば、競技文化が生み出す激しい感情を選手がコントロールできるような言葉を提供するのが重要だ。あらためて、「鉄は鉄を磨く」という言葉が好例となる。この言葉は、フィールド上やコート上での激しい感情をどのように位置づけるかを選手に伝えてくれる。ジェシー・マーシュが「鉄は鉄を磨く」という話をして、このフレーズを自分のクラブのボキャブラリーに組み込む姿が容易に想像できる。

しかし、言葉だけでは十分ではない。次のステップは、言葉にしたアイデアを表現するための習慣の構築だ。例えば、練習後に「本気で戦ってくれてありがとう」とお互いに感謝したり、ハグや握手をしたりする。まずは、フィールド上で起こったことに対して怒りや緊張を感じたチームメイトにこそ、そうするべきかもしれない。チームメイトであるためには、このような生産的解決をしなければならないとわかっているだろう。自分に試練を与えてくれた相手に感謝を伝えるという儀式は、「鉄は鉄を磨く」という言葉を強化するものとなる。競争意識を象徴する言葉ではあるが、同時に、競争によって生じる困難な感情を選手が理解するために役立つ言葉でもある。

もちろん、これらの言葉や儀式をそのまま使う必要はない。信念を文化にするためには習慣が必要であり、人生の中で周囲との人間関係を把握しはじめたばかりの時期に、すべてを賭けて勝負しなければならないスポーツ選手の複雑な心理に、対処できる方法があるということを示す一例である。

人柄と素直さ

最終的に、コーチが行う仕事で最も重要なのは何だろうか。我々が目指しているのは、人々がスポーツの夢を実現させたり、自分の可能性を最大限に引き出して卓越性を追求する意味を知ったり、グループとしての協力を学んだりする助けになることだ。ほとんどの人々にとって、この過程自体が素晴らしい贈り物となる。だが、プレーはいつか終わる。いつそのときが来るのかさえ、選手たちは知らないかもしれない。仕事や学校のため途切れたり、怪我をしたり、チームに入れなかったりする。突然、終わりを迎えることもあるのだ。次のチャンスがあると信じて頑張るかもしれないが、それが訪れることは決してない。

だが問題はない。我々の指導した選手たちは、何か別のこと（願わくは、もっと大きな何か）に向かっていくだろう。彼らは夫になり、妻になり、パートナーになり、母親や父親になる。国やスポーツ団体、銀行や非営利団体の会長や代表になるかもしれない。市長、医師、看護師、教師、コーチ、そのほかあらゆる可能性がある。コーチとして良い仕事をできたのであれば、彼らがそういった成功に向けて努力をする上で、我々のコーチングが役に立てたはずだろう。彼らと我々が一緒にトレーニングに励んでいた数年間に目指したのと同じくらい、あるいはそれ以上に。

それこそが本当の成果だと知っていたら、我々のコーチングのやり方は変わるだろうか？

最終的には、我々の仕事は何よりもまず、選手が可能な限り最高の人間となるのを助け、彼らが活躍していけるようにすることだ。

育てた選手たちが皆ワールドカップのチャンピオンになったとしても、一方で、その結果として配偶者に対して利己的に接する人間となったり、子供に冷たい親になったりするとわかっていたら、それを承知でトレーニングをするだろうか。コミュニティーの中で自己中心的なメンバーになると知っていたら？　与える人間ではなく、奪う人間になってしまうとしたら？

答えはノーだ。少なくとも、私にとっては。あなたもそうだろう。

我々の構築する文化の根底には、常に人間性がなければならない。スポーツに参加することで強化される価値観には、道徳的価値観（思いやり、勇気、誠実さ、謙虚さ、感謝）、パフォーマンスに関する価値観（決意、忍耐、反発力、チームワーク）、社会的価値観（コミュニティー、礼節、市民性）など、実際にさまざまな種類がある（＊８）。指導を行う真の目的となるこういったものが、常に我々の心の中で最も大事なものでなければならない。

＊8
ジュビリーセンターの人格教育のフレームワークから引用したものであり、とてもおすすめだ
www.bit.ly/37l0MSp

第6章

成長と発展における課題

VIDEOS DISCUSSED

[QR コード]

＊各注釈の映像はこちらからアクセスできます

イントロダクション

指導者の悩み・疑問

本書ではこれまでに、フィードバックを与えたりセッションの計画を行ったりするなど、コーチが選手たちと日々接する上での細部について述べてきた。これらのコミュニケーションの総和が、コーチにとって事実上の方法論となり、選手の学習方法に関する意識的または無意識的な哲学となる。これまでの章が、皆さんの方法論をさらに意図的に発展させるのに役立てば幸いだ。

しかし、技術的なトピックだけでは、コーチの指導生活の一部しかカバーできていない。そこには方法論と交差するより広範な問題がある。私がワークショップを行ったり、クラブを訪問したりすると、ほとんど毎回のように1人あるいは数人のコーチたちが、その問題について質問してくる。

フィードバックに関するワークショップに参加したあるコーチは毎回、「保護者がタッチライン際から心理面、あるいは戦術面で逆効果となってしまうような指示を叫ぶのをやめさせるにはどうすればいいか」と尋ねてきた。例えば「ケビン、押されたら押し返せ！」だとか、「みんなもっと上がれ！」といった叫び声だ。

あるプロのアカデミーを訪れた際には、練習していた選手の1人についてコーチが質問してきた。「彼はあらゆる点で模範的ではあるのですが、ただプレーの実力自体がいまいちなんです。そのことについて彼にどうやって、何を伝えたらいいでしょうか？」。

また別のアカデミーでは、コーチに関する質問を受けた。「そのコーチは常に叫んでばかりで、フィードバックには耳を貸さないが、彼の指導するチームはいつも着実に試合で勝っている。クラブはどうすれば彼にメンタリティーを変えさせられるのか。いつまでトライし続ければいいのか」。

ある国の代表監督が、ハーフタイムトークで何をすべきか（してはいけないか）についての考えを尋ねる手紙を書いてきたこともあった。

そして、テクノロジーが選手のモチベーションや集中力に与える影響については、どのコーチも共通して抱いている疑問があるようだ。

これらの疑問は私の心に残り、何日も悩むことがある。答えは何だろうか？　答えはあるのだろうか？　本章では、そのような疑問のいくつかについて、またそこから生じる広範な問題について考察してみよう。

最初のセクションでは、選手の長期的な育成と成長に関するトピックを考察する。例えば、一般的なチームにおいて全員が平等にコーチングを受けられるかどうか。そして、どうすればより平等な指導が可能になるのか。また、「あの子は将来特別な存在になる」と我々が言うとき、それはどれほどの確率で正しいのか、といったような事例だ。

２番目のセクションも長期的な育成やキャリアの道筋に関するものだが、今度はコーチに焦点を当てる。プロフェッショナルであれば、誰でも自分の成果を認めてもらいたいと思うもの。だが、その思いは我々の決断にどのような影響を与えるのか。そして、自分の感情をどのようにコントロールすればいいのか。

最後は、クラブや団体レベルの問題についてのセクションだ。応援に来てくれた保護者が、どうすれば言動に気をつけてもらえるのか。あるいは、長期的な目標について保護者との間で考えを調整するにはどうすればいいのか。

選手育成に関するトピック

全員を指導する

本書のイントロダクションで、あるプロのコーチがデナリウス・フレイジャーの数学の指導を見て、自分のチームでは多くの選手が練習中にコーチングを受けられていない、つまり育成できていないことに気がついた話を紹介した。これは、コーチングと学校教育の大きな違いを示唆している。

学校教育では、「全員に届くこと」を目標としているのが、ある程度理解されている。つまり、できる限り多くの人に、多くの学びを提供している。デナリウスのような教師であれば、数学を学びたがらない生徒や苦手な生徒も含めて、全員が学べるようにするのが自分の仕事だと言うだろう。過去には、うまく学べない生徒や学ぶ気がないという意思表示をした生徒を、教師がある程度見捨てて、それが認められていた時代もあった。「私の問題ではない。落第したいのなら、それが君の選択だ。どうしても数学が苦手な者もいるだろう」といったように。しかし、教育は変わって、いまはもう違う。すべての生徒に指導が届くようにするのが、教師の重要な能力として欠かせないものとなっている。

コーチングでは学校教育よりも、コーチからの注目度やリソース配分の恩恵に関して選手ごとに差異が生じることが受け入れられる場合が多い。ときには意図的にそうされる場合もある。それ自体が仕組みの一部のようなものだ。プロフェッショナルレベルでは、コーチはチームが勝たなければ仕事を続けられない。そういった環境では、特定の選手のパフォーマンスや成長が、ほかの選手たちよりも重要視されるようになる。プロチームは、ドラフト1位で指名した選手や、スキルが荒削りながら大きな可能性を秘めた「プロジェクト」に何百万ドルも投資しているのだ。当然ながら、そういった選手の育成にはより多くのリソースを投入することになる。同様に、アカデミーの目的はエリート選手の育成であり、各チームでプロになれそうな一握りのトップ選手たちに注力するのがコーチの仕事となる。リソースを割り当てるにあたって、最も有望な選手に配分するのが合理的な判断なのだ。

しかし、スポーツにおいて一部の選手を優先する傾向は、トップ層よりはるかに下のレベルでも蔓延している。深く根づいた強力な傾向やインセンティブが存在しており、それにより誰が注目されてチャンスを得られるか、誰がそうでないかが決められることが多い。こういった傾向は、スポーツ界のあらゆるレベルで見られる。結果としてどのチームでも、指導は（つまり学習も）非対称的となることがほとんどであり、一部の選手に多くのリソースが配分される。コーチはそのような配分を、自分でも気がつかないうちに決めつけていたりして、意識することはほとんどない。

第1章のザビエルの話を考えてみよう。スピードや派手さがあって、早いうちから輝きを放っていたような子は、往々にして、スピードが遅く小柄な同級生よりも注目を浴びる。後者の子供たちは深く考えているからこそ慎重なのかもしれず、つまり「醜いアヒルの子」である可能性もあるが、白鳥になるまで育成されない子供もたくさん出てきてしまうのだ。しかし、コーチングにおける立場の違いも可能性として考えてみる必要がある。第5章のクリス・アップルは、「ほとんどのコーチは練習時間の大半をオフェンス側に費やしている」と観察していた。ユースレベルの練習は攻撃側のプレーを教えるように設計されていることが多く、ほとんどの場合、ディフェンス側は基本的に攻撃側の選手が学ぶための対抗役として存在している。4

バックを務める選手たちは、前線で繰り広げられる本当のドラマの引き立て役にしかならないことが多い。少しくらいはポジショニングに取り組んだり、センターバックに対して気合いを入れろと声をかけたりするくらいはあるかもしれない。だが、体の位置や足さばき、判断を下すためにどのような手がかりを見るべきか、といったようなディフェンダーのプレーの技術面には滅多に焦点が当たらない。素晴らしいコーチのいる素晴らしいチームでも、センターバックには必要十分な指導が受けられることは少ない。

そして、少なくとも理論的には全員がフィードバックの対象となる試合形式の練習であっても、ほとんどのコーチが何かを指摘する可能性が高いのはボールを持っている選手だ。クリスの観察に対する補足を加えるとすれば、「ユースコーチの大半は、ボールを持っている選手やボールに近い選手の指導に時間を使っている」と言えるだろう。ボールを中心に10ヤードか12ヤードくらいの円を描くと、指導の対象はおおむねその円と一致する。だが、円の外にも選手はたくさんいる。

ポイントガードからのパスを待っている子に、十分なフィードバックや指摘が与えられるバスケットチームがどれほどあるだろうか。ポイントガードが確実に自分でボールを持てる選手であるならばなおさらだ。ショートの選手が、セカンドの選手の2倍の指導を受ける野球チームがどれほど多いだろうか。誰がどれくらい指導を受けるかというバランスや公平性を、コーチが意識していないチームがどれほどあるだろうか。選手たちは、何とかコーチの目を引こうとしてお互い争っている場合が多い。少しばかり思慮深いおかげで、10歳になってもまだ隅のほうで恥ずかしげにしているような子は、十分に指導を受けられず、そのまま隅に居続けることになるかもしれない。

≫ 相対年齢効果

　また、２００８年にマルコム・グラッドウェル（ジャーナリスト）の著書『Outliers』で広く知られるようになった「相対年齢効果」の影響についても考えてみよう。グラッドウェルは、カナダのジュニアホッケー選手の40％が1月、2月、3月生まれであると書いている。一見すると単なる統計上の偏りだと思えるかもしれないが、年度の区切りによる影響を考えれば見方が変わってくる。1月はじめに年度が区切られるとすれば、1年の最初の2～3ヶ月に生まれた選手は、年末付近に生まれた同級生よりも身体的に著しく発達していることになる。これは、幼い時期には大きなアドバンテージとなる。「コーチは、8歳や9歳といった早い段階から、特に優れたホッケー選手をエリートプログラムに送り込み始める。そこではより多く練習し、より多く試合に出場し、より良い指導を受けられる」と、グラッドウェルは08年にＥＳＰＮのインタビューで語っていた（＊1）。トップチームやエリートプログラム入りを目指す「ポテンシャル」を求めるなら、生後96カ月の子よりも生後１０７カ月の子のほうが選ばれる可能性は高い。そして、より高度な環境に移った子供たちは、より多く指導され、より多くのチャレンジ、より高い期待を受ける傾向がある。少し早く生まれることで、より多くの機会が得られて、結果として成功する可能性が高くなる。自己成就的予言である。

　たとえコーチが積極的に選手をプログラムやチームに振り分けなかったとしても、より熱心で将来性のありそうな子供には、より多くの指導やフィールドに立つチャンスを与えようとする傾向がある。うまくやれない子よりも、教えたことをうまく実行できる子にフィードバックを与えるほうが、はるかに嬉しいものだからだ。未熟な選手は、プレーに手間取ったり不器用にやってしまったり、うまくやれたとしても1秒後に

＊1　グラッドウェルのインタビュー
www.es.pn/3dLT8C3

は結局ボールを失ってしまったりする。よりレベルの高い子は、コーチに成功気分を味わわせてくれる。「彼の力はどうだ！　もう自分のものにしてしまった。2点も決めてくれた」と。彼は特別な存在になり、コーチもその勝利の過程に関与していたことになる。猫じゃらしのようなものだ。どんなコーチであっても、どの選手を観察するか、どの選手にフィードバックを与えるかという点で、一切の偏りがないとは言い切れないはずだ。その理由は、結局のところ人間は完璧ではないということだ。運動神経が良く早熟な子は、磁石のように注目を引きつける。つまり、「相対才能効果」や「早熟効果」とでも呼ぶべき、相対年齢効果の別バージョンのようなものが各チーム内でそれぞれ起こっている。

何か隠されたものを持った選手には、ほかの選手以上に注意が向けられる。サイモン・クーパー（ジャーナリスト）とステファン・シマンスキー（スポーツ経済学者）は、著書『Soccernomics』の中で、この点がスカウティングの際に考慮される要素であると指摘した。「少なくともイングランドのビッグクラブのスカウトでは、いつも金髪の選手を推薦してくることに気がついた」と彼らは書いている。「その理由として考えられるのは、22人の似たような顔ぶれの選手たちがいるフィールドを見渡すとき、金髪の選手が目立つ傾向があるからだ（北欧はおそらく例外だろう）。色が目を引くのだ。だからスカウトは、自分でも理由がわからないまま、金髪の選手に目をつける。そのクラブはスカウティングレポートを評価する際に、この偏りがあることも考慮するようになった」。もちろんこういったのは、コーチングにおいても別の形で表れる。コーチたちはある意味でいつも「スカウティング」をしており、無意識のうちにフィールドを見渡して、どの選手に指導を集中させるかを決めている。それが平等なときはほとんどない。

相対年齢の場合と同じく、対称性が問題となるのは公平性に関する部分だけではない。グラッドウェルが行ったデータ調査によれば、サッカーチェコ代表チームでは、1年の最後の3カ月に生まれた選手はいなかった。これは、才能を秘めていた選手の少なくとも25％を失ったことを意味する。18人で編成されたチームの25％は4、5人にあたる。チーム内で実力が下から４人の選手を、正規分布に従って平均的実力の４人に置き換えた場合の効果を想像してほしい。大きな戦力アップとなるだろう。だが我々は選手の成長の一部だけに焦点を当てて、意図的ではなくとも、遅れて開花する潜在能力を秘めた選手たちのグループを狭めることにもなっているのだ。

数年前、あるＭＬＳ（メジャーリーグ）の球団を訪問した際、データ分析を活用して大きな成功を収めているクラブＧＭと1時間ほど話をしたことがある。「データが新たに教えてくれるものとは何ですか？」と質問してみた。「そうだな、１つ発見したのは、絶対に成功しないと思っていた連中が、案外成功することが多い」という答えだった。

また別の球団幹部は、「マイナーリーグというシステムはエンターテインメントの目的でつくられたが、現在は教育のために使われている。その２つがつながることはほとんどない」と話してくれた。そのためマイナーリーグのクラブは、しばしば非対称性を意図的に用いるのだという。Ａクラスのリストには、クラブが力を入れて成長・育成させたい選手が６人、８人、あるいは10人いるかもしれない。だが野球を1シーズン戦うためにはそれ以上の人数が必要だ。ショートを育てたい？　それならまともなセカンドが必要だろう。そこで各球団は、本気で投資しようとは考えないが、それなりの「セカンド」を何人もメンバーに加える。時間、エネルギー、努力、寵愛……、そういったものが、内野の左側に流れていく。「そのほか」の選手たちが得られるものは、プレーするチャンスだ。しかしクラブは心の中で、彼らがダブルA以上に上がる可能性は低いとわかっている。

「少なくとも、私たちはそう思っていた」と、前述のＧＭは語った。「だが、のちにわかったことは、そういう選手たちがメジャーまで行くというのが、予想よりはるかに多いのだ」。それからクラブは、そういった選手たちにどう投資するか、クラブが持つ育成ツールをどうやってより多くの選手たちにまで広げるかを考えるようになった。分析と選手のトラッキングで、より効率的で対称的な指導を行うことが、成果を得るための課題であると判明したのだ。

対称的なコーチングは、チームの化学反応にも関連してくる。これを強く感じたのは、チームの指導力向上を支援するマーク・マンネラがNBAのコーチングスタッフと一緒に仕事をする様子を最近見学したときだ。彼はコーチたちに、NHLのチームを舞台裏から紹介するHBOのドキュメンタリーシリーズ『Hard Knocks』を見せたのだ。このときマークが見せたヒューストン・テキサンズの場面では、プレシーズンの練習試合で撮影された映像を、コーチの一人がディフェンスラインの選手たちと一緒に見直していた。特に、チームのスター選手であるJ・J・ワットの素晴らしいプレーが映されていた。

ワットがフィールドの高い位置でタックルをし、インサイドに飛び込んでいく映像を見ながら、「これだ。これはいいプレーだ」とコーチが言う。「あの角度で、あのように走るのは素晴らしい」と、スクリメージラインに沿って横方向に走るワットの映像を一時停止しながら語る。ワットがフィールドの遠いサイドでランニングバックを後ろから倒す映像が映し出されると、「素晴らしい」とさらに2回繰り返した。「ああいうプレーが試合を勝たせるプレーだ」とコーチが言う場面で映像はフェードアウトしていく。

マークがこのビデオを選んだのは、アメフトのコーチがより具体的かつテクニカルに分析するためにどう努力しているかを、バスケットチームのコーチたちに観察してほしかったからだ。ただ「素晴らしい」と言うだけでなく、「何」が素晴らしいのかを具体的に明確化しなければ、部屋にいる選手たちはワットがどのようにそれを達成しているのかも、どうすれば自分たちがそれを再現できるのかも理解できるようにはならない。コーチは映像を戻して、ワットがどのように力をかけ、どのようなタイミングで動き、どのように手を置くのかを注意深く分析するよう選手たちに求めた。「あのように走る」とはどういうことなのか、彼らの現在の走り方とどう違うのかを説明したいとコーチは考えるだろう。称賛したプレーを真似するには、真似することができるようにしなければならない。少なくとも、マークが話したかったのはそのことだった。

しかし、バスケットボールのコーチたちが目に留めたのはそこではない。話はすぐに別の方向へ向かっていった。

「『あの場面で正しいプレーをしたのはワットだけだったのだろうか？』ということが頭に浮かびました」と、1人目のコーチが疑問を呈した。「私はアメフトの専門家ではないですが、彼が走るコースを確保できるように、あるいはワットが仕事をできる場所にランニングバックを行かせるように、自分の仕事をした選手が少なくともほかに3、4人はいたはずです」と彼は言う。

「一般的に考えて、最高の選手を指導するのは簡単だ」という指摘もあった。「そういう選手は一番高い給料をもらっていて、そういうプレーができるはずだ。ほかの選手たちを巻き込む方法はないのだろうか」

チームのスター選手を褒めるだけで、ほかの選手たちのことは認めず、育成に必要な手順も踏まないなんて……と、コーチたちは憤る。

「もし私があのチームにいたとすれば、あのプレーを見て、『うん、あれこそがリーグ最高のディフェンスラインだ』と思うだろう」とマークは言う。「問題は、ほかの選手がそこから何を学べるかだ。『身長が180cmで、体重が130kgで、ベンチプレス300kgを挙げられるようになればいい』などということを学ぶようではダメなんだ」。それが教訓になるはずがない。

「MLB、NBA、NFLなどでもよく見られるが、このようなダイナミズムがトップレベルで存在することを知ると、人々は驚くかもしれない。私もプロスポーツ選手との仕事を始めた頃に、そういう話を聞いて衝撃を受けた。あるＮＦＬチームの仕事だった。私自身も高校でプレーしていた頃に感じたのだが、きっと大人の選手たちにはもうそういうことはないはずだと思っていた」と、マンネラは振り返った。どのチームにも、そういった話が隠されている。レベルにかかわらず、選手たちは常に自問しているのだ。「僕はここで重要な存在なのだろうか？　居る意味があるのか？　このコーチは僕を気にかけてくれているのか？　僕のプレーを見てくれているのか？　僕が成功することを望んでくれているのか？」と。こういった考えが常に水面のすぐ下に潜んでおり、数秒の映像を見ただけでも浮上してくる。

デナリウスが全員を指導し、全員を見て、そして何より全員の進歩が重要であることを生徒たちに伝えている。これは非常にシンプルだが、観察できただけでサッカーのコーチたちがあれほど強く反応した理由も、おそらくそこにあるのだろう。デナリウスの生徒は、もしテストの成績が悪かったとしても、デナリウスが自分の成功を望んでくれていることはわかっているはずだ。彼は毎日、全生徒を指導し、全生徒に力を注ぎ、全生徒を見ていると知らせることで、それを証明してきたのだ。これと同じように、コーチがある選手に「今週末は先発はない」「数週間ファームチームでプレーしてほしい」と伝える場合、選手にとっては残念な決定だ。だが、それでもコーチは自分を信じてくれている人、自分を前に導いてくれる人だと選手に感じさせることができなければならない。「コーチは僕のことなんか気にも留めていない。僕は彼のメンバーリストに載っていない。気に入られていない」と感じさせてはならない。全員を指導することは、包括的な文化や人間関係を構築するための重要な方法の１つなのだ。選手がコーチへの腹立たしさを覚えるのは、軽視されていると感じた場合が多い。

全員にコーチングするのが重要だとして、次の問いは「どうすればいいのか？」ということだ。

シンプルな出発点として、コーチングを行う位置を意図的に変えてみてもいいだろう。クリス・アップルのセッションを見学したとき、彼は私と一緒に片側のタッチライン際に立っていたが、突然「失礼」と言ってフィールドの反対側へと歩いていった。何か気に障ることでも言っただろうかと思ったが、「私はいつも、時間を割いていろいろな位置からコーチングを行うようにしているんだ」と、クリスは後から教えてくれた。「ニアサイドに立つと、ニアサイドの選手がよりはっきりと見える。だからニアサイドの選手を指導することが多くなる。そんなつもりはなくてもね。こういうことに気をつけておかないと、シーズンを通して考えれば本当にバランスが悪くなってしまう」。ごくシンプルな観察こそが最も強力となる場合もある。一般的なコーチであれば、自分の近い位置でプレーする選手に最もよく目を留め、指導することだろう。いつも同じ場所に立っていれば、長期的には非対称性が生じてしまう。練習メニューにもよるが、例えば10分ごとに、タイマーで時間を計ってコーチングを行うサイドを入れ替えるようにしてみてもいいかもしれない。そうするとオフェンス側とディフェンス側、あるいはファーストチームとセカンドチームなどに、同じくらい注意を向けられるようになる。

あるいは、１週間のコーチング活動を定期的に振り返ることも、有効な習慣かもしれない。アタッキングサードで数的優位をつくるための練習メニューは６種類もあるのに、ディフェンスのメニューは１種類だけだったりはしないだろうか？

最後に、この点に関しては複数人での協力が非常に有効だ。必ずしもコーチでなくてもいいが、誰かに自分を観察してもらい、単純にどの選手と接しているかをチェックしてもらう。我々の場合であれば教師たちに協力してもらう場合が多い。我々はこれを「ヒートマップ」と呼んでいるが、コーチにとっては馴染みのある概念だろう。これは単純に、質問やフィードバックやアドバイスがどの選手に向けられているかを、協力者にチェックしてもらうだけのことだ。特定の3人に優先的に声をかけたりはしていないだろうか？　ディフェンスの選手やおとなしい子を無視してはいないだろうか？　そういうことが確認できる方法となる。

タレント発掘

コーチは選手たちに対し、常に選別を行っている。誰がポテンシャルを秘めているかを推測し、そういった選手たちに新しい機会をつくろうとしている。そうする理由は、選手たちにチャンスや課題を与えられる資格があるからだ。スポーツをする大きな理由の1つは、優れた力を身につけることを追い求めるため努力し、自分の可能性を発揮すればどこまでたどりつけるか挑戦することにある。選別するのが問題なのではない。問題は、選別をした結果として間違えた選手を選んでしまうのはほぼほぼ避けられないこと、そしてその事実を我々があまりにも意識していないことにある。

2016年のFAカップ、マンチェスター・ユナイテッド対シュルーズベリー・タウンの試合を前に、ガーディアン紙のスチュアート・ジェームズ記者は、シュルーズベリーのディフェンダー、マット・サドラーを紹介した。彼は14年前、欧州の大会で輝かしい成績を残したU17イングランド代表で、当時エヴァートンFCでさまざまな最年少記録を樹立したウェイン・ルーニー（のちの04年にマンチェスター・ユナイテッドへ移籍し、スター選手となった）と一緒にプレーしていた。ルーニーの負傷によりその試合での再会は叶わなかったが、ジェームズの記事の主旨は2人のキャリアが歩んできた道のりの違いを強調するものだった。ルーニーは、世界一とは言わないまでも、イングランドで最も高く評価される選手の一人となった。一方で、サドラーのキャリアは順調ではなかったことを紹介している。早い段階からイングランド代表入りを期待されていたサドラーは、バーミンガム・シティで17歳にしてプレミアリーグ2試合に出場。彼の成功は約束されているかに思えた。だが結局、トップレベルでのプレーは長くは続かず。3シーズンで計15試合の出場にとどまったあと、6度の移籍と5度の期限付き移籍を繰り返し、ストックポート、ロザラム、シュルーズベリー、クローリー・タウンなどで下部リーグの選手として「残念な」キャリアを送っていくことになった。ルーニーと同じフィールド、同じリーグに立つことはもうないだろう。

しかし実際には、サドラーが期待に応えられなかった選手で、流浪のキャリアは果たされなかった約束の証である、という見方はそれほど正確なものではない。データに基づけば、3部リーグでプレーしていたサドラーは、ルーニーとともにプレーした世代別代表のチームメイトたちの中では「成功」を収めた選手だと言える。「(U17)イングランド代表メンバー18人のうち、現在もプロサッカー選手としてプレーしているのは5人だけだ」と記事は指摘している。

「あの頃は、みんな大物選手になると思っていたよ。本当にそうだった」と、サドラーのコメントが添えられている。イングランドのサッカー界全体が同じように考えていた。この国の特に熱心なサッカー愛好者たちにとって、サドラーとチームメイトたちは最高峰のメンバーだった。その評価は、プロデビューまであと数カ月から数年、つまり、最も不安定な時期である成長期を終え、生理学的な成熟を終えた後に下されたものだ。彼らは大人になる一歩手前だった。しかし、その最高の選手たちは、そこから10数年後にはプレミアリーグのチームでプレーしている可能性もあるし、ガス会社で働いている可能性も同じくらいあっただろう。

選手たちが自分の才能を過大評価していたことは十分に理解できる。プロのコーチやスカウト、評論家たちが同じく彼らのポテンシャルを見誤っていたということも、十分理解できる。アメリカではライアン・リーフ（アメフト選手）やダーコ・ミリチッチ（バスケットボール選手）のような選手が出てくるたびに大騒ぎする。しかし、ドラフト1位指名選手の約半数が、評価と育成に何百万ドルも費やしたにもかかわらずうまくいかないという事実から、我々はどこか目をそらしている。プロの評価者が何度も間違えるのは仕事が下手だからではなく、その仕事があまりにも難しいからだ。要点はそこにある。

２００７年のテレグラフ紙に掲載された、ある記事を考えてみよう（＊２）。２００３年にデイビッド・プラット（サッカー指導者）をはじめとするＦＡ技術部門の幹部らが実施した「選手監査」を取り上げた記事だ。彼らは有望なユース選手たちがいつかイングランドのフル代表でプレーできる可能性を評価し、代表入りの可能性について「確実」「順調」「見込みなし」にそれぞれ分類していた。「この監査は、選手たちの質を著しく過大評価したものだった」と記事は指摘している。「フル代表入りが確実と評価された25人の選手のうち、今日までに4人がその地位を獲得した」と、プラットは数年後に報告している。だが「確実」とされた選手の成功率が16％なら、実際には「確実」な選手など存在しないと言える。学習曲線、生理的成長曲線、姿勢、健康状態、コミットメント、心理など、すべてがあまりにも予測不可能すぎるのだ。たとえエリートレベルであっても、推測を外すことが間違いなのではなく、推測を信用しすぎることが間違いなのだ。我々は未来が見えているつもりでいるが、見えてなどいない。

ＦＡにとってこのデータは何らかの意味を持つものだが、では長期的な育成に関心のあるユースコーチやクラブにとっては、どのような意味を持つのだろうか。まず、レベル分けを行うのは有効である場合が多いということを改めて指摘しておこう。難しい部分もないわけではないが、選手が成長し、自分の限界に挑戦し、競い合う機会が生まれる。それはスポーツが価値を持つ理由の1つであり、公平性の1つの形でもある。競技を愛し、高いレベルでプレーしたいと望む選手には、同じような姿勢を持つ仲間たちと一緒にいる権利がある。

＊2 デイビッド・プラットのコラム https://www.bit.ly/34hVCF9

興味深いことに、私が運営に携わった学校では、教育界の一部で反対があるにもかかわらず、生徒を成績別にグループ分けしている場合が多い。学校教育ではすべての子供が成功できるように努める方針が明確にされていることを考えれば、矛盾しているように思えるかもしれない。だが皮肉なことにこれは、すべての子供を公平に教えるという考えとも、選抜することの難しさとも調和させた形で、グループ分けやレベル分けを行う方法を理解するのに役立った。例えばクラス内では、成績によるグループ分けは、流動的でなければ機能しない。「これが上位グループ、これが下位グループ」という固定的なものではなく、生徒の進歩に対応して常に変化する形だ。サッカークラブであればもちろんAチームとBチームがあるべきだとしても、そのダイナミズムをどう構成するかが重要である。賢く選抜を行い、全員を指導し、そしてレベルにかかわらず全選手の可能性を信じなければならない。

選別の1つ目のルールは、リスクヘッジを行うことだ。自分の選択に間違いが起こりうる。ライアン・リーフを何人か選ぶ一方で、トム・ブレイディ（アメフト選手）を何人か見落としたとわかっているなら、自分の選択に大きな賭けはしない。段階を踏んで、入れ替えを頻繁に行い、選手たちが別の形で機会を得られるような手段を用意しよう。

2つ目のルールは、ポテンシャルではなく、パフォーマンスでグループ分けをすること。選抜を行った場合は、その選手が「いま」どの段階にいると思うかで評価したのを忘れてはならない。私が関わった学校で生徒をグループに分けて算数をする際に、最初に変えた1つが、教師の言い方を変えたことだった。「能力」によるグループ分けではなく、「成績」によるグループ分けと呼ばなければならない。言い方の修正は念入りに注意していた。グループ分けは一時的なものであり、生徒に何ができるかではなく、その時点で何ができているかが基準であると、言葉で明確にした。言い方を変えてもらい、そのことを再認識してもらった。

達成度が一時的なものであるのも事実だが、次のステップは、3年後には全員がチーム内で最高の選手になるかのようにそれぞれを指導することだ。AチームとBチームに分けるのが問題なのではなく、Bチームが後回しにされ、真剣な指導が行われず、上へ移るための明確な道筋がない現状が問題なのだ。選手はどの程度の真剣さで取り組むかを選べる。本格的に取り組むと決めた選手は、クラブによって最も適切なレベルの競争環境に割り振られるべきだ。割り振られた選手たちは全員が優れた指導を受けられるべきであり、すべての扉が、いつも開かれているという考えが示されなければならない。

「Fail fast（早く失敗しろ）」とは、ITや起業分野のプロジェクトでよく使われるアドバイスだ。もし、スタート時に正解がわからないと知っていれば、失敗を避けるのではなく、失敗から素早く学ぶことを目的として組織が設計できる。つまり、レベル分けが行われる環境において、入れ替えを行う頻度が、非常に重要な要素となる。我々の学校で2つ目に行った変更は、子供たちの算数のグループ分けを年に一度行うという方針を修正したことだった。1年という時間は学習の面でも長い時間だが、子供たちの意識の上ではそれ以上に長い（＊3）。本当に成績でグループ分けを行うのであれば、できる限り頻繁にグループを再編成する必要がある。我々の場合は年に3回とした。いつ再評価を行うかについては言い続けていたので、教師たちにとっては当然の結論だった。

急速に成長しており、新たな挑戦を必要としている選手。あるいは、プレーに自信が持てておらず、一旦低いレベルに移ってボールに触れることが効果的になりそうな選手。選手たちを改めて見渡し、どの選手がそういった状態にあるかを検討することは、どれくらいの頻度でできるか考えてみよう。セカンドチームからファーストチームに上がる選手は、いつも必ずいたほうがいい。上がっていった選手が、ハングリー精神やスキルなど、何かをほかの全員に示している姿がメッセージとなり、セカンドチームの選手たちにとって

＊3
生徒はグループ分けが行われていることをほとんど最後まで知らなかった。伝えはしなかったが、おそらく大半の生徒は勘づいたと思う

は、「たとえ今回は自分が選ばれたわけではなくとも、扉は常に開いているのだ」ということを思い出させてくれる贈り物になる。実力主義のシステムの中で努力する選手が競い合う姿を見て、自分の現在の立場が永遠に約束されたものではないと理解すると、ファーストチームの選手たちにとっても贈り物となる。

マット・サドラーはガーディアン紙の記事の中で、U17代表チームの何人かの選手は立場にあぐらをかいていたと示唆していた。選手たちに勝負する姿勢を持ってほしいのであれば、自分たちが大切にするものを競い合う本格的なチャンスを何度も何度も与えることだ。扉が常に開かれていると示せば、競争が起こるだろう。

現実的には、選手たちがAチームに「上がる」機会が毎年1回しかないようでは、あまりにも頻度が低すぎる。大会のたびに、数人の選手に上のチームでプレーする機会を与えてはどうだろうか。一度練習に上げてみては？　1週間練習させてみては？　子供の意識の中で、1年間というのは長すぎる時間だ。加えて、選手の選抜にはどうしても間違いが避けられないという前提に立てば、選ばなかった選手がどれほど成長したか（あるいは、苦戦していた選手が低めのレベルでプレーしてどうなったか）、常に確認したいと思うはずだ。才能を見極めるのが難しい理由の1つは、状況によってパフォーマンスが変化すること。またそれがどう変化するかも選手によって異なることだ。

少年時代のアンドレス・イニエスタを、レベルの低い選手たちと一緒にプレーさせると、彼のポテンシャルを正しく理解できないかもしれない。来ることのないパスを待つことになるだろう。だがシャビと組ませれば、すぐに彼の実力がわかる。選手に何ができるかは環境次第であり、新しいチャレンジを与えてみなければ、誰が何をできるかわからない。皆さんのクラブのどこかに、別の（より困難な）環境に置かれたとき、内に秘めた「イニエスタ」を見せてくれる選手がいるはずだ。

一時的にレベルを下げるのも効果的だ。選手にとっては、別の役割を任せられるのが、最高の成長機会となることもある。例えば、プレーの流れを組み立てる上で、より決定的なプレーを任される役割を学ぶ必要があるかもしれない。ある同僚が、ＮＢＡチームから育成リーグのチームに送られた２人の選手について、次のようなエピソードを話してくれた。

２人は育成リーグへ行き、片方の選手は圧倒的なプレーで自信を高め、チームに戻ってからも絶好調で活躍を見せてくれて成功だった。だが、もう一人にとっては違った。前者は自分でプレーをつくり出すタイプだったが、後者はほかの選手に頼るタイプだったため、周りのプレーレベルに合わせて後退してしまう部分が強かったと、コーチは推測していた。しかし、長い目で見れば彼こそが最もステップアップの術を学ばなければならない選手だったのかもしれない。

それでも、文化的な背景も考慮に入れる必要がある。毎年必ずシーズンの早い段階で、ファーストチームの中でも優秀な選手をセカンドチームに送り込んでプレーさせるようにしていれば、ほかの選手にもそれがスタンダードなことだと示せる。「今年は全員が昇格したり、降格したりする。リーダーシップと姿勢の観点から、セカンドチームの選手たちに模範を示してほしい」と言うこともできる。

Aチームのメンバー数を最大にせず、18人ではなく16人、12人ではなく10人といったようにして、常に２人の選手が入れ替わることを前提とするやり方を、チームとして決めてもいいだろう。あるいは、シーズン途中であと２人昇格させるという前提でもいい。そうすると、ビッグチャレンジへの準備ができていると示した選手が報われるシステムが構築されるだろう。

選手の選別についてどのような決断をするにしても、決断自体と同じくらい、選手にどうメッセージを伝えるかも重要となる。「君はAチームだ」と言うのか、「君はこのクラブにいるのだから、クラブ内でそのときどきの自分に一番合ったチームに入るんだ。いずれにせよ、一生懸命取り組んで、できる限り多くを学んでほしい」と言うのか。

選手たちに対して、上のチームや下のチームに移る上での心理的な準備を整えさせているだろうか。チームを移るのは自然で必然なことだと理解させられているだろうか。だが実は、子供に対して「君はBのチーム選手だ」と言うのも良くないが、それ以上に悪いのは「君はAのチーム選手だ」と言ってしまうことだ。君は選手だ。常にベストを尽くし、競技を愛し、競技から学ぶ。我々コーチはどのような場合でも、できる限りのことを教えるように努力すべきだ。

選抜の流動性を真剣に考えるなら、チームで実現しなければならないのは、トレーニングの全体的な質を高くするだけでなく、カリキュラムの全体的な質も高くするべきだ。すべての選手が成功する可能性を本当に信じているのであれば、選手たちは同じ考え方や、それを語るための同じ言葉を学ぶべきではないだろうか。これは、すべての選手の可能性に期待していることを示すだけでなく、実力の変動や成長に応じて、上下のチーム間で選手を流動的に移動させることも可能にする。

例えば14歳の選手たちが、クラブ内の別のチームで、別のことを学んでいたとしたらどうなるだろうか。あるチームのコーチは後方から組み立ててボールを保持するように教えたのに対し、別のチームのコーチはゴールキーパーにいつもロングボールを蹴らせ、選手たちはペナルティーエリア手前の遠目の距離から何度も何度もシュートを打つよう促される。これでは選手がクラブ内のチームから別のチームへと流動的に動くことは難しい。「Aチームに所属している選手はゲームモデルを覚えるように。Bチームの選手は必ず期限内に月謝の支払いを済ませるように」というメッセージを発しているようなものだ。実際のところ、チーム間で選手を頻繁に移動させることは、コーチたちが責任を持って各レベルで教える内容に一貫性を持たせるために、最適な方法である。選手たちが同じことを学んでいないために、流動的に動けないのであれば、それは組織に問題がある。

勝つためにプレーする

「勝つことは重要だろうか？」

スポーツに、特に少年少女のスポーツに参加する上で、勝利は有益なのだろうか。

これらの質問に対する答えは「イエス」だ。スポーツ選手は、競い合うこと、他人と勝負して自分の力を試すことに喜びを感じるものだ。競争や勝利への欲求に突き動かされなければ、自分のベストを尽くすことも、自分のベストがどこにあるか知ることすらも容易ではない。競争から自分自身を知り、自分の能力を確認する。結局は、それこそが努力の目的なのだ。そして、勝利しようとするのがすべてのスポーツ選手を駆り立てることに変わりはなくとも、チームスポーツには2つの側面がある。個人の欲望や判断や行動を二の次にして、チームとして競争を制するという共通の目標を優先することが暗黙の了解となっているのだ。その意味で、チームスポーツは社会だけでなく、人類の進化が成功を収めてきた道筋を模倣していると言える。親指の腹が、ほかの4本の指と向かい合わせになっていることも、進化の観点からは大きな利点となったが、おそらくそれ以上に人類にとってもっと重要だったものは、協調や自己犠牲の意思を持てたことだ。動物が持つこのような性質を「真社会性」という。人間はおそらく本当の意味で真社会的な唯一の哺乳類であり、このことが生み出す特性（義務、犠牲、利他性）は、我々が食物連鎖の頂点に立つ理由を何よりも説明するものとなっている。

そして、これらの特性はしばしばスポーツに反映され、またスポーツによって強化される。だからこそ我々はチームスポーツを愛し、スポーツに参加することで得られる学びの中でも協調性や利他性に最も大きな価値を置いているのかもしれない。実際に勝利できるかどうかにかかわらず、勝利を追求することは、試合を終えたあとでも、より多くの達成感を得て、多くを学ぶ方法を教えてくれる。だから私は勝利すること、勝利を求めることが悪いと言うつもりはない。

同時に、勝利することがなぜ、どのように重要であるかを誤解してしまうと逆効果になり、ほかの目標（より重要な目標もある）の達成を妨げてしまう場合もある。そして、皮肉にも、短期的に勝利を求めて集中しすぎると、逆に、長期的には勝率を大きく下げてしまうこともあり得る。したがって、勝利は確かに重要なのだが、その位置づけを見失うとうまくいかない。勝利することはパワフルで気持ちが良いからこそ、非常に誤解されやすいものでもある。

勝利に対する誤解がより重要な目標の達成を妨げる原因として特に明白なのは、振る舞いに関連する部分だ。例えばU14チームの試合で、試合を歪めようとしている審判に向けて、保護者（またはコーチ）が文句を言うシーンをよく見かけるだろう。主審はプレーから25ヤード離れた完璧な位置で選手のプレーを見て、オフサイドを宣告したが、あり得るだろうか？　80ヤード離れている保護者たちは（実はルールについてうろ覚えでも）、審判以上に公平な目で、その選手がオンサイドだったことを完璧に見ていたというのに。いまもどこかで、審判団が集まり、正当なプレーを否定する陰謀を企んでいるのだ。

一方で、同じ保護者たち（またはコーチ）が相手チームに怒鳴り散らすのも聞いたことがあるだろう。相手は自分の子供と同程度に激しくプレーしているだけでなく、実際には「汚いプレー」をしている。そのようなプレーをするように指導されており、相手のクラブ全体がそうしていることは、「みんなよく知っている」。これまで対戦してきたすべてのチーム（5―0で倒した相手を除く）の小ずるい作戦（スローインであんなに時間稼ぎをするなんて！）や汚いプレーに、責任者はどうして気づいてくれないのだろう。そして、責任者といえば、ほかのどのチームも肘を使っているのに、他人を気遣い道徳的な態度を取り続けるうちのチームを表彰してはくれないのだろうか。

嫌味を並べて申し訳ない。何年にもわたってタッチライン際から見てきた、我々のチームや相手チームやそのほかすべてのチームによる愚かな行いを、私もまだ消化しきれていないのだ。勝利のかかった試合で、正しい道を外れた行動を取ってしまう者が誰もいないというのは、スポーツをする子の保護者たちにとっては不可能に思える場合もある。また言葉が悪くなってきたかもしれないが、いまさらなことだ。

勝利することが価値ある目標であるのは、ベストを尽くし、名誉ある競争につながるからだ。思わず叫びたくなっても、自分より審判のほうが正しい可能性がはるかに高いことを忘れてはならないのは、マインドフルネスの賜物だ。競争というものは、相手が挑戦してくる分だけ、自分にとってもプラスになるというマインドを思い出すだけでも価値がある。相手が必死に戦ってくれるなら、そのほうがいい。ブラック・ウォッチ・プレミア（サッカークラブ）のディレクターを務めるスティーブ・フリーマンは、クラブの保護者たちに、すべての試合に何が何でも勝ちたいわけではないと伝えている。「もしすべての試合に勝てたとしたら、それはチームにとって適したレベルの大会に参加していなかったということでしかない」と。勝とうとするあまり道を外れてしまうようでは、勝利はもはや有益なものではなくなる。

だが本書が指導に関する本である以上、最も重要なのは、短期的な勝利を求めるあまり、選手の成長や長期的な勝利のための能力を損なってしまうという事実だろう。これは直感に反する発想だ。勝てば勝つほど、勝利を引き起こすために必要なものが強化されていく可能性が高いというのが論理的ではないかと思えるが、そうではない。どこで、なぜ食い違いが生じるかを深く考えてみる価値はある。

まず、プロチームの監督に代表されるように、勝つためにプレーしなければならない監督もいることは認めよう。また、大学のコーチなども所属する組織の利益のために勝つことを考慮しなければならないが、より大きな組織の一部として、人格を身につけるといった教育的目標を第一に重視すべきであることも明確にしておいてほしいと思う。そして、それ以外の大多数のコーチにとっては「選手を育成することこそが目標」となる。選手たちに競技を正しく教え、彼らや彼女らがいつか、17歳や19歳になったときに、可能な限り最高の選手や最高の人間になれるよう手助けすることだ。あるいは半年後にでも、グループとしてそうなれるように目指していく。

「勝利に力を入れているアカデミーもあるが、我々は教育に力を入れている」とシャビ・エルナンデスは、世界的に有名なバルセロナのアカデミーについて語っている（＊4）。元レッドブル・ザルツブルク監督のマーシュは、アメリカ人サッカーコーチの中で2、3を争うほど高い評価を受けているが、プロのコーチたちでさえ勝つことと学ぶことのトレードオフについて微妙に異なる見解をそれぞれ持っていると最近のインタビューで示唆していた（＊5）。プロチームを指導する際の最大の課題は、「いかにして学習環境をつくるか」であるとマーシュは表現している。最初のうちは、ミスを避けるよりも、学びを重視したいものだ。選手たちはコーチのシステムと、コーチが彼らにどのようなプレーをさせたいかについて学ぶ必要がある。だがシーズンが進むにつれてバランスが変化し、結果のほうに針が傾き始めるとマーシュは指摘している。相対的に、結果が重要視されるようになってくるのだ。

「結果を犠牲にしてでも学ぶことは価値あるトレードオフだ」という語り口は目立たなくなる。だが、パフォーマンスを発揮するための文化はつまるところ、学習文化でなければならない。「学習重視のプロセス

＊4
シャビ・エルナンデスのインタビュー記事
www.bit.ly/31y1dVY

＊5
ゲーリー・カーニンのコラム（モデムサッカーコーチにて掲載）
www.bit.ly/31yWFP3

を構築できるかどうかが、成功の鍵を握る。それが最終的には結果主義につながる」とマーシュは言う。シーズンの最後に勝利するのは、シーズンの早い段階でより多くのことを学べたからだ。たとえプロレベルであっても同じだ。

長期的な育成を目的としたコーチングを行いながら、短期的に各試合に勝てる可能性を最大化するような決断を下す場合もあるが、常にそうとも限らない。選手にとって最適化するため、いまより勝てる可能性が低くなるとしても、そうしなければならない場合もある。これは難しい要求であり、静かなエゴが必要となってくる。コーチには、選手たちが後々大きく成功できるために、いまはあまり成功できていないように見られる覚悟も必要となる。

短期的な勝利と長期的な選手育成の間に起こりうる矛盾はどこにあるのだろうか。まずはプレースタイルに関する部分だ。選手を育てるための正しいプレースタイルというものはあるのだろうか？　私はあると考えている。少なくとも、いくつかの正しいやり方がある。正しいやり方を大事にした結果として、接戦の試合に敗れることになるなら、それはそれで仕方がない。それでも続けるべきだ。

≫ ただやみくもにプロセスを踏むのではない

ジェフ・アルバート氏

セントルイス・カージナルスの打撃コーチを務めていたジェフ・アルバートは、以前にはヒューストン・アストロズのマイナーリーグ打撃コーディネーターも務めていた。そこで彼は所属カテゴリーの枠を超えた打撃指導を行い、長期的な選手育成に重点を置いたコーチングを行う必要があった。

コーチ陣の足並みを揃えることが、選手の長期的な育成の第一歩となる。選手たちは誰に対しても印象的なプレーを見せたいと考えているものであり、新人選手は特にそうだ。私は彼らにこう言う。「君たちには試合で活躍してほしいと思っているが、長期的に成長してほしいとも考えている。マイナーリーグではなく、メジャーリーグで活躍してほしい」。打撃コーディネーターの仕事が効果を表すには、監督やコーチたちから選手への励ましも必要となる。「お前の成長が一番大事なんだ。今夜ヒットを打とうが打つまいが、明日もプレーするんだからな」と。コーチ陣が一貫して、その恐怖と向き合うことが重要なのだ。

試合も重要だが、それ以外の測定項目も重要となる。最初の一歩は、我々が何の話をしているのかを全員に知ってもらうことだった。腰にパワーを溜める話であれ、スイング面の話であれ、選手全員が何の話をしているかわかっていた。そこで見えてきたのは、誰もが同じ情報にアクセスできるようにするのが重要だった。

しかし、いつまでも苦労するわけにはいかない。育成プロセスは最終的に素晴らしい結果をもたらすものでなければならないため、ビデオやスイングの計測データなど、何らかの客観的な方法で進歩の兆しを見えるようにする必要がある。ボール球を振らないというデータでもいいだろう。スイング面が良くなっている、下半身が良くなっている、ということを測定に基づいて示せれば、良い結果へ向かうと確信できるようになる。ただやみくもにプロセスを踏んでいるわけではない。それらの指標を一貫した形で客観的に測定する方法を見つけ、自分の成長度を測定し、コーチ陣にも選手の成長に責任を持たせられれば、それは長期的な育成に取り組めているということになる。

解決すべき適切な問題と適切なピースを選手に提供して、選手自身が問題を解くことができるようにしたいと私は考えている。一定の指標を達成しているかどうかも知らせたいし、十分な励ましも与えたいと思う。そういったものを提供するのが私の本当の役割だ。

≫ プレースタイル

「集団侵入型ゲーム」では、平均的な選手がフィールド内やコート内でボールを持つ時間はごくわずかである。サッカーでは、一般的な選手がボールを持っている時間は、90分の試合で1~2分程度と言われている。ホッケーやバスケットボール、ラグビーなどでは数字は異なるが、基本は同じだ。ボールを持っていないときに何をするかが、試合中の仕事の大半を占める。どのようにポジションを取り、どのようにサポートに動くか。どのように体勢を取り、どこで守備を固めるか。これがチームスポーツの選手の仕事である。コーチが優先すべきは、選手たちがチームメイトの動きや判断に反応し、そこから学ぶ機会を最大化することにある。

サッカーでは、様々なスタイルが存在しており、それを「ポゼッション志向」と呼ぶこともできるかもしれない（＊６）。この言葉が何を意味するかについて必要以上に厳密にするつもりはないが、様々なフォーメーションを用いてポゼッション志向のサッカーができる。ポゼッションの様々な側面に重点を置いたり、ときには別のスタイルに切り替えたり、カウンターアタックを使うことも学んだりできる。だが長期的に選手を育てたいのであれば、ポゼッションに価値を置きポゼッションを学べるようなシステムを基本にすべきだろう。

（１）ボールを素早く動かし、ボール保持を優先することで、意思決定や連携の回数を増やす
（２）フィールド上のあらゆる場所でボールを動かし保持することに重点を置き、意思決定や連携をすべての選手に分散させる
（３）オープンプレー中の行動を形成する原則を導き、選手たちがオフ・ザ・ボールのプレーをできるだけ多く学ぶ

まず、極端な例から説明しよう。私の知り合いのあるコーチは、１対２や１対３の状況でも、できる限り選手にドリブルをさせるよう促している。「とにかくドリブルしろ。そうすればボールタッチが増える」と彼は選手に言う。「そうすることで自分自身の成長が加速できる」というのが彼の主張だ。だがここには計

＊６
「ポジション志向」は、ほかのスポーツの指導者にとっても同様のものがあるはずだ。バスケットボールにもラグビーにもホッケーにも、ボールの動き、チーム全員の関与、ボールのない場所での意思決定を重視したプレー方法がある。ここではサッカーを少し詳細に掘り下げるが、自分の競技にも通じるような戦術的判断が読み取れることを期待したい

算間違いがある。選手がボールを失えば、事実上、自分のチームのボールタッチ数を相手チームに譲り渡してしまうからだ。1人のドリブラーが5回タッチできても、その選手がボールを奪われたら、チームメイトたちは合計10回や20回のタッチの機会を失ってしまう。そして、その選手がパスを出さないとわかっていれば、ドリブラーの近くでサポートするプレーを効果的に学ぶ機会も失われる。

さらに、すべてのボールタッチに同じ価値があるわけでもない。ポゼッションのたびに、選手はボールコントロールをする。無数の文脈の中で、無数の形で出されるボールを受け、ファーストタッチでコントロールし、それによりボールを守る。場合によっては相手を欺き、次のプレーへの準備を整える。ファーストタッチは本来、最も難しいものであり、育成年代で最も重要なものだ。またセカンドタッチも、育成面で価値が高まってきている。選手には次の選択肢の準備が求められる。この2つのタッチは技術的、心理的な要求が特に高い。その質によって選手がそこから先に得られるものが決まることになる。ボールが足元にしっかり収まれば、どのタッチもほぼ同価値となる。プレーを成功させる上でも育成のためにも、ドリブルよりも最初の数タッチのほうが価値は高い。つまり、前述のドリブラーは単にチーム全体のタッチ数を減らしているだけではない。複数の選手たちが有益なファーストタッチやセカンドタッチができるチャンスを、成長にあまり寄与しない5回目、6回目、7回目のタッチに変えてしまい、しかもそれを独り占めしているのだ。

もちろん、ドリブルをするべきタイミングがないわけではない。そういうときもある。リスクを恐れず、チャンスを見極めて利用し、さらにはチャンスを創造できる選手が求められている。だが理想を言えば、同時に戦術理解度も高い選手であってほしい。

コーチとしては、育成に関する話をすべて説明したほうがいいだろう。チームメイトにボールを渡せば、リターンパスを受ける可能性を残し、ボールを受け直す方法を学ぶことにもつながる。ボールを手放すということは、全員にチャンスを与えるということだ。１試合のうち、チームが60％ボールを持つのと30％持つのとでは、学べる量に大きな違いが出る。バスケットボールで、ボールを運ぶ選手が、ほかの誰にもボールを触れさせずにショットを放てば、チーム全体で学べる量が大きく違ってくるのと同じことだ。

そのワンプレーが勝利につながったとしても、あとで勝利を減らす結果につながるかもしれない。

しかし、ポゼッション志向の環境、つまり集団侵入型ゲームにおいて「集団」を重視する環境では、「メンタルタッチ」、つまりスペースやチャンスをつくるためにボールのない場所で行う意思決定を生み出す部分に最も価値があるのだ。意思決定の大部分はここで行われる。本当に素晴らしい選手たちが「周囲を良くする」と言われるのは、これらの技術を習得しているからであり、特に競技の上位レベルに行けば行くほど、これは真実となる。選手がサッカーを学び理解するためには、ポジショニングとオフ・ザ・ボールの動きを重視するタイプのサッカーを体験する必要がある。選手間のロジカルな連携が常に行われ、賢明な判断を下せば必ず見返りが得られることが、そういったサッカーの特徴である。鋭い動きで良いポジションをとると、一定の確率でボールを受けられることが合理的に期待できるのであれば、選手はそのような動きを継続するようになる。そのようなチャンスをもっと見つけるため注意深く観察するようになり、試合を読む力も学べるだろう。「試合を読む力を学ぶ」というのは、有用な表現である。それは「言語を読むことを学ぶ」のと同じように起こる場合が多いからだ。脳は解読に成功したり失敗したりする、無数の小さな知覚経験を積み重ねることによって、読む力を学んでいく。これはＡＩと同じであり、試行錯誤のシミュレーションプロセスである。ボールを持った選手が特定のポジションにいる味方にしかボールを出そうとしなかったり、ワンタッチで済むところを３タッチしてしまいプレーが遅れてしまったり、その結果としてスマートな動きをした選手がボールを受けられる確率が低くなってしまうようだと、学習効果は低下する。そうなれば、選手は試合を読むのが苦手になってしまう。

ロジカルな動きがほとんど報われなければ、選手はランダムな動きをするようになる。例えば、ボールの後ろにポジションをとったとき、あるいはサイドに大きく開いたときにボールをもらえる確率がゼロに近くなれば、選手はそのような状況でボールから離れる動きをしなくなるはずだ。試合を読むことに積極的に取り組む選手は、あっという間に減り、脳のスイッチを切ってしまう。自分から遠い場所にボールがあると、自分には直接関係のないプレーと判断して、見ているだけの選手が増えていく。認知の悪循環である。いつもボールを無理やり前へ出す選手や、さまざまなポジションにいる味方を見逃す選手、あるいはひたすらボールを独り占めする選手が数人いるだけで、学習環境の長期的な効果は壊滅的となる。

連携が優先されないチーム、選手がロジカルな試合の読む力を学ばないチームはどこにでもあるが、中にはかなりの成功を収めているケースもある。バスケットボールの試合なら、チーム最高の選手がボールを持ち出し、もう1人のチームメイトとパスを交換したあと自らショットを放つ戦い方で勝利できるチャンスは十分にある。彼のプレーはミスのリスクを減らし、得点の可能性を高めるものなのだ。コーチがそうやって勝利を積み重ねていく例を見たことがあるだろう。

また、コンビネーションプレーやプレッシャーへの対処法、さらに言えばプレッシャーを受けたチームメイトをサポートする方法を知っている選手がほとんどいない場合もあるだろう。バスケットボールやラグビーやサッカーでボールの動きが、あるいはホッケーでパックの動きが悪いような戦い方をすると、フィジカル面のプレー機会（ボールを持っているとき）もメンタル面のプレー機会（ボールのないとき）も減少するため、論理的、進歩的、生産的ではなくランダムな事柄となってしまい、学べることも減少する。チームワークを重視せず少数の個人の力を借りるやり方が、格上の相手に通用することもあるが、これはほとんどが「プレーの進行に反する」勝ち方であり、「未来に借りをつくる」ようなものだ。長期的に最も重要なのは、実はプレーの進行過程なのだ。

≫サッカー指導者向け：後方からのビルドアップ

基本的に、育成を重視するサッカーチームは後方からビルドアップするべきだろう。そうでなければ、最も有用で応用可能な学習機会が一部の選手だけに割り当てられ、非対称なコーチングが行われてしまう。おおまかな経験則としては、ゴールキックとゴールキーパーがボールを持った際のプレーの半分程度は、スロー（ゴールキーパーがボールを持った場合）またはショートパスにしたほうがいい。理想を言えば半分以上だ。仮にパントやロングキックのすべてに競り勝ったとしても、結果的に育成は非対称になる。ディフェンス陣はボールを奪い返してクリアする以外にはボールに触れられない。非対称的なコーチングとなることはほぼ確実だ。そして実際には、パントキックやロングキックのすべてに競り勝つこともない。50％勝てれば奇跡的であり、実際には1／3がボールを蹴る側のチームの勝利、1／3が相手の勝利、1／3がどちらの勝利でもなく、ボールがラインを割ったりスペースに落ちたりして誰の利益にもならない、といった数字になるだろう。したがって、長い目で見れば分の悪い賭けだ。一方でビルドアップをすれば、全員がプレッシャーの中でプレーし、スキルの使い方を身につけて、意思決定をしなければならないことになる。それを何度も何度も。難しい状況で後方から組み立てようとすると、チームはボールを失うこともあるだろう。良くない形でゴールを献上してしまう。親が文句を言う。それで試合に負けることもある。だがそれは、短絡的な考えだ。長期的には、ハイプレッシャーのかかる多彩な状況設定で、すべての選手にスキル、落ち着き、スムーズなボール捌きを身につけられる。連携プレーを教えることになる。選手はフィールド上のどこでもプレーできるようになり、生涯にわたってサッカーを楽しめるようになる。FCクロスタウンとの激戦に2―1で勝利することと、結果は2―2の引き分けでも普段はほとんどボールに触れない選手たちがプレッシャーの中でチーム一体となって落ち着いてプレーする術を学ぶこと、どちらにより価値があるか、コーチは問わなければならない。

運動能力ベースの成功体験重視を脱却

皆さんのチームにも、本当に足の速い選手がおそらく一人はいるだろう。アウトサイドに置けば相手ディフェンスを振り切ってくれる。たとえ技術が稚拙であっても、確実に得点に絡んでくれる。アイスホッケーなら、パックの扱いや状況判断が怪しいものであっても、スケートで相手選手を追い抜くことができる。ポジションがずれてもリカバリーできる。あるいはバスケなら、リバウンドを学ばなくともリバウンドを取れるほど大きな選手がいる。天性の運動能力に恵まれたおかげで成功できるような選手だ。その選手（とチームメイトたち）が一時の楽しみを得るためちょっとした小技に興じていたら、たとえそのおかげで何試合かの勝利を逃すことになろうとも、目をつぶってやるしかない。だがやがて相手チームは、純粋なスピードに対する守り方を考えるようになってくるだろう。あるいは、その選手とほかの選手たちのスピードの差が縮まってくる。チームが勝利を重ねて上のリーグへ移れば、どの選手も速いかもしれない。高さでも、平均より力の強い子であっても同じだ。長期的な指導に取り組むコーチは、選手に対してフィジカル的な優位性に頼らないプレー方法を教えなければならない。フィジカル頼みのプレーは、いまはチームの勝利につながるとしても、あるいはそれでコーチが有能に見えるとしても、持続的なものではない。それでは後々もっと洗練されたプレーはできなくなり、試合のメンバーに入れなくなってしまう。このような状況は蔓延している。我々コーチたちにとって指導が最も難しいのが、幼い頃から圧倒的な力を持った子供たちだ。目先の勝利を得続けるために、そういった子らのプレーが限定的となり、一面的な選手にさせてしまっている。

ＭＬＳのあるアカデミーコーチは、次のような話をしてくれた。「以前、我々のチームにはいつも直接的なプレーをさせるコーチがいた。チームにはすごく速いフォワードがいたからだ。彼は簡単に抜け出し、1試合に2、3ゴールは決める選手だった。しかし、その選手が（上のチームに）上がると、それほど圧倒的ではなくなった。同じような身体的資質を持つ子供たちと競い合う状況となったが、それが悪い方向に進んでしまったのだ」。彼はもっと別のスキルを身につける必要があったが、過去1年間のプレーを無駄にしてしまっていた。こういった状況はよくあるが、アカデミーの対応はよくあるものではなかった。そのコーチは解任されたという。

だが実際には、ほとんどの親たちはこの問題に目をつぶっている。我が子のハットトリックを見て、未来を夢見始める。早い時期の成功によって生まれた夢を成就させるためには何が必要かを見極めることがコーチの責任だ。選手や周囲が自分を律するのもその1つであると認識しなければならない。これがなかなか難しい。多くの保護者は、自分の子供を14歳でスター選手にしてくれたコーチが、必ずしも16歳や18歳で成功するための準備をしているとは限らない。そのことには気がつかないだろう。そういった問題が起こると予見し、準備できるのが良いクラブだ。同じような状況から成功した年上選手の親に協力を頼み、視点を共有するのも1つの方法だろう。選手自身に聞いてみるのも手だ。

》結果ではなく決断を指導する

こちらもあるMLSアカデミーのコーチから聞いた話を紹介しよう。ある年の彼のチームには、本来の年齢より1歳、中には2歳も上のカテゴリーでプレーしている少年たちが相当数いたそうだ。最初はなかなかうまくいかず、チームは何度も試合に敗れた。「相手チームはワールドカップで優勝したかのように喜んでいたよ」と彼は振り返っていた。「我々は、何も調整したり変えたりはしなかった。どの試合でも後方からビルドアップして中盤を経由し、攻撃のポイントを切り替え、ポゼッションを支配するやり方でベストを尽くし続けた。その結果、体格のいい相手や力強い相手にパスを拾われ、そのまま失点することもあった。それでもタッチライン際の我々からは『大丈夫だ！　また同じように！』と言い続けた。若い選手たちに、失敗を犯すのはまったく構わないと伝えた。彼らが16歳、17歳、18歳になった頃にはそれが彼らのためになるとわかっていたし、できればホームグロウン契約を結ぶことを目指してほしかったからだ」。

適切な判断が悪い結果を招いたときコーチがどう対応するかは、選手の成長にとって最も重要な要素の1つになる。多くの場合、判断は正しかったが、実行で失敗したとしても、それは良いことであるとしている。結局のところ、実践は常に完璧であるとは限らない。そこは習得しやすい部分であり、コーチとしては、選手が現在のスキルレベルよりもう少し上の判断をしてほしいと望んでいる。不完全な技術でも、良い判断をすることは、熟練した技術で悪い判断をするよりも望ましい。それだけでなく、良い判断と良い実行の両方を、そのうちすぐにできるようになる可能性が高い。

しかし、長期的な育成や長期的な成功と引き換えに、短期的な代償として勝利を逃す可能性もある。コーチが優れた指導をしていても、選手が例えば左足を使う、確率の高いシュートを打つ、攻撃ポイントを切り替えるなどといった正しいプレーを積極的に試そうとして失敗したために、試合に敗れることもあるだろう。コーチはこのプロセスの両面に目を向け、可能であれば長期的な成功を暗に優先しながらも、両方に対応する必要がある。これは、選手に何でも自由に実行させていいということではないし、決勝戦の終了間際にボールを落としたカルロスに対して「素晴らしいプレーだ、カルロス！」と言うべきだということでもない。結局のところ、どのプレーであれば確実に実行できるかを学ぶのも、意思決定の1つであり、自分の能力を発揮できるように集中することも、1つのスキルである。つまり、コーチはほとんどのプレーにおいて、メンタルな部分とフィジカルな部分の2つを区別する必要があるのだ。いま、勝てるかどうかはフィジカル面に左右される部分が大きいかもしれないが、後々勝てるかどうかはメンタル面に左右される部分が大きい。同じプレーを続けるか避けるようにするか、選手は選択できる。そこで、まずやるべきは、フィードバックを分けることだ。カルロスに「素晴らしい判断だった。あとはもっとうまくやろう」と言えば、カルロスは両面を理解し、自分でもその違いがわかるようになる。彼は自分がやろうとしたことと、それがどうなったかの違いを理解しなければならない。この点については、エリートレベルの選手でも違いを認識できていない場合がある。私のお気に入りであるスティーブ・カーとステファン・カリー（ともにバスケットボール選手）のビデオでも見てとることができる（＊7）。

＊7　QRコードからVIDEOS DISCUSSEDの「Signal and noise: Kerr and Curry」で映像をご覧ください

タイムアウトと思われる時間にベンチでカリーの近くに座り、ミスショットが多いことを示すスタッツを指差しながら、「これが君のショット数だ」とカーは告げる。「プラス／マイナスはこれだ」と別のデータを指差す。このデータは、たとえ結果がカリーにとって現時点でポジティブには見えなかったとしても、より広い意味ではカリーの意思決定が明らかにプラスの影響をもたらしているものだ。スポーツ選手は競争志向が強く、どうしても目先の結果にとらわれすぎてしまいがちだ。コーチの仕事は、ノイズの中からシグナルを見極める手助けをすることにある。

「必ずしも直接関連しているわけではない。君は素晴らしいプレーをできている。テンポは素晴らしい。それはここ（プラス／マイナス）に表れているが、必ずしも（ショット成功率に）表れるわけではない」とカーは言う。たとえ実行の部分が不完全で、本来の力以上に失敗してしまっているとしても、判断自体は正しいということをカリーにわかってもらおうとしているのだ。バスケットボールでは通常、正しいショットとはより確率の高いショットであり、そういうショットをより多く生み出すための意思決定を行うことが選手の仕事となる。しかし、「割合がより高い」という表現はミスもあると暗示している。偏ったコイントスだとしても、やはりコイントスであることに変わりはない。正しい判断をしたかどうかが、結果と完全に一致することはない。だからこそカーは、地球上でおそらく最も優れたバスケットボール選手に向けて、結果ではなく意思決定の部分を強調しているのだ。「そのまま続けるんだ」とカーは息子に対する父親が言うようにして、カリーはまたフロアに戻っていった。

成長するためのマインドセット：恐怖は成功の敵

長期的に成功するためには、選手はリスクを受け入れなければならない。ミスを恐れて生きていては成長できないのだ。これは、特にレベルの低い選手や学び始めたばかりの選手にこそ重要な問題であり、勇気を持ってプレーするよう強く後押ししてやる必要がある、と皆さんは考えるかもしれない。しかし、数年前にフィラデルフィア・ユニオン（サッカークラブ）のアカデミーを訪れた際、私はそうではないと確信した。成長するためのマインドセットはすべての選手にとって重要であり、中でもエリート選手にとってこそ重要であると思い知らされたのだ。

このとき私が観察したイアン・マンローは、スコットランド・プレミアディビジョンで3チームの監督を務めたあと、フィラデルフィアにやって来てコーチとなった。マンローの練習のテーマの1つは、成功の敵は恐怖、特にミスを犯すことへの恐怖である。観察してわかったのだが、彼は選手がミスに対する恐怖心を克服するのを助けようとしているとはいえ、それをプレーに高い水準や精度を求めないことと混同してはならないというものだ。練習中には「正しくやれ」という言葉が響き渡り、技術的なディテールが重視されていた。「セーフサイド・イン、セーフサイド・バック」と彼は声をかけ、プレッシャーをかけてくるディフェンダーから離れた側の足元にパスを出すことを要求していた。

しかし、次のようなやりとりについて考えてみてほしい。技術トレーニングの中で、プレッシャーのある状況で左足に受けたパスをワンタッチで右にいる味方につなぐよう指導していた場面だ。選手たちは直感的に、左足のインサイドで素早くワンタッチパスを出すのだと考えた。それなら簡単にできるからだ。しかし、マンローはより高度なプレーを学ぶために必要なリスクを冒すことを要求した。「インサイドじゃない！　インステップで出してほしい！」とマンロー。「足の甲で引っ掛ければ、相手を欺くパスにできるぞ」と。そして、選手たちに覚えてほしいバックスピンの浮き球パスを実演した。だが、特に優れた選手たちにとっては、才能があることが学習の障壁となってしまう場合もある。少年たちの多くは、完璧なパスを出したいという思いが強いがゆえに、できないキック（足の甲を使う）を避けて得意なほう（足の内側を使う）に回帰してしまった。つまり新たな学びを避け、できることを続けていこうとしたのだ。

しかし、マンローはそれを見抜いていた。ある子がインサイドで完璧なパスを出すと、彼は声をかける。「インサイドで出せるのはわかっている。怖がるな！　インステップでやれ！　恐れずに」

不器用ながらも相手を欺くバックスピンパスにチャレンジした子には「そうだ。続けるんだ、できるようになるから」と声をかけた。

「選手たちは、成功しなければならないというプレッシャーによって失敗を恐れてしまう」と、ユニオンの共同経営者であるリッチー・グラハムはタッチライン際から眺めながら言った。子供たちのマインドセットと学校での学習の関連性を研究したキャロル・ドゥエックは、そういった恐怖が長期的な成長の妨げになると指摘している。ドゥエックが「固定型マインドセット」と呼ぶものを持っている生徒たちは、非常に優秀である場合が多い。そういう子たちは「賢い」と褒められることで、才能とは自分自身の固有のものだと信じている。その固定型マインドセットを持つ生徒は、「失敗したら、自分はもう賢くない」という考えを持つようになるため、結果として失敗を避けるためにリスクを回避していた。

しかし、そのうちに「賢さは生まれつきのものではなく、苦労して身につけたものだ」と考える「成長型マインドセット」を持つ生徒たちに遅れを取るようになっていった。このような生徒たちは、挑戦することを恐れるのではなく、むしろ好んでおり、それが自分の成長につながると理解していた。成長型マインドセットを持つ生徒は、「これが大変じゃなかったらもっと楽しいのに」だとか、「これは大変だけど、それでもきっと楽しいよ」などとは言わない。「挑戦しがいがあってすごく楽しい！」と言うのだ。幼少期から反発力と粘り強さに支えられ、柔軟で適応力があり才能に満ちている子が、頭角を現してくる傾向が強いのだ。最初は出遅れても、最終的に成功したのは彼らのほうだった。ドゥエックの画期的な研究は、教師や両親やコーチが子供たちの考え方を成長型マインドセットに近づけられることで、それがやがて成功の最も重要な決定要因になりうると示唆している。

ドゥエックの研究がコーチングにも関連するものであることは容易に読み取れる。エリート選手は、「うまい」「才能がある」と言われることが多い。勉強でいうところの「賢い」に相当する言葉だ。そういう選手たちが、自分の能力は努力によって獲得したものではなく、最初から与えられたものだと考えるようになると、下手なプレーやミスをすると、「自分は優秀だ。という周囲の考えが変わってしまうのでは」と恐れ、リスクを避けるようになる。そのため優れたコーチは、選手たちに失敗するリスクを冒すように積極的に促し、失敗も成功につながるものだと気づかせないといけない。そうなれば、第4章で「間違いの文化」と呼んだものが生まれることになる。間違いを犯しても安全であるどころか、むしろ間違いが奨励され、結果として学習者が学ぶことへの挑戦を好きになるような文化だ。マンローがほかのコーチと一線を画している部分は、技術面の膨大な知識以上に、むしろそういった部分にある。ミスを犯そうとしない限り、偉大な選手へとはならない。彼は子供たちに何度も何度もそう言い聞かせている。

そして、学業に関する話を聞くと、選手としての彼女たちを深く知ることができる場合も多い。例えば授業の規模を知りたがったり、先生に質問をしていいのかどうか、時間割はどうなっているか、といった質問をしてきたりする子は、私に自分のプレーのビデオを見てほしいとか、成長できるように積極的に指導してほしいと頼んでくると思う。いつも必ずではないが、学業面での見通しを知りたいと希望する学生アスリートは、スポーツの面でも同じであることが多い。だから私は、選手たちが学校の話をするときは、とても注意深く聞いていた。

選手たちが学校の話をするのを注意深く聞いていた

レスル・ガリモア氏

元ワシントン大学ヘッドコーチのレスル・ガリモアは、メンタリティーが非常に重要であったこと、チームワークと成長型マインドセットを強調するアプローチを受け入れられる選手を探していたことを説明してくれた。

我々はスタンフォード大やUCLAなどの相手と「Pac-12（チャンピオンズ・カンファレンス）」と呼ばれる大会で戦って、たくさんの勝利を挙げている。我々の選手層が決して厚くはないこと、必ずしも即戦力になる選手を獲得できるわけではないことはいつもわかっていたが、それでも選手を育てて、勝利できると思っていた。それこそが私が求めている重要性であり、また選手たちにも強く説いているものだった。「あなたたちはここに来たときよりも良い選手になれる。そして、私たちは1つのチームになる」と。それを理解してくれる選手を見つけるのが大切だ。「あなたは自分が思っている以上に優れている。私がそれを理解していることを信頼してほしい」という言葉を何度も伝えていた。それが私の専門分野だ。成長型マインドセットを持ち、進んでフィードバックを受けてくれる選手をチームに加えられることが本当に重要だった。

そういう選手を見つけるのは簡単にはいかない。彼女たちを指導したコーチと話をしたり、練習や大会での体の使い方を見たりする。そして、選手自身の話を注意深く聞く。例えば「なぜプレーするのか」と聞かれたときに、どう答えるか。内発的な動機なのか、外発的な動機なのか。オールカンファレンスに出たいとか、先発になりたいなどといったように、何かを得たいと思っている場合もある。しかし、チームメイトと協力し合いたいとか、どれだけ必死に努力したいとか、どんな助けを必要としているかなど、そういったことを一切話してくれなければ、少し不安になる。どのように上達していきたいかを話してくれる選手が望ましい。「腰から下でシュートを打つのは得意だけど、腰から上のヘディングがもっとうまくなりたい」と言ってくる選手がいたとすれば、それは何かを物語っているはずだ。

プロフェッショナル育成に関するトピック

≫コーチ自身も成長型マインドセット

キャロル・ドゥエックの著書『Mindset』の考察は、選手の長期的な成長の話題から、同じくらい重要なコーチの成長の問題へとシフトするための有用なポイントを提供している。選手たちが成長型マインドセットを体現しようとする姿勢を見せれば、コーチはすぐに気づくことができる場合が多い。そういった選手たちはチャレンジ精神を持ち、すでに身につけた頭の良さやスキルを証明することではなく、単純に向上心を持ち、毎日を少しでも前日より成長できた状態で終えることを求めていくべきだろう。そうすれば結果は自ずとついてくる。過程こそが長期的な成功の原動力となるのだ。

しかし、成長型マインドセットがコーチ自身にとっても同じくらい有益であり、重要であることは、あまり明確に意識されていない場合がある。成功するためには、コーチたちもまたチャレンジ精神を持ち、自分の賢さを証明しようとするのではなく、日々少しずつでも、向上を目指さなければならない。コーチたちもそれを求めていけば、結果は自ずとついてくるだろう。

「コーチングとは、人を成長させ潜在能力を引き出すことだ。チームスポーツの場合であれば、選手個々の総和よりも優れたものにすることなんだ」と、スコットランドラグビーのヘッドコーチ、グレゴール・タウンゼントは話してくれた。「重要なのは問題解決に努め、どうすればもっとうまくやれるかに取り組み続けることだ。次の日、次のセッション、次の代表合宿で、チームを改善するためにやり方をどう変えられるかだ」

「挑戦して、ときには失敗もたくさんある。だがその失敗を見て、もしもう一度同じことがあれば少し違った方法でやってみる。うまくいく方法が見つかるかもしれない」とジェシー・マーシュは、ゲイリー・カーニーンに語っている（＊8）。「私がどうありたいか、誰でありたいか、チームにどうあってほしいか、その核心に迫る方法を見つけられるよう挑戦を続けていくようなものだ。それが最終的に、私がコーチとしてどれだけうまくやれているかを測る尺度になる」

トップレベルのコーチにとって、指導の過程は長期的な成功の原動力であり、おそらく幸福の原動力でもある。勝利に恵まれたコーチの多くは、日々の仕事や課題自体に魅力を感じられず、積極的に取り組めず、解決策を考えることに喜びを感じられないため、仕事に燃え尽きてしまう。得られるものが勝利だけであれば、おそらくそれは長期間にわたってコーチを支え続けるには十分ではないのだろう。

本書の冒頭で紹介したシカゴの会議室に話を戻してみよう。アメリカのトップクラスのプロコーチたちと交流する機会を得たときの話だ。彼らは一歩引いて、謙虚さと目的意識を持って、自分よりはるかに実績のない教師やコーチたちのビデオを見ながら自分たちの学習に集中していた。

ビデオを見ることは、しばしば興味深いリトマス試験紙になる。ほかのコーチのビデオ、特に「格下」のコーチのビデオを見る場合にはなおさらだ。ビデオを見終えたあと、コーチには2つの選択肢がある。ビデオの内容を批判し、画面の中のコーチが行った悪い部分について話すか、映像の中で役に立つ部分について話すかのどちらかだ。どのビデオを見せてもほぼ同じように、この2つの反応のどちらかが見られるはずだ。ビデオを見ているコーチがビデオの中のコーチよりもすでにうまくできることが5つあり、一方でビデオの

＊8
ジェシー・マーシュのコラム（モデムサッカーコーチにて掲載）
www.bit.ly/31yWFP3

中のコーチのほうが立場は低かったとしても学べることが何か1つあったとしたら、後者こそ話題にする価値があるのではないだろうか。ビデオの中のコーチが何かを間違えていたところで、気にする意味などない。そのコーチを裁くのが目的ではない。目的は、自分自身が向上することだ。たとえ無名のコーチからであっても、何か役に立つものがあれば吸収しようとするのは、成長型マインドセットが働いているということだ。会ったこともないコーチがあまり上手くないとか、その選手たちの技術が低いとか、そういったことを断定するのは固定型マインドセットの表れである。

シカゴの教室で体験した極端なまでの謙虚さは、深い教訓となった。あのコーチたちは、ニュージャージーで小学5年生に教えている教師や、カリフォルニアのU14チームのコーチを見たいと思っていただろうか。おそらくそんなことはないだろう。だが驚いたのは、何人かのコーチから「あのビデオをコピーしてもらえますか」と聞かれたことだ。もう一度観たい。勉強したい。何よりもそれこそが、彼らが自分の分野でトップレベルに到達できた理由なのだ。

ハングリー精神と謙虚さ。自分自身の能力を最大限に引き出して、他者の能力を最大限に引き出す過程を楽しむこと。自分を高めてくれる物事に常に集中し続けること。これらが成功するコーチの特徴であると私は考えている。「日々改善すべきだ」いう意識を持ったコーチたちというのは、無名クラブでU８チーム向けのセッションを見事に運営しているスティーブ・コヴィーノのようなコーチから学ぶ集中力と謙虚さを持ったコーチたちだ。実際に、ＭＬＳや育成アカデミーのディレクターたちが集まるセッションに、スティーブにも一緒に参加してもらったことがある。彼がU８チームを指導しているビデオ（第４章で紹介したビデオと同じセッションのもの）を見せると、コーヒーブレイク中に彼は参加者たちに囲まれてしまった。同じ町のライバルコーチであれば、自分がスティーブより賢いことを証明したがるかもしれない。だが、トップレベルのコーチである彼らの頭に真っ先に浮かんだのは、「あなたが何をしたのか、なぜそうしたのか、すべて教えてほしい」ということだった。

ニュージーランドでも同じようなことがあった。ニュージーランドのラグビーのコーチたちとセッションを行い、そこでバレエ教師が教え子にフィードバックを行うビデオを見せた。コーチたちの半数程度は身長６フィート４インチ（約１９３cm）、体重２４０ポンド（約１０９kg）はありそうに見える体格で、ほとんどがオールブラックスでのプレー経験者だ。その彼らがビデオを見て検討し、熱心に質問してきた。申し訳ないがセッションを進めるため、途中で質問を打ち切らなければならないほどだった。そのようなマインドセットこそが、トップレベルにつながる文化の指標となるものだ。成功の秘訣は、もちろんそれだけではない。知識と競争心、人間関係を構築する能力などもある。しかし彼らのように、人口わずか５００万人の国がラグビーの代表チームを世界一にしたいのであれば、常に学び続ける文化を持っているからこそ、素晴らしい出発点となっている。

個人でも同じことだ。とあるマイナーリーグの野球クラブ（ほとんどの人が地図上で見つけるのに苦労するような小さな町にあるクラスAの野球場）を訪ねたときの話を紹介しよう。ある質問を受けたとき、ダニエル・カーネマンの著書『Think Fast and Slow』を思い出した。第1章でも触れた文献だ。カーネマンが使用した用語を私が正確に思い出せずにいると、一人のコーチがリュックからこの本を取り出し、用語に言及した箇所を見つけてくれた。本はよく読み込んでいる状態だった。彼がいまどこで何をしているかは知らないが、きっと彼自身も、彼の指導した選手たちも成功を収めているのではないかと思った。

≫ コーチングとエゴ

自分自身のエゴをコントロールすることは、コーチの成長において最も困難なものの1つだ。当然ながら、このことは本書でも何度か間接的に触れている。例えば本章では、「いまはチームの勝利数が少なくなっても、長期的な視点で選手を育成するための行動をとる」という、より大きな目標を達成するためにコーチのエゴを抑えることが必要とされる選択について取り上げた。第4章では、クリス・アップルがひどいミスをした選手に向けて叫び声を上げないという選択をした場面があった。その場面では叫んでしまうコーチが多いと考えられるが、その理由の1つは、自分のコーチングを正当化するためだ。「私のせいではない。私はあの場面で決められるように教えていた」と。このようなケースやそのほかの無数のケースで、エゴを抑えるための戦いが繰り広げられる。

自分の業績や成果を認められたい、自分の仕事に誇りを持ちたい、一番になりたいと思うのは自然なことだ。コーチングという職業は多分に競争的なものであり、誰もがある程度は認められることを追求している。しかし選手を正しく育成すること、効果的に指導することとは、自分の功績を逃したり、黒子に徹したり、功績を誰かに譲ったりすることを厭わないことでもある。コーチには「勝ちたい」「表彰台に立ちたい」と夢見る気持ちもある一方で、「そんなことはどうでもいい」と思う気持ちもあるはずだ。

アトランタ・ユナイテッドのアカデミーコーチを務めるマット・ローリーは、フランスサッカー連盟のコーチング講座に参加して得られた大きな収穫について教えてくれた。フランス人指導者のジャン＝クロード・ジュンティニ氏は、「ユース年代のコーチはいつも影に隠れているべきだ。決してスポットライトを浴びてはいけない」とアドバイスしてくれたという。

「私は何度もこの言葉を思い返すようにしている」とマットは言う。「ベンチから立ち上がって審判を責めたいと感じたとき、自分にこの言葉を言い聞かせることもある。自分がしていることについて、なぜそうするのかを常に自問するようにしている。『なぜあのようなコーチングをしたのか？　なぜあの交代をしたか？　なぜフォーメーションを変えたのか？』と。そして、質問に対する答えが『子供たちの成長と発達を助けるため』以外のものであれば、それが間違った決断であったことがわかるんだ」

影に隠れようとするべきなのは、ユースコーチだけではないのかもしれない。「選手やチームを正しく育てるには、（すべてではないにせよ）ほとんどの場合、自分の手柄を捨てる覚悟が必要だ」と、グレゴール・タウンゼントは私に語った。「チームの成功のために自分の重要性をアピールするコーチもいるが、それが持続可能であるとも、長期的なチームの成功と両立するとも思えない」。

アルスターラグビーのヘッドコーチであるダン・マクファーランドは、次のように話してくれた。「プロ選手を引退して、そのまま所属チームのコーチを始めたときのことを思い出すよ。自分の知識（ひいては自分自身）に信頼を持ってもらうことが、とても重要だった。それが『私のやり方でやらせてもらえれば、そのやり方が通用することを証明しよう』という形で表れたのだ」。振り返ってみると、これは「持続不可能だった」とマクファーランドは言う。選手が自分で考える力を大切にし、それを伸ばそうとしたいのであれば、コーチにとってこのアプローチは疲れるものであり、自分で望んでいる以上にチームをコントロールしてしまうことになると感じたのだ。結局彼は思い切って一歩身を引き、自身のスタイルや選手の学習に適した役割に収まることができた。しかしその一方で、「最初にあのようなスタートを切っていなければ、方向性を変えることはできなかったかもしれない」と、彼は興味深い指摘もつけ加えてくれた。「あの段階で、自分の知識や指導のディテールが優れていることを結果で明確に示せなければ、成長の土台になる信頼性は得られなかったと思う」。

優れたコーチは他人に意見を求め、プランを適宜修正し、リーダーシップを委譲する。しかし、他者に受け入れられることが期待できる独自のビジョン、ゲームモデル、プロセスなどがなければ、本当に成功することはない。「監督としては自分の考えを押しつけるしかない」と、マルセロ・ビエルサは述べている。無私の精神が求められるが、決断力や自己肯定感も必要だ。コーチは権力を持った上で、それを自ら背負うか、他者に委ねるか、使うのを控えるか、タイミングを見極めなければならない。グレゴールはこう述べている。「優れたコーチは、選手たちに対し、行動や判断やゲームプランに責任を持つのは自分たち自身であると感じさせることを追求する」。良いチームには、民主主義的な部分が存在することが多い。しかし、決して真の意味での民主主義ではない。コーチは選手に決断を委ね、戦術運用を任せ、応用や決断の裁量を与えるが、それは、自分がその委譲の条件（いつ、どれくらい）を設定し、選手を選択し、それを取り消す権利も持っていると理解した上で行うことだ。自分のやり方が何らかの答えを出せると信じていないコーチや、メンバーと文化に関するローカルルールを設定して実施できないコーチは、生き残ることはできない。

エゴは常につきまとうものであり、必要なときもあれば邪魔なときもある。ある程度は有益だが、そのまま放っておくと問題が生じる。

このことを踏まえた上で、エゴがコーチとしての判断にどのような微妙な影響を及ぼすかを知っておくことには価値がある。自分がヘッドコーチとしてあるチームを率いているとして、次の2つのシナリオから得られる結果を考えてみてほしい。

オプションＡ
チームは大一番の試合で現在同点だが苦戦を強いられている。残り30分となったところでフォーメーションを変更し、セオリーに反する選手交代を繰り返す。タッチライン際にいるあなたの声はフィールド全体に響き続けている。ジェスチャーを交えながら、選手を重要なポジションに移動させる。あなたの介入が変化をもたらしていることは誰の目にも明らかだ。チームのベストゲームとはほど遠いものだったが、あなたの行動が流れを変えた。終盤にゴールを奪って勝利を収める。試合後に車へ向かうと、「今日はコーチが本当によくやってくれた」と保護者が話しているのが耳に入る。

オプションＢ
シーズンを通してチームを入念に準備し、ゲームモデルに対する深い知識と、実行可能な戦術的適応を理解させた。大きな試合の1週間前に、あなたは相手チームに1つの重要な傾向があることを認識し、各選手が自分の役割を理解した上で、相手の弱点を突けるようなチームづくりをする。試合は計画通りに進む。あなたはベンチに座り、選手に穏やかに語りかけて戦術を調整したり練習で学んだことを思い出させたりすることもあるが、そういった指示のほとんどは静かに通り過ぎていく。チームは理解度と技術を発揮してプレーし、３―０で勝利する。車へ向かう途中、ある保護者がこう言っているのを耳にした。「今日はみんなうまくやっていた。コーチが何か言う必要もほとんどなかったな」。

前者のケースでは、手柄はすべてあなたのものとなる。より優れた仕事ができていたのは後者のほうだ。では、後者の選択肢を選ぶコーチはどれほどいるだろうか。ライバルのコーチがスポットライトを浴び、知名度や名声を勝ち取る一方で、長年のキャリアを通していつも後者を選び続けることができるだろうか。

自分自身のエゴを後回し

学ぶことに対するハングリー精神がコーチとして成功する最も重要な要因の1つであるとするならば、手柄を得ることに対するハングリー精神は最も問題を生む要素の1つである。マリア・コンニコワは『The Biggest Bluff』の中で、ポーカーで成功するためにはエゴを抑えることが非常に重要であると書いている。プレイヤーが失敗したときは運が悪かったと考えるが、成功すれば自分の技術のおかげだと考える。そして、環境とは厄介なものだ。外部からのノイズ（つまり、ほかの多くの変数が同時に変化すること）のために、行動と結果の間にはミスマッチが生じ、これが長期的な成長を制限することになる。知識や知恵に関しては、「勝利こそが本当の敵だ」とコンニコワは書いている。彼女はまた、心理学者のエレン・ランガーによる研究を引用している。コイントスに対する人々の反応を調べた実験だ。このコイントスでは、参加者が結果予想を正解しやすい場合があるように細工がしてある。実験を終えたあとランガーは参加者に、コイントスの予想が得意かどうかという質問をした。本来は予想自体が不可能なことだ。参加者は、正解の分布がランダムなグループ、正解が実験の最初のほうに偏るグループ、最後のほうに偏るグループの3つに分けられていた。運が良くなるタイミングが重要だったのだ。最後と途中で正解が多かったグループは、自分たちの推測が純粋な偶然であると理解したのに対し、最初のほうで正解が多かったように見えたグループは、自分が高い技術を持っていると結論づける傾向があった。本筋を見失い、本来は不可能であるはずの予想を正しくできるというありえない筋書きにしがみついてしまった。成功に気分を良くしたことで現実を歪めてしまったのだ。

高校のチームで多くの勝利を収め、成功した指導者だとみなされているコーチが私の近所に住んでいる。

最近のシーズンで優勝を飾ったあと、彼は選手たちに次のようなメモを渡した。
「最後に、若いサッカー選手の成長にとって最悪の言葉を送ろう。『ボールを出せ』という、よく聞く言葉だ。もし『ボールを出せ』と怒鳴るコーチがいたら、微笑んであげよう。君は正しいことをしているのだから。ボールを出さず、個人技を磨き続けなさい」

相当な自信過剰でなければこうは書けない。「ボールを持ち続けるほどうまくなる」ということ自体もかなり議論の余地のある話だが（シャビさん、すみません）、ひとまず仮に彼が正しいと仮定してみよう。それでも、ある特定の状況で実際に選手を観察している全コーチの指導を覆すほどに、自分の知恵こそが深遠なものだと考えることができるだろうか。選手に対して、コーチに逆らうように、プライドを高く持って聞く耳を持たないようにとすすめることが、大人として責任ある助言だと考えられるだろうか。そのアドバイスを受けた若者にどのような結果が生じるか、予想できない者がいるだろうか。そもそも、自分のために選手を育ててくれたコーチを軽んじておとしめるようなことをするだろうか。私たち全員がこれを戒めとしよう。ランガーの研究のように、成功に気分を良くしてしまうと、現実を著しく歪めることになる。物理学者のリチャード・ファインマンは、「第一の法則は、自分自身を騙してはいけない。そして、自分自身を騙すのが最も簡単なのだ」と警告している。

エゴの歯止めが効かない（あるいは成功によって歯止めが効かなくなる）のは危険なことだ。そして、歯止めを効かせるのは容易ではない。本書のこの部分について友人に説明すると、彼は次のような辛口な指摘をしてくれた。「こういう問題を抱えている自分以外のコーチに、誰もが少なくとも一人は心当たりがあるだろう。だが自分自身について見直すべき問題であると考える者は少ないはずだ」。エゴは密かにつきまとうものだ。自分勝手な行動を正当化して何か別の説明を加えるのが得意であり、いつも我々の盲点に忍び込んでくる。エゴに思い悩むことは、最も人間らしいことだと思う。そして選手もまた、チームで共有する目標のために自分を二の次にすることを求められるため、やはりエゴに思い悩まなければならない。だからこそ、自分自身を後回しにする葛藤を体験した上で考えてみることは、間違いなく有益であるはずだ。

では、どうすればいいのか。

私が知っている最高のコーチたちにこの質問をしてみた。自己認識の重要性を挙げる人が多かったのだが、もちろん自己認識は深めようとして深められるものではない。定義上、我々は意識していないものを見ることはできないし、意識が薄れていく瞬間を見ることもできない。1つの深い示唆となったのは、ダン・マクファーランドが言ってくれた「言葉を変えなさい」ということだ。言葉は、自分が物事をどのような枠組みで捉えたいかを意識させてくれる。何らかの物事を説明しなければならない状況は、予測不可能な形で頻繁に訪れるため、そこで言葉を変えれば、自分が何者なのか、どのように世界に関わりたいかを頻繁に意識することができる。マクファーランドは次のように言う。「『マネジメント』(コーチングチーム、メディカル、ストレングス&コンディショニング、オペレーション)と呼ぶチームが多いが、私たちは自分たちのことを『サポートスタッフ』と呼んでいる。シンプルに言葉を変えることで、私たちは究極的には試合に勝つための存在ではないことを思い出せる。手助けをする存在なのだ」。もう1つのシンプルな手法としては、保護者やほかのコーチ、あるいは選手から質問を受けたときに「あなたはどう思います?」と尋ねる習慣をつけるというものがある。「もちろんこちらから何かを伝えるべき場合もあるが、相手の考えを定期的に聞く(そして実行する)ことで、コーチは『自分のことしか考えていない』という雰囲気を払拭することができる」とマクファーランドは指摘する。

次のセクションでは組織レベルの問題を論じる中で指標が大きなトピックとなるが、ここでも関連するものだ。「自分のエゴと戦い、選手の成長のために『正しい』ことができるコーチは、就職活動では見送られてしまうことが多い」と、あるＭＬＳのアカデミーコーチは言う。「そういうコーチには『勝てない』という評判がつくからだ。あまり主張の強くないコーチは、勝てたとしても選手のおかげだと思われる。評価はかなり崩れてしまう」。そうなると、このようなコーチは自分のキャリアに有利なことよりも正しいことをするのを、いつまで続けられるだろうか、という疑問が湧いてくる。

しかし結局のところ、エゴを抑える最も強力な方法は、過程重視であることに集中し、自分を後回しにすることなのだ。コーチのマインドフルネスや集中力向上を支援するステュー・シンガーは、「エゴ主導と結果主導はセットである場合が多い」と観察している。勝利を自分の指標にしている場合、絶好調な時期が来ると強気になり始める。そして「私こそが真のコーチだ、ほかのコーチは無視しろ」という手紙を書くような、過激なエゴイストになる可能性が高い。一方で過程を目的とする場合、グレゴールのように対応する可能性が高くなる。「メディアや保護者が、コーチは評価されるべきではないと考えているかどうかなどということを気にする余裕や時間はない。勝利の後も敗戦の後も（そしてすべてのトレーニングセッション後にも）、コーチは分析し、戦略を練り、計画を立てている」。次のステップに集中することが、前のステップを整理するための最良の方法だ。

≫タッチライン際での振る舞いと試合中のコーチング

本書の内容の大半は、私にとってコーチの仕事の中で最も重要な部分であるトレーニングセッションで、どのように教えるかについて語っている。しかし、選手たちは試合中にも学び、コーチは指導している。本セクションでは、試合中のやりとりに関して、学習の観点からコーチはどのように考えるべきか、いくつかの考察を述べていく。とはいえ、「私の言うことにはきっと間違いもあるはずだ」という注意書きは本書の大部分につけるべきものではあるが、このセクションではその注意書きを2倍に増やす必要がある。ここでは特に、私は経験不足な事柄について述べている。それでも、わずかなりとも糧になるものを提供できればと思っている。

まず考えるべきは、試合中に新しい事柄を教えるのは非常に困難であり、無理にそうしようとすると、かえってパフォーマンスを低下させる危険性が高いだろう。なぜかと言えば、新しいことを意識的に学ぶにはワーキングメモリの働きが必要であり、ワーキングメモリの容量には厳しい制限があるからである。もし、試合中に初めてやってほしいプレーを選手に説明すれば、ワーキングメモリを必要とするほかの仕事から容量を流用することになる。

しかし、トレーニングの中で伝えたことを選手に求めるのであれば、ワーキングメモリの負荷に対処できるかもしれない。練習の一環として念入りに記憶させた単語を手がかりにすると、より効果的だ。「ジョーダン、高い位置でプレスだ」と言うのは、練習の中でプレスのやり方を学ぶために時間を費やしていたのであれば実行可能だ。「高いプレス」と言うだけでも何を指しているかはきわめて明確であり、ジョーダンはそれをほぼ自動的に処理できる。基本的には彼女がすでに知っていることを思い出させているだけなのだから。

言語の重要性はいくら強調しても足りないほどだ。ある行動と一貫して結びついている慣れ親しんだ手がかりであればあるほど、選手はその手がかりを使いこなすことができる。試合中に何かを言うのなら、選手が練習中に何度も何度も聞いた、正確で的確な言葉でなければならない。

ジョーダンにとって何度も聞いた言葉であり、それが一貫した反応と結びつくのであれば、彼女は試合中にそのフィードバックを活用できるかもしれない。しかし、もし練習の中でプレッシングを教えていなかったり、コーチの使う用語に聞き慣れていなかったりすれば、以下の２つのうちどちらかが起こるだろう。

1. ジョーダンはプレッシングやその方法について考えるためにワーキングメモリを使い始める。これにより彼女の知覚は低下し、すでに知っていることを実行するためのワーキングメモリが少なくなる。プレッシングはうまくできない可能性が高く、ほかの面でもパフォーマンスが落ちることが十分にあり得る。それを見てコーチが「ジョーダン、もっと高く。ボールを予想して。パスに飛びつけるか考えろ。パスを読め、ジョーダン」とさらに指示を出してしまえば、状況を悪化させる可能性が高い。

2. ジョーダンは自分がよく知らないことをやろうとして苦労している状況を理解できるかもしれない。そのせいで重要なもの、つまり試合から注意がそれてしまうことに気づく。この場合彼女は、コーチを無視してしまう可能性が高い。そうすると、試合中（もしかするとほかの場面でも）にコーチの言うことに従わないという前例をつくってしまう。ジョーダンは苛立ちを強め、コーチとの関係にも影響するだろう。

したがって試合中には、「選手がすでに知っていると確信できることを、選手が慣れ親しんでいる言葉を使って思い出させるようにしたほうが良い」、というのが大事な経験則だ。

とはいえ、選手がパスを出そうとしているとき、ボールを蹴る瞬間の直前に「ワイドだ、カルロス、ワイド」と叫べば、たとえカルロスが「ワイド」という言葉の意味を知っていたとしても、プレーが悪くなる可能性は高い。実際のところ認知心理学者の多くは、マルチタスクなどというものは存在せず、気が散って集中力が低下するだけだと言われている。これはパフォーマンスを害する可能性が高い。パフォーマンスを妨げないように、選手がコーチを無視するようになる可能性も高まる。そのため、プレー中のコーチングは控えめにし、「プレーの切れ目」で指示を出すように努めたほうが良い。

第4章では、トレーニング中にメモを取る重要性について述べた。試合中にも、重要な出来事とその頻度を把握し続けるのが重要だ。試合中に見たものは、記録しておかないとすぐに忘れてしまう。メモを取っておけば、ハーフタイムやタイムアウト中に選手と話すとき、最も重要なことに集中するためのデータが得られる。しかし、試合中にメモを取る理由はもう1つある。声の出しすぎを抑えられることだ。ジョーダンのプレスが遅いという事実に対処する方法がほかになければ、その場でジョーダンに向かって叫ぶ可能性が高くなる。結局のところ、コーチが試合で観察したことを選手に伝える方法はそれが唯一なのだ。だが「ジョーダンのプレスが遅い。相手の遅いパスを合図にすることを認識していない×2回。後半はより相手ゴール前で」といったようにメモを取ることで、メモを取らなければ失ってしまう観察結果を永久に保存できる。これでジョーダンに話をしやすくなり、より自分をコントロールできているとも感じられる。叫ぶ必要もなくなる。

コーチがプレーの切れ目でのみ（あるいはできる限りプレーの切れ目で）コーチングをするべき理由がもう1つある。勝負事には人に大声を出させたり、声の調子をコントロールできなくさせたりする傾向があるからだ。プレーの切れ目であればもう少し落ち着くことができるだろう。プレー中に感情や判断などを伝えるためには大声での指示（「ジョーダン！プレスだ！ジョーダン！！プレス！！」）が必要となり、これは選手の注意力を散漫にする危険性がある。自分はなぜコーチに責められるのだろう、という疑問を抱かせ、それが目の前のプレーに対する集中力や当事者意識を低下させる。基本的に、技術面の指導は落ち着いて行うほうが良い。そのためには選手が少なくとも半秒以上耳を傾ける時間が必要だろう。

試合中に、プレーの切れ目以外で何かを教えたり学んだりはできるのだろうか？　私の子供たちが指導を受けた多くの素晴らしいコーチたちの中で、私が最も気に入っている指導法の1つとして、クリス・クレメンスという少年サッカーコーチが使っていたものがある。選手がミスをしたとき、プレー中に伝えようとしたり、怒鳴ったりはしない。それでは気が散ってしまう。そうではなく、クリスは選手をごくわずかな時間試合から外し、タッチライン際で選手の隣に立ち、多くの場合は父親のように肩に手を置いて、望ましいやり方を静かに説明するのだ。そしてすぐに選手を試合に戻す。もちろん、すべてのレベルでこれが可能なわけではなく、別の手法も必要ではあるが、見ていて美しいものだった。「私は君に教える。いまでも君を信じている。話を聞いて学んでほしいが、失敗してもベンチに引っ込めることはない」というメッセージは非常に明確だった。当然ながら、このアプローチには人間関係の面でも絶大なメリットがあった。彼ほど息子が大好きになったコーチはほかにいなかった。

試合当日の指導には、ハーフタイムと試合終了後が多く使われる。こういった時間はどうだろうか？

試合後は、コーチ自身も選手たちもまだ感情が落ち着いていない可能性が高い。勝ちたい相手に勝てなかった直後であれば、エゴを抑えられず、不用意で中途半端な対応をしてしまうかもしれない。「勝ちたい気持ちが足りなかった」と選手を厳しく非難してしまうことになる。試合直後に話し合おうとする意図自体は良くとも、計画的であることはほとんどないため、すぐに「誰が悪いのかを決めよう」という方向に進んでしまいがちだ。責任の所在を明らかにしても、生産的な会話につながることはめったにない。それならばいっそ、何もしないほうがいい。何か心に響くことがあったから、あるいは長く話しすぎると今日の試合が重要だったという印象を与えそうだからという理由で話をそらしてしまうのは、何を話したいのか事前に明確にしていない結果である。20秒程度でもいいので、手早く計画を立ててみるのもいいだろう。携帯電話やメモ用紙に、最も重要なことを2、3個書き留めておくだけだ。メモに少し目を落とすだけで、話に集中できる。

あるNBAチームでは、プロと育成リーグの両チームで、このようなシンプルなシステムを導入している。試合を終えると選手たちはロッカールームに戻る。コーチ陣はその隣の部屋に集まって試合を振り返り、まずは、言いたくてたまらないが選手たちには言えないようなことを言葉にする。例えば「スミスを信じられるか？　彼はディフェンスをまったく理解していないんじゃないか？」と。そしてヘッドコーチは、「よし、そこで我々が伝えるべきメッセージは？」といったようなことを問う。コーチ全員がアイデアを出し合い、その中から最も価値があると思われるものを1つ、あるいは2つ程度選ぶ。そして彼らは隣のロッカールームに入り、全員で共有したメッセージを1分程度でまとめて伝え、それで終わりだ。「ウィルソンコーチ、ほかに何かあるかね？」などと周囲に振ることはない。

コーチ陣が一緒にじっくりと考える機会があれば、ほとんどの場合、過程やマインドセットに重点を置いた結論が導き出される。「ハーフタイム後に集中力を失ったが、第4クオーターの戦いぶりはずっと良くなった。相手より勝ちたい気持ちがあったからこそ引き離せたんだ」。あるいは、「今日は小さなプレーをしっかりやれた。ルーズボールに飛び込んだり、フリースローの後にシューターをブロックしたり、勝利につながる習慣だ」。この手法なら、コーチ陣は互いにチェックし合うことができる。選手に伝えるメッセージは個人的なものではなくスタッフ全体からのものとなり、アシスタントコーチにも発言権を与えられる。そしてもちろん、全員が確実にメインテーマに集中できる。

重要なトピックを語るには多くの言葉が必要であると考えがちだが、これは間違っている。このことは本書のもう1つのテーマだ。我々は何か重要だと思ったものについて、多くを語ることで重要性を示そうとする場合が多い。繰り返すが、「話題の重要度と言葉の量に相関関係はない」。人々に話をよく聴いてほしいとか、重要であると表現して、記憶に残りやすい言葉を伝えたいと考えたとしても、必ずしも言葉の量によってその目的が果たされるわけではない。むしろ逆効果となる場合も多い。話せば話すほど、相手は1つ1つの言葉を覚えていられなくなる。話し続けても、「それはもう言ったじゃないか、聞いたよ」と思われてしまう。それでもさらに話せば、選手の関心は、記憶から離れないプレーや、帰りの車のことや、どこに食事に行くか、などと移り変わっていく。

このことが重要なのは、試合後にコーチがする話の多くは、「この試合とそこから得られた教訓は重要だった」と伝えるための話だからだ。試合が不満な引き分けに終われば、話は長くなる。大敗すればさらに長くなる。こういった場合、話せば話すほど選手たちの目は曇ってくる。目が曇っているのは選手たちがこの試合と得られた教訓がいかに重要であるかを理解していないということなので、またさらに話を続けてしまう。この試合が重要だったという考えを強調するため、さらに話をする。5分後には、これはコーチを無視する練習だと選手たちは考え始めているだろう。負のスパイラルだ。

言うべきことがたくさんある場合は、試合後に話をするより、別の形を考えたほうがいいだろう。「今日の試合から何が学べる?」と試合後に問いかけてみるのも1つの手だ。だがその場で飾り立てた言葉による問いかけをして、選手たちに毛布で窒息するような思いをさせるよりは、「明日の朝までにみんなの考えをメールしてきてくれ」と言うほうがいい。あるいは「チームメイトがもっと良いプレーをできるように、自分がもっと何かできると思うことを1つメールで教えてほしい」「チームでつくった『プレー原則』の中から重要な2つをみんなにメールしたので、それぞれについて、うまくいったと思う場面、うまくいかなかったと思う場面を1分間考えてから教えてほしい」といったように。あるいは、次の火曜日の練習を「○○について考えておいてほしいと言っていたので、いまからみんなの考えを聞かせてほしい」と言って始めてもいいかもしれない。

さらにシステマチックな形にしたいと思うのであれば、選手に日記をつけさせ、毎回の試合を簡単に振り返ってもらい、それをときどき集めて議論するのもいいだろう。あるいは、日記は誰にも見せずに選手自身だけのものにしてもいい。ヤヤ・トゥーレ(元サッカー選手)がキャリアを通じてこのようなノートをつけていたのは有名だ。彼にとっては彼自身や競技人生の一部となった。

ビデオを見直すのも有効かもしれない。重要な場面を見直したい場合は特に有効だ。誰もマークにつかなかった相手の12番に決められた失点シーンについて、試合直後のチームに「どうしてあんなにフリーにさせてしまったんだ」と思い出させようとするよりも、次の練習日に落ち着いてから、ゴールの数秒前からの映像を見せるほうがはるかに効果的だ。

ここでフィードバックを効果的にするための重要な要素のいくつかを確認しておこう。フィードバックは、「対象とする出来事の直後に」「1つか2つの事柄に焦点を絞って」「何について話しているか受け手側がわかるように」「フィードバックをすぐに使う機会があるように」行うのが最も効果的だ。ほとんどの場合、そのどれもが試合後に簡単にできることではない。

中盤で相手の12番をマークできなかった場面は、もはや過去のことだ。誰も明確に覚えていないし、ましてや客観的には覚えていない。12番の動きが見えるようにするためのスキャン方法を指導する手段もない。選手は試合についてそれぞれ自分なりの感情を抱いており、ほかのことを処理し終えるまでは、相手の12番や失点については考えたくもないかもしれない。そういったことを踏まえて経験則から言えば、試合後の話は長引けば長引くほど良くないと言える。少なくともユースレベルでは、まず選手の感情を安定させることをおすすめしたい。考えるための材料として1つか2つの洞察を提供するだけでいい。あるいは何か1つ質問やトピックを伝えて、次の練習の前に答えさせたり、考えさせたりする。話をするのはやめよう。長くとも3分以内だ。

ハーフタイムトークは、より複雑なテーマではあるが、試合後のトークと同じような問題をはらんでいる。まだ後半が待っており、選手には指示を実行に移すことでそこからより多く学べる機会があるため、得られる可能性のある恩恵は試合後よりも大きい。ハーフタイムトークをうまく使えば、コーチにとってはより大きな成功を収めるチャンスが得られることは間違いない。私はこれまでに、試合終了後のトークに比べれば回数は少ないとはいえ、コーチたちが行うハーフタイムトークも見てきた。私が観察した、あるいは参加したトークを通して、おそらく、コーチが自分のやることを調整できれば、選手たちの理解度を最大限に高め、行動の変化を促す大きなチャンスだと感じとれる。

あるハイレベルなライセンス講習会に、コーチのグループと一緒に参加したときのことだ。コーチたちはそこで、試合分析に基づくハーフタイムトークの練習をするよう求められた。実践練習が講習に組み込まれていて素晴らしかった。コーチたちが練習しているところを見るのは、非常にわかりやすいだけでなく、素晴らしく生産的でもあった。彼らは比較的落ち着いた環境で自分自身の声を聞きながら振り返ることで、急速に良くなっていった。さらに、ほかのコーチが練習を行う際には自分が選手になったつもりで、例えば8個や10個や12個の指摘内容がほとんど息もつかせぬままあっという間に流れていく感覚を体験する。そのことがさらに学びを深めた。「やらなければならないこと」を8個も10個も12個も、処理する時間もないまま矢継ぎ早に伝えられても覚えていられない。それは頭ではわかっていても、実際に感じてみるとまた違うものだ。

練習には絶大な効果があった。ハーフタイムトークの内容自体は知恵と洞察に満ちていたが、ワーキングメモリへの正面攻撃であったため、ほとんど効果がなかった。コーチは8個、10個、12個にも及ぶ必要な調整・修正の数々を、ときには図示も交えながら一気に駆け抜けていく。体系化されていない膨大な情報があまりにも速く提示され、確かな形で処理できず、考えることもできない。ワーキングメモリには確実に過負荷だ。伝えられた内容をどう実践するかを議論するどころか、優先順位をつけたり振り返ったりすることすらほぼ不可能だった。

これらの話を踏まえて私が提案したいのは、話そうとするトピックの数を大幅に減らし、考えさせる時間を挟みながら、ゆっくりと順番に伝えていくことだ。可能であれば選手たちが1つひとつのコンセプトに触れることで、そのコンセプトをある程度記憶に定着させ、次のトピックのためにワーキングメモリを空けられるようにするのが望ましい。特定した「優先順位」に基づいて、各選手に1分間の振り返りを行うとか？　何できることならビデオを見直すとか。選手に目を閉じさせ、○○をすることを1分間想像してもらう？　何らかのことを実現するために何をする必要があるかを選手たちに議論させる？　チームごとのハーフタイムの状況は、私より皆さんのほうがよくわかっているはずだ。しかし、ホワイトボードや作戦ボードに向かって、各ポジションの選手がやるべきことを書き出し、それをみんなで聞いているというのは、正しい答えではない。

そして、ハーフタイムトークの第一の目的は選手にモチベーションを与えることである場合が多いが、ここにも問題はある。選手が力を振り絞り、自分の中の真価を発揮できるようにするため、そういった状況で何を言うべきかというテーマについては、私よりも優れたアドバイスをしてくれる方々がいるだろう。だが、ここでの目標が「指導的な目標」とは異なることを指摘しておくのは有益であると思う。何が起こっているかを選手たちが理解し、そこから学び、行動を調整してより良い結果を得られるように支援することが目標だ。当たり前といえば当たり前である。しかし、2つの異なる目標を一度の会話に混ぜ込んでしまうことはよく起こる。目的が異なれば必要なツールも異なるのだ。精神力を振り絞って互いにサポートし合うことを選手たちに求めるときと、相手のオーバーラップにどのように対応するのが最適かを説明したり議論したりするときとでは、コーチの声も、ボディランゲージも、発話のテンポもすべて異なってくる。まず考えるべきは、2つの機能を意図的に分離することだ。おそらくは、教えるほうが先になるだろう。

ここでは選手に記憶力、集中力、安定した注意力、理解力、内省を求める。選手には質問の形で発言をしてほしいし、お互いの話をよく聞いてほしい。選手たちにメモを取ってもらってもいいし、深く考えてもらってもいい。こういった場面で、コーチはおそらく穏やかにしているだろう。話をするときもゆっくりと、優先すべきことを意識する。選手に処理する時間を与える。この場で話し合っている行動をとる際にどのような課題に直面することになるのか、選手たちに考えてもらう。

それから、はっきりと切り替える。次はモチベーションを高めてやる。「よしいこう。やってやろうぜ！」

と。はるかに多彩なボディランゲージや、声の大きさや強さを使っていい。選手を焚きつけてもいいし、落ち着けるのもいいだろう。どちらを選ぶにせよ、学習を終えたあと実際にプレーするための心理的な準備は、ある明確なポイントから始めることを意識しよう。選手たちもそれを意識し、心理的な準備に集中できるように、「試合への戻り方」をルーティンの一部として明確に定義しよう。ハーフタイムの締め方は、例えばこうだ。「よし。最後に役割と責任を明確にしよう。数秒だけ目を閉じて。相手のオーバーラップを阻んで攻撃に転じるところを想像するんだ。ＯＫ。じゃあ気持ちを切り替えて、プレーの準備だ！　カルロス、円陣を組んで、気合いを入れてくれ！」。

コーチこそ練習しよう

ステュー・シンガーは、しばしばコーチたちの行動変革に携わっている。彼の仕事は、ビデオによる自己学習から始まるものが多い。「顔を赤くして首の血管が浮き出ている自分の姿を映像で見て、『こんな自分になりたくはない。これは本当の自分ではない』と言ってくるコーチもいる」と彼は語る。コーチングとはパフォーマンスの職業だ。指導するスポーツ自体と同じように、リアルタイムで行われる。パフォーマンス中のコーチの反応や行動は、選手に怒鳴るような感情的な反応もそれ以外も、習慣の産物であることがほとんどだ。つまり試合中、あるいは練習中であっても、生々しく激しい感情を抱いている中で、自分が何をやっているのか、またそれが選手にどのような影響を与えているのか、一歩引いて考えられるような心の余裕を持てる可能性はほとんどない。シンガーはそう観察している。あとから映像で確認すれば、その場ではわからないこともはっきりと見てとることができる。

パフォーマンス中に無理に変わることを意識しようとしても、なかなか変えられないものだ。変えたいことは、落ち着いたタイミングで練習しておかなければならない。自分の反応を変えたいのであれば、パフォーマンス中の複雑な環境や、激しい感情を伴う文脈の中でも呼び出せるような新たな習慣を身につけておく必要がある。そのためには、練習するしかない。指導する選手たちがそうであることは直感的にわかるが、これは我々コーチにも当てはまる。選手への指導と同じ手法を自身のプロフェッショナルとしての発展のためにも応用できるし、ネガティブな反応を修正する以上のことも可能だ。新しいスキルを身につけ、それを複雑な環境でも実行できるようになりたいのであれば、コーチングのパフォーマンスを練習しなければならない。選手もそうだし、コーチもそうだ。ハーフタイムトークをもっとうまくやりたいのであれば、少し練習しよう。より良い指示を出したいのであれば、同僚と一緒に練習したり、自分を撮影したり、あるいは台本を作成して鏡やパートナーに向けて声に出して読んだりするのも良いだろう。選手のパフォーマンスを評価する際により良いフィードバックを与えたいのなら、それも練習が必要だ。練習することの大切さは、皆さん自身も身をもってわかっているだろう。

クラブと組織

≫人間関係

コーチのための練習というテーマは、本章の最終セクションにつなげる良い切り口となる。その理由の1つは、コーチの練習を一人で行うのは難しく、同僚のグループと一緒に行うことができればはるかに効果的であるという点だ。理想を言えば、所属しているクラブに、練習とは常に向上するために誰もが使用するツールである、という文化があるのなら完璧だ。

本章ではこれまで、コーチが自分自身や選手の長期的な育成において考慮すべきと思われるいくつかの問題について述べようとしてきた。しかし、コーチは閉鎖された空間の中で仕事をしているわけではない。クラブや組織の中で、保護者たちのかたわらで活動しているのだ。コーチの指導が最高の効果を発揮するためには、これら2つのグループの判断や相互作用も非常に重要となる。コーチは、例えばカリキュラムの重要性を意識することはできても、自分自身でカリキュラムを持つことはできない。カリキュラムというものの基本的な考えは、年齢層やチームを超えた指導をクラブ全体で調整するということだ。カリキュラムを策定し、しっかりと実行するため、クラブの判断が必要となる。そしてクラブやチームがビジネスである以上、その顧客は保護者である。選手がクラブを選択する上で、保護者は少なくとも選手本人と同じくらい重要な役割を果たすことが多い。選手にとって長期的にプラスとなる決断を下すことは、保護者がそれを知って理解してくれなければ、より困難になるだろう。

これを踏まえ、そういった人間関係がコーチにもたらすいくつかの問題について、簡単に説明して本章を締めくくろう。実際にははるかに多くの問題があり、すべてを取り上げることはできないし、完全に対応することもできない。それでも重要なものをいくつか特定し、それが本書のほかのトピックとどのように関連するかを確認できれば、有益であると願いたい。

保護者の目線を揃える

本書はスポーツ選手の長期的な成長・育成を最大化することを目的としている。だが皮肉なことに、コーチがそれを実現することで最も恩恵を得られるはずの集団、つまり選手の保護者たちは、長期的な育成のために必要な日々の行動に価値を見出すという点で、連携がとれていない場合が多い。勝つことは有益だが、優れたコーチはほかにもっと重要なポイントがあることを知っている。しかし、多くの保護者は、声高に勝利を要求したり、勝つためにはずる賢いプレーも求めたり、クラブを選ぶ際に勝利を第一の基準としたりしている。そして、コーチが長期的な成長を優先するような対応をとれば、子供を「より良い」クラブに、つまりもっと勝てるクラブに移すと脅してくるケースもあり、どう対処すべきだろうか。こういったすべての事柄が計り知れない歪んだプレッシャーとなり、コーチは選手たちを傷つけてしまうような決定を下すよう迫られる。「クラブは会費を支払ってくれる保護者にアピールするために勝つ必要がある。勝利がほかのどんな指標よりも優先されるシステムになっているのだ。誰も口には出さないが周知の事実だ」と、あるコーチは言った。同じような話は何人ものコーチから聞いているので、一人だけの意見でないことはわかっている。だが、どうすればいいというのか。

必要なものは2つある。勝利に代わる指標と、インセンティブを調整することだ。人が勝利にこだわる理由の1つは、わかりやすいからである。勝利以上の何かに、あるいは勝利以外の何かに目を向けてもらうためには、それを目に見えるものにしなければならない。Aを見せないようにするためには、Bを見るように仕向けるしかない。そして、その作業はあらかじめやっておくのが一番だ。組織に加わるというのは、「コーチのビジョンを受け入れること」であると、最初から感じてもらえるようにする。

「私はいつも、保護者たちに練習がどう見えるのか、なぜそう見えるのかを詳細に説明することに、膨大な時間を費やしてきた」。そう語るのはTOVOアカデミー（サッカークラブ）のトッド・ビーンだ。「我々の理想とするサッカー選手モデルを説明するんだ。ここで行うすべての練習、すべての試合は、子供たちを優れた認知力、能力、人格を持つ選手に育てるためのものであると。また、我々が行うすべての活動、すべてのコミュニケーションは、その目標に向かって行うと約束している。そのことを示した上で、試合には勝つことも負けることも引き分けることもある。もちろんこれは初めての試合で保護者たちが熱くなる前に説明して、同意書にサインしてもらう必要がある」。そういったアプローチをとるのは勝てない言い訳ではなく、最初からプランの一部であり、またそれが競技に対する深い知識に基づいたものだとわかれば、納得してもらえる可能性は高いだろう。

最近までアレクサンドリア（バージニア州）サッカー協会のテクニカルディレクターを務めていたライアン・リッチは、さらに一歩踏み込んだ話をしてくれた。彼はクラブ内の各チームに、勝利の代わりとなる指標についてデータを集め、保護者たちと共有するよう求めた。ポゼッションの時間、パス総数、パスのつながった本数などが重要だと伝えただけではない。それらの指標を使い、結果を共有し、保護者に説明することで、重要だと証明したのだ。保護者たちは重要なデータを理解できるようになっていった。また、試合の観戦がわかってきたのも喜びを感じているようだ。試合後も、子供と試合の話をする楽しみを強めていた。

こちらに、ライアンが保護者向けに書いたブログ記事から、指標の背景にある理由を説明する用語集の部分を抜粋して紹介している。投稿には、最近の試合の、対戦相手と比較したデータの表も添えられていた。

■ファーストタッチ：この試合では、ボールへのファーストタッチの回数が相手チームの約2倍だった。また、ほかのチームは「ロングキックを蹴る」というアプローチによってタッチ数がセンターバックとフォワードに偏っているのに対して、我々はプレースタイルのおかげで、より均等にタッチ数が配分されている。このタッチ数により、ボール扱いの技術や判断の練習を試合中に相手選手の2倍以上行えていることになるので、選手たちには大きなメリットがある。

■5本以上連続でパスをつないだ回数：各チームが5本以上連続してパスをつないだ回数を数えることで、選手がゲームの戦術的側面を学んでいるかどうかが判断できる。5本以上のパスがつながらない、あるいはほとんどないチームは、ポゼッションを確立できず、チームとしてのまとまりがない。選手たちがそれぞれ孤立して動き、試合では単にランダムな戦い方しかできない。

我々は、データと統計があらゆるレベルで競技に革命をもたらした時代に生きている。それを育成の支援にも使ってみてはどうだろうか。このような育成データや統計を用いることは、当然バスケットボールやホッケー、ラクロスなどにも有効だろう。

審判について

叫ぶといえば、審判の話をしなければならない。審判に怒鳴るのは一種の自己欺瞞の症状だが、スポーツの文化として定着してしまっている。深刻な問題だ。保護者たちも、コーチもよくやってしまう。自分の住んでいる地域の審判の質に不満なら、そもそもなぜ、いつも罵声を浴びせられるのに審判になる人がいるのか自問してみよう。良い審判はいったいどこにいるのだろうか？　おそらく家の中にいるのだろう。自分の半分程度しか競技のことを知らない人たちに、いつも怒鳴られているのだから。試合によっては、両チームともに相手チームがをひいきしているとして、審判を怒鳴りつけるのに忙しく、ゴールが決まっても誰も見ていないかのようだ。少なくともバランスはとれている。

何より難しいのは、たとえコーチが審判への対応に驚くほど長けていたとしても、問題を解消できないことだ。注意する必要があるのはコーチ自身の行動だけではない。ここでも、保護者と意識を揃えることができなければリスクが生じる。親たちが審判に怒鳴るのは、選手のすぐ目の前でスポーツマンシップ欠如の悪い見本を示すことだ。チームに対する審判からの心証も悪化し、試合中に審判と正常な話し合いをしようとしても、審判が守りの体勢に入ってしまうため難しくなる。だが、それだけにはとどまらない。

最も良くないのは、選手たちの育成に影響が及ぶことだ。選手たちは試合後に（ときには試合中も）、「うまくやれたけど、もっとやれる部分はどこだろうか。どういう場面から学んで、どういう場面を改善できるだろうか」と考えなければならない。審判の判定について振り返ったり語ったりすることは、ついやりたくなってしまうが、本来やるべき作業から大きく逸脱するものだ。選手は自分のパフォーマンスと向き合うことが重要だが、審判など自分ではコントロールできないほかの議論に置き換え、結果に関して自分自身に言い訳できる理由を与えてしまう。

私は先日ある試合で、保護者たちとの会話の中から、審判に向けた言葉や審判に関する言葉の割合を数えてみた。10分間のサンプルを何度も採取した結果、起こった出来事や近くで誰が聞いていたかによっても変わるが、おおむね50％前後が審判への言葉や審判についての言葉という結果だった。これでは、子供たちが帰路の車内で審判について話したくなるのは無理もない。それが大人にとって一番の関心事だと考えているからだ。つまり結局は、大人が試合中や試合後に審判に何かを言ったり、審判について話をしたりすることで、選手は自分たちのプレーの振り返りができず、学習の妨げになる。

選手の入会時に意識を統一するためのミーティングで、私が保護者たちに何か1つだけ伝えるとすれば、次のように言うだろう。

「私たちは決して審判に向けて何も言わないし、審判について話をすることもほとんどありません。選手ができる限りうまく学んで成長できるようにするためです。そして、皆さんの審判への異議はおそらく間違っているからです。審判はしっかり訓練されており、週末ごとに5試合を担当しています。自分の子供が試合に出場している保護者の方々と比べて、どちらかが偏っているとすれば、それは審判よりも保護者である可能性がはるかに高いのです」

≫コーチはみな学校を経営しているようなもの

コーチは、多かれ少なかれ教師のようなものだとすれば、クラブは学校であり、クラブの代表者は校長となる。私は学校の共同経営にも携わってきた経験から、いくつかの考えを共有したいと思う。

優れた学校とそうでない学校を区別するいくつかの重要なポイントがある。1つ目は、物事を「どうやるか」という明確な方法論を共有している。あまり良くない学校は、ショッピングモールのようになりがちだ。教師（またはコーチ）は、それぞれ自分の教室（またはチーム）を小さなショップのように運営している。同じ場所で同じブランドなのに、それぞれ独自のことをやっている。優れた学校の場合は、より協調的なアプローチをとる。ボストン屈指の名門校を視察したとき、ある教室を出たところで、校長先生から「あの先生がどうやったか見ましたか？」と聞かれたことがあった。「あの生徒の質問に対する彼女の答え方、あれが我が校のやり方なんです」と。その学校には1つのやり方があり、教師はそれを使うことが求められていた。つまり、いつも同じ言葉や方法が使われており、生徒たちも何が起こるかわかっているため、より安定して学ぶことができるのだ。そして、自分が何かの一員であると実感することもできる。サッカークラブ（あるいはほかのスポーツ）の場合であれば、試合でどのようにプレーするか、また選手たちがどう学ぶかについて、変わらない哲学を持つことができる。

だとすれば、何を基準にコーチを採用するかが重要だ。最初の基準は考え方。クラブのモデルや方法論に賛同してくれるコーチであることだ。もう1つは謙虚さ。そのコーチはクラブの一員になってくれるのか、それともクラブを自分のチームの選手を獲得するための手段としか考えていないのか。学んで、分かち合う。

そうすると、自分も他人もより良くなっていき、貪欲な姿勢を持ってくれるだろうか。自分自身にしか忠実でないようなコーチを雇ってもうまくいかない。前に所属していたクラブからコーチを追ってついてくる選手たちがいたとしても、そのコーチがクラブを去る際には選手たちはまた彼の後を追うことになるだろう。コーチ採用における正しいマインドセットとして、私は以下のようなプロセスをおすすめしたいと思う。

1. 候補者にクラブの方法論や哲学を説明したり、クラブ内のチーム練習を見に来るように誘ったりして、反応を確認する。彼らは何を観察し、何を大切にしているのか。クラブの仕事を理解しようとしているのか、それとも自分ならどんな仕事をするかを説明しようとするのか。
2. 反応の良かった有望な候補者に、クラブの練習セッションを一度指導するよう頼んでみる。
3. 練習のあと、候補者にフィードバックを与える。「あなたがこのクラブの一員だった場合、我々の目標はあなたに投資し、あなたがベストになるのを助けることなので、フィードバックをします。いま、フィードバックをしてもいいですか？　よし！　私が良かったと思うこと、もっとやってほしいと思うことを2つ挙げます。それから、よく考えてみてほしいこと、別のやり方でやってみてほしいことを2つ挙げます」。こう言いながら、注意深く観察する。候補者はメモをとっているだろうか？　質問をしてくるだろうか？　「あなたをより良くしたい」と言われて、候補者はどう感じているだろうか？　自分を守ろうとする体勢をとるのか、それともやる気を高めたように感じられるのか。

4．候補者に再度コーチングを行うように誘い、提供したフィードバック内容を実践してもらう。「もう一度、練習を指導しに来ませんか？」と言って快く応じてくれるなら、候補者は謙虚な姿勢を示しているといえる。候補者がフィードバックを聞きいれて改善し、セッションを観察してすぐに良くなるようなら、採用する価値のある特別な人物かもしれない。その候補者は向上する意欲があり、周囲の人々を高められるだろう。クラブは糧となるものを自ら見つけて、成長していける文化を築いていけるだろう。もし、候補者が向上心がなければ、セッションの指導がどんなに良かったとしても採用しないほうがいい。チームより大きな個人はいないのだ。

クラブ内の大人たちが「成長型マインドセット」を持とうとするならば、成長のための機会を数多く用意する必要がある。クラブは、選手たちをもっと良くするために、コーチたちももっと良くしなければならない。定期的にミーティングを行い、映像分析、セッションの見学、読書会など、コーチングの仕事を研究する。人への投資を惜しまず、失敗を悔やまない。最終的にはコーチたちをより良くしようとしているのであり、それこそが人を信じていると表現する、究極の方法なのだ。

謝辞

この本は、コーチングの技術をより深く理解するために行った比喩的な旅の結果ですが、同時に、カンザスシティやアトランタ、ウェリントンやエジンバラといった文字通りの旅の結果でもあります。これらの旅は、妻のリサが一人で就寝時間を調整したり、3人の子供を3つの学校に3つの時間帯で通わせたり、給湯器の故障や車道に積もった1・5メートルの雪などの不測の事態に対応することを意味します。つまり、保護者会のスケジュールを決める際には、子供のスケジュールではなく、私のスケジュールに合わせて決めることから始まりました。頻繁に旅行する人は、家族を残して出発ラウンジに座るときの重さがわかっていただけると思います。きっと私の妻も、私の後ろでドアが閉まったときと同じくらいの重さを感じたことでしょう。この本のために私が感謝しなければならない多くの人々の中で、まずリサがいます。

また、私が学んだ多くは、自分の子供たちのスポーツ活動を傍観して得たものであることも紛れもない事実です。挑戦的な環境と優れた指導のもとで、3人が成長し、競技に打ち込む姿を見ることほどの幸せはありません。また、子供たちの個性的なプレーを目の当たりにして、これほど誇りに思えることはありません。彼らの洞察力は、多くの走行距離を経て、結果がどうであれ、若者の人生にスポーツが与える価値の大きさを再認識させてくれました。

彼らには優れたコーチがたくさんいました。優れたコーチとは、ゲームに対する愛情、知識、敬意をもって、若者たちが最高の状態になる方法を教えた方々です。しかし、スティーブ・コヴィーノ、スティーブ・

フリーマン、ギャレット・コブ、フィル・リッジウェイ、クリス・クレメンス、ジェームズ・ビーストンの各氏には、私の子供たちがアスリートとして、また人間として成長することに関心を持ってくれたことに感謝しています。

私のコーチングへの道は、アメリカサッカーのアッシャー・メンデルソンからの電話で始まりました。自分の幸運を信じられませんでした。それ以来、スコット・フラッド、デーブ・チェスラー、ジェイ・ホフマン、バリー・パウエルス、ニコ・ロメイン、ウィム・ファン・ズワム、アロイス・ウィンカーなどが、私にコーチと仕事をする機会をたくさん与えてくれました。何人かは正しく理解して、いくつかは間違っていました。私のパフォーマンスに問題があっても、彼らは優れたコーチのように、私を信頼してくれ、私に自信を与えてくれました。

ほかにも50人から１００人のコーチがいて、彼らの仕事やアイデアが小さなことから大きなことまで、ここに反映されています。

原稿を読んで感想を述べてくれた人、ワークショップでコメントしてくれた人、最も直接的な方法でアイデアを共有してくれた人。彼らがコーチングをしているのを見たからです。名前を挙げきれないほどたくさんの人がいますが、その中でも見過ごせず、貢献をしてくれた人がいます。まず、サイドバーを書いてくれた私の同僚たち。ジェフ・アルバート、ジェームズ・ビーストン、セフ・バーナード、レスル・ガリモア、ケルビン・ジョーンズ、デイブ・ラブ、マーク・マンネラ、ジョー・マズーラ、ダン・マクファーランド。さらには、ジェシー・マーシュ、トッド・ビーン、クリスチャン・レイバース、クリス・アップル、グレゴール・タウンゼントとの会話の影響は明らかでしょう。

それから、私が勉強したり、そのあとで話し合ったりするために、特別にセッションを開いてくれたコーチたちもいました。マット・ローリー、ケルビン・ジョーンズ、ラッセル・ペイン、キカ・トゥールーズ、スティーブ・コヴィーノ、そしてまたしてもジェームズ・ビーストンです。

執筆面では、アレックス・シャーラットが、それほど魅力的とは思っていなかったプロジェクトの機会を与えてくれました。そして、私が長年尊敬してきたオリバー・カビリオリがイラストを描いてくれました(それは、私がプレミアリーグの監督として最も欲しい移籍選手にサインするような気分だった)。

マーク・コンベスとは、話し合いながらイメージを練り上げるのはとても楽しい作業だった。彼は、野球の話をするために、たくさんのサッカーの話を我慢して聞いてくれましたが、それが彼の心に響いたのだと思います。また、編集のジョナサン・ウールガーは、私が書いたものを、いつも私の理想に近づけてくれました。最後に、レイフ・サガリンが私のすべてのプロジェクトに提供してくれる指導は、「エージェント」という言葉だけでは表現しきれません。今回、最後のコンマが入るまで、プロジェクトを実現するためのサポートと知恵を与えてくれました。

ダニエル・コイル

著者
ダグ・レモフ

教職を経て、現在は生徒の力を引き出す独自の教育法で有名なNPO法人アンコモン・スクールズの代表を務める。著書『Teach Like a Champion』（現在は『Teach Like a Champion 3.0』）には、優れた教師が使うテクニックが書かれている。この本は100万部以上売れ、世界12カ国語に翻訳された。ほかの著書に『成功する練習の法則』（日本経済新聞出版社）など。ハーバード・ビジネス・スクールでMBAを取得。
▶ Twitter @Doug_Lemov

訳者
有馬丈博

1975年、福岡県生まれ。日本ラグビーフットボール協会公認B級コーチ。株式会社酵素オンライン代表。

訳者
マーレー志雄

1993年、滋賀県生まれ。2016年にイングランドのサウサンプトンに渡り、コーチングを勉強。その傍ら地元のクラブにて、小学生から大学生まで男女問わず指導。2020年に帰国し、現在はJリーグにて育成に従事。

訳者
高野鉄平

1976年、福岡県生まれ。GOAL、フットボールチャンネル、その他様々なウェブメディアや雑誌・書籍等で主にサッカー関連のメディア業務に携わる。訳書に『組織的カオスフットボール教典』『ポジショナルフットボール教典』（ともにカンゼン）『ニッポンとサッカー　英国人記者の取材録』（ベースボール・マガジン社）など。

装幀・本文デザイン —— 岡部夏実（Isshiki）
DTP —————— 滝澤博（Isshiki）
カバー写真 ———— Shutterstock

編集協力 ————— 松岡健三郎
編集 ——————— 滝川昂（株式会社カンゼン）

最高のコーチになるためのスポーツコーチング学

知っておくべき「フレームワーク」と「スキル」

発　行　日　2023年9月13日　初版

著　　　者　ダグ・レモフ
訳　　　者　有馬 丈博／マーレー 志雄／高野 鉄平
発　行　人　坪井 義哉
発　行　所　株式会社カンゼン
〒101-0021
東京都千代田区外神田2-7-1 開花ビル
TEL 03（5295）7723
FAX 03（5295）7725
https://www.kanzen.jp/
郵便為替 00150-7-130339
印刷・製本　株式会社シナノ

ISBN 978-4-86255-691-2
Printed in Japan
定価はカバーに表示してあります。

ご意見、ご感想に関しましては、kanso@kanzen.jp までEメールにてお寄せ下さい。お待ちしております。